AF357630

ARRÊTS
DU CONSEIL D'E'TAT
DU ROY.

Donnez en interpretation des Nouvelles Ordonnances de Sa Majesté; Et en caffation des Arrefts rendus contre la difpofition d'icelles.

A PARIS,

Chez les Affociez choifis par ordre de Sa Majefté pour l'impreffion de fes Nouvelles Ordonnances.

M. DCCXIX.

ARRÊTS
DU CONSEIL D'ETAT
DU ROY,
DONNEZ EN INTERPRETATION
de ſes nouvelles Ordonnances, & en caſſation
des Arrêts rendus contre la diſpoſition d'icelles.

SUR LE TITRE II.
ARTICLE II. *De la nullité des Exploits.*

ET SUR LE TITRE VI.
ARTICLE I. *De la Retention des Cauſes.*

Prim. Un Exploit nul faute d'avoir par l'Huiſſier déclaré ſon domicile, &
celuy de ſa partie, art. 2. tit. 2.
Secund. Une cauſe mal retenuë au Parlement, au préjudice du renvoy, requis devant les premiers Juges.

ARRET RENDU AU PROFIT DU SIEUR DE LA CHABANNE
Conſeiller à Bordeaux ; en caſſation d'Arrêt dudit
Parlement, du 13. Juillet 1668.

SUR la Requête preſentée au Roy étant en ſon Conſeil, par
Jean de la Chabanne, Conſeiller de Sa Majeſté au Parlement
de Bordeaux ; contenant, qu'encore que par les Ordonnances
Royaux, & par les Arrêts & Reglemens dudit Parlement, &
de tous les autres du Royaume, la connoiſſance des Dîmes, & de la

cottifation d'icelles, appartienne en premiere inftance aux Juges ordinaires, Maître Loüis du Fau, Prêtre, Curé de la Paroiffe de faint Romain de Cenon, prétendant avoir droit de percevoir les Dîmes fur quelques heritages appartenans au Suppliant, fituez dans l'étenduë de ladite Paroiffe, à raifon de treize, un, au lieu de cinquante, un, comme le Suppliant a accoûtumé de les payer; l'a fait affigner directement en la Grand'-Chambre dudit Parlement de Bordeaux, par Exploit du 17. Mars dernier, afin de condamnation du payement defdites Dîmes, à ladite raifon du treifin, pour les années 1656. 1663. & fuivantes. Contre cet Exploit, le Suppliant a dit premierement qu'il étoit nul, l'Huiffier n'ayant point déclaré fon domicile, ny celuy dudit du Fau, & ayant été fait fans Commiffion ny Arrêt, contre la difpofition des Articles 2. & 12. du titre 2. de la nouvelle Ordonnance : Et en fecond lieu, il a foûtenu qu'il avoit été mal & follement affigné en ladite Cour, ledit du Fau n'ayant pû s'y pourvoir en premiere inftance, parce qu'il n'a aucun privilege, & qu'il n'y avoit rien dépendant ny connexe pour y attirer directement le Suppliant. Nonobftant les nullitez dudit Exploit & le déclinatoire propofé, ledit Parlement de Bordeaux n'a laiffé d'ordonner par Arrêt du 13. Juillet 1668. que fans s'arrêter à la relaxance requife par le Suppliant, les Parties viendroient plaider au premier jour, fur la caffation d'Exploit & principal; lequel Arrêt n'eft pas foûtenable, ayant été rendu contre les Reglemens les plus certains & les mieux établis, étant innoüi que les Cours de Parlement puiffent connoître en premiere inftance des matieres des Dîmes, dont la connoiffance appartient aux Baillifs, Sénéchaux, & Juges ordinaires, les Recüeils des Arrêts étant pleins de ceux qui ont été rendus aux Parlemens fur des appellations interjettées des Sentences renduës aux Requêtes du Palais & de l'Hôtel, & aux Bailliages & Sénéchauffées, fur le fait des Dîmes. Loüet, Papon, & l'Auteur du Journal des Audiences du Parlement de Paris, en rapportent une infinité d'Arrêts : Au Parlement de Bordeaux, il en a été rendu deux l'année 1665. & la préfentation en la premiere Chambre des Enquêtes, au rapport du fieur de Vaulufan, Confeiller, fur des appellations des Sénéchaux de faint Severe de Limoges. Par les Reglemens dudit Parlement, du 6. Mars 1626. article 26. il eft fait défenfes à toutes perfonnes de faire affigner les Parties en la Cour, à la referve de ceux qui par les Ordonnances royaux, ou Conceffions particulieres, ont privilege de ce faire, à peine de mil livres, dépens, dommages & interêts. Or l'on ne montrera pas que les Curez ayent droit de plaider en premiere inftance audit Parlement, il n'y a Ordonnance ny Déclaration qui leur accorde ce privilege. Par l'Ordonnance de Blois, article 49. où la maniere de lever les Dîmes eft prefcrite, il eft enjoint à tous Juges royaux & Officiers fur les lieux, de tenir la main à l'execution de ladite Ordonnance, qui eft une marque de la Jurifdiction & puiffance qui leur eft attribuée, pour juger des differends concernans la levée des Dîmes. Par toutes ces confiderations que le Suppliant a reprefentées au Parlement de Bordeaux, il a dû pour fatisfaire à l'article 1. du titre des fins de non proceder de la nouvelle Ordonnance renvoyer les Parties pardevant le Sénéchal de Guyenne; & quand au lieu de ce faire, ladite Cour de Parlement a retenu la connoissance de leur differend, elle a manifestement contrevenu à ladite nouvelle Ordonnance ; De sorte, qu'en toute maniere, soit pour raison de la nullité de l'exploit d'assignation qui a été donné au Suppliant, soit par le mépris de la nouvelle Ordonnance, ledit Arrêt ne peut subsister, & le Suppliant est bien fondé de se pourvoir pardevant Sa Majesté, pour en demander la cassation. A CES CAUSES, requeroit qu'il plût à Sa Majesté casser & annuller ledit Arrest du Parlement de Bordeaux, du 13. Juillet 1668. rendu contre & au mépris de la nouvelle Ordonnance ; ensemble l'exploit d'assignation donnée au Suppliant le 17. Mars précedent, à la requête dudit du Fau, & déclarer l'amende portée par ladite nouvelle Ordonnance, encouruë contre l'Huissier qui l'a signé ; sauf audit du Fau de se pourvoir pardevant le Sénéchal de Guyenne, ainsi qu'il avisera. VEU ladite Requête, signée Roland du Bourg, Avocat du Suppliant, & les pieces y mentionnées justificatives d'icelle : Oüy le rapport du Sieur Pussort, Conseiller ordinaire de Sa Majesté en ses Conseils, Commissaire à ce député. Et tout consideré : LE ROY ETANT EN SON CONSEIL, ayant égard à ladite Requête, a cassé & annullé, casse & annulle lesdits exploits & Arrêt des 17. Mars & 13 Juillet derniers, comme contraires à son Ordonnance du mois d'Avril 1667. ce faisant & sans y avoir égard, a déchargé ledit sieur de la Chabanne de l'assignation à luy donnée audit Parlement de Bordeaux, sauf audit du Fau de se pourvoir pardevant le Sénéchal de Guyenne, & par appel au Parlement. Fait Sa Majesté défenses audit Parlement de Bordeaux, & à tous Juges de retenir aucune cause, instance, ou procès, dont la connoissance ne leur appartient ; mais leur enjoint de renvoyer les Parties pardevant les Juges qui en doivent connoître, ou d'ordonner qu'elles se pourvoiront. Donné à saint Germain le sixiéme jour d'Août 1668. DE LA VRILLIERE.

Arrêt.

Sur nullité de l'Exploit déchargé de l'assignation.

Sur le déclinatoire proposé, défenses de retenir une cause dont la connoissance appartient à d'autres Juges.

ARTICLE II.

Primò. L'assignation aux Consuls sans Commission, Art. 10. tit. 2.
Secundò. Nul droit de Presentation deu au Greffe des Consuls.

ARRET POUR LES JUGE ET CONSULS D'ABBEVILLE
contre le Greffier de leur Jurisdiction.

VEU par le Roy étant en son Conseil, les Requêtes respectives presentées par les Juge & Consuls de la Ville d'Abbeville, representant le Corps & la Communauté des Marchands de ladite Ville, par Antoine Mauvoisin proprietaire à titre d'engagement perpetuel du Greffe desdits Juge & Consuls d'Abbeville, & Michel Mauvoisin son fils qui en fait l'exercice ; & par Françoise Mallery, veuve de Maître Pierre Saquespée pro-

Requête des Juge & Confuls contre le Greffier de la Jurifdiction d'Abbeville.

prietaire du Contrôle & de l'Office de Clerc d'Audience du Greffe de la Jurifdiction Confulaire de ladite Ville d'Abbeville ; fçavoir celle defdits Juge
& Confuls, contenant qu'encore que par l'Article 10. de la nouvelle Ordonnance, Titre fecond, il foit porté que lefdits ajournemens pourront être
faits pardévant tous Juges, en caufe principale & d'appel, fans aucune
commiffion ny mandement, quoy que les Ajournez ayent leur domicile hors
le reffort des Juges, pardevant lefquels ils feront affignez, & que par les
Articles 1. & 2. de ladite Ordonnance, titre des Prefentations, il foit dit
que les Demandeurs & ceux qui ont relevé leur appel, ne feront plus de prefentations à l'avenir : Toutefois Maître Michel Mauvoifin, Greffier de la
Jurifdiction des Supplians, veut obliger leurs jufticiables de lever des Commiffions au Greffe, & de fe prefenter fur les affignations qu'ils font donner à
leurs Parties adverfes pardevant eux, fait refus d'enregiftrer leurs caufes, pour
être appellées à l'Audience, ou pour être reglées par écrit, qu'ils ne luy payent
fix fols huit deniers pour prefentation, & quatre fols fix deniers pour droit de
Commiffion, outre deux fols fix deniers que celuy qui eft pourvu de la place
de Clerc, prend pour chaque caufe qu'il appelle : Et quelques remontrances
que les Supplians luy ayent fait fur les plaintes que la plus grande partie des
Marchands de ladite Ville leur ont fait de leur procedé, fans aucune déferen-
ce, il continuë fes exactions, foûtenant qu'il n'y a que Sa Majefté qui lui
puiffe regler fes droits, ce qui eft entierement ruïner ladite Ordonnance, puis
qu'elle feroit inutile s'il étoit permis aux Greffiers d'exiger des Parties des
droits de commiffion & de prefentation : Et comme les Supplians ont interêt
par le peu de leur Charge de veiller à ce que les Ordonnances de Sa Majefté
foient ponctuellement executées dans leur Jurifdiction, tant pour s'acquitter
de leur devoir, que pour fatisfaire à la déliberation generale des anciens Juge
& Confuls, & Marchands de ladite Ville, du 9. Mars dernier, ils font obligez de fe pourvoir vers Sa Majefté, pour leur être pourvu fur lefdites contraventions, & même obtenir de Sa Majefté un Reglement general de tous les
droits dudit Mauvoifin, qui exige en toutes occafions des droits plus grands
qu'il ne luy eft dû : A CES CAUSES, requeroient les Supplians qu'il plût
à Sa Majefté ordonner que les Articles 10. 1. & 2. de la nouvelle Ordonnance, titre des Ajournemens & Prefentations, feront executez felon leur

Conclufion des Juge & Confuls contre le Greffier.

forme & teneur, dans le Greffe & Jurifdiction des Supplians ; & en conféquence, faire défenfes audit Mauvoifin d'exiger des particuliers jufticiables des
Supplians, ou autres qui fe rendront demandeurs par exploit d'affignation,
fommation ou autrement, ou en quelque maniere que ce foit, aucuns droits
de Commiffion & de Prefentation, à peine d'interdiction & de concuffion, le
condamner à rapporter à tous les particuliers les droits qu'il a exigé d'eux,
pour lefdites Commiffions & Prefentations, & qu'à ce faire il y fera contraint
par corps, comme dépofitaire de biens de Juftice ; Et pour le voir regler fur
tous les autres droits dudit Greffe, permettre aux Supplians de le faire affigner

Requête de Mauvoifin Greffier, dé fendeur.

au Confeil. Ladite Requête figné Meneuft : Celle defdits Mauvoifin, contenant qu'ayant eu communication de la Requête prefentée à Sa Majefté par
les Juge & Confuls d'Abbeville, ils ont vû que lefdits Confuls expofent que

ledit Michel Mauvoifin Commis audit Greffe , prend journellement des droits de Commiffion & de Prefentation , lefquels ils prétendent être abrogez par la nouvelle Ordonnance , au préjudice même des remontrances qu'ils difent luy avoir fait , & qu'il fait même continuellement des exactions fur tous les autres droits dudit Greffe , au moyen de quoy ils demandent que défenfes foient faites aux Supplians de percevoir lefdits droits , & qu'il luy plût faire un Reglement , pour tous les autres droits dudit Greffe. Les Supplians fçavent bien le refpect qu'ils doivent à Sa Majefté , & à l'execution de fes Ordonnances , & particulierement à la derniere ; mais dans la neceffité de leurs défenfes , ils font obligez de reprefenter à Sa Majefté qu'à l'égard dudit droit de Prefentation lefdits Juge & Confuls fçavent bien eux-mêmes qu'il faut de neceffité fe prefenter dans la Juftice Confulaire des Marchands , attendu qu'il n'eft befoin d'aucun miniftere de Procureur , comme il s'obferve dans les autres Jurifdictions où il y a des Procureurs pour fe prefenter pour les defendeurs ; mais dans la Juftice Confulaire il n'en eft pas de même , parce qu'il n'y a aucune nomination de Procureur dans les exploits qui font donnez pardevant lefdits Confuls , joint que ceux de la Campagne font toûjours affignez à la huitaine , & pour ceux de la Ville & Fauxbourgs au troifiéme jour , fuivant qu'il eft prefcrit par la nouvelle Ordonnance : Ainfi il eft de neceffité abfoluë aux demandeurs de fe prefenter , afin que les défendeurs puiffent voir fi les demandeurs , à la requête defquels ils font affignez , pourfuivent la caufe au jour de l'écheance des affignations , autrement il y auroit tous les jours des furprifes contre les défendeurs qui cauferoient des chicannes continuelles , à faire rapporter les Sentences que les demandeurs auront obtenuës par defaut au lieu que les prefentations que font les demandeurs dans la Juftice Confulaire , font éviter entierement toutes fortes d'abus : Etant neceffaire auffi de regiftrer toutes caufes , lefquelles font appellées à tour de rôle fur le Regiftre des Prefentations ; En forte que s'il faloit que la prétention defdits Confuls eût lieu , il faudroit entierement renverfer tout l'ordre de la procedure , qui s'obferve depuis la creation de la Juftice Confulaire , qui eft la plus briéve des Jurifdictions , & qui empêche toutes fortes de chicannes , & il faudroit auffi que les Supplians fuffent obligez de fervir le public , & encore un Commis qui feroit employé à regiftrer les caufes , à qui ils feroient obligez de donner des gages , fans neanmoins avoir aucune rétribution , après avoir payé des finances très-confiderables dans les coffres de Sa Majefté , ce qui feroit même contre les regles de droit , dautant que toute peine merite falaire. Et auffi par l'Edit de Creation defdits Confuls , il eft dit que toutes les caufes feroient regiftrées & appellées à tour de rôle ; & ainfi un Greffier ne peut point fervir le public à fes dépens , ce qu'il feroit obligé neanmoins de faire , s'il n'y eft pourvû par Sa Majefté , joint qu'ils n'ont aucun autre droit , que ledit droit de Prefentation ; Et dautant que dés le moment que les Parties font condamnées ils demandent du temps pour payer , ce qui leur eft ordinairement accordé par lefdits Confuls , & le moindre délay eft de deux ou trois mois , pendant lequel temps les Parties condamnées font en forte de fatisfaire à leurs creanciers, & par ce moyen empêchent que d'un côté il n'y a point d'appel , & quand

B b b b   iij

il y en a , les Parties payent dans le delay qui leur est accordé, ce qui fait qu'il ne se leve dudit Greffe aucune Sentence , ou en tout cas fort peu ; En sorte que les Supplians n'ont que ce petit droit de Presentation, pour tout émolument , ce qui est regulierement observé dans toutes les Cours & Jurisdictons Consulaires , tant d'Abbeville que d'ailleurs. Lesdits Consuls ont tellement reconnu qu'il étoit necessaire de se, presenter, qu'eux mêmes n'en ont jamais fait de difficulté, autant de fois qu'ils ont eu affaire dans ladite Justice, & en ont payé le petit droit , qui est si modique, les Supplians ne prennent pour chacune presentation que si sols huit deniers, pour le demandeur & défendeur ensemble, sans qu'il y ait eu jamais aucune plainte pour lesdites Presentations, ny contre le Commis, qui a précedé les Supplians, que depuis qu'ils en font la Charge, il y a environ cinq mois. Il est vray que peu de temps aprés que ledit Michel Mauvoisin fut reçû à faire l'exercice dudit Greffe, il y eut plainte formée par un Marchand de ladite ville d'Abbeville, touchant le droit de Commission ; mais lesdits Consuls bien loin de faire des remontrances aux Supplians, ainsi qu'ils l'exposent par leur Requête, ils ordonnerent que ladite plainte seroit mise entre les mains du Substitut du Procureur General du Roy d'Abbeville, pour ses Conclusions vûës être ordonné ce que de raison , & cependant que lesdits Supplians percevroient le droit de Commission, ainsi qu'il a été perçû cy-devant par le Commis précedent. C'est un fait duquel lesdits Juge & Consuls ne sçauroient disconvenir. Et la preuve en resulte de la sommation que lesdits Supplians on fait faire à Hugues Aubry, qui est le Juge qui a prononcé ledit Reglement , & qui étoit pour lors en Charge, suivant la réponse qu'il a faite à ladite sommation , laquelle il a signée ; Mais à l'égard de la Presentation , il n'y a jamais eu aucune plainte , vû la necessité qu'ils ont reconnu qu'il y avoit de la faire, & ils n'ont fait plainte dudit droit de Presentation qu'en se plaignant dudit droit de Commission, lequel droit ledit Suppliant n'a pris qu'en consequence de leur Ordonnance, & même comme ils avoient toleré au Commis précedent, & pour lequel droit de Commission ils s'en rapportent à ce qu'il plaira à Sa Majesté d'en ordonner par sa justice & son équité ordinaire ; & pour la perception des autres droits dudit Greffe qu'ils accusent les Supplians de prendre plus qu'il ne leur appartient, c'est ce que lesdits Supplians dénient formellement ; c'est pourquoy ils somment lesdits Consuls de leur faire voir les exactions qu'ils ont faites sur lesdits droits : Et bien loin de cela, ce sont toûjours été lesdits Consuls qui ont apporté de la confusion & du desordre dans la perception desdits , droits du Greffe des Supplians, dautant qu'ils se sont de tout temps émancipez de faire des Reglemens eux-mêmes, par lesquels ils ont diminué aucuns des droits & augmenté les autres. A chaque changement de Juge, il y a eu changement de Reglemens, ils ont même prescrit des formes d'expeditions de leur autorité privée, ce qui est un attentat aux Reglemens & Edits que Sa Majesté veut qui soient observez regulierement par lesdits Greffiers, & particulierement la Déclaration de Sa Majesté, du 5. Novembre 1667. confirmée par Arrêt du Parlement, du 7. Seprembre 1667. par laquelle Sa Majesté a reglé tous les droits desdits Greffiers, avec défenses à aucun Jugé d'en empêcher l'execution, laquelle

Déclaration & Reglemens les Supplians soûtiennent devoir être obfervez regulierement & inviolablement, nonobftant tous les reglemens faits & à faire par lefdits Confuls, ainfi qu'il plaira à Sa Majefté l'ordonner. Et ainfi il y a de la calomnie de la part defdits Confuls, d'avancer de femblables difcours dans leur Requête. Que fi lefdits Confuls veulent rembourfer les Supplians des deniers qu'ils ont financez pour raifon dudit Greffe dans les coffres de Sa Majefte, à l'exemple de plufieurs Confuls & Marchands de fon Royaume, lefdits Supplians y donnent volontiers les mains, offrant de leur remettre tous les Contrats d'adjudication & quittances de finance. Par ainfi Sa Majefté voit que ce n'eft pas le grand profit qui fait parler les Supplians, puis qu'ils ne font pas rembourfez de l'interêt de leur finance au denier trente ; mais ce n'eft que pour faire les chofes dans l'ordre, & fuivant l'intention de faMajefté, Ce qui fait agir lefdits Confuls n'eft qu'une pure animofité qu'ils ont contre les Supplians, contre lefquels Sa Majefté n'a encore reçû aucune plainte. Et puis qu'ils n'obfervent que ce qui s'obferve dans toutes les autres Jurifdictions Confulaires du Royaume, dont perfonne ne fe plaint, il eft bien aifé de voir que ceux d'Abbeville n'agiffent pas par un principe de bien public, mais feulement pour molefter les Supplians, vû même que par la nouvelle Ordonnance, dans le titre qui regarde la Jurifdiction des Juge & Confuls, Sa Majefté n'a abrogé aucuns des droits & procedures ordinaires, que les défauts & congez qui ne pouvoient être adjugez qu'avec profit. Mais depuis Sa Majefté ayant reconnu que cela étoit contre fon intention, & à la foule des Marchands, qui par ce moyen fe trouvoient auffi-tôt condamnez, qu'affignez, & que les procedures étoient capables de caufer une infinité de chicannes, pour le rapport des Sentences qui avoient été obtenuës par les demandeurs, en vertu des défauts portant profits, Elle auroit par fon Arrêt du 14. Décembre 1668. ordonné que les Juge & Confuls de Paris ordonneront, que ceux qui n'auront point comparu à la premiere affignation, feront reaffignez en la même forme & maniere qui s'obfervoit auparavant fa nouvelle Ordonnance, & par ainfi l'on voit que lefdits Juge & Confuls font trés mal fondez dans leur Requête, principalement parce que tant Sa Majefté que les Rois fes Predeceffeurs ont toûjours ordonné par leurs Edits, Arrêts & Reglemens, que toutes les Juftices Confulaires de fon Royaume, feront établies & reglées, fuivant & conformément aux Juge & Confuls de ceux de Paris. A C E S C A U S E S, requeroient les Supplians qu'il plût à Sa Majefté leur donner Acte, de ce que pour réponfe à la Requête defdits Juge & Confuls d'Abbeville, ils employent le contenu en la prefente Requête ; & fans avoir égard à la Requête defdits Juge & Confuls, dont ils feront déboutez, déclarer l'Arrêt rendu au Confeil d'Etat, ledit jour 24. Décembre 1668. au profit defdits Juge & Confuls de Paris, commun avec lefdits Juge & Confuls d'Abbeville ; ce faifant ordonner que les droits dudit Greffe des Juge & Confuls d'Abbeville y feront pris & perçûs comme auparavant ladite nouvelle Ordonnance, & en confequence que la Declaration dudit mois de Novembre 1661. fera executée felon fa forme & teneur : avec défenfes aufdits Confuls à l'avenir de faire aucuns Reglemens des droits du Greffe des Supplians, à peine de

Interpretatiõ de l'Ordonnance de 67. en faveur des Juge Côfuls de Paris.

mil livres d'amende, & de tous dépens, dommages & interêts, & condamner lesdits Consuls aux dépens, ladite Requête signée de Rupin. Et celle de
ladite Mallery ; contenant qu'Antoine Mallery son pere ne luy ayant laissé
presque pour tout bien que ledit Contrôlle & place de Clerc d'Audience,
elle auroit commis à l'exercice de l'un & de l'autre plusieurs personnes qui
en auroient perçû les droits, & entre autres Philippes le Févre Procureur
au Présidial dudit Abbeville, au commencement du mois d'Octobre 1667.
lequel n'auroit pû percevoir lesdits droits attribuez ausdits Offices, par
l'Edit de Creation de l'année 1627. verifié où besoin a été, à cause du
trouble qui luy a été fait par les nommez Mauvoisin. qui se dit proprietaire principal de ladite Jurisdiction Consulaire, & Sochard son Commis,
lesquels auroient mal-à propos prétendu que tous les droits leur appartenoient à l'exclusion & au préjudice dudit le Févre, & de ladite Suppliante :
En sorte que l'affaire ayant été contestée pardevant lesdits Juge & Consuls de ladite Ville, Sentence seroit intervenuë le 25. Octobre ensuivant,
par laquelle il auroit été ordonné que ledit le Févre recevroit quelques
droits par provision ; mais comme cette Sentence n'ordonne pas de tous
les droits appartenans ausdits Offices de Contrôleur & Clerc d'Audience,
le reste desdits droits est demeuré au profit dudit Sochard, pour lors Fermier dudit Mauvoisin, au grand détriment & perte de ladite Suppliante,
laquelle ayant eu avis que lesdits Consuls s'étoient pourvûs au Conseil,
pour obtenir un Reglement des droits dudit Greffe, & avoient pour cet effet mis leur Requête és mains du Sieur Pussort, l'un des Conseillers d'Etat
de Sa Majesté, elle auroit été conseillée d'en presenter une à Sa Majesté, pour
la conservation de ses droits, ayant un considerable interêt d'être comprise
dans ledit Reglement que prétendent faire faire lesdits Consuls, comme Proprietaire desdits Contrôle & Office de Clercs d'Audience, & ces Offices
étant distincts & entierement séparez de la Charge du Greffier, comme il
appert par ledit Edit de Creation, cy-dessus daté ; quoy que malicieusement ledit Mauvoisin en veüille confondre les émolumens & droits. A CES CAUSES
requeroit la Suppliante qu'il plût à Sa Majesté ordonner qu'elle sera mainte-
nuë & gardée dans la possession & joüissance dudit Office de Clerc d'Audience & du Contrôlle, comme à elle appartenant, & qu'elle en fera exercer les fonctions, par qui elle avisera bon être, & que conformément audit
Edit de l'année 1627. les Commis recevront deux sols pour l'enregistrement,
& un sol pour l'appel de chacune Cause, ensemble les droits de Contrôle sur
les autres expeditions dudit Greffe, à proportion du Reglement qui en sera
fait, dans lequel la Suppliante sera nommée & comprise ; avec défenses audit Mauvoisin. Sochard & tous autres, de la troubler, & lesdits Commis, dans
l'exercice de sadite Charge, à peine de trois mille livres d'amende, & de tous
dépens, dommages & interêts, ladite Requête signée Regnaut. Contredits desdits Juge & Consuls à la Requête desdits Mauvoisin. Contract d'engagement fait par les Commissaires de Sa Majesté, du Greffe principal & des
presentations desdits Juge & Consuls d'Abbeville, & places de Clercs audit
Greffe principal, pour en joüir ainsi que les précedens Acquereurs en ont

joüiy ,

joüy moyennant 18620 liv. 3 f. du cinq Decembre 1618. Autre Contrat d'engagemens de l'augmentation de quatre fols parifis pour prefentation de chacune partie plaidante au Greffe des prefentations defdits Juge & Confuls d'Abbeville, y compris ce qui s'y paye, moyennant 5000 livres, du 23. Janvier 1621. Edit, Déclaration des Contrôleurs des actes & expeditions des Greffiers des Juge & Confuls dudit Abbeville, pour joüir par ledit Contrôleur du tiers de tous les droits & émolumens attribuez aufdits Greffiers du mois de Juin 1627. Déclaration pour le reglement des anciens droits à eux attribuez, par laquelle entre-autres chofes appert par l'article 16. que pour les Commiffions qui feront adreffantes aux Juges pour faire affigner des parties, feront mifes en placards de parchemin écrits d'un côté feulement, pour lefquelles ledit Greffier aura 18 f. 9 d. du cinq Novembre 1661. Arrêt du Parlement de Paris, fur la Requête dudit Mauvoifin, qui ordonne l'execution des Edits & Déclarations du Roy verifiées audit Parlement. Arrêts d'iceluy du 7. Septembre 1667. Sentence defdits Confuls d'Abbeville, renduë entre ledit Mauvoifin Greffier & le nommé le Febvre Contrôleur & Clerc d'audiance de ladite Jurifdiction; portant permiffion audit le Febvre de joüir des droits, lefquels il prendra, comme ils ont été cy-devant perceus, jufqu'à ce qu'il y ait été autrement pourveu, du 25. Octobre 1667. Arreft du Confeil, rendu fur la Requête des Juge & Confuls de Paris, du vingt-quatre Décembre mil fix cens foixante-huit, par lequel il eft ordonné que les parties feront réajournées, comme auparavant la derniere Ordonnance. Déliberation des Juge & Confuls & Corps des Marchands de ladite Ville d'Abbeville, portant qu'on fe pourvoira au Confeil de Sa Majefté contre ledit Mauvoifin, du 9. Mars dernier, fignifée audit Mauvoifin, avec déclaration que lefdits Juge & Confuls avoient mis leur Requête entre les mains du Sieur Puffort, Confeiller ordinaire de Sa Majefté, du 15. May auffi dernier. Sommation faite au nommé Aubry, ancien Juge & Conful de ladite Ville d'Abbeville, de déclarer où il a mis la Sentence par luy renduë, le quinziéme Janvier mil fix cens foixante-neuf fur la plainte qui luy avoit été faite qu'il prenoit le droit de commiffion, quoy qu'abrogé par l'Ordonnance de 1667. du 18. dudit mois de May dernier. Réponfe dudit Aubry, que ladite Sentence eft entre fes mains, jufqu'à ce qu'il puiffe dépofer la minute & expedition à un autre Greffier que ledit Mauvoifin, par laquelle Sentence il eft ordonné qu'il recevra ledit droit de commiffion par provifion, en baillant par luy caution de le rapporter, s'il eft ainfi cy après ordonné. Oüi le rapport du Sieur Puffort, Confeiller ordinaire du Roy en tous fes Confeils, Commiffaire à ce député. Et tous confideré: LE ROY ETANT EN SON CONSEIL, a ordonné & ordonne que les Articles 10. 1. & 2. des titres des Ajournemens & Prefentations, de fon Ordonnance du mois d'Avril mil fix cens foixante-fept feront executez felon leur forme & teneur. Fait Sa Majefté défenfes audit Mauvoifin, & à fes Commis ou Fermiers, de prendre ny exiger dorénavant aucuns droits de Commiffions & de Prefentations, à peine de concuffion, & pour voir regler les droits dudit Greffe, & la demande de ladite Mallery, ordonne Sadite Majefté que les parties fe pourvoiront au Confeil. Fait au Confeil d'Etat du Roy,

Cccc

Arrêt cy-deffus obfervé.

Défenfes de prendre droit de Cómiffion & de Préfentation aux Juge & Confuls, tenu à S. Germain en Laye, le dix-neuviéme Septembre mil six cens soixante-neuf. Signé, DE LA VRILLIERE.

ARTICLE XII· TITRE II·

Ne seront donnez Arrêts portant Commission de faire assigner au Parlement en premiere Instance.

SUR les Requêtes respectives presentées au Roy étant en son Conseil, l'une par les Doyen, Chanoines & Chapitre de l'Eglise Cathedrale de Nôtre-Dame de Chartres; & l'autre par Maître Guy Boust, Prêtre, Docteur & Professeur en Theologie de la Maison de Sorbonne, Chanoine de ladite Eglise Cathedrale de Chartres, celle desdits Chanoines & Chapitre : Contenant, qu'encore que par l'Ordonnance du mois d'Avril 1667, dont la disposition n'est pas nouvelle, mais conforme à celle des anciennes Ordonnances, & à l'usage inviolable qui regle l'ordre des Jurisdictions du Royaume, il soit expressément porté, & notamment par l'article 12. au titre des Ajournemens, Qu'il ne sera donné aucun Ajournement aux Cours & Juges en dernier ressort, soit en premiere instance, par appel ou autrement, qu'en vertu des Lettres en Chancellerie, Commission particuliere ou Arrêt, & que Sa Majesté par le même article n'ait donné droit de plaider en premiere instance en la Grand'Chambre de Paris, qu'aux Ducs & Pairs, à l'Hôtel-Dieu, au grand Bureau des Pauvres, à l'Hôpital General de ladite Ville, & autres personnes & Communautez qui en ont le privilege; & conséquemment que Maître Guy Boust, l'un des Chanoines de ladite Eglise ne puisse pas prétendre être du nombre de ceux qui peuvent plaider directement & en premiere instance en la Grand'Chambre du Parlement de Paris : Néanmoins il a presenté sa Requête en ladite Grand'Chambre le 7 du mois de Février dernier, par laquelle ayant demandé qu'il luy fût permis d'y faire assigner les Supplians, pour voir ordonner qu'il seroit tenu comme present, en consideration de sa qualité de Docteur & Professeur en Theologie de la Maison de Sorbonne, & qu'il joüiroit des revenus entiers de sa Prébende, & de tous les droits & honneurs qui appartiennent aux Chanoines presens : Ladite Cour a rendu Arrêt ledit jour sur ladite Requête, sans que les Supplians ayent été appellez ny oüis, & sans aucunes Conclusions du Sieur Procureur General, par lequel ladite Cour a ordonné Commission être délivrée audit Boust aux fins de sadite Requête; & cependant par maniere de provision & sans préjudice des droits des parties au principal, il sera payé des fruits, revenus, droits & prérogatives de sa Prébende, à quoy faire les Receveurs & Payeurs dudit Chapitre seront contraints, nonobstant toutes saisies & oppositions; lequel Arrêt a été signifié, & même sur un simple extrait non scellé ni autorisé de Commission, tant

[marginalia:] Qui sont ceux qui ont droit de plaider en premiere instance aux Parlemens.

[marginalia:] Arrêt dont on se plaint.

aux Supplians qu'à Maître Pierre Thoret l'un des Supplians, & leur Receveur
General, avec commandement de le payer ; Et dautant que ledit Arrêt rendu
fur fimple Requête & fur un expofé contre verité, fauf refpect, de prétenduë
poffeffion, & contraire aux difpofitions des anciennes & nouvelles Ordonnances, & qu'il intervertit & renverfe l'ordre des Jurifdictions, qu'il eft de l'autorité de Sa Majefté de maintenir : Requeroient les Supplians, qu'il plût à Sa
Majefté caffer, révoquer & annuller ledit Arrêt fur Requête obtenu par ledit Bouft audit Parlement de Paris le 7. du mois de Février dernier, & tout
ce qui s'en eft enfuivi, faire défenfes audit Bouft & tous autres de s'en fervir,
ni de faire aucunes pourfuites en la Cour en conféquence des affignations qu'il
y a fait donner aux Supplians, dont ils feront déchargez, à peine de nullité
& caffation, & trois mil livres d'amende, & de tous dépens, dommages &
intéréts, fauf à luy à fe pourvoir pour raifon de ce pardevant les Juges ordinaires :
Et celle dudit le Bouft, contenant que le Chapitre de Chartres a fi bien reconnu que ledit Bouft étoit difpenfé de la réfidence par l'honneur qu'il a d'enfei-
gner la Théologie dans les Écoles de Sorbonne, fuivant la difpofition des faints
Canons, la difcipline des Arrêts & l'ufage de tous les autres Chapitres ; que
depuis cinq années qu'il eft Chanoine en l'Eglife de Chartres, il a toûjours
été tenu & réputé préfent par ledit Chapitre, comme il paroît par les extraits
en forme dudit Chapitre cy attachez, des 17. Juin & 3. Septembre 1663. 20.
Septemb. 1664. 17. Septemb. 1665 20. Septembre 1666. & 17. Septemb. 1667.
par le premier defquels l'on voit que ledit Suppliant s'acquitte envers l'Abbaye
de S. Jean au Val du gros qui luy eft dû, fuivant la coûtume, par les nouveaux Chanoines joüiffans ; & les autres fervent à montrer que du confentement
du Chapitre il a toûjours continué dans la joüiffance des fruits & revenus de
fa Prebende jufqu'au jour de l'acte capitulaire, par lequel l'on a prétendu l'en
priver ; aufquels extraits eft joint un acte qui juftifie que ledit Chapitre a admis ledit Bouft avec tous les autres Chanoines joüiffans, au partage commun
qui fe fait de toutes les Prebendes, & qu'il doit durer trois ans : Purquoy il y a
eu fujet de s'étonner de la hardieffe avec laquelle les auteurs de la Requête
ont ofé avancer que l'Arrêt dont eft queftion a été rendu fur un faux expofé
contre verité de prétenduë poffeffion, ce qui fait voir le peu de fincerité de
ceux qui font agir cette Compagnie contre le Suppliant ; Que de plus, s'agiffant d'un Reglement general pour tous les Procureurs en Théologie de l'Uni-
verfité de Paris, il étoit obligé de s'adreffer directement au Parlement de
Paris, felon les anciennes regles, joint que d'ailleurs un particulier Chanoine de
ladite Eglife de Chartres avoit appellé comme d'abus de la conclufion capitulaire, de laquelle ledit Suppliant a été obligé de fe plaindre, outre que l'Arrêt qu'il a obtenu au rapport du Sieur Catinat n'a rien de contraire à la nouvelle Ordonnance, ledit Arrêt portant feulement qu'il aura Commiffion
pour faire affigner ledit Chapitre, & que fans préjudice des Droits des parties
au principal il joüira des fruits, revenus & droits de fa Prebende, ainfi qu'il a
fait jufques au jour dudit Arrêt, qui fera executé fur l'extrait, ce que le Chapitre n'a ofé inferer dans fa Requête : Ces confiderations font efperer que ledit
Chapitre fera débouté de fa Requête, à quoy ledit Bouft auroit conclû.

Privilege des
Profeffeurs
de Sorbonne.

Prétexte
de l'Arrêt.

Cccc ij

Arrêt qui a déchargé des contraventions faites jusqu'en Janvier 1669.

V E U lefdites Requêtes, celle defdits Chanoines & Chapitre, fignée Ricard Avocat au Confeil, & celle dudit Bouft, fignée Barbot auffi Avocat audit Confeil. L'Arrêt du Confeil d'Etat du Roy, qui décharge de toutes les contraventions faites à l'Ordonnance de Sa Majefté, du mois d'Avril mil fix cens foixante fept, jufqu'au dernier Janvier mil fix cens foixante-neuf. L'Arrêt dudit Parlement de Paris, du 7. Février 1669. rendu fur la Requête dudit Bouft, par lequel eft ordonné Commiffion être délivrée audit Suppliant aux fins de ladite Requête ; & cependant par maniere de provifion, & fans préjudice des droits des parties au principal, que ledit Suppliant fera payé des fruits, revenus & prérogatives de fadite Prebende, ainfi qu'il les a receus jufqu'au jour dudit Arrêt. A ce faire les Receveurs & Payeurs dudit Chapitre contraints, ce faifant déchargez, & que ledit Arrêt feroit executé, enfuite duquel eft la fignification & commandement fait en conféquence. Acte fignifié le 4. Mars dernier audit Bouft, à la requête defdits Chanoines & Chapitre, portant qu'ils avoient mis leur Requête entre les mains du Sieur Puffort Confeiller du Roy en fes Confeils, afin de caffation dudit Arrêt du Parlement. Repliques defdits Chanoines & Chapitre à la Requête prefentée par ledit Bouft. Extrait de la nouvelle Ordonnance, au titre des Ajournemens, art. 12. Six Extraits capitulaires dudit Chapitre de l'Eglife Cathedrale de Chartres, des 27. Juin & 3. Septembre 1663. 20. Septembre 1664. 17 Septembre 1665. 20. Septembre 1666. & 17. Septembre 1667. Oüy le rapport du Sieur   Commiffaire à ce député.

Caffation.

Et tout confideré : L E R O Y E T A N T E N S O N C O N S E I L, faifant droit fur lefdites Requêtes refpectives, a caffé & annullé, caffe & annulle ledit Arrêt du Parlement de Paris, du 7. Février dernier, comme contraire à fon Ordonnance du mois d'Avril 1667. a évoqué & évoque à fa perfonne ledit procès & differend, & pour y faire droit a renvoyé & renvoye lefdites parties pardevant les Commiffaires députez par Sa Majefté, pour la re-

Qui font ceux qui doivent connoître des affaires des Univerfitez.

formation des Univerfitez, pour à leur rapport être par Sa Majefté ordonné ce que de raifon : Et cependant par maniere de provifion, & fans préjudice du droit des parties au principal, ledit Bouft continuëra de joüir des fruits & revenus de fadite Prebende, jufqu'à ce qu'autrement par Sa Majefté en ait été ordonné. Donné à Paris au Confeil d'Etat du Roy, tenu à Paris le premier Avril 1669. Signé, C O L B E R T.

TITRE III.

Les Affifes du Bailliage de Sens feront tenuës en la maniere accoûtu-
mée avant l'Ordonnance, pour les Affignations & Défauts.

SUR les Requêtes refpectives prefentées au Roy étant en fon Confeil,
l'une par les Officiers du Bailliage & Siege Prefidial de Sens ; l'autre par
les Officiers de la Prevôté dudit Sens : Celle defd. Officiers du Bailliage
& Prefidial, contenant que le Bailly dudit Sens, comme l'un des quatre Baillifs
du Royaume eft en poffeffion immemoriale de tenir les Affifes à certains temps
de l'année, pendant la durée defquelles, qui eft de huit jours chacune, toutes
les Jurifdictions ceffent, & ledit Bailly a droit de connoître de toutes fortes de
caufes qui s'expedient de jour à autre fans aucune prefentation : fçavoir celles
jufqu'à dix livres & au deffous, fur un fimple Défaut, après l'affirmation de
la partie prefente, avec condamnation de dépens taxez à dix fols pour la Ville &
Fauxbourgs, & vingt fols, s'il y a diftance d'une liëuë ; & pour celles de plus
grande conféquence, le Défendeur eft réaffigné au lendemain, auquel jour l'affaire eft terminée fur le champ après l'affirmation des parties, lecture faite des
pieces conformément aux Arrêts contradictoires du Parlement, des 13. May
1608. & 17. Avril 1612. qui porte Reglement general entre lefdits Officiers
du Prefidial & Prevôté, laquelle forme eft fi prompte & avantageufe aux Sujets de Sa Majefté, qu'il fe voit par les Regiftres du Greffe, que pendant chacune Affife il s'expedie huit cens caufes & plus, fans que lefdits Officiers en reçoivent aucuns émolumens, & que l'intention de Sa Majefté par fon Ordonnance du mois d'Avril 1667. étant l'abreviation des procez, les Affifes conviennent fort à ce deffein, puifque pendant la teneur d'icelles, il s'expedie un fi
grand nombre d'affaires en peu de temps, fans frais : Et comme par ladite Ordonnance les délais des Bailliages & Prefidiaux font au moins de huitaine, les
délais n'expirans qu'après le temps defdites Affifes, ils fe trouvent dans l'impoffibilité de les tenir, & les Sujets de Sa Majefté privez du foulagement qu'ils reçoivent dans la prompte expedition de leurs affaires : C'eft pourquoy ils ont
requis qu'il plût à Sa Majefté ordonner, que les Affifes fe tiendront en la maniere accoûtumée, fans toutesfois ufer à l'avenir d'aucuns réajournemens
fur défauts, comme contraires à ladite Ordonnance : Celle des Officiers de
ladite Prevôté, contenant que lefdits Officiers du Prefidial, pendant une
Affife, c'eft-à-dire pendant quatre jours, ont expedié ou retenu plus de douze
cens Caufes, & que contre la difpofition commune des Arrêts du Parlement
& l'intention de la nouvelle Ordonnance, ils fe font voulu conferver l'execution des Jugemens rendus à l'Affife, ce qui auroit obligé lefdits Officiers de la
Prévôté de fe pourvoir au Parlement, où feroit intervenu Arrêt du 7. May
1663. par lequel il auroit été ordonné que la connoiffance de toutes les caufes

Reglement de 1663. pour les Affises de Sens.

portées à l'Affife, bien que reglées, & même l'execution de celles jugées, appartiendroit au Prevôt pour éluder lequel, lefdits Officiers du Préfidial fe feroient pourvûs au Grand-Confeil : ainfi fur le conflit de Jurifdiction y ayant eu inftance au Confeil, les parties auroient été renvoyées au Parlement ; Et comme avant le temps lefdits Officiers du Préfidial étoient en poffeffion de retenir les Caufes jugées, ou non jugées, avec l'execution de ce qui avoit été jugé, ils ont donné leur Requête, par laquelle ils demandent que les Affifes foient par eux tenuës comme auparavant l'Ordonnance du mois d'Avril 1667. ce qui eft captieux, parce que fi Sa Majefté ordonnoit que les Affifes fe tiendroient comme auparavant ladite Ordonnance, on ne manqueroit jamais de vouloir étendre cette difpofition au préjudice des Arrêts du Parlement, & les Reglemens faits entre les parties : C'eft pourquoy ils ont déclaré, qu'à l'égard de la forme des Affignations, qui feront données aux Affifes, ils fe rapportent à Sa Majefté d'en ordonner ce qu'Elle trouvera de plus conforme à l'efprit de fon Ordonnance, & de plus convenable au bien de fes Sujets, en confervant aufdits Officiers de la Prevôté tous leurs Droits & l'autorité des Arrêts du Parlement par eux obtenus. V E U lefdites Requêtes, enfemble les pieces qui y font énoncées : Oüy le rapport du Sieur Puffort Confeiller de Sa Majefté ordinaire en fes Confeils, & Commiffaire à ce député : Tout confideré, L E ROY ETANT EN SON CONSEIL, faifant droit fur lefdites Requêtes refpectives, a ordonné & ordonne, que lefdits Officiers du Bailliage, Siege Préfidial de Sens, tiendront les Affifes dudit Bailliage en la maniere

Difpenfe des Délais requis par l'Ordonnance, & ce durant les Affifes feulement.

accoûtumée, & ainfi qu'ils faifoient avant fon Ordonnance du mois d'Avril mil fix cens foixante-fept, conformément aux Arrêts du Parlement de Paris fervans de Reglement entre lefdits Officiers & ceux de la Prevôté Royale dudit Sens, en ce qui n'eft point contraire à ladite Ordonnance. Fait au Confeil d'Etat du Roy, Sa Majefté y étant, tenu à faint Germain en Laye le vingt-cinquiéme Juin 1668. Signé, D E L I O N N E.

TITRE III.

Pareille difpenfe des Délais reglez pour les Affignations pendant le temps des Affifes du Bailly de Meaux, qui eft la huitaine de Pâques.

SUR la Requête prefentée au Roy en fon Confeil, par Meffire Fleurau Marquelet de la Noüe, Confeiller de Vôtre Majefté en vos Confeils d'Etat & Privé, & Vôtre Procureur au Bailliage & Siege Préfidial de Meaux : Contenant, que de tout temps immemorial le Bailly de Meaux eft en poffeffion de tenir fes Affifes deux fois l'année ; fçavoir après Pâques & après la Fête faint Martin, tant pour les comparutions des Officiers, qu'expeditions des caufes qui venoient aufdites Affifes, lefquelles duroient huit jours, pendant lequel temps il étoit libre à toutes perfonnes d'attirer & faire affigner pardevant le Bailly de Meaux tous justiciables des Justices subalternes de son Reffort, fans pouvoir demander renvoy, ce qui étoit très-commode & avantageux au public, en ce que le plus souvent les particuliers qui avoient des actions à diriger avoient repugnance de le faire pardevant les Juges subalternes, foit par fufpicion defdits Juges, ou par la longueur de procedures, & les grands frais qu'ils y faifoient, au lieu que pardevant ledit Bailly de Meaux les Caufes s'expedioient promptement fans autres frais & dépens que ceux de l'Affife, qui étoient liquidez par la Sentence à 10 15. 20. 25. & 30 fols au plus, eu égard à la diftance des lieux ; Et prefentement les Supplians font fruftrez de ce droit de Jurifdiction par la nouvelle Ordonnance, & par les Délais des affignations portez par icelle, & le public du foulagement qu'il recevoit par lefdites Affifes. A CES CAUSES, requeroit ledit Suppliant, qu'il plût à Sa Majefté ordonner que lefditesAffifes fe tiendroient pardevant ledit Bailly de Meaux, en la maniere accoûtumée, & déroger en ce regard à ladite nouvelle Ordonnance, & tout ainfi qu'il a été ordonné pour le Bailliage de Sens, par Arrêt de Vôtre Majefté du 25. Juin dernier. VEU ladite Requête & pieces y attachées ; LE ROY E'TANT EN SON CONSEIL, avant égard à ladite Requête, a ordonné & ordonne que les Officiers du Bailliage de Meaux tiendront les Affifes en la maniere accoûtumée, & ainfi qu'ils faifoient avant fon Ordonnance du mois d'Avril 1667. Fait au Confeil d'Etat du Roy, Sa Majefté y étant, tenu à faint Germain en Laye le vingt-troifiéme jour de Juillet mil fix cens foixante-huit. Signé, DE LIONNE.

Arrêt comme defius,

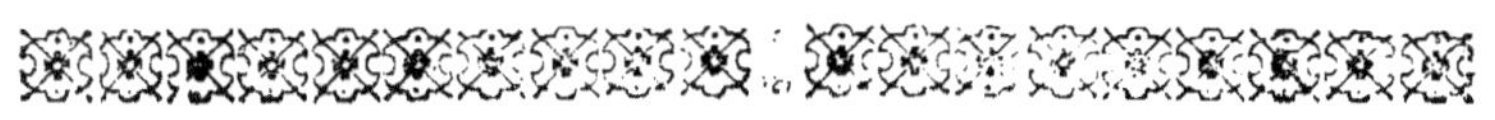

TITRE III.

Permis au Prieur & Religieux de faint Ayoul de Provins, d'exercer la Juftice dans les mêmes Délais qu'auparavant l'Ordonnance & ce feulement pendant les fept jours de la Foire.

VEU PAR LE ROY EN SON CONSEIL la Requête prefentée en icelluy par le Sieur Godard Abbé de fainte Croix, Prieur de faint Ayoul de Provins & les Religieux & Convent dudit Prieuré, hauts, moyens & bas Jufticiers en ladite Ville de Provins ; tendante a ce qu'il plût à Sa Majefté ordonner, que fans avoir égard aux délais de procedures portez par l'Ordonnance du mois d'Avril 1667. lefquels abforbe oient le peu de durée de la Jurifdiction defdits Prieur & Religieux, ils feroient exercer leur Juftice, fuivant le ftile des délais par eux accoûtumez auparavant ladite Ordonnance, & tout ainfi qu'il eft pratiqué dans les Affifes: Veu auffi l'Arrêt du Parlement du 20. Août 1507. contradictoirement rendu entre lefdits Prieur & Convent, d'une part ; & les Officiers du Bailliage & Prevôté de ladite Ville de Provins, d'autre : Pour raifon des droits de la Jurifdiction des Prieur & Convent dudit S. Ayoul, par lequel les Officiers dudit Bailliage &

Prévôté ont été condamnez aux dépens envers lefdits Prieur & Religieux , pour le trouble à eux fait dans l'exercice de leur Juſtice. Le procès verbal du 9. Septembre 1507. fait en vertu d'Arrêt du Parlement pardevant le Sieur Picot, Conſeiller en ladite Cour à ce commis, dans lequel les Privileges & droits de Juriſdiction defdits Prieur & Religieux ſont amplement juſtifiez ; en telle ſorte qu'il eſt dit que leurs Officiers pendant les ſept premiers jours de la Foire de ſaint Ayoul , commençante le 14. Septembre de chacun an , auront ſeuls la connoiſſance de toutes Cauſes tant civiles que criminelles , leſquelles écherront durant leſdits ſept premiers jours, ou qui auront été auparavant commencées pardevant le Bailly de Meaux ou ſon Lieutenant audit Provins , pour l'expedition deſquelles ledit Lieutenant ou ſes Greffiers ſeront tenus bailler aux Officiers defdits Prieur & Convent , les charges & informations & autres pieces neceſſaires pour la perfection defdits procez ; Et à cet effet , tous les Greffiers du Bailliage & Prevôté dudit Provins tenus d'exhiber le premier jour de ladite Foire ou le jour précedent , leurs Regiſtres auſdits Prieur & Religieux , ou à leurs Officiers , même que les Officiers dudit Bailliage , dont les fonctions ne ceſſeroient ; comme Sergens, Officiers du Guet & autres , feroient tous les ans ſerment entre les mains du Bailly defdits Prieur & Religieux de bien faire leurs Charges , au nom & en vertu des Commiſſions ſeules de leur Bailly , pendant les ſept premiers jours de ladite Foire , & ſans fraude à leur égard , ce qui auroit été confirmé par ledit procès verbal après les aſſignations & comparutions de tous les Officiers dudit Reſſort de Provins , ainſi qu'il eſt plus au long expliqué par ledit procès verbal : par lequel défenſes ſont faites à tous Officiers dudit Reſſort de Provins , de troubler les Officiers defdits Prieur & Religieux en l'exercice de leur Juriſdiction. V e u pareillement la déclaration & dépens du 10. Décembre 1 5 0 7. donnée au Parlement par leſdits Prieur & Religieux demandeurs en taxe , contre les Officiers dudit Bailliage de Provins, dans laquelle par le recit du fait , qui a donné lieu à ladite condamnation de dépens , le droit de Juriſdiction defdits Prieur & Religieux dans ladite Ville de Provins , pendant les ſept premiers jours de ladite Foire de ſaint Ayoul , eſt auſſi rapporté & énoncé. Oüy le rapport du Sieur Puſſort, Conſeiller ordinaire du Roy en ſes Conſeils ; Et tout conſideré , S A M A J E S T E' E' T A N T EN SON CONSEIL , ayant égard à ladite Requête , A ordonné & ordonne , que les Officiers defdits Prieur & Religieux du Prieuré de ſaint Ayoul de Provins , continuëront d'exercer la Juſtice audit Provins pendant les ſept jours de la Foire de ladite Ville dans les délais accoûtumez , & comme ils faiſoient avant l'Ordonnance du mois d'Avril 1 6 6 7. Fait au Conſeil d'Etat du Roy , tenu à ſaint Germain en Laye le vingt-ſeptiéme Août 1568. Signé, D e L i o n n e.

TITRE III. ARTICLE V.

TITRE V. ARTICLE III.

Par Provision sans préjudice du fonds, les Greffiers en Chef expedieront les Défauts levez aux Presentations.

Pour Monsieur Pingré Conseiller au Grand Conseil.

SUR la Requête presentée au Roy étant en son Conseil, par François Pingré Seigneur de Fativilliers, Conseiller au Grand-Conseil, Proprietaire du Greffe du Bailliage & Siege Presidial d'Amiens : Contenant, que de tout temps & ancienneté les Greffiers en Chef dudit Bailliage & Siege Presidial d'Amiens ont délivré les Défauts levez aux Presentations ; ce qui leur a été confirmé par plusieurs Edits, & par l'Article 9. de la Déclaration de Sa Majesté du 5. Novembre 1661. & Arrêts donnez en consequence le même jour ; ensemble par l'Article 5. du Titre 3. l'Article 3. du 5. Titre de la nouvelle Ordonnance, au préjudice dequoy la Communauté des Procureurs dudit Bailliage, Proprietaires du Greffe des Presentations d'iceluy, par une nouvelle entreprise, ayant voulu prétendre que la délivrance des Défauts levez faute de constituer Procureur, suivant ladite Ordonnance, les droits d'iceux leur devoient appartenir : Ils ont presenté une Requête verbale à l'Audience dudit Bailliage, à ce que lesdits Défauts soient délivrez par leurs Commis au Greffe des Presentations : sur quoy Maître François de Bacq, Commis du Suppliant au Greffe dudit Bailliage & Siege Presidial, ensemble le Procureur du Roy ayant été oüi, est intervenuë Sentence du Lieutenant General, le 16. Février dernier : Portant, qu'au principal les parties se pourvoiroient, & cependant a commis pour Greffier Benigne Magdeleine pour signer les Défauts des Presentations, qui seroient délivrez par extrait ; ce qui oblige le Suppliant de recourir à l'autorité du Conseil, auquel la connoissance en appartient en consequence dudit Arrest du 5. Novembre 1661. & la Déclaration publiée au Sceau, le même jour, confirmée par ledit Arrest. Requeroit le Suppliant, attendu ce que dessus, la possession en laquelle le Suppliant & tous les Greffiers en Chef des Bailliages & Sénéchaussées sont de signer, expedier & délivrer les Défauts levez aux Presentations, ainsi qu'il a été même jugé solemnellement depuis peu au Châtelet de Paris en une Cause d'Audience devant la Communauté des Procureurs, & le Châtelet & les Greffiers en Chef d'iceluy, il plût à Sa Majesté maintenir le Suppliant & ses Fermiers & Commis en ladite possession de signer, expedier & délivrer les Défauts levez aux Presentations : Avec défenses à la Communauté des Procureurs du Bailliage d'Amiens, Proprietaires des Presentations d'iceluy de les troubler, & empêcher ; & pour le trouble par eux fait, qu'ils seront condamnez en tous les dépens, dommages & interêts du Suppliant. VEu ladite Requête signée

Dddd

de luy & Dufrefne fon Avocat, ladite Déclaration & Arrêt du Confeil du 5. Novembre 1662. l'Ordonnance du Lieutenant General d'Amiens, du 16. Février 1668 & autres pieces attachées à icelle. Oüy le rapport du fieur Puffort, Commiffaire à ce député : Et tout confideré, LE ROY EN SON CONSEIL, ayant aucunement égard à ladite Requête, A ordonné & ordonne que les Procureurs du Bailliage d'Amiens Proprietaires du Greffe des Prefentations dudit Bailliage & Siege Prefidial feront affignez audit Conseil pour répondre aux fins de ladite Requête : Et cependant par maniere de provifion & fans préjudice du droit des parties au principal, A SA MAJESTE' ORDONNE' & ORDONNE, que le Greffier en Chef dudit Bailliage & Siege Prefidial d'Amiens ou fes Commis figneront, expedieront & délivreront les Défauts qui feront levez aux Prefentations, & en percevront les droits jufques à ce qu'autrement par Sa Majefté en ait été ordonné. Fait au Confeil d'Etat du Roy, Sa Majefté y étant, tenu à faint Germain en Laye, le   May 1668. *Signé*, DE LA VRILLIERE.

Arrêt par provifion.

Pareil Arreft a été rendu en faveur des Officiers du Bailliage d'Auxois, du 11. *Février* 1669. *A Paris.*

Pareil Arreft pour les Officiers du Bailliage de Provins, du 11. *Février* 1669. *A Paris.*

Pareil Arreft rendu en faveur des Officiers du Bailliage de la Montagne, Siege de Châtilion, du 11. *Mars* 1669. *A Paris.*

TITRE IV. ARTICLE IV.

Ordonné qu'és Cours de Parlement, les Procureurs des Défendeurs intimez & anticipez fe prefenteront, & feront enregiftrer la Cédule comme aux autres Jurifdictions.

Pour le Greffier en Chef au Parlement de Bordeaux.

SUR la Requête prefentée au Roy en fon Confeil, par Loüis Montallier Sieur de Vriffac, & Greffier en Chef des Prefentations du Parlement de Bordeaux ; Contenant, que bien que ladite Charge de Greffier des Prefentations ait été établie dès la création dudit Parlement ; Et que pour joüir des fonctions & droits attribuez à ladite Charge, enfemble aux places de Clerc d'icelle créée par Edit de l'an 1577. le Suppliant & fes Prédeceffeurs ayent été contraints de financer plufieurs fommes confiderables, tant dans les diverfes reventes des Greffes que taxes faites fur iceux, en conféquence de plu-

Edit de création du Clerc au Greffe.

fieurs Edits, Déclarations, arrêts & Reglemens de Sa Majefté, & des Rois fes Prédeceffeurs : Enforte, que lorsque la nouvelle Ordonnance de Sa Majefté a été faite au mois d'Avril de l'année derniere, le Suppliant ne retiroit pas l'interêt de fa finance, à raifon du dernier vingt cinq; néanmoins par ladite nouvelle Ordonnance, il a été prefque entierement privé de toutes les fonctions, droits & émolumens attribuez à ladite Charge & place de Clerc d'icelle, par l'abrogation qui eft faite par ladite nouvelle Ordonnance, tant des Prefentations des demandeurs appellans & anticipans, que des re ffignations, défauts & autres expeditions qui avoient accoûtumé d'être délivrées en confequence au Greffe, & autres droits abrogez, qui faifoient plus des trois quarts du revenu d'iceluy : Et eft encore dépoüillé du peu qui luy refte par ce moyen, de ce que par l'Article 16. du Titre 11. de ladite nouvelle Ordonnance, les demandeurs appellans & anticipans qui font difpenfez de fe prefenter, étant obligez de déclarer par leurs Exploits les noms de leurs Procureurs ; ceux des defendeurs intimez & anticipez prennent de là occafion de ne faire pareillement aucune Prefentation audit Greffe, mais feulement déclarent par des actes qu'ils font fignifier aux Procureurs defdits demandeurs appellans & anticipans, qu'ils ont charge d'occuper contre eux ; & par-là font perdre les droits defdites Prefentations au Suppliant, par prétexte de ce que par ladite nouvelle Ordonnance il n'eft étably aucunes peines contre les défendeurs intimez & anticipez, qui ne fe prefenteront pas ; mais eft dit fimplement qu'ils feront tenus fe prefenter, bien que par tous les Edits, Déclarations, Arrêts & Reglemens intervenus fur le fait des Prefentations, il en foit ordonné, notamment par la derniere Déclaration de Sa Majefté donnée en forme de Reglement des droits defdits Greffes, par laquelle, la peine de nullité & de fix livres d'amende eft expreffément portée & ordonnée contre les parties & Procureurs contrevenans : Comme auffi, quoy que par l'Article 4. du Titre 11. de ladite Ordonnance, il foit porté, *Qu'és Cours de Parlement, Grand-Confeil & Cour des Aydes, fi le défendeur après avoir mis Procureur ne fournit de fes défenfes dans le même délai, & copie des pieces juftificatives s'il en a ; le demandeur prendra fon Défaut au Greffe, lequel il fera fignifier au défendeur ; Et huitaine après la fignification le baillera à juger.* Et par l'Article 19. du même Titre 11. *Qu'après que le procès ou la Sentence auront été mis au Greffe, le Procureur plus diligent offrira & fera fignifier à celuy de la partie averfe l'Appointement de conclufion, avec fommation de comparoir au Greffe pour le paffer, & ce faute de ce faire trois jours après la fignification, que le Congé ou Défaut fera délivré & jugé :* Néanmoins la plûpart des Procureurs de ladite Cour de Parlement de Bordeaux pour fruftrer le Suppliant de l'expedition defdits Défauts, fe reçoivent à plaider les uns les autres en l'Audience, quoy qu'ils n'ayent fait fignifier leurs défenfes, ou y prennent lefdits Défauts faute de défendre contre les termes exprès de ladite Ordonnance cy-deffus énoncez, laquelle ils n'obfervent non plus à l'égard defdits Appointemens de conclufions fur les appels des Sentences renduës fur des Appointemens en Droit : D'autant qu'au lieu de prendre leurs Congez ou Défauts audit Greffe, lors que l'une des parties eft en demeure de figner lefdits Appointemens de conclufion dans les Délais,

Dddd ij

Autre pratique abusive.

suivant la forme prescrite par ledit article 19. dudit Titre 11. de ladite Ordonnance ; ils s'appellent entr'eux pardevant leurs Collegues, par l'avis defquels ils se font prolonger les Délais de ladite Ordonnance, prennent telles expeditions que bon leur semble, & se forment un stile tout particulier & à leur mode contre l'ordre étably par ladite nouvelle Ordonnance, ce qui est tres-préjudiciable au Public, & acheve d'ôter au Suppliant le peu de droits qui font restez à sa Charge, ainsi qu'il a été cy dessus représenté : Enforte, que les choses demeurans en cet état, il se trouveroit contraint de l'abandonner pour pourfuivre le remboursement de sa finance. A CES CAUSES, requeroit qu'il plût à Sa Majesté luy pourvoir par sa Justice, soit par le rétablissement defdits droits abrogez ou autrement, selon son bon plaisir ; Et en attendant, afin que le Suppliant ne demeure pas entierement privé de tous les émolumens dudit Greffe, étant presque le seul bien qu'il possede, Ordonner presentement que conformément à ladite nouvelle Déclaration de Sa Majesté dudit jour cinquiéme Novembre 1661. & à l'Article premier du Titre 4 de sa nouvelle Or

Cinq fols pour le droit de presentation.

donnance, Tous Défendeurs intimez & anticipez seront tenus se presenter audit Greffe, & payer au Suppliant les Droits de leurs Presentations, à raison de cinq sols pour chacune, suivant & ainsi qu'il est ordonné & exprimé par ladite Déclaration, laquelle à cet effet sera executée audit Parlement de Bordeaux, à peine de nullité des procedures & Arrêts qui interviendront sans la Presentation defd. Defendeurs intimez & anticipez, & de 20. l. d'amende pour chacune contravention au profit dudit Suppliant, de laquelle iceluy Suppliant ou son Commis, pourront delivrer executoire alencontre des parties & Procureurs contrevenans : Comme aussi ordonner, que conformément ausd. Articles 4. & 19. dudit Titre 11. de ladite Ordonnance, aucunes Causes ne pourront être plaidées ni portées en l'Audience de ladite Cour, que préalablement les parties défenderesses n'ayent fait signifier leurs défenses & pieces justificatives d'icelles ; Et que les Défauts & Congez qui seront acquis en vertu de ladite Ordonnance, tant contre lesdites parties défenderesses, à faute d'avoir fait signifier lesdites défenses & pieces justificatives, que celles qui seront en demeure de bailler les Appointemens de conclusion qui leur auront été offerts après les Délais de ladite Ordonnance expirez, seront pris & expediez audit Greffe des Presentations, & baillez à juger, suivant & ainsi qu'il est porté & exprimé par lesdits Art. 4. & 19. dudit Titre 11. de ladite Ordonnance : Et faire défenses ausdits Procureurs des parties dudit Parlement d'y contrevenir, & de prolonger les Délais d'icelle, & prendre aucuns expediens entr'eux pour raison desdits Appointemens de conclusion, ni introduire & pratiquer aucune autre forme que celle qui est prescrite par ladite Ordonnance, à peine de nullité des procedures & Arrêts qui interviendront, & de cinquante livres d'amende contre lesdits Procureurs contrevenans, & pour chacune contravention au profit du Suppliant, VEU par Sa Majesté ladite Requête signée du Suppliant, ladite Déclaration dudit jour cinquiéme Novembre 1661. & autres pieces & actes attachez à ladite Requête ; ensemble ladite nouvelle Or

Arrêt.

donnance. Où le rapport du sieur Pussort, Conseiller ordinaire de Sa Majesté en ses Conseils, Commissaire à ce député. SA MAJESTE' ETANT

EN SON CONSEIL, ayant égard à ladite Requête, A ordonné &
ordonne que les Procureurs des Défendeurs intimez & anticipez au Parlement de Bordeaux, seront tenus de se presenter & faire enregistrer leurs Cédules sur le Cahier des Presentations, à peine de cent livres d'amende en cas de
contravention contre chacun desdits Procureurs en leur nom, & des dépens,
dommages & intérêts dudit Suppliant, & sera le present Arrest lû & publié
en la Communauté desdits Procureurs. Donné à saint Germain en Laye,
le   jour de May 1668. DE LA VRILLIERE.

ARTICLE I. TITRE IV.

*Les Procureurs des Défendeurs intimez & anticipez ès Jurisdic-
tions subalternes, seront tenus de se presenter & faire enregistrer leurs Cédules sur le Cahier des Presentations, à peine de cent
livres d'amende.*

Pour les
Proprietai-
res des Gref-
fes des Pre-
sentations de
la Ville de
Tours.

SUR la Requête presentée au Roy étant en son Conseil, par Loüis
Antoine de la Rochefoucault, Chevalier, Seigneur de Buyeres, la Berge-
rie & autres lieux, au nom & comme Pere & Tuteur, & ayant la garde noble de ses enfans mineurs & de défunte Dame Anne Garnier son épouse,
& en cette qualité Proprietaire des Greffes Alternatif & Triennal des Presentations du Présidial & toutes les Justices & Jurisdictions Royales de la Ville de
Tours : Et par René Goulard, Chevalier, Seigneur de la Boulidiere, Ecuyer
de la grande Ecurie du Roy, Proprietaire des trois quarts du doublement
des Presentations dudit Présidial, & de toutes les Justices & Jurisdictions ; Et
Charles Ferit, Chevalier, Seigneur de la Selle, Proprietaire de l'autre quart du
doublement desdites Presentations : Contenant, qu'encore que par l'Article
premier du Titre quatriéme de la nouvelle Ordonnance, il soit porté, *Qu'en
toutes les Cours, Sieges & Jurisdictions esquelles il y a des Greffes des Presentations, les défendeurs intimez & anticipez, seront tenus de se presenter
& de cotter les noms de leurs Procureurs sur le Cahier des Presentations.*
Néanmoins, parce que par l'Article 16. du Titre deuxiéme de ladite Ordonnance, les Demandeurs appellans & anticipans qui sont dispensez de se
presenter, sont obligez de déclarer le nom de leurs Procureurs par leurs Exploits : Ceux des Défendeurs intimez & anticipez audit Présidial & autres Jurisdictions de ladite Ville de Tours ne font aucunes presentations audit Greffe, &
déclarent seulement par actes leur pouvoir d'occuper aux Procureurs des Demandeurs appellans & anticipans, dont ils sçavent les noms, pour être compris ausdits Exploits : Et par ce moyen achevent d'ôter audit Greffe le peu de
droits qui y sont restez par ladite nouvelle Ordonnance, laquelle en a abrogé
plus des trois quarts : Ce qu'étant ainsi entrepris au sujet que ladite Ordonnance n'établit aucune peine contre les Défendeurs intimez & anticipez qui ne

On éludoit
l'art. 1. du
titre 4. par
l'article 16.
du titre 2.

S'il faut une
peine pour
l'execution
de la liquid.

D d d d iij

feront pas leurs Prefentations, bien que par tous les Edits & Reglemens intervenus fur le fait des Prefentations il y ait des peines ordonnées contre les contrevenans. A CES CAUSES, ils requeroient, en attendant qu'il plût à Sa
Majefté pourvoir à leurs dédommagemens des Droits abrogez par ladite nouvelle Ordonnance, Qu'il plût à Sadite Majefté ordonner prefentement, que
conformément à l'Article 1. du Titre 4. de ladite Ordonnance ; Tous les Défendeurs intimez & anticipez audit Prefidial & aufdites Juftices & Jurifdictions
de la Ville de Tours, feront tenus de fe prefenter au Greffe defdites Prefentations, & de payer les Droits de leur prefentation, à peine de nullité des procedures & Jugemens qui interviendront, fans que lefdites prefentations ayent
été préalablement faites ; & encore à peine de cent livres d'amende pour chacune contravention, alencontre des Procureurs contrevenans, au profit des
Supplians, leurs Fermiers ou Commis audit Greffe, dommages & interêts.
Et afin que lefdits Procureurs n'en puiffent ignorer, Ordonner que le prefent
Arreft fera lû & publié en leur Communauté. VEU ladite Requête, fignée
Bonhomme, Avocat des Supplians : Oüy le rapport du Sieur Puffort, Confeiller ordinaire de Sa Majefté en fes Confeils, Commiffaire à ce député. Et
tout confideré, LE ROY E'TANT EN SON CONSEIL,
ayant égard à ladite Requête, A ordonné que les Procureurs des Défendeurs
intimez & anticipez audit Prefidial de Tours, & aufdites Juftices & Jurifdictions de ladite Ville, feront tenus de fe prefenter & enregiftrer leurs Cedules fur
le cahier des Prefentations, à peine de cent livres d'amende en cas de contravention contre chacun des Procureurs en leur nom, & des dépens, dommages
& interêts defdits Supplians. Et fera le prefent Arrêt lû & publié efdits
Sieges, les Audiences tenantes. Fait au Confeil d'Etat du Roy tenu à Paris,
le 11. Février 1669. Signé, DE LA VRILLIERE.

Pareil Arrêt
que deffus.

TITRE IV.

Enjoint aux Procureurs du Parlement de Paris, & tous autres,
de fe prefenter fur le Regiftre aux Affignations baillées
aux Requêtes du Palais.

Pour les Pro-
prietaires des
Greffes des
Prefenta-
tions des Re-
quêtes du
Palais.

SUR la Requête prefentée au Roy étant en fon Confeil, par les Proprietaires du Greffe des Prefentations des Requêtes du Parlement de Paris ;
Contenant, Qu'encore que par toutes les Ordonnances, Edits, Déclarations & Reglemens rendus fur le fait defdites Prefentations : Il foit enjoint aux Procureurs de fe prefenter en toutes Caufes dans le Regiftre du
Greffe des Prefentations, d'en payer les Droits, & de faire parapher les Exploits avant que de plaider leurs Caufes, à peine de nullité des procedures &
d'amende au profit defdits Greffiers pour chacune defdites contraventions, de
laquelle feroit par luy délivré executoire contre les Procureurs réfractaires ; Et

que défenſes ſoient faites aux Juges & Officiers ſous les mêmes peines, de faire
plaider aucunes Cauſes qu'elles ne ſoient preſentées ; Que même pour empêcher les fraudes & contraventions qui pourroient être faites, leſdits Procureurs ſoient tenus de repreſenter auſdits Greffiers ou leurs Commis, toutesfois
& quantes qu'ils en ſeront requis, leurs Regiſtres, Liaſſes & Exploits, pour
connoître s'ils ſe ſont preſentez, & affirmer ſur la verité d'iceux : Et par l'Ordonnance de Sa Majeſté du mois d'Avril 1667. dont l'execution a commencé
au 11. Novembre 1667. ayant été ainſi ordonné, les Supplians ſe ſeroient
plaints, de ce qu'au préjudice, les Procureurs ne tenoient compte de ſe preſenter au Cahier & Regiſtre des Preſentations, & fruſtroient ainſi les Droits
& émolumens dudit Greffe des Requêtes du Palais, ſeroit intervenu Arrêt
au Conſeil d'Etat de Sa Majeſté le dernier Janvier 1668. portant, *Que les
Procureurs des Défendeurs auſdites Requêtes du Palais, ſeront tenus de ſe
preſenter, & faire enregiſtrer leurs Cauſes ſur le Cahier des Preſentations,
à peine de cent livres d'amende en cas de contravention contre chacun deſdits
Procureurs en leurs noms, & des dommages & interêts deſdits Supplians ; Et
que ledit Arrêt ſoit lû & publié en la Communauté deſdits Procureurs :*
Auſquels quoy que cet Arrêt ait été ſignifié en general & en particulier, ils y
ont juſqu'à preſent néanmoins porté ſi peu de reſpect & obéïſſance, qu'ils y
ont contrevenu & contreviennent journellement, ſe donnant des Cédules de
preſentations les uns aux autres ; & les Procureurs des Défendeurs faiſant ſignifier des Actes aux Procureurs des Demandeurs, nommez par les Exploits d'aſſignations, fourniſſent d'exceptions & défenſes ſans preſentation préalable : Entr'autres Maîtres Loüis Thiriat, Jean Petitjean, François Chardon, Philippes Bazannier, Jean Degronchy, Denys le Riche, Etienne Hadon, Jacques Hyacinthe, le Roux le jeune, les 31. Janvier, 28. Février, 8. Mars,
22. Avril, 5. 16. & 21. May, 2. & 10. Juin, par leſquels ils ont fait ſignifier,
qu'ils ont reçû les aſſignations auſdites Requêtes du Palais : Sçavoir ledit
Thiriat pour Pierre Hardy, ledit Petitjean pour Claude & Nicolas Sauva-
geot & conſorts ; ledit Chardon pour Meſſire Michel Paſſart, ledit Bazannier pour Thomas Chappelain, Loüis Gaſton, ledit Degronchy pour Loüis
Baranjon, ledit le Riche pour Sebaſtien Bruand, ledit Hadon, pour Jacques
Maſſon, & ledit le Roux pour René Sochet : En un mot, les Supplians peuvent dire avec verité, qu'il n'y a pas un ſeul Procureur de la Cour qui ait
executé l'Ordonnance du mois d'Avril 1667. & obéy à l'Arrêt de 1668. ce
qui ruïne entierement les Droits & la fonction deſdits Supplians. A CES
CAUSES, attendu ce que deſſus, requeroient leſdits Supplians, qu'il plût
à Sa Majeſté ordonner, que ledit Arrêt de ſon Conſeil d'Etat du dernier Janvier 1668. ſera executé ſelon ſa forme & teneur : Et pour la contravention
faite à iceluy & à l'Ordonnance par leſdits Thiriat, Petitjean, Chardon, Bazannier, de Gronchy, le Riche, Hadon & le Roux Procureurs, la peine de
cent livres d'amende portée par ledit Arrêt, déclarée encouruë alencontre de
chacun d'eux au profit deſdits Supplians, au payement dequoy ils ſeront
contraints par toutes voyes düës & raiſonnables : Et outre, qu'il leur ſera
enjoint & à tous autres Procureurs, de ſe preſenter, & faire enregiſtrer leurs Cé-

dules fur les Regiftres des Prefentations, fous telles peines qu'il plaira à Sa Majefté, fans préjudice des dommages & interêts des Supplians, pour lefquels ils fe pourvoiront ainfi que de raifon. VEu ladite Requête, fignée Adam Mithoüard, Avocat au Confeil, ledit Arrêt dudit Confeil d'Etat de Sa Majefté du dernier Janvier 1668. au dos duquel eft la fignification du 29. Août audit an, au Procureur de la Communauté des Procureurs du Parlement de Paris, par Desjobars, Huiflier ordinaire de Sa Majefté en fes Confeils. Commiflion du grand Sceau fur ledit Arrêt. Procès verbal de fignification dudit Arrêt & Commiflion, faite par Poitevin Huiflier des Requêtes de l'Hôtel, les 5. & 6. Octobre 1668. à tous les Procureurs en particulier dudit Parlement, avec injonction de le publier ou le faire publier à leur Communauté, & d'en faire note fur le Regiftre. Les Exploits de fignifications & déclarations de charge d'occuper, fignifiez à la requête defdits Thiriat, Petitjean, Chardon, Bazannier, de Cronchy, le Riche, Hadon & le Roux, depuis & au préjudice de la fignification dudit Arrêt, qui juftifie la contravention faite à iceluy. Oüy le rapport du fieur Puffort, Confeiller d'Etat ordinaire, Commiflaire à ce députe: Et tout confideré, LE ROY E'TANT EN SON CONSEIL, ayant égard à la Requête, A ordonné & ordonne, que fon Ordonnance du mois d'Avril 1667. & ledit Arrêt du Confeil d'Etat du dernier Janvier 1668. feront executez felon leur forme & teneur : Et pour les contraventions qui y ont été faites par lefdits Thiriat, Petitjean, Chardon, Bazannier, de Cronchy, le Riche, Hadon & le Roux, Procureurs audit Parlement de Paris, les a condamnez conformément audit Arrêt, chacun en cent livres d'amende en leurs noms, & fans aucune répetition contre leurs parties, au payement defquelles amendes ils feront contraints par toutes voyes dües & raifonnables, même par corps : Enjoint Sa Majefté à tous les Procureurs de Défendeurs aux Requêtes du Palais du Parlement de Paris & tous autres, de fe prefenter, & faire enregiftrer leurs Cédules fur le cahier des Prefentations, à peine de cent livres d'amende pour chacune contravention, & des dépens, dommages & interêts defdits Supplians. Fait au Confeil d'Etat du Roy, tenu à faint Germain en Laye le dernier jour de Janvier 1668.

Arrêt qui condamne ceux qui a voient contrevenu.

Pareil Arrêt pour Jean Potier Greffier des Prefentations du Château du Loire, du 23. Avril 1668. & fera le prefent Arrêt lû & publié en la Communauté des Procureurs.

Pareil Arrêt pour Samfon Vacquon, pour les Prefentations du Bailliage & Siege Préfidial de Sens, du 8. May 68.

Autre pour Monfieur Bourlon, Confeiller au Parlement de Paris, au fujet des Prefentations à faire au Greffe de la Vicomté de Roüen, 6. Août 68.

Pareil

Pareil Arrêt pour Monsieur Jassaud Maitre des Requêtes, Proprietaire par engagement des Greffes des Presentations, civil & criminel, de la Vicomté de Saumur, du 11. Février 1669.

Autre pour le Sieur Marquis de la Varenne, Proprietaire des Greffes de la Fléche & Baugé, du 11. May 1669.

Pareil Arrêt a été rendu pour le Sieur Garnier de Monbeau, contre les Procureurs de Bar-sur-Aube, Sens & saint Quentin, du 20. May 1669.

TITRE V. ARTICLE III. & IV.

Defauts & Congez faute de comparoir, seront jugez en la Chambre du Conseil du Greffe Presidial de Lyon, comme ceux faute de defendre.

SUR la Requête presentée aux Roy étant en son Conseil, par Gabriel Bellion Avocat en Parlement, & Proprietaire du Greffe de la Chambre du Conseil de la Sénéchaussée & Siege Presidial de Lyon : Contenant, Qu'encore que de tout temps les Défauts & Congez faute de comparoir appartiennent au Suppliant, même par l'Ordonnance du mois d'Avril 1667. qui veut qu'ils soient levez au Greffe, & par consequent jugez en ladite Chambre du Conseil : Neanmoins le Greffier de l'Audience a encore prétendu que lesd. Défauts & Congez doivent être jugez à l'Audience, sous prétexte que par l'Arrêt donné au Conseil d'Etat du Roy, Sa Majesté y étant, le 21. Avril dernier, au profit du Suppliant, il est seulement dit, *Que les Défauts & Congez faute de fournir de defenses seront jugez en la Chambre du Conseil*, sans avoir parlé de ceux faute de comparoir, ce qui n'étoit pas aussi necessaire ; puisque ladite Ordonnance expliquoit suffisamment la chose à l'avantage du Suppliant, & que lesdits Défauts & Congez faute de comparoir sont de même nature : ce qui l'obligea, attendu le refus qu'a fait ledit Greffier de l'Audience d'obeïr audit Arrêt, & de relâcher lesdits Défauts & Congez faute de comparoir, de faire ses remontrances pardevant le Lieutenant General des lieux, suivant l'adresse à luy faite par Sa Majesté pour l'execution dudit Arrêt : lequel, au lieu d'y faire droit, & regler la contestation des parties, suivant ladite Ordonnance, & conformément à ce qui se pratique depuis icelle au Parlement de Paris, Cour des Aydes, Chambre des Comptes, Grand Conseil, Requêtes du Palais & de l'Hôtel, Châtelet de Paris, & autres Jurisdictions du Royaume, auroit renvoyé lesdites parties au Conseil de sa Majesté pour leur être pourvû : Pour raison dequoy, ledit Suppliant a grand interêt de recourir encore une fois à Sadite Majesté, se voyant par ce moyen depossedé d'un droit qui luy a toûjours appartenu, même contre l'intention de la-

Pour le sieur Bellion Proprietaire du Greffe de la Chambre du Conseil de Lyon.

Contre le Greffier d'Audience du même lieu.

Arrest du 21. Avril 1669.

Le Lieutenãt General sur le deuxieme l'un article du Conseil du R.

Tome I.   Eeee

dite Ordonnance, & pour l'attribution duquel droit, & autres qui font dépendans dudit Greffe, il a financé plus de trente mille livres. A CES CAUSES, & attendu ce que deſſus, requeroit ledit Suppliant, qu'il plût à Sa Majeſté, en interpretant ledit Arrêt du 21. Avril dernier, ordonner, que leſdits Défauts & Congez faute de comparoir feront jugez en ladite Chambre du Conſeil, comme ceux faute d'avoir fourni de défenſes : condamner ledit Greffier de l'Audience de rendre & reſtituer audit Suppliant les minutes, droits & émolumens qu'il a reçûs pour l'expedition deſdits Défauts & Congez faute de comparoir, depuis la S. Martin derniere qu'il en a joüy ; Qu'à ce faire, il ſera contraint par toutes voyes dûës & raiſonnables, moyennant quoy, il en demeurera bien & valablement déchargé : Faire défenſes audit Greffier de l'Audience d'expedier à l'avenir leſdits Défauts & Congez, à peine de faux & de cent liv. d'amende, dépens, dommages & interêts, aux Procureurs d'en requerir le jugement à l'Audience ſur pareille peine ; & que le preſent Arrêt ſera lû & publié, tant à l'Audience qu'en la Chambre du Conſeil, pour être executé de point en point, ſelon ſa forme & teneur ; Et au cas que Sa Majeſté ne voulût connoître dudit differend, Qu'il luy plût de renvoyer les parties au Parlement de Paris. VEU ladite Requête, ſignée Royer Avocat, & conſeil du Suppliant. L'Arrêt du Conſeil d'Etat du Roy, du 21. Avril dernier ; Signification d'iceluy audit Greffier de l'Audience, & la Réponſe à icelle par ledit Greffier, du 4. May dernier ; Remontrances du Suppliant faites pardevant le Lieutenant Géneral de Lyon, contenant auſſi celles dudit Greffier d'Audience, ſur leſquelles auroit été ordonné que leſdites parties ſe pouvoiroient au Conſeil de Sa Majeſté, & autres pieces attachées à icelle. Oüy le rapport du ſieur Puſſort, Conſeiller de Sa Majeſté en tous ſes Conſeils : Et tout conſideré : LE ROY E'TANT EN SON CONSEIL, ayant égard à ladite Requête, & interpretant ſon Arrêt du 21. Avril dernier, a ordonné & ordonne, que les Défauts & Congez à faute de comparoir feront jugez en la Chambre du Conſeil de la Senéchauſſée & Siege Préſidial de Lyon, de même que ceux faute d'avoir fourni défenſes. Et ſera le preſent Arrêt lû & publié à l'Audience du Siége de ladite Sénéchauſſée & Préſidial de Lyon. Fait au Conſeil d'Etat du Roy, tenu à S. Germain en Laye, le 25. Juin 1668. Signé, DE GUENEGAUD.

POUR le Sieur de Lauvargnac, Sieur de la Mothe.

CONTRE Anne Duffault.

TITRE V. ARTICLE V.

Ne fera ordonné en appointant une Requête civile reftée au Rôle,
en laquelle on alleguoit des fins de non recevoir, que l'on écrira
à toutes fins, & ne fera entré au fonds.

ARTICLE XL. TITRE XXXV. ARTICLE IX. TITRE XI.

Ne fera appointée, quoyque reftant fur le Rôle, mais feulement
à la pluralité des voix.

SUR la Requête prefentée au Roy étant en fon Confeil, par Theophile
de Lauvargnac, Ecuyer, Sieur de la Mothe, au nom & comme tuteur de
Simon de Milliany, auffi Ecuyer, jeune enfant pupille, âgé de dix ans
feulement, demeurant en la Province de Guyenne : Contenant que feuë
Ifabeau de Mande ayeule paternelle dudit pupille, ayant été mariée en l'an
1508. avec défunt Jean Duffault, Sieur de Ferrois, auquel elle avoit porté en
dot tous & chacuns fes droits, revenans à la fomme de trois mil huit cens foi-   Le fait.
xante liv. avec une métairie de notable valeur ; pendant ledit mariage, il étoit
arrivé que la Dame de Gamache ayant une rente conftituée, affife fur ladite
maifon de Ferrois pour la fomme de fept cens quatre-ving livres de capital
dont la rente annuelle de cinquante-deux livres luy étoit dûë de plufieurs'
années, fit proceder par faifie fur ladite maifon, en l'an mil fix cens quinze, &
quelques années après ledit Duffault mourut en mil fix cens vingt laiffant un
fils & une fille. Après fon deceds, fa veuve, à qui par claufe expreffe de fon contrat de mariage, la maifon étoit affectée pour fes droits, & l'ufufruit & jouïf-
fance donnée par le teftament, fans rendre aucun compte, avoit joüy des biens
de fon défunt mary, qui s'étoit fervy de fa dot pour fe liberer, & fon bien auffi
de quelques creanciers dont il étoit accablé, qui fubrogerent même en leur
lieu & place ladite de Mande fa femme, laquelle fe voyant troublée dans la
joüiffance de fes biens par la faifie de la Dame de Gamache qui l'en excluoit,
elle fe réfolut de la payer, afin de lever cet obftacle, & pour cet éfet fut contrainte de vendre la métairie mentionnée en fon contrat de mariage qui étoit
fon fond dotal, des deniers de laquelle elle paya la Dame de Gamache tant en
principal qu'arrerages dûs de fa rente, & au moyen de ce payement demeura
fubrogée de plain droit au lieu & place de la premiere creanciere. Depuis en
l'année mil fix cens vingt-fix, fe voyant dans une maifon ruïnée par le mauvais
état des affaires de fon défunt mary, elle fut contrainte de penfer à un fecond
mariage lequel elle accomplit enfuite avec le Sieur de Milliany, Ecuyer, Sieur
de la Mothe, qui avoit eu l'honneur de commander cent hommes d'infanterie,

& un Vaisseau sur mer, contre les Rochelois rebelles, en l'an 1622. pour le service du feu Roy Louïs XIII. d'heureuse memoire, pere de Sa Majesté. Et comme en l'année mil six cens vingt-sept ladite Anne Dussault, fille de ladite de Mande, abandonna sa mere en une extrême maladie, & luy ayant enlevé tout ce qu'elle pouvoit, se déroba de sa maison, & se maria au grand regret de sa mere, sans luy en avoir rien communiqué, à l'âge de treize à quatorze ans seulement, avec un homme de fort basse condition, nommé Montaras, la mere en avoit fait informer devant le Juge des lieux. Quelques années après, le fils Antoine Dussault ayant atteint l'âge de 17. ans ou environ, fut pourvû d'un Curateur nommé André Montenon Procureur alors en la Prevôté d'entre deux meres, auquel elle offrit de rendre compte des joüissances, & le presenta dés le 1. de Juin 1636. devant le Juge des lieux, & fit saisir de nouveau ladite maison pour une creance incontestable ; sçavoir est, pour les arrerages des rentes non payées depuis plusieurs années à ladite Dame de Gamache, au lieu & place de laquelle elle étoit entrée, le compte ayant été affiné par la clôture d'iceluy avec toutes les formalitez, devant le Juge & Officiers des lieux, ladite Mande se trouva creanciere du bien de son fils de la somme de quinze mille tant de livres, & ne pouvant être payée ni liquider ses droits que par le decret de cette maison, qui composoit toute l'heredité dudit feu sieur Dussault son pre-

mier mary ; elle poursuivit la saisie, à laquelle ledit Montaras, mary de ladite Dussault s'opposa pour être payé sur le decret de la somme de deux mille livres de legat, que ledit Dussault avoit fait à sa fille par son testament, & par cette opposition reconnut ladite saisie bonne & indisputable ; ensuite de quoy l'instance des criées ayant été portée au Parlement de Bordeaux sur l'appel du jugement d'affiches, il étoit arrivé que ledit Antoine Dussault étoit dece. de, ce qui obligea ladite Mande sa mere de faire appeller au procés ledit Montaras & Dussault conjoints, & particulierement Montaras, pour autoriser sa femme, lesquels comparurent tous deux audit Parlement par un même Procureur, & l'instance ayant été reglée entr'eux, après qu'Anne Dussault eut déclaré accepter l'heredité de son frere, sous benefice d'inventaire : Il intervint

Arrêt de Decret sur ladite Dussault en l'an 1640. en faveur du feu sieur de Milliany comme dernier encherisseur, pour la somme de sept mille cinq cens l. laquelle il consigna effectivement, & prit possession desdits biens, au vû & au sçû de ladite Dussault, laquelle y a été bien & dûëment appellée avec son mary, & le sieur de Milliany en a toûjours depuis paisiblement joüy, ensemble sa veuve & ses enfans, sans que ladite Dussault en ait reclamé ; au contraire, elle-même a executé ledit Arrêt, en ce que pour ses droits elle a reçû dud. feu sieur de Milliany, des biens qu'il luy donna en payement, desquels elle a pareillement joüy & disposé comme bon luy a semblé : Mais quand elle a vû ledit sieur de Milliany, sa femme & leur fils Pierre Milliany, morts ; & par ce moyen ladite maison de Ferrois dévoluë en la main d'un jeune enfant, elle s'est imaginée qu'avec le secours de quelques personnes avides du bien d'un orphelin, & qui luy fournissent de l'argent pour cette chicanne, il luy seroit facile de l'en dépoüiller ; & pour y parvenir par quelque pretexte de Justice, elle a obtenu certaines lettres en forme de Requête civile, lesquelles le Suppliant qui doit défendre son pupille a combattuës de plusieurs fins de non recevoir : La première prise du temps qu'il y avoit du Decret lors de l'obtention desdits biens, qui sont 29. ans ; La seconde , de l'execution que toutes les parties ont fait respectivement dudit Arrêt, qui est une approbation formelle : La troisiéme, de ce qu'elle ne rapporte ni pieces ni raison nouvelle pour empêcher que les biens de son défunt pere ne fussent vendus ou decretez, puis qu'autrement il n'y a pas dequoi d'ailleurs pour rembourser lad. feüe Mande sa mere de sa dot, agencement , & autres sommes qu'elle avoit payées de ses propres deniers, pour faire cesser la saisie que lad. Dame de Gamache avoit fait faire de la maison dont il s'agit ; & qu'enfin elle n'alleguoit aucun moyen pertinent d'ouverture de Requête civile : outre que si elle en eût eu, elle les devoit avoir proposez dans les dix ans accordez par les anciennes Ordonnances, à se pourvoir contre les Jugemens qui ont passé en forme de chose jugée, comme celuy-cy ; dequoy ladite Cour de Parlement ayant été pleinement informée en l'Audience de la Grand'-Chambre, l'impetrante ayant voulu surprendre un Jugement à corriger , & demander une provision le 16. Juillet 1666. il intervint Arrêt qui ordonna sans avoir égard à sa requisition, qu'on viendroit plaider au premier jour sur les fins de non recevoir ; depuis après diverses chicannes pratiquées pour tâcher d'éloigner le Jugement de la Cause, afin qu'elle ne fût point jugée en l'Audience de la Grand'-Chambre, & après la publication de la derniere Ordonnance de Sa Majesté, la Cause ayant été mise au Rôle, & n'ayant pû être appellée avant la Fête de Pâques ; comme on voulut clore le Rôle, & appointer au Conseil les Causes qu'on n'avoit pû juger ; le Suppliant requit, qu'il plût à la Cour, en appointant la Cause au Conseil, ordonner qu'elle soit jugée, suivant l'intention de Sa Majesté, & conformement à ladite derniere Ordonnance, ce qui fut publiquement prononcé : Après quoy, le procès ayant été distribué au Sieur de la Roche, Conseiller servant à la seconde Chambre des Enquêtes dudit Parlement, il a nonobstant donné Arrêt , par lequel, voyant que le Suppliant s'étoit retranché sur les fins de non recevoir par luy opposées dès le commencement contre la prétenduë Requête civile, & qu'il n'étoit question que de juger si elles étoient suffisantes ou non, il a été toutesfois ordonné, qu'attendu que les Lettres en forme de Requête civile, dont il s'agit, étoient obtenuës avant la publication de la nouvelle Ordonnance. Les parties diront à toutes fins, prétendant par ce moyen obliger ledit Suppliant de défendre au fonds, quoy que les fins de non recevoir fussent suffisantes pour renvoyer la partie averse, voulant plonger un pauvre mineur dans l'embarras d'un procès infini, depuis un si long temps contre l'intention expresse de Sa Majesté, qui a voulu saper les fondemens de la chicanne, & qui prescrit absolument par les articles 37. & 40. du Titre des Requêtes civiles, qu'on ne passe aucunement au fonds, que les fins de non recevoir ne soient, préalablement jugées : Outre que Sa Majesté défend expressément par les trois derniers Articles du premier Titre de ses Ordonnances, à tous Juges d'interpreter & d'étendre aucunement ni pour quelque prétexte que ce soit son intention, sur peine de la nullité des Arrêts, & de les rendre responsables de tous les dépens, dommages & interêts des parties ; Et néanmoins sans consulter

E ee ij

Sa Majesté, comme elle l'ordonne, on a voulu distinguer le jugement des affaires nées avant la publication de ladite Ordonnance, d'avec celles qui sont venuës depuis, comme si la Justice de Sa Majesté pouvoit souffrir qu'on changeât tous les jours la forme de juger des fins de non recevoir par préalable, & sans entrer au fonds; & si c'étoit une loy nouvelle qui ne se pratiquât pas avant l'Ordonnance de Sa Majesté; celles de Loüis XII. de l'an 1507. art.

Conformité de la nouvelle Ordonnance aux anciennes.

11. & celles de Henry III. aux Etats de Blois de l'an 1579. art. 154. ayant toutes ordonné la même chose; jusques-là, que celles de Blois en l'endroit cité, permet même de prendre les Juges à parties en cas de contravention : de sorte que le jugement de ce point étant l'usage ancien & universel du Royaume, cet Arrêt ainsi rendu en ces termes, paroît une entreprise manifeste contre la nouvelle Ordonnance de Sa Majesté, pour proligner un procès éternel, en donnant une atteinte aux fins de non recevoir pour passer au fonds, sans aucun fondement; Et d'autant que le suppliant est obligé par le devoir de sa qualité de Tuteur d'un jeune enfant, né de parens qui ont porté les Armes pour le service de Sa Majesté, de ne negliger de le défendre par les voyes que Sadite Majesté luy a même ouvertes par son Ordonnance, contre une vieille femme inutile : & sans raison dans la prétenduë Requête civile : Et pour témoigner d'ailleurs à Sa Majesté qu'il a autant de respect pour l'execution de ses Loix, qu'il a toûjours eu de zele pour le maintien de son autorité & de son service : Requeroit, A CES CAUSES le Suppliant, sans s'arrêter audit Arrêt du Parlement de Bordeaux dudit jour 28. Juin dernier, qui sera cassé & annullé, comme donné directement contre les anciennes & nouvelles Ordonnances, évoquer les differens d'entre les parties, iceux avec leurs circonstances & dépendances, renvoyer en un autre Parlement pour y proceder entr'elles tout ainsi qu'auparavant ledit Arrêt dudit jour 28. Juin dernier, & autres qui pourroient être intervenus en conséquence. V E U ladite Requête, signée Avocat audit Conseil. Arrêt du Parlement de Bordeaux du 22.

22. Mars, appointemét hors la pluralité des voix.

Mars dernier, qui ordonne, Que sur l'instance d'entre les parties comme restée au Rôle, elles mettroient leurs procez pardevers ladite Cour dans le délai porté par la nouvelle Ordonnance, pour y être fait droit ainsi qu'il appartiendra, suivant & conformément à icelle. L'Arrêt dudit jour 28. Juin dernier, celuy du 16. Juillet ensuivant, donné sur la Requête de ladite Anne Dussault

28. Juin, qu'on écrira à toutes fins.

aux fins de provision. Consultation faite par le Suppliant en sa qualité de Tuteur, avec l'avis de quatre anciens Avocats en ladite Cour. Acte contenant l'approbation faite en conséquence dudit Avis par le Suppliant, contre tout ce qui pourroit être fait en conséquence dudit Arrêt du 28. Juin, contre lequel il entend se pourvoir pardevers Sa Majesté. Oüy le rapport du sieur Pussort, Conseiller de Sa Majesté en tous ses Conseils, Commissaire à ce député :

Arrêt qui casse les 2. précedens.

Et tout consideré, LE ROY E'TANT EN SON CONSEIL, ayant aucunement égard à ladite Requête, a cassé & annullé, casse & annulle lesdits Arrêts du Parlement de Bordeaux des 22. Mars & 28. Juin derniers, & tout ce qui s'en est ensuivy, comme contraire à son Ordonnance du mois d'Avril 1667. Fait Sa Majesté défenses, sous les peines y contenuës, audit Par-

lement de Bordeaux , & à tous autres Juges de plus contrevenir , ni d'appointer les Caufes reftées au Rôle autrement qu'en l'Audience , à la pluralité des
voix , comme auffi d'interpreter fadite Ordonnance ; Mais veut & ordonne Sa
Majefté , que fi dans les jugemens des procez qui feront pendans efdites Cours ,
il furvient aucun doute ou difficulté fur l'execution de quelques Articles d'i-
celle , elles ayent à fe retirer pardevers Sa Majefté , pour apprendre ce qui fera
de fes intentions. Fait pareillement Sa Majefté défenfes audit Parlement & à
tous autres Juges d'ordonner en appointant les Requêtes civiles , que les parties diront à toutes fins , mais fera la Requête civile qui aura été appointée au
Confeil , jugée comme elle eût pû être à l'Audience , fans entrer aux moyens
du fonds : a Sa Majefté évoqué & évoque à fa perfonne ladite Requête civile ,
& pour y faire droit , icelle avec fes circonftances & dépendances , a renvoyé &
renvoye en fon Grand-Confeil , auquel Sa Majefté en a attribué toute Cour ,
Jurifdiction & connoiffance , & icelle interdite à toutes fes Cours & Juges. Fait
au Confeil d'Etat du Roy , Sa Majefté y étant , tenu à faint Germain en
Laye , le vingt-feptiéme jour de Juillet mil fix cens foixante huit.

Signé , DE LA VRILLIERE.

Que les art.
9. tit. 11 &
art. 5. tit. 5.
feront exe-
cutez.

S'il y a dif-
ficulté fur
l'Ordonnan-
ce , il fe faut
adreffer au
Roy.

TITRE V. ARTICLE V.

Pour le fieur de Lauvargnac , Sieur de la Mothe.

Contre Anne Duffault.

Sera fait droit aux fins de non recevoir préalablement.

SUR la Requête préfentée au Roy étant en fon Confeil , par Theophile
de Lauvargnac , Ecuyer , Sieur de la Mothe , au nom & comme Tuteur
de Simon de Milliany , jeune enfant pupille, auffi Ecuyer, Sieur de Ferois ,
Contenant ; Qu'au mois de Juillet dernier , il avoit été rendu Arrêt en la Seconde Chambre des Enquêtes du Parlement de Bordeaux au rapport du fieur
de la Roche , entre ledit Suppliant audit nom ; & Anne Duffault , veuve d'un
nommé Montaras , touchant un Arrêt de Decret donné contre ladite Duffault en l'année 1640. en faveur du fieur de Milliany , Ecuyer , Sieur de la
Mothe , ayeul dudit mineur ; lequel fieur de Milliany avoit fidellement fervy
le Roy Loüis XIII. d'heureufe memoire , tant fur mer que fur terre , en qualité de Capitaine , & avoit commandé un vaiffeau contre les Rochelois rebelles ; contre laquelle Duffault le Suppliant ayant propofé des fins de non recevoir pertinentes , fondées fur la Coûtume , les Arrêts & les Ordonnances des
Rois , & particulierement fur la nouvelle Ordonnance ; ledit fieur de la Roche
auroit néanmoins donné Arrêt , par lequel il étoit ordonné que les parties d'i-

C'eft une
fuite du pre-
mier Arrêt.

Fins de non
recevoir cy-
deffus pro-
pofées.

roient à toutes fins, ce que le Suppliant sur la consultation de quatre des plus habiles Avocats dudit Parlement, ayant trouvé être manifestement contraire à l'Ordonnance de Sa Majesté, il seroit résolu de se pourvoir vers Elle en son Conseil ; & après avoir fait ses déclarations & protestations de tous ses dépens, dommages & interêts, tant à la partie qu'au Greffier de ladite Seconde Chambre des Enquêtes, afin que le Rapporteur & les autres Juges ne l'ignorassent, & ne vinssent à passer outre ; pendant que le Suppliant poursuivoit la cassation de cet Arrêt au Conseil, ledit de la Roche Rapporteur, sollicité par lad. Dussault, son Procureur & ses gens, & en haine de ce que le Suppliant s'étoit pourvû pardevers Sa Majesté en cassation de ce 1. Arrêt donné contre l'Ordonnance, en avoit rendu un autre fulminant le 22. Août dernier, où par un attentat évident, allant de mal en pis, il a encore non seulement reglé, mais jugé diffinitivement le rescindant & le rescisoire tout ensemble contre le respect & l'autorité de l'Ordonnance de Sa Majesté, comme s'il eût voulu l'aneantir, & cela au préjudice de toutes les déclarations & protestations dud. Suppliant, par lesquelles il avoit déclaré qu'il s'étoit pourvu pardevers Sa Majesté, & lequel avoit revoqué son Procureur, par acte signifié au Procureur de lad. Dussault : De maniere qu'il appert, que par un effet de passion manifeste, sans Procureur ni parties on casse un decret rendu en Parlement avec toutes ses formes, après vingt - six ans, ce qui est encore contre les termes exprès de la nouvelle Ordonnance, du penultiéme article de l'execution des Jugemens, qui veut, *Que les Sentences, mesme après dix ans, ayent force de chose jugée.* On a d'abondant cassé une saisie faite après 32. ans, & un compte rendu dans le même temps, sans que personne s'en fut plaint depuis tant d'années, & contre la teneur de toutes les Ordonnances, le droit & l'équité ; ledit sieur de la Roche a fait mettre par ce second Arrêt une personne en possession du bien d'un petit orphelin, pour se venger de ce qu'on n'approuvoit pas aveuglement le 1. Arrêt, & qu'on s'étoit pourvû vers Sa Majesté alencontre d'iceluy : auroit encore fait des actes d'opposition & de protestation, tant contre la partie que contre les violences du Sergent & de ses adherans dénommez dans lesd. actes. Après quoy, le Suppliant avoit été obligé d'en venir à grands frais, demander justice en personne à Sa Majesté, depuis le 24. Septembre dernier, ayant trouvé que Sadite Majesté avoit déja cassé le premier desdits Arrêts, par Arrêt de son Conseil d'Etat, Sa Majesté y étant, du 27. Août dernier, & conséquemment le second en cassant aussi ce qui s'en étoit ensuivy, évoqué & renvoyé la Cause en son Grand-Conseil, lequel Arrêt dudit Conseil, le Suppliant l'ayant envoyé faire signifier à ses parties, au lieu de trouver de l'obéissance necessaire pour les Arrêts de Sa Majesté, notamment ceux autorisez de sa presence, il s'est rencontré des personnes qui appuyant insolemment ladite Dussault au préjudice dudit Arrêt si solennel, l'ont voulu maintenir dans la possession de ce bien par violence, & trouvant que le Sergent après la signification dudit Arrêt avoit fermé les portes de ladite maison pour se retirer, la partie est survenuë quelques jours après avec ses adherans, qui ont forcé les portes au préjudice dudit Arrêt & de l'autorité de Sa Majesté, pour joüir & déteriorer entierement les biens dudit mineur qui s'en vont en friche, à sa ruine totale, si

la

22. Août 68. rescindant & rescisoire jugez ensemble.

Decret cassé aprés 26. ans, Saisie aprés 32.

la Juſtice de Sa Majeſté ne pouvoit a ſon dédommagement, ladite Duſſault &
ſes aſſiſtans ſe promettent encore d'avoir recours audit Parlement de Bordeaux,
nonobſtant que Sa Majeſté par ſondit Arrêt luy ait interdit entierement la
connoiſſance de cette affaire. A CES CAUSES, requeroit le Suppliant, qu'il
plût à Sa Majeſté, conformément à ſondit Arrêt du Conſeil, du 27. Août
dernier, & confirmant l'évocation de la Cauſe au Grand-Conſeil, caſſer & annuller l'Arrêt du Parlement de Bordeaux du 22. du même mois d'Août,
comme donné par attentat & contraire à l'Ordonnance & au préjudice deſdites oppoſitions, proteſtations & déclarations, & de la pourſuite qui ſe faiſoit
vers Sa Majeſté : ce faiſant, remettre les parties en l'état qu'elles étoient auparavant leſdits Arrêts des 28. Juin & 20. Août derniers, & en conſequence
remettre & rétablir le Suppliant en la poſſeſſion & joüiſſance de la maiſon de
Ferrois & de ſes dépendances, nonobſtant oppoſitions ou appellations quelconques, juſques à ce qu'autrement en ait été contradictoirement ordonné
audit Grand-Conſeil : faire tres expreſſes inhibitions & défenſes à ladite Duſſault, ſes adherans, & tous autres, de le troubler en ladite poſſeſſion, à peine de
trois mille livres d'amende, & de déſobéïſſance, condamner & par corps ladite
Duſſault à la reſtitution des fruits qu'elle peut avoir perçus au préjudice deſdites oppoſitions & dudit Arrêt du Conſeil du 27. Août dernier, & en tous les
dépens, dommages & interêts, faits & ſoufferts par ledit Suppliant, conjointement & ſolidairement les nommez Lucas, de Mande, & autres adherans de ladite Duſſault, dénommez aux actes faits par ledit Suppliant en la priſe de poſſeſſion dudit bien, le 1. jour de Septembre dernier, & autres jours ſubſequens,
même le Rapporteur qui a donné l'Arrêt, ſuivant que Sa Majeſté l'a déclaré Concluſi-
on le Rap-
porteur.
par ſon Ordonnance, qui veut, Que les Juges ſoient reſponſables des domma-
ges & interêts des parties, Ordonner au Lieutenant de Sa Majeſté en la Province
de Guyenne, ou en ſon abſence aux Gouverneurs & Lieutenans Particuliers
des Places, de prêter main-forte à l'execution du preſent Arrêt ſi beſoin eſt, &
enjoindre à tous Huiſſiers & Sergens d'exploiter les Arrêts & tous autres actes
de Juſtice neceſſaires, ſur peines de privation de leurs Charges. VEU ladite Requête ſignée de Croiſy Avocat audit Conſeil, Sa Majeſté y étant, du 27.
Août dernier. Proteſtations faites par le Suppliant de nullité de l'Arrêt qui
avoit été pourſuivy, & depuis rendu contre la nouvelle Ordonnance, & au
préjudice des proteſtations, ſans que le Suppliant en ait été défendu, au moyen
de la révocation qu'il avoit faite de ſon Procureur. Copie d'Arrêt du Parlement
de Bordeaux, du 20. dudit mois d'Août, ſignifié au Suppliant le 20 du même
mois. Oüy le rapport du Sieur Puſſort Conſeiller ordinaire de Sa Majeſté en ſes Arrêt.
Conſeils, Commmiſſaire à ce député. Et tout conſideré, LE ROY ETANT
EN SON CONSEIL, ayant égard à ladite Requête, a ordonné &
ordonne, que ſon Arrêt du 27. Août dernier ſera executé ſelon ſa forme &
teneur : Et ce faiſant, a caſſé & annullé, caſſe & annulle celuy du Parlement de Bordeaux du 20. Août auſſi dernier, & tout ce qui s'en eſt enſuivy : Ordonne Sa Majeſté, que ledit Lauvargnac audit nom, ſera rétably,
& réintegré en la poſſeſſion & joüiſſance des maiſons & héritages deſquels il a
été dépoſſedé en conſequence dudit Arrêt, & que les fruits qui en ont été

perceus luy feront rendus & reftituez : Fait Sa Majefté défenfes à ladite du
Sault & tous autres de troubler ledit Lauvergnac en la poffeffion & joüiffance
defdits biens jufques à ce qu'autrement par le Grand Confeil, auquel Sa Majefté en a attribué de nouveau toute Jurifdiction & connoiffance , & icelle interdite à toutes fes Cours & Juges , en ait été ordonné. Fait au Confeil d'Etat
du Roy, tenu à faint Germain en Laye , le premier Juillet mil fix cens foixante-
neuf. Signé , De la Vrilliere.

TITRE VI. ARTICLE V.

Pour Etienne Glaziou.

CONTRE Chriftophe Rofpabu.

Les fins de non recevoir feront préalablement jugées.

1. Arrêt.

**Sans s'arrê-
ter aux fins
de non rece-
voir.**

**2. Arrêt dont
eft queftion.**

Interdiction.

LE ROY E'TANT EN SON CONSEIL,
s'étant fait reprefenter l'Arrêt du Parlement de Bretagne du fixiéme
Septembre dernier , rendu au rapport du Sieur le Febvre de l'Efpinay, Confeiller audit Parlement : Entre Maître Chriftophe Rofpabu demandeur en Lettres en forme de Requête civile du 11. Janvier 1668. &
Maître Etienne Glaziou défendeur : Par lequel, fans s'arrêter aux folles intimations & fins de non recevoir, a été ordonné, que l'Arrêt dudit Parlement ,
du 21. Janvier 1667 feroit executé felon fa forme & teneur, & ledit Rafpabu
condamné aux dépens de l'inftance de Requête civile : comme auffi d'un autre Arrêt dudit Parlement de Bretagne , du 17. Octobre dernier , rendu auffi
au rapport dudit fieur le Febvre de l'Efpinay : Entre Guillaume Bioche , Tuteur de Jean Bioche, demandeur entr'autres chofes en Lettres en forme de
Requête civile & de reftitution du 10. Mars 1668. contre ledit Jean Bioche
défendeur : par lequel fans s'arrêter à la fin de non recevoir , ayant égard aux
Lettres en forme de Requête civile , les parties ont été remifes en l'état qu'elles étoient avant les Arrêts des 31. Août & 20. Octobre 1666. & faifant
droit en la demande dudit Jean Bioche pour la reprefentation des diminutions
fournies par défunt Joffelin, en auroit été débouté & condamné aux dépens;
Et dautant que lefdits Arrêts font contraires à l'Ordonnance de Sa Majefté du
mois d'Avril 1667. Sa Majeste' e'tant en son Conseil , a
ordonné & ordonne que le fieur le Febvre de l'Efpinay , Confeiller audit Parlement de Bretagne , fera tenu de venir inceffamment rendre compte à Sa Majefté des contraventions faites à fon Ordonnance par lefdits deux Arrêts des
6. Septembre & 17. Octobre derniers : Et cependant , l'a Sa Majefté interdit
de l'exercice & fonction de fa Charge : Luy fait défenfes de s'y immifcer , jufques à ce qu'autrement en ait été ordonné par Sa Majefté. Fait au Confeil d'E-
tat du Roy, Sa Majefté y étant , tenu   le 24. Décembre
1668. Signé , De Lionne.

TITRE VI. ARTICLE V.

Arrêt , qui leve l'interdiction cy-deſſus.

SUR la Requête preſentée au Roy étant en ſon Conſeil , par Maître Charles le Febvre Conſeiller de Sa Majeſté au Parlement de Bretagne : Contenant , qu'il ne peut réprimer la douleur qu'il a d'avoir déplû à Sa Majeſté , par deux Arrêts rendus à ſon rapport , des 6. Septembre & 17. Octobre 1668. deſquels il vient rendre compte à Sa Majeſté : Dont le premier eſt rendu entre Chriſtophe Roſpabu , demandeur en Lettres en forme de Requête civile , du 21. Janvier 1668. & Etienne Glaziou défendeur : Par lequel il a été ordonné , que l'Arrêt du 21. Janvier 1667. ſeroit executé ſelon ſa forme & teneur , & ledit Roſpabu a été condamné aux dépens de l'inſtance de Requête civile ; lequel Arrêt Sa Majeſté auroit jugé contraire à ſon Ordonnance du mois d'Avril 1667. parce qu'il ne condamne pas le demandeur en Requête civile à l'amende portée par ladite Ordonnance : Mais ledit Parlement a crû que ladite Ordonnance ne devoit avoir effet que pour les Requêtes civiles priſes depuis ladite Ordonnance , & non pour celles qui avoient été priſes avant l'execution d'icelle , qui n'a commencé audit Parlement de Bretagne que le 1. jour d'Avril 1668. & d'ailleurs , le demandeur & défendeur étoient deux Syndics de la Communauté de Carhaix , qui avoient à faire l'un contre l'autre , & le demandeur vouloit faire porter cette amende à ladite Communauté de Carhaix. C'eſt pourquoy ledit Parlement de Bretagne a crû ſans donner atteinte à ladite Ordonnance , pouvoir diſpenſer ledit demandeur de ladite amende ; puiſque la partie eſt ſatisfaite par les dépens qu'on luy a ajugez indiffinitivement. Le ſecond Arrêt eſt du 17. Octobre 1 6 6 8. rendu entre Jean Bioche , Marchand , appellant , & Guillaume Bioche intimé & demandeur en Lettres Royaux : par lequel , ayant égard aux Lettres en forme de Requê‑ te civile , & icelles enterinant , on auroit remis les parties en tel & pareil état qu'elles étoient avant les Arrêts des 31. Août & 20. Octobre 1 6 6 6. & on auroit jugé les appellations ; Et Sa Majeſté auroit crû que par cet Arrêt l'on avoit jugé le reſcindant & le reſciſoire , mais cet Arrêt n'a jugé ny l'un ny l'autre : Car leſdits deux Arrêts des 31. Août & 20. Octobre n'étoient que préparatoires , & ne jugeoient rien. Le premier deſdits Arrêts portoit ſeu‑ lement , que les parties prendroient appointé au Conſeil , écriroient & pro‑ duiroient tout ce que bon leur ſembleroit dans huitaine , ſans forcluſion , & que ledit Bioche appellant mettroit ſon procès en état de juger dans le mois, pendant lequel temps l'on auroit fait défenſes d'uſer de contrainte , dépens re‑ ſervez. Et par le ſecond du 20. Octobre 1666. rendu entre ledit Jean Bioche appellant de pluſieurs allocations d'articles de compte , & demandeur en Let‑ tres de reſtitution & en Requête du 5. Octobre 1666. & Guillaume Bioche Marchand , défendeur : Ledit Guillaume Bioche auroit été condamné de re‑

Ffff ij

preſenter à Jean Bioche dans trois jours tous les actes dont Guillaume Bioche
fut ſaiſi par Jacques Joſſelin, ſuivant l'acte de tranſaction du 7. Octobre 1648.
dépens reſervez. De ſorte, que leſdits deux Arrêts ne jugeoient rien au principal, & les appellations étoient de pluſieurs articles de comptes & demandes
de décharge ; & même Jean Bioche demandeur en Lettres Royaux & de
reſtitution. C'eſt pourquoy, ledit Parlement a crû ſans offenſer ladite Ordonnance devoir prononcer ſur les appellations d'articles de compte & demandes
de décharges, n'y ayant rien en cela de contraire à icelle, puis qu'elle défend
ſeulement de prononcer ſur le reſciſoire : Quand l'Arrêt entrepris y a prononcé, ce qui ne ſe trouve pas au fait particulier, & ladite Ordonnance voulant
abreger le procès, le Parlement a crû pouvoir juger des appellations qui n'a-
voient point été jugées par aucuns deſdits Arrêts. Que ſi Sa Majeſté juge qu'il y
ait contravention à ladite Ordonnance, cette erreur étant toute involontaire,
& le Suppliant l'ayant commiſe ſans deſſein de contrevenir à ladite Ordonnance,
pour laquelle il a toûjours eu tout le reſpect & toute la ſoûmiſſion poſſible, Sa
Majeſté ayant fait la grace d'accorder une Amniſtie generale à tous ſes Juges

des contraventions faites à ladite Ordonnance, par Arrêt de ſon Conſeil du
31. Janvier dernier. Les deux Arrêts dont il rend compte à Sa Majeſté, pour
ſatisfaire à l'Arrêt de ſon Conſeil du 24. de Décembre 1668. à luy ſignifié
le 30. Janvier dernier, étant rendus avant ladite Amniſtie, & par conſéquent
s'y trouvant compris. A CES CAUSES, requeroit ledit Suppliant, qu'il plût à
Sa Majeſté luy faire la grace de le rétablir dans l'exercice de ſa Charge, dans
laquelle il la ſervira avec honneur, ſuivra ponctuellement ſes Ordonnances, &
n'aura d'autre intention que d'obéïr fidellement à tous ſes ordres. VEu ladite Requête ſignée dudit Suppliant, leſdits Arrêts du Parlement de Bretagne, des 6. Septembre & 16. Octobre derniers. L'Arrêt du Conſeil du 24.
Décemb. 1668. par lequel Sa Majeſté a ordonné que ledit Suppliant luy rendra
compte inceſſamment des contraventions faites à ſon Ordonnance par leſdits
deux Arrêts des 7. Septembre & 17. Octobre dernier, & cependant l'a interdit
de l'exercice & fonction de ſa Charge. Signification à luy faite dudit Arrêt le
30. Janvier dernier. Interrogatoire dudit ſieur le Febvre pardevant le Sieur Puſfort Conſeiller ordinaire de Sa Majeſté en ſes Conſeils, le 1. du preſent mois, en
conſéquence de l'ordre de Sa Majeſté au ſujet deſdites contraventions. Placet
preſenté à Sa Majeſté par ledit le Febvre, aux fins d'avoir Audience, & de
luy permettre de luy preſenter ſa Requête, pour luy expliquer l'intention dudit Parlement au ſujet deſdits deux Arrêts, & de le renvoyer en l'exercice de
ſa Charge, au bas duquel eſt le renvoy fait par Sadite Majeſté à Monſieur le
Chancelier, & le *Committitur* dudit ſieur Puſfort par mondit ſieur le Chancelier & autre pieces attachées à ladite Requête. Oüy le rapport dudit ſieur
Puſfort, Et tout conſideré, LE ROY ETANT EN SON CONSEIL, ayant
aucunement égard à ladite Requête, a levé & ôté, leve & ôte l'interdiction or-

donnée par ledit Arrêt du 24 Décembre dernier, & en conſequence a Sa Majeſté renvoyé & renvoye ledit ſieur le Febvre en l'exercice & fonction de ſa
Charge de Conſeiller en ſondit Parlement de Bretagne. Fait au Conſeil d'Etat

du Roy, tenu à saint Germain en Laye, le troisiéme May mil six cens soixante-neuf. Signé, DE LIONNE.

TITRE VI. ARTICLE I. II. & III.

Titre 20. Article 8. & 11.

POUR le Viguier & Officiers de la Viguerie de Toloze.

CONTRE les Officiers de la Sénéchaussée de Toloze.

REGLEMENT QUI MAINTIENT LE VIGUIER, comme premier Juge Royal dans le droit de connoître de l'expedition des Clameurs, Sceaux des Contrats & Executions : Et défenses au Sénéchal de les évoquer ny retenir, suivant le Titre 6.

Et dans le droit de parapher les Regiftres des Baptémes, Mariages & Sepultures. Titre 20.

VEU par le Roy étant en son Conseil, les Requêtes respectivement presentées à Sa Majesté par Bernard de Rabaudy Ecuyer, Conseiller, Viguier, Juge ordinaire royal de nôtre Ville de Toloze, Capitaine du Château Narbonnois, & Garde du Scel, Mage royal en toute l'étenduë de la Sénéchaussée, Ville & Viguerie dudit Toloze, & Officier en ladite Viguerie, & Judicateur royal : Et par le Syndic des Officiers de ladite Sénéchaussée & Siege Présidial dudit Toloze. Celle dudit Vignier, Juge ordinaire royal, & Officier en ladite Viguerie & Judicature royale dudit Toloze, signée le Quartier de Fleurval leur Avocat : Contenant, Qu'étant troublez en la fonction & exercice de leurs Charges par le Juge-Mage, Lieutenant Criminel & Officiers de la Sénéchaussée & Siege Présidial dudit Toloze, par une contravention à la nouvelle Ordonnance de Sa Majesté : Ils sont obligez de réclamer l'autorité de Sadite Majesté, pour être maintenus & gardez à la Jurisdiction qui leur appartient par les Edits des Rois, Prédecesseurs de Sa Majesté, & representer pour ce sujet que l'Office de Viguier est de très ancienne institution, que de tout temps il a exercé la Jurisdiction ordinaire dans ladite Ville de Toloze ; le mot de Viguier étant par corruption de langage dérivé de celuy de Vicaire, institué pour rendre la Justice au lieu des anciens Comtes de Toloze, qui étoient Pairs de France, & avoient le dernier ressort de leur étenduë de leur Pairie : Et comme ils n'exerçoient pas la Justice eux-mêmes, ils avoient dans

Ffff iij

Toloze & aux autres Villes de leur Parrie des Vicaires qui rendoient la Justice qu'eux-mêmes étoient obligez de rendre : ce qui fait connoître que la jurifdiction qu'ils commettoient à leurs Vicaires ou Viguier étoit univerfelle fur toutes fortes de fujets, & fur toutes fortes de Caufes & Matieres fans reftriction, tant civiles que criminelles, même les militaires, parce que le Viguier eft Gouverneur & Commandant en chef dans le Château Narbonnois, qui eft la Fortereffe de la Ville, demeure des anciens Comtes. Il a par cette raifon le droit de porter l'épée, étant tout enfemble Officier Militaire & de Judicature. il eft auffi en droit & poffeffion, comme il a été de tout temps, de recevoir à l'abfence de Sa Majefté la nomination des Capitouls de la Ville de Toloze, & des Confuls de la Viguerie, & de proceder à l'election d'iceux. & de recevoir pour Sadite Majefté le ferment de fidelité qu'ils luy doivent ; à quoy il a été maintenu par divers Edits & Arrêts, & même par Sa Majefté étant en ladite Ville de Toloze : L'on rapporte fon inftitution de l'an 800. c'eft-à-dire dans un temps auquel les anciens Comtes de Toloze ont ceffé de rendre la Juftice en perfonne ; s'il y a eu depuis de nouveaux Officiers, ce n'a point été pour diminuer la Jurifdiction du Viguier ou pour le reftraindre : L'on luy a donné des Officiers pour connoître des appellations de fes Jugemens, après la réünion du Comté à la Couronne, ce qui a été univerfel dans toute la France, & ces nouveaux Officiers ont été appellez Baillifs en quelques Provinces, & Senéchaux dans les autres ; ce n'étoit d'abord que des Commiffions qui ont été renduës ordinaires dans la fuite ; Leurs entreprifes fur la Jurifdiction des premiers Juges ont donné fouvent des occafions de plaintes ; l'Edit de créance & les Déclarations faites en conféquence les ont fait ceffer & reglé ; la jurifdiction des uns & des autres ; l'Edit des Préfidiaux eft furvenu depuis, qui eft une jurifdiction qui a été jointe à celle des Sénéchauffées & Bailliages, mais qui ne touche point fuivant les Edits de leur création au premier degré de jurifdiction qui appartient aux Juges ordinaires : Il y eut lors des Etats d'Orleans, une fuppreffion d'un trés-grand nombre d'Officiers, vacation arrivant, ce qui fe fit tumultuairement ; l'Office de Viguier de Toloze qui vint quelque temps après à vacquer fut du nombre : Mais les Supplians rapportent les Edits du mois de Juillet 1569. 20. Aouft 1570. 3. Janvier 1572. particuliers pour le rétabliffement de l'Office de Viguier au même état qu'il étoit auparavant la fuppreffion, & tous les Edits verifiez & enregiftrez au Parlement de Toloze, & même executez contre les Officiers du Préfidial en ce que le premier de 1569. a été enregiftré contradictoirement avec les Officiers Préfidiaux, nonobftant leurs oppofitions, & a été confirmé par les pofterieurs : Et depuis ayant voulu contefter la jurifdiction, le Viguier fut maintenu en tout ce qui eft attribué aux Viguiers & Prevôts par l'Edit de création & Déclaration faites en conféquence par un Arrêt du 21. Juin 1585. en execution duquel il y a eu un Reglement le 21. Octobre de la même année, qui fpecifie les cas & les matieres qui font de la jurifdiction des Supplians ; Et contre cet Arrêt les Préfidiaux s'étant pourveus par Requête civile ils en ont été déboutez par Arrêt du 10. Mars 1586. depuis lequel ils troublerent le Sieur de Rabaudy, ayeul du Suppliant, qui obtint pour ce fujet un Edit de confirmation du

Roy Henry le Grand de glorieuse memoire, le 29. Janvier 1599. confirmatif Edit de conde tous les précedens : Les Supplians font ces observations pour prévenir les firmation.
objections que lesdits Officiers dudit Présidial prétendent tirer de la suppref-
sion qui fut faite de l'Office de Viguier , en conséquence de l'Ordonnance
d'Orleans : Il faut après le rétablissement specifique qu'ils reconnoissent que
la suppression ne peut point servir de prétexte à l'usurpation qu'ils veulent faire
d'une partie de la jurisdiction qui appartient aux Supplians : Si l'Office de
Juge ordinaire , qui a été supprimé en conséquence de l'Ordonnance d'Orleans n'a point été rétabli , les Officiers ne peuvent pas prétendre que cet
Office soit demeuré uni à leur Siege , parce que ce Juge n'étoit autre chose que   Juge ordi-
le Lieutenant du Viguier : Mais comme il y avoit d'autres Lieutenans dans le   naire est le
temps de cette suppression , & que le Viguier se voulut appliquer à rendre lui-   Lieutenant
même la Justice ; ce Juge ordinaire demeura supprimé comme un Officier   du Viguier.
inutile , pour laisser audit Viguier & à ses Lieutenans l'entier Exercice de la
Viguerie. C'est ce que le Parlement de Toloze a jugé par l'Arrêt du 21. Juin
1585. & Reglement fait en conséquence ; Et par l'Arrêt du 18. Mars 1586.
qui a débouté les Présidiaux de la Requête civile prise contre l'Arrêt , & les
pieces justificatives , que le Viguier a été maintenu au premier degré de jurifdiction en toute l'étenduë de la Ville & Viguerie de Toloze , il en a toûjours   Viguier pre-
joüi , & a outre cet Office de Viguier , celuy de Garde-Scel Royal pour la   mier Juge.
Ville , Viguerie & Sénéchaussée ; il n'y a que ce seul Sceau dans Toloze pour
toutes les jurisdictions & contrats , & lors que dans les executions qui se font
en vertu de ce Sceau , il y arrive des clameurs & oppositions , & autres incidens , c'est aux Officiers de la Ville d'en connoître en premiere instance : Le
premier trouble qui a été fait aux Supplians , est un jugement Présidial du 9.
Janvier de la presente année 1668. qui fait défenses à tous Juges de la Sénéchaussée de Toloze , de connoître desdites Clameurs , oppositions , cession &
distributions , cancellations de contrats , executions , délais & autres dépendances ; Et cette Ordonnance fondée sur un Edit du 9 Aouft 1 5 6 4. donné
en conséquence de la suppression de ladite Viguerie , ce qui est vouloir don-   Cause du
ner force encore à cette suppression révoquée si solemnellement , & dont la   procès.
révocation s'est executée : ainsi , ayant un mauvais fondement , ne peut pas se
défendre , puis que cet Edit n'attribuë audit Présidial que la connoissance desdites Clameurs & oppositions , dont les Viguiers avoient accoûtumé de connoître ; & c'est une conséquence necessaire que la Viguerie ayant été rétablie ,
cette jurisdiction unie audit Présidial est retournée à ladite Viguerie : Aprés
son rétablissement , le Lieutenant Criminel du Présidial , pour usurper la jurifdiction criminelle des Supplians , reçoit trés-souvent les appellations des Sentences , qui ordonnent la confrontation des témoins & des autres Jugemens
d'instruction decrets & autres procedures , évoque le principal , juge le procés ,
dont la connoissance appartient aux Supplians : Ainsi , Sa Majesté est suppliée
de lever ce trouble en cassant & révoquant le jugement dudit Présidial , Sadite Majesté ayant par sa derniere Ordonnance , Titre 20. Art. 8. & 11. voulu ,
Que les Regiftres des Baptêmes , Mariages & Sépultures soient paraphez par

le Juge Royal des lieux où l'Eglife eft fituée, & qu'il en foit fait deux, pour être l'un laiffé au Greffe du Juge Royal, les Supplians prétendant que l'execution de cet Article leur doit appartenir, puis que le Viguier étant Juge Royal il a la qualité requife; & le fens de cet Art. veut que cette fonction appartienne au premier Juge: cependant les Préfidiaux prétendent que cette fonction leur appartient à l'exclufion des Supplians; mais ils foûtiennent que cette prétention eft fans apparence, fi Sa Majefté avoit voulu attribuer cette fonction aux Préfidiaux, ils auroient été particulierement défignez, & cette appellation de Juge Royal ne leur convient pas; ils ont néanmoins donné deux Jugemens, l'un le 9. Décembre 1 6 6 7. & l'autre le 19. Avril dernier, portans, *Que les Curez des Parroiffes de la Ville & Viguerie de Toloze apporteroient par devers eux lefdits Regiftres:* Quoy que les Supplians euffent prévu par deux Ordonnances & Injonctions fignifiez aufdits Curez, & que même la plus grande partie defdits Curez euffent fatisfait. Il a plû à Sa Majefté par fa derniere Ordonnance, Titre 6. 1. 2. & 3. de défendre à tous Juges de retenir la connoiffance des differens qu'il ne leur appartient point, d'évoquer les Caufes d'inftances & procez pendans au Siege inferieur, fous prétexte d'appel ou connexité; & d'enjoindre aufdits Juges de renvoyer les parties pardevant les Juges qui en doivent connoître, fous peine de nullité & d'être pris à partie: Cependant lefdits Préfidiaux entreprennent tous les jours fur la Jurifdiction des Supplians, & au lieu de renvoyer, fuivant l'intention de Sa Majefté les Caufes & inftances dont les Supplians doivent connoître, ils les évoquent & appointent fur les appellations au Confeil, & contreviennent aux Edits, Ordonnances & Reglemens qui ont étably la Jurifdiction du Viguier. A CES CAUSES, requeroient les Supplians, qu'il plût à Sa Majefté, en ordonnant l'execution de la nouvelle Ordonnance, Art. 1. 2. & 3. Titre 6. & Art. 8. & 11. Tit. 20. en faveur defdits Supplians, caffer, révoquer & annuller les trois Ordonnances des Officiers de la Sénéchauffée de Toloze, renduës par contravention aufdits Articles, les 9. Décembre 1667. 9. Janvier & 19. Avril 1668. ce faifant, maintenir & garder les Supplians, Officiers de la Viguerie & Judicature Royale de Toloze, comme les premiers Juges, en la connoiffance & Jurifdiction de toutes les expeditions des Clameurs, qui font les Sceaux des contrats, fuivant les provifions dudit Viguier, & l'Edit, & de toutes les Caufes qui viennent en conféquence, comme auffi de tout ce qui eft contenu aufdits Edit, Arrêts & Reglemens, même au paraphe des Regiftres des Baptêmes, Mariages, Sépultures, conformément aufdits Articles: Et faire très-expreffes inhibitions & défenfes aufdits Officiers de la Sénéchauffée de les y troubler, & de contrevenir à ladite Ordonnance de Sa Majefté, fous les peines y portées, & telles autres qu'il nous plaira. Celle du Syndic defdits Officiers de la Sénéchauffée & Siege Préfidial dudit Toloze, fignée de Bienet leur Avocat: Contenant, que dans la Ville de Toloze il y avoit anciennement plufieurs Jurifdictions: fçavoir celle des Capitouls, avec lefquels les Comtes dudit Toloze jugeoient bien fouvent des differends des parties. Celle dudit Viguier, qui fut établie par un Comte de Toloze l'an 1217. Celle de Juge ordinaire, Garde & Confervateur du Sceau Mage rigoureux en la

Sénéchauffée

Sénéchaufsée de Toloze & Albigeois, lequel Juge fut étably après l'union de la Comté à la Couronne : Et enfin celle du Sénéchal dudit Toloze, fixe & fédentaire, qui étoit l'ordinaire des ordinaires, & en cette qualité il connoif-foit par prévention & par concurrence de toutes Caufes avec les autres Ju-rifdictions, pour le foulagement des Sujets de Sa Majefté, aufquels fur cette confideration l'Edit de Cremieu de l'an 1536. auroit permis de fe pourvoir en premiere inftance pardevant les Viguiers, ou pardevant les Juges ordinaires ou Sénéchaux au choix des parties : Mais à caufe des défordres que la multipli-cité des Officiers pour le premier degré de Jurifdiction produifoit dans une même Ville, cela donna lieu à l'Ordonnance d'Orleans de 1560. de fupprimer la plûpart des Officiers : Et l'on peut dire que l'Office de Viguier de Toloze, duquel défunt Jean Portal étoit pour lors poffeffeur, fut le plus digne & jufte fujet de la fuppreffion, auffi bien que le Juge ordinaire, qui étoit encore un coup, Garde du Sceau rigoureux, dont défunt Pierre Bruxelle étoit pour lors poffeffeur : Il eft vray, que la pieté des Rois Prédeceffeurs de Sa Majefté, ap-porta ce jufte temperamment, en ordonnant que la fuppreffion n'auroit lieu que par le décès defdits Portal & Bruxelles ; l'un vivant Viguier & l'autre Ju-ge ordinaire de ladite Ville de Toloze ; lefquels deux Offices, par Edit de l'an-née 1563. furent unis & incorporez au Sénéchal & Siege Préfidial dudit Toloze, pour être exercez par feal degré de Jurifdiction, à la charge toutesfois que les Lieutenans & Confeillers dudit Viguier, & du Juge ordinaire, feroient Con-feillers & Magiftrats Préfidiaux en ladite Ville de Toloze, ce qui fut de bonne foy fuivy de fon execution : En forte, que la fuppreffion defdits deux Office de Viguier & de Juge ordinaire caufa une augmentation d'Officiers en ladite Sénéchauffée & Siege Préfidial dudit Toloze ; car au lieu que les Confeillers d'iceluy n'étoient qu'en nombre de vingt-quatre auparavant la fuppref-fion defdits deux Offices de Viguier & de Juge ordinaire, les Confeillers qui font à prefent la plus grande partie des Supplians, font au nombre de trente-cinq ; & ce fut fans doute le veritable motif de la referve portée par l'Edit du Roy Charles IX. de l'an 1568. qui déclare expreffément, *N'avoir entendu comprendre les Viguiers & Prevôts dans le retabliffement de plufieurs Offi-ciers qui auroient été fupprimez :* Cependant le Procureur General de Sa Majefté au Parlement de Toloze, qui étoit lors excité par l'averfion qu'il avoit pour les Préfidiaux, & fe prévalant du prétexte de la chaleur des Guerres civiles, fe feroit avifé de donner avis au Roy Charles IX. que le rétabliffe-ment de Viguier étoit neceffaire à Toloze, à caufe de fa qualité de Capitaine & Garde du Château Narbonnois, qui étoit lors une Fortereffe, & même l'Hô-tel des anciens Comtes de Toloze : Et ledit Sieur Procureur General pour fa-ciliter le fuccès de fes Avis, auroit ajoûté que le Sénéchal de Toloze ne pou-voit fuffifamment vacquer à l'inftruction & jugement du grand nombre des procez mûs pardevant luy ; lequel Avis ayant été bien reçû au Confeil de Sa Majefté, défunt Maître François Saulfan, auroit en l'année 1569. pourfuivy un Edit portant rétabliffement de l'Etat & Office de Viguier de Toloze, tel qu'il étoit auparavant la fuppreffion, demeurant néanmoins l'Office de Juge ordinaire fupprimé ; & en conféquence ledit défunt Saulfan ayant obte-

Permiffion de l'Edit de Cremieu.

Suppreffion par celuy d'Orleans.

Pourfuites pour rétablir le Viguier.

nu le don dudit Office de Viguier & les provisions, il se fit recevoir & installer pour en joüir tout ainsi que ledit défunt Jean Portal, lors dernier possesseur dudit Office de Viguier, en avoit joüi ou dû joüir : La facilité que ledit de Saulsan avoit euë à obtenir ledit don, le provoqua à surprendre des Lettres Patentes en l'année 1572. dans lesquelles il se feroit qualifié non seulement Viguier de Toloze & Capitaine du Château Narbonnois, mais encore Garde du Sceau de la Sénéchaussée, Ville & Viguerie de Toloze & Albigeois, contre l'esprit & l'intention de l'Edit de l'année 1569. qui avoit récably en sa faveur ledit Office de Viguier, même contre & au préjudice de l'Edit de l'année 1570. confirmatif du premier, lesquels Edits qui étoient le titre dudit Saulsan, ne luy avoient point donné ledit Office de Garde du Sceau-Mage, qui a toûjours été la fonction du Juge ordinaire de Toloze, conformément à l'Arrêt intervenu sur ce sujet au Parlement en l'année 1624. entre ledit Viguier & les Juges de la Sénéchaussée de Toloze, & le Juge ordinaire, conservateur du Scel Mage : En execution duquel Reglement, défunt Jean Saulsan, fils dudit François, ayant été pourvû & reçû audit Office de Viguier dudit Toloze, sous la seule & simple qualité de Viguier dudit Toloze, & Garde du Château Narbonnois ; ses successeurs audit Office ont été pourvus par les Rois Prédecesseurs de Sa Majesté, & par Sadite Majesté même receus audit Parlement de Toloze, avec la seule qualité de Viguier de Toloze & Garde du Château Narbonnois, sans jamais avoir entrepris de s'attribuer aucune fonction de Juge ordinaire & Garde dudit Scel-Mage, lesquelles fonctions ont toûjours demeuré aux Suppliants. Il est vray que Maître Jean Rabaudy, vivant Viguier de Toloze, ayant dans ses Provisions fait glisser la qualité de Garde du Sceau-Mage de la Ville & Viguerie de Toloze, Maître Bernard de Rabaudy son fils, qui est à present Viguier dudit Toloze, & qui a pareillement dans les Provisions qu'il a obtenuës de Sa Majesté en l'année 1652. fait glisser ladite qualité de Garde du Sceau Mage, il a sur ce prétexte, qui est un effet de sa surprise, décerné une Ordonnance au mois de Janvier dernier, sur le fait de l'exposition & opposition de la rigueur, dans laquelle il s'est qualifié Garde du Sceau-Mage Royal, étably en la Sénéchaussée, Ville & Viguerie de Toloze, Viguier & Juge Royal d'icelle, & en conséquence ledit sieur de Rabaudy Viguier, auroit fait assigner en Vôtre Conseil les Suppliants en contravention des Edits, Ordonnances & Arrêts de reglement, en ce que les Suppliants connoissent en premiere instance de toutes les Causes entre non Nobles & non Privilegiez dans la Ville & Viguerie de Toloze, & du fait de ladite rigueur, laquelle prétenduë contravention ledit sieur de Rabaudy Viguier, veut établir sur la nouvelle Ordonnance de Sa Majesté, touchant le fait des fins déclinatoires, & le Regître des Baptêmes, Mariages, Mortuaires, sur laquelle assignation les Suppliants s'étant presentez après la Presentation faite au Greffe du Conseil par le sieur Rabaudy, Viguier de Toloze, le dernier Avril, il auroit chargé d'une Requête & pieces M. Pussort Conseiller ordinaire de Sa Majesté en tous ses Conseils : Sur laquelle Requête, ledit Viguier de Toloze, prétend se faire ajuger les fins & conclusions par luy prises contre les Suppliants dans la premiere Requête inserée en l'Arrêt du Conseil, en vertu duquel il a introduit une instance en iceluy, de quoi les Supplians ayant été avertis, ils se trouvent obligez de remontrer à Sa Majesté que la prétention dudit Viguier de Toloze, les Lieutenans & consorts, est une illusion manifeste & vexation induë. Premierement, il est justifié que sur un faux fondement ledit Viguier & consors ont traduit les Supplians au Conseil de Sa Majesté, pour se plaindre d'une prétenduë contravention faite à sa nouvelle Ordonnance ; Car il paroît par la lecture de la Requête dudit Viguier & consorts, que c'est en qualité de prétendu Juge ordinaire & Garde du Scel-Mage de ladite Ville & Viguerie de Toloze, que ledit Viguier veut persuader que les Supplians entreprennent sur la fonction de sa Charge, en ce qu'ils connoissent en premiere instance de tous procez civils & criminels mûs entre personnes Roturieres & non Privilegiées, de laquelle contravention ledit Viguier de Toloze est luy-même coupable, parce qu'en un mot il n'a jamais exercé ni pû exercer la Justice en qualité de Juge ordinaire de Toloze, dont l'Exercice appartient aux Supplians, privativement audit Viguier, dont la fonction a toûjours été séparée de celle de Juge ordinaire de Toloze; ce qui est si veritable, que les deux fonctions n'ont jamais résidé en la personne d'un seul & même Officier. L'on pourroit dire que lesdites deux fonctions sont incompatibles après les titres & l'usage qui fait tout en ces matieres. 2. Il est justifié par le titre propre dudit Viguier, que la qualité de Juge ordinaire ne luy appartient pas ; sçavoir l'Edit de création de sondit Office de Viguier & les Provisions qu'il a obtenuës de Sa Majesté, lequel Edit & Provisions ne lui donnent point la qualité de Juge ordinaire dudit Toloze ; & l'on sçait que pour connoître la veritable qualité & caractere d'un Officier, on a recours à l'Edit de creation, & quand bien il auroit pris dans les Provisions une qualité qui ne se trouveroit point dans l'Edit de creation, ses Provisions ne serviroient point de titre, lesquelles audit cas seroient subreptices, ou un effet de la surprise du pourveu, qui ne peut s'attribuer d'autre qualité que celle qui luy est acquise ou attribuée par l'Edit de sa creation, & ainsi ledit Viguier de Toloze n'a point de qualité pour troubler les Supplians dans la fonction de leurs Charges : Mais outre la preuve que les Supplians rapportent de la suppression desdits deux Offices de Viguier, & de celuy de Juge ordinaire dudit Toloze pour leurs titres ; & par leurs fonctions faites séparément, il suffit de dire que l'Edit de rétablissement dudit Viguier de Toloze, qui avoit été supprimé, contient une exception & exclusion expresse dudit Office de Juge ordinaire, qui n'a jamais été rétably, dont ledit sieur de Rabaudy Viguier de Toloze & consorts ne disconviennent pas ; l'exclusion ou exception fondée sur l'union de la fonction dudit Juge ordinaire à celle des Supplians, laquelle union (ce qui est décisif) a été faite à titre onereux pour les Supplians, puis qu'au lieu des vingt-quatre Conseillers dont ledit Siege étoit composé auparavant la suppression dudit Juge ordinaire dud. Toloze, ce même Siege se trouve à présent composé de trente-cinq Conseillers par la seule consideration de ladite union, à laquelle les Rois, Prédecesseurs de Sa Majesté, n'ont pas voulu toucher : pour ne donner sujet aux Supplians de se plaindre de l'augmentation des Officiers dans leur Siege, de laquelle augmentation de lad. union est le seul & veritable motif. L'argument dud. Viguier

Gggg ij

Moyens des Officiers du Sénéchal.

1. Moyen.

2. Moyen.

3 Moyen.

n'eſt pas concluant, lors qu'il dit que la Charge de Viguier & celle de Juge ordinaire ont été ſupprimées par un même Edit, & conſéquemment le rétabliſſement de l'un a produit celuy de l'autre : car à cela la réponſe eſt prompte, parce que l'Office de Viguier de Toloze a été rétabli par des raiſons toutes particulieres, & ſur l'Avis que le Procureur General de Sa Majeſté, qui étoit lors au

Viguier de
Toloze Ca-
pitaine du
Château
Narbonnois.

Parlement de Toloze, donna à l'un des Rois Prédeceſſeurs de Sa Majeſté, que
le rétabliſſement dudit Viguier étoit neceſſaire à Toloze, à cauſe du Château
Narbonnois dont il eſt Capitaine, ce qui pouvoit fortifier la Ville de Toloze
contre la rebellion de ceux qui avoient contribué aux mouvemens des guerres
civiles, & dont la France étoit lors agitée, ou ſouvent menacée : Enfin, l'Edit
de ſuppreſſion dudit Office de Juge ordinaire de Toloze & d'union d'iceluy au
Sénéchal & Siege Préſidial dudit Toloze n'a point été révoqué, & l'execu-

4. Moyen.

tion de la ſuppreſſion eſt d'autant plus juſte qu'elle regarde le ſoulagement des
Sujets de Sa Majeſté, & ſous la foy de laquelle les Supplians ont conſenti l'augmentation de dix ou douze Conſeillers en leur Siege, l'union dudit Office
de Juge ordinaire ayant ſervy d'une eſpece de compenſation & dédommagement pour les Supplians. Cela préſuppoſé, la fonction de Conſervateur du
Scel-Mage rigoureux qui a toûjours été annexée & inſéparablement attachée
à celle du Juge ordinaire de la Ville de Toloze, doit pareillement demeurer
aux Supplians par une conſéquence neceſſaire, & ainſi à cet égard nul prétexte
de plainte contre les Supplians pour cauſe de contravention à la nouvelle Ordonnance. L'Edit & Arrêt de Reglemens qui ont été ſignifiez de la part dudit
ſieur de Rabaudy Viguier de Toloze & Conſorts, les Supplians n'ayant pas
évoqué les Cauſes dont ledit Viguier s'eſt trouvé ſaiſi ; ils reconnoiſſent de
bonne foy qu'ils ont ſeulement connu des Cauſes qui ont été portées pardevant eux en premiere inſtance, ſuivant leur pouvoir & uſage, en conſéquence
de l'union dudit Office de Juge ordinaire & Conſervateur du Scel-Mage à leur
Siege, la nouvelle Ordonnance n'ayant pas ôté aux Supplians un droit acquis par un Edit executé, & qui n'a point été révoqué. Ne ſert de rien de dire
que la fonction de Juge ordinaire & Royal ne conviennent pas aux Supplians ;
& que ſi l'intention de Sa Majeſté par ſa nouvelle Ordonnance eût été d'attribuer ladite fonction aux Préſidiaux, ils ſeroient expreſſément nommez ſous
l'appellation de Juge Royal : Car c'eſt une objection aſſez frivole à l'égard des
Supplians, puis que par l'union de l'Office de Juge ordinaire de Toloze à leur
Siege, il a été permis aux Supplians d'en faire la fonction, parce qu'autrement
ladite union eût été inutilement ordonnée ; & l'on ne peut pas révoquer en
doute, que l'eſprit & l'intention de la nouvelle Ordonnance de Sa Majeſté ne
ſoit de laiſſer la fonction toute entiere du Juge ordinaire & Royal, à tous les
Officiers qui en ont le titre & le caractere, duquel titre & caractere les Supplians ſe trouvent revêtus, comme ils ſont par l'autorité & impreſſion de l'Edit
d'union dudit Office de Juge ordinaire de Toloze au Siege des Supplians ; il
s'enſuit par une conſéquence neceſſaire, que le droit & faculté d'exercer la Juſ-

Conclaſions
du Sénéchal.

tice ordinaire en premiere inſtance leur appartient. A CES CAUSES, re-
quirent les Supplians, qu'il plût à Sa Majeſté les décharger de la folle aſſignation à eux donnée en ſon Conſeil à la requête dudit Viguier & Conſorts, dont

ils feront deboutez, fans avoir égard à l'Ordonnance dudit Viguier, du deuxiéme Janvier dernier, permettre aux Sujets de Sa Majefté de la Ville & Viguerie
de Toloze pour leur foulagement de fe pourvoir à leur choix par devant le Sénéchal ou Préfidial dudit Toloze, comme ils ont toûjours fait ; faire défenfes
audit Viguier, fes Lieutenans & autres Officiers de ladite Viguerie de Toloze,
de troubler les Supplians en la poffeffion & droit qu'ils ont toûjours eu depuis
l'union dudit Office de Juge ordinaire à leur Siége de connoître par concurrence avec ledit Viguier des procès & differens en premiere inftance entre les
perfonnes Roturieres & non Privilegiées, & audit Viguier de prendre la qualité
de Juge ordinaire Royal, & Garde du Sceau-Mage rigoureux de ladite Ville,
Viguerie & Sénéchauffée de Toloze & Albigeois, mais feulement la qualité
de Confeiller de Sa Majefté, Viguier de Toloze & Capitaine du Château Narbonnois dudit Toloze, fuivant & conformément aux Provifions defdits de Saulfan & de Maître Pierre de Rabaudy, ayeul dudit Viguier, à peine de trois
mille livres d'amende. V E U auffi copie collationnée d'un Arrêt du Parlement de Toloze du 13. May 1524. rendu entre le Procureur Général du
Roy prenant le fait & caufe pour fon Subftitut en la Viguerie de Toloze, &
les Juges de Lauragois, Villelongue, Albigeois, Rieux, Riviere, Verdun &
autres Juges Royaux ordinaires de la Sénéchauffée de Toloze & Albigeois,
& le Juge ordinaire de Toloze, Garde du Scel de la Sénéchauffée, par lequel
entre autres chofes il eft dit, que le Juge ordinaire de Toloze, comme Garde
du Scel, jouïra des Privileges à luy accordez par les feus Rois, comme il eft
contenu en certains articles enregiftrez en la Sénéchauffée de Toloze. Extrait
des obfervations des Coûtumes de Toloze, conformes au droit Romain & Coû-
tumier de France, par Maître de François, au feüillet 406. Edit de Cremieu
de Laon, de Paris, des années 1559. & 1581. Copie collationnée d'un Edit de
l'an 1552. portant creation d'un Lieutenant criminel en chaque Sénéchauffée
du Reffort du Parlement de Toloze, par lequel la Jurifdiction civile & criminelle eft confervée audit Viguier. Copie d'un Edit du mois de Février 1563.
portant union des deux Offices du Viguier & de Juge ordinaire de Toloze au
Sénéchal & Siége Préfidial, pour être dorénavant exercez par ledit Sénéchal
& Siége Préfidial par un feul degré de Jurifdiction, & que les Lieutenans &
Confeillers du Viguier & Juge ordinaire, feront Confeillers & Magiftrats
Préfidiaux. Deux Arrêts du Parlement de Toloze, des 7. Août 1563. & 2.
Août 1664. fignez de Vallette, par l'un defquels Jean Grepiniere appellant
d'une Sentence renduë par le Viguier, Juge ordinaire de Toloze, eft condamné
aux Galeres ; & par l'autre Antoine Ladevaifon auffi appellant d'une Sentence
renduë par ledit Viguier & Juge ordinaire, eft condamné d'être fuftigé &
aux Galeres. Copie de Déclaration du Roy Charles IX. du dernier Décembre
1567. portant exception des Viguiers fur le fait de rétabliffement des Officiers qui avoient été fupprimez. Avis du Parlement de Toloze du 4. Juin
1568. donné au Roy fur la demande qu'il leur en avoit faite après l'Ordonnance d'Orleans & autres : par lequel, ledit Parlement fait connoître au Roy
que le Viguier eft un Officie Royal, qu'il connoiffoit de toutes Caufes civiles
& criminelles en premiere inftance ; qu'il étoit neceffaire de fupprimer le Juge

*Arrêt rendu
à Toloze en
1529.*

*Edit de
1552. nota-
ble.*

*Arrêt nota-
ble de 1568.*

Gggg iij

ordinaire comme Juge inutile, & la necessité qu'il y avoit de rétablir l'Office
de Viguier en ladite Ville de Toloze. Copies collationnées de trois Edits des
15 Decembre 1567. 1. Fevrier & 20. Mars 1569. deux desquels portent révocation de celuy du dernier Décembre 1567. & rétablissent les Officiers de Prevôt & Viguiers, nonobstant toutes unions & incorporations. Edit en parchemin extrait des Registres du Parlement de Toloze du mois de Juillet 1569.
portant rétablissement de l'Etat & Office de Viguier ordinaire de Toloze &
suppression de l'Office de Juge ordinaire, nonobstant toutes unions & incorporations. Provisions de l'Office de Viguier extrait des Registres du Parle-
ment dudit Toloze du 4. Juillet 1569. obtenuës par Maître François de Saulsan. Copie collationnée d'un Arrêt dudit Parlement de Toloze du 13. Août
1569. d'enregistrement du susdit Edit de 1569. nonobstant les oppositions.
Délibérations des Capitouls de Toloze du 27. Juillet 1569. par laquelle les
Capitouls dudit Toloze consentent l'union de l'Office de Viguier au Siege
Présidial de Toloze. Arrêt intervenu au Parlement de Toloze, le 18. Mars
1570. contre François de Saulsan & le Syndic de ladite Ville de Toloze, le
Greffier des Rigueurs de la Viguerie & autres, par lequel il est fait défenses
audit Syndic & Officiers du Sénéchal de Toloze, de donner aucun empêche-
ment audit de Saulsan en l'Exercice de la Charge de Viguier, & qu'ils remettront certaines Parentes qu'ils disoient avoir de suppression de l'Office de Viguier : & que cependant ledit Viguier exercera sa Charge comme auparavant
icelles, & que les Rigueurs & Sceaux s'expedieront en son nom, suivant les
Arrêts & Ordonnances. Edit extrait des Registres du Parlement de Toloze
du 20. Avril 1570. portant confirmation de l'Office de Viguier, avec l'Arrêt
d'enregistrement du onziéme May mil cinq cens septante. Deux Commissions appellées Rigueurs sur les lieux, expédiées sur des contrats, pour
les mettre à execution au nom de François de Saulsan, des vingt-six Octobre & vingt-deux Novembre 1570. Edit du 3. Janvier 1572. avec l'Arrêt
d'enregistrement audit Parlement de Toloze, portant confirmation de tous
les Edits de rétablissement de Viguier, supprimé & éteint l'Office de Juge ordinaire ; & fait défenses aux Officiers du Sénéchal de troubler les Viguiers, sur
les peines de dix mil livres. Copie collationnée de Provisions de l'Office de
Lieutenant principal en ladite Viguerie de Toloze accordées à François Mellet,
le 27. Avril 1573. Arrêt du Parlement de Toloze du 21. Juin 1585. rendu entre les Officiers de la Viguerie de Toloze & les Officiers du Sénéchal & Siege
Présidial de lad. Ville : par lequel, il est fait défenses aux Juge Mage, Conseillers & Magistrats Présidiaux, & autres Officiers en la Sénéchaussée de Toloze
de contrevenir aux Edits y mentionnez, & de troubler les Officiers de la Viguerie dudit Toloze en leur Jurisdiction aux peines y contenuës. Jugement
rendu par Maître Jean de Ressignier, Conseiller au Parlement de Toloze,
Commissaire député pour l'execution des Edits & du susdit Arrêt, du 21.
Juin 1585. par lequel après avoir pris une ample instruction des Droits dépendans de la Viguerie de Toloze, il en a fait un Reglement ; avec défenses aux
Officiers du Sénéchal de troubler ceux de la Viguerie en leur Jurisdiction,
avec les Exploits de signification des 16. & 17. Decembre 1585. avec assigna-

tion pour voir publier ledit Jugement & Reglement dans le Consistoire de la Sénéchauffée dudit Toloze, & les Edits & Arrêts y énoncez. Copie collationnée du procès verbal dudit Reffignier, sur la publication dudit Reglement avec son Ordonnance, du 16. Octobre 1585. par laquelle, il fait défenses aux Officiers dudit Sénéchal de contrevenir au contenu des Edits de creations du mois de Juin 16,6. & à celuy d'Henry II. fait à Paris au mois de Juin 1559. & au susdit Reglement. Arrêt du Parlement de Toloze du 10. Mars 1586. rendu entre les Officiers de la Sénéchauffée & Siege Presidial dudit lieu, & les Officiers de la Viguerie : par lequel, lesd. Officiers de la Sénéchauffée & Siege Presidial sont deboutez de la Requête civile par eux obtenuë contre l'Arrêt du 21. Juin 1585. Provisions de l'Office de Viguier de Toloze octroyées à Me Pierre de Rabaudy, du 22. Novembre 1597. Extraits des Regiftres du Parlement de Toloze. Copie d'Edit du 24. Janvier 1599. portant confirmation des précedens Edits, Déclarations & Reglemens, contenant la Jurisdiction & droits appartenans audit Viguier : ensemble des Arrêts du Parlement de Toloze des 5. Mars 1584. & 21. Juin 1585. & Jugement dudit sieur de Reffignier du 12. Octobre 1585. avec la Requête presentée au Parlement de Toloze par les Officiers de la Viguerie, afin d'enregiftrement dudit Edit & de l'Ordonnance dudit Parlement, & les Conclusions du Procureur General de Sa Majesté. Ordonnance du Viguier de Toloze du 20. Juillet 1610. apposée au pied du Catalogue des noms des lieux dépendans de la Viguerie : portant défenses d'expedier les Rigueurs d'autre autorité que de la sienne, avec les Exploits de significations des années 1610. & 1613. au Greffier desdites Rigueurs. Copie collationnée d'une Quittance de la finance du Greffe du Viguier & Juge Royal de Toloze, du 17. Juin 1648. Provisions de l'Office de Conseiller du Roy, Viguier, Capitaine du Château Narbonnois, Garde du Scel, Mage Royal en la Ville & Viguerie de Toloze, obtenuës par ledit de Rabaudy l'un des Supplians, le 24. Novembre 1652. ensuite desquelles font les Arrêts d'enregiftrement d'icelles & de reception, des 18. & 23. Mars 1653. Ordonnance du 7. Decembre 1667. renduë par les Viguier & Juge Royal dudit Toloze, en execution de la nouvelle Ordonnance, Art. 8. du Titre 20. par laquelle il ordonne ; *Que les Curez de la Ville & Viguerie de Toloze remettront devers son Greffe leurs Regiftres de Baptémes, Mariages & Sepultures pour être paraphez*, *suivant le désir de l'Ordonnance*, signifié aux Curez de la Ville & Viguerie de Toloze. Autre Ordonnance renduë par ledit Viguier le 2. Janvier 1668. par laquelle il fait défenses au Greffier de l'imposition de la Rigueur, *D'expedier les Rigueurs contre les Habitans de la Ville, Gardiage & Viguerie de Toloze, d'autre autorité que de la sienne, & aux exposans & opposans se retirer ailleurs que devant luy: aux Huiffiers & Sergens executeurs, conduire les prisonniers sujets aux Rigueurs, suivant le cas porté par la nouvelle Ordonnance, en autre prison qu'en celle de la Viguerie : comme auffi de donner aucunes affignations en premiere inftance entre personnes non privilegiées dans ladite Ville, Gardiage & Viguerie que devant luy, sur les peines portées par les Edits de Sa Majefté & autres arbitraires.* Copie d'un Edit du 9. Aouft 1564. au bas duquel eft copie d'Ordonnance &

Jugement rendu par le Préſidial de Toloze, le 9 Janvier 1668. pour l'execution d'iceluy : par lequel il eſt ordonné, *Que ledit Edit ſera gardé & obſervé : ce faiſant, fait inhibitions & defenſes à tous Juges reſſortiſſans en la dite Sénéchauſſée de Toloze, de connoitre du fait des Clameurs, oppoſitions, ceſſion, diſtribution, ceſſation deſdites Clameurs, & executions faites en vertu d'icelles, cancellations de Contrats, & de pluſieur autres choſes.* Copie d'Ordonnance des Officiers de la Sénéchauſſée de Toloze, du 9. Décembre 1667. par laquelle ils ordonnent, *Que les Curez de ladite Ville & Viguerie de Toloze, remettront leurs Livres des Baptêmes, Mariages, Sepultures devers leur Greffe, pour être par eux paraphez, à peine de ſaiſie de leur temporel.* Copie d'acte de proteſtation du premier Février 1668. fait par les Officiers de la Viguerie de Toloze à ceux du Sénéchal, ſur la contravention qu'ils font aux Edits & à la nouvelle Ordonnance, proteſtans de ſe pourvoir pardevers Sa Majeſté, à eux ſignifié le 4. dudit mois, enſemble les Edits & Arrêts y mentionnez. Arrêt & Commiſſion du Conſeil Privé du 7. Mars 1668. par lequel Sa Majeſté ordonne, *Qu'aux fins de la Requête preſentée par le Viguier de Toloze, alencontre des Officiers du Sénéchal dudit lieu, les parties ſeroient aſſignées au Conſeil, pour elles ouïes, leur être fait droit ainſi que de raiſon :* Enſuite eſt l'Exploit de ſignification du ſuſdit Arrêt & Commiſſion, & d'aſſignation au Conſeil à deux mois, du 9. Avril enſuivant. Copie d'une Ordonnance renduë par le Préſidial de Toloze, le 19. dudit mois d'Avril 1668. par laquelle ils font de nouveau injonction aux Curez, *de porter & remettre pardevers eux leurs Regiſtres de Baptêmes, Mariages & Mortuaires, ſignifiée au Pere Recteur de la Dalbade, le 8. May audit an.* Deux certificats des Viguiers des Villes de Beziers & Tigeac, par leſquels ils atteſtent, *Qu'ils font les paraphes des Regiſtres des Baptêmes, Mariages & Sepultures, en execution de la nouvelle Ordonnance.* Copie d'Ordonnance dudit Préſidial de Toloze, du 14. Mars 1668. par laquelle, à faute par les Curez d'avoir remis leurs Regiſtres pardevers eux, ils déclarent, *avoir encouru la peine portée par l'Art. 13 du Titre 20. de la nouvelle Ordonnance ; & qu'il ſera procedé par ſaiſie de leur temporel : avec iteratives inhibitions & défenſes de remettre leurs Regiſtres ailleurs que pardevers eux, à peine de mille livres, ſignifiée le 25. Juin 1668. au Curé de S. Pierre de Cuſſives.* Regiſtre des remiſes en blanc des Regiſtres des Baptêmes, Mariages & Sepultures qui ont été portez au Greffe de ladite Viguerie, pour être cottez & paraphez par ledit Viguier la preſente année 1668. Acte de preſentation faite par Binet Avocat au Conſeil, le 29. Juin 1668. pour les Officiers de la Sénéchauſſée & Siege Préſidial de Toloze, contre les Officiers de la Viguerie dudit lieu, ſur l'aſſignation à eux donnée à la requête deſd. Officiers de la Viguerie, en vertu de l'Arrêt du Conſeil dud. jour 7. Mars 1668. & ſuivant l'Exploit du 9. Avril enſuivant. Autre Acte du 2. Aouſt dernier, fait par les Officiers de la Viguerie à l'Avocat des Officiers du Préſidial dudit lieu ; par lequel ils luy déclarent, *Que les ayans fait aſſigner au Conſeil ſur la contravention par eux faite aux Edits & Ordonnances de Sa Majeſté, notamment à la nouvelle Ordonnance, ledit Binet ſe ſeroit preſenté pour occuper & défendre aux fins & concluſions des Officiers de*

la

la Viguerie ; enfuite dequoy & a caufe qu'il s'agit d'un Reglement entre des Officiers & de l'execution des ordinaires, ils ont baillé leur Requête au Sieur Puffort Confeiller d'Etat ordinaire & Commiffaire à ce deputé, pour l'execution & interpretation de la nouvelle Ordonnance, pour d'icelle faire fon rapport à Sa Majefté, de laquelle même & des piéces y attachées ledit Binet a pris communication chez ledit Sieur Puffort dès le 3. Juillet dernier, fans qu'il ait tenu compte d'y fournir réponfes & défenfes, quoy que diverfes fois verbalement fommé de ce faire, & après délay par luy demandé à cette fin ; c'eft-pourquoy lefdits Officiers de la Viguerie proteftent de pourfuivre inceffamment l'enterinement de ladite Requête avec dépens, dommages & interêts, au rapport dudit Sieur Puffort, efquels dépens le voyage & féiour dudit Viguier fera compris, fignifié ledit jour. Requête préfentée à Sa Majefté par lefdits Viguier & Officiers de la Ville & Viguerie de Toloze, fervant de contredits & falvations contre celle des Officiers de la Sénéchauffée de Toloze, fignée le Quutier de Fleurval. Autre Requête auffi préfentée à Sa Majefté par le Syndic defdits Officiers de la Sénéchauffée de Toloze, fervant pareillement de contredits & réponfes à celle des Officiers de ladite Viguerie de Toloze, fignée Binet leur Avocat. Factum imprimé, fait par le même Syndic des Officiers de la Sénéchauffée & Siége Préfidial dudit Toloze, alencontre des Officiers de la Viguerie. Oüy le rapport du Sieur Puffort, Confeiller ordinaire de Sa Majefté en fes Confeils, qui en a communiqué par l'ordre de Sadite Majefté aux Sieurs de Morangis, Poncet & Boucherat, auffi Confeillers ordinaires en fefdits Confeils : Et tout confideré, LE ROY ETANT EN SON CONSEIL, faifant droit fur les Requêtes refpectives defdites parties, a caffé & annullé, caffe & annulle lefdites Ordonnances defdits Officiers de la Sénéchauffée de Toloze, des 9. Décembre 1667. 9. Janvier & 19. Avril 1668. & fans y avoir égard, a maintenu & gardé, maintient & garde ledit de Rabaudy Viguier & les Officiers de la Viguerie Royale de Toloze en qualité de premiers Juges Royaux & ordinaires au Droit & Jurifdiction de cennoître feuls de toutes les expeditions des Clameurs & Sceaux des Contrats, & de toutes les Caufes qui viendront en conféquence ; comme auffi de tout ce qui eft attribué audit Viguier par les Edits & Arrêts fur ce intervenus, même au paraphe des Regiftres de Baptêmes, Mariages & Sepultures, conformément à fon Ordonnance du mois d'Avril 1663. Fait Sa Majefté défenfes aufdits Officiers de la Sénéchauffée de les y troubler, & de contrevenir à fadite Ordonnance, fur les peines y contenuës. Fait au Confeil d'Etat du Roy, tenu à S. Germain en Laye, le vingt-troifiéme Septembre mil fix cens foixante-huit. Signé, DE LA VRILLIERE.

Reglement.

TITRE VI. ARTICLE II.

Pour Jacques Benoiſt Procureur du Roy, de Baugency.

Contre Clement Benoît.

*Défenſe d'évoquer, ſi ce n'eſt pour juger à l'Audience,
& ſur le champ. Evocation contraire caſſée.*

SUR la Requête preſentée au Roy étant en ſon Conſeil, par Jacques
Benoît Procureur de Sa Majeſté au Siége de Baugency : Contenant,
qu'il a divers procés contre Clement Benoit ſon frere ; Le premier,
pendant au Préſidial d'Orleans, pour raiſon d'une rente conſtituée au profit de
Baptiſte Calles, pour laquelle ledit Clement eſt caution de Jacques, de la
ſomme de 193 livres, & ſur laquelle le Suppliant demande compenſation audit Clement : auquel procés Julien Thuault, gendre du Suppliant eſt partie. Le
ſecond, pendant en la Prevôté de Baugency, Juriſdiction naturelle des parties, d'un Pré appartenant audit Jacques Suppliant, & duquel ledit Clement a
été Fermier. Le troiſiéme, pendant aux Requêtes de l'Hôtel, pour raiſon
d'une rente prétenduë fonciere par ledit Clement, à prendre ſur un heritage
appartenant aux enfans dudit Jacques, qui dépend de l'Abbaye de Baugency, & laquelle rente pour cette raiſon, l'Abbé ſoûtient ne pouvoir être
fonciere : Et le quatriéme, pendant auſdites Requêtes de l'Hôtel au ſujet d'une
rente de 30 livres que ledit Clement prétend ſur ledit Jacques, laquelle rente
ledit Jacques ſoûtient appartenir à la ſucceſſion de la mere commune des parties, & non audit Clement ; Que ledit Jacques accuſe d'ailleurs d'avoir ſouſ-
trait tous les papiers de la ſucceſſion de leur mere : Ces divers procés étant
pendans & indecis devant differens Juges ordinaires, Clement baille ſa Requête au Parlement de Paris, & y fait rendre Arrêt d'évocation de toutes
leſdites inſtances, le 19. Juin 1665. Jacques Suppliant ſe plaint de cette procedure, & elle eſt trouvée ſi extraordinaire & ſi peu réguliere, qu'aprés l'avis
de la Communauté des Procureurs & de Maître Dubois ancien Avocat, ledit
Arrêt eſt caſſé par autre du 2. Janvier 1666. & ledit Clement condamné à la
reſtitution des choſes priſes en vertu du premier : il s'eſt encore meu depuis
une conteſtation entre les parties, à la Prevôté dudit Baugency, dévoluë par
appel au Bailliage dudit lieu, pour raiſon d'un Banc dans l'Egliſe, que ledit
Clement prétend ôter au Suppliant, auquel il appartient : Les choſes en cet
état, il eſt certain, que ſuivant l'Ordonnance, les parties doivent proceder devant les premiers Juges qui ſont ſaiſis deſdits differends, vû particulierement
qu'il n'y a rien de pendant audit Parlement de Paris, entre les parties qui puiſſe
donner lieu à une évocation, Neanmoins ledit Clement, aprés que l'évocation

par luy cy-devant furprite de tous lefdits differends a été condamné, n'a pas
délaiffé de tenter pour une feconde fois ladite évocation ; & dans ce deffein a
donné trois Requêtes à la Cour, pleines de confufion : Le Suppliant y a défendu, & fait voir qu'il n'y pouvoit obtenir ladite évocation, n'y ayant rien de
pendant en ladite Cour entre les parties, & particulierement, parce que la
nouvelle Ordonnance, Titre 6. Art. 2. réfifte à ces fortes d'evocations. Clement
a été affez ofé de foûtenir, que l'Ordonnance ne pouvoit être entenduë pour
le Parlement, mais feulement pour les autres Juges qui voudroient évoquer :
fur ces demandes & défenfes les parties ont été appointées par Arreft du
& depuis par autre Arreft du 16. May 1668.
le Parlement a évoqué toutes lefdites inftances, & condamné le Suppliant aux
dépens, en quoy ledit Parlement a vifiblement contrevenu à la nouvelle Ordonnance. Premierement, il eft prohibé par icelle d'appointer les matieres
qui peuvent être jugées à l'Audience, comme l'évocation demandée par ledit
Clement. En fecond lieu, ladite nouvelle Ordonnance défend à tous Juges
d'évoquer les Caufes, Inftances & Procés pendans aux Siéges inferieurs ou autres Jurifdictions, fous prétexte d'appel ou connexité, fi ce n'eft pour juger
diffinitivement en l'Audience & fur le champ par un feul & même Arreft : fi
bien que fur le fondement de cette nouvelle Ordonnance ledit Arreft d'évocation eft nul & ne peut fubfifter. A CES CAUSES, requeroit le Suppliant,
qu'il plût à Sa Majefté, caffer & annuller ledit Arreft dudit jour 16. May
1668. comme contraire à la nouvelle Ordonnance : & en conféquence renvoyer tous les differends des parties pardevant les Juges ordinaires qui en font
faifis, VEU ladite Requête fignée du Suppliant & Baudoüin fon Avocat, & pieces juftificatives d'icelle. Oüy le rapport du fieur Puffort Confeiller ordinaire de Sa Majefté, Commiffaire à ce députe : Et tout confideré,
LE ROY E'TANT EN SON CONSEIL, ayant au-
cunement égard à ladite Requête, a caffé ledit Arreft du Parlement de Paris du 16. May 1668. & tout ce qui s'en eft enfuivi, comme contraire à fon
Ordonnance du mois d'Avril 1667. fait défenfes audit Parlement & à tous autres Juges d'y plus contrevenir, ni d'évoquer les Caufes Inftances & Procés
pendans aux Siéges inferieurs & autres Jurifdictions fous prétexte d'appel ou
connexité, fi ce n'eft pour les juger diffinitivement en l'Audience & fur le
champ, par un feul & même Jugement : A neantmoins Sa Majefté évoqué &
évoque à fa perfonne tous les procés & differends d'entre lefdits Clement &
Jacques Benoît pendans pardevant les Juges des lieux ; même celuy contre le
nommé. Fait au Confeil d'Etat du Roy, tenu à S. Germain en Laye, le 25.
Juin 1668. Signé, DE LA VRILLIERE.

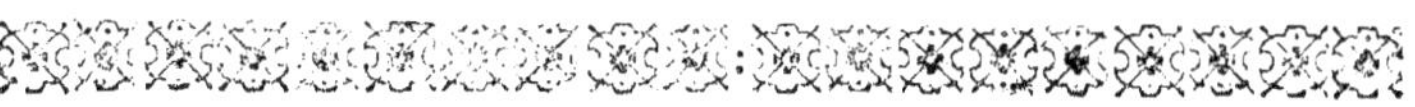

ARTICLE III.

POUR Leon le Comte,

*CONTRE les Lieutenans Géneral & Criminel, le Prevôt &
Lieutenant du Vicomté de Gisors.*

*Défenses d'appointer les parties sur les Renvois, incompetences,
& déclinatoires ; Enjoint aux Juges de les juger
sommairement à l'Audience.*

*Et pour avoir refusé permission de faire ouvrir les portes, afin de
saisir ; Ordonné, que les Juges refusans viendront rendre
raison de leur conduite au Roy.*

V EU par le Roy étant en son Conseil la Requête presentée par
Leon le Comte, Avocat au Parlement de Paris, & Damoiselle Marie Frontin, fille majeure : Contenant qu'ils avoient presenté deux
Requêtes contre Maître Michel le Maître, Sieur de S. Crespin, Lieutenant
Criminel à Gisors ; & contre le Lieutenant Géneral, le Prevôt & le Lieutenant du Vice-Bailly dudit Gisors : A ce qu'attendu les contraventions qu'ils
avoient commises contre la nouvelle Ordonnance, par le refus dudit le Maître, d'ouvrir ses portes pour y affeoir execution sur ses meubles en vertu des
Arrêts du Parlement de Paris & Pareatis du Grand-Sceau, par le refus desdits Officiers de Gisors, de donner la permission d'ouvrir lesdites portes, &
par les autres voyes de fait par eux commises pour empêcher l'execution desdits Arrêts ; ledit le Maître fût contraint par corps au payement des sommes adjugées ausdits le Comte & Frontin par lesdits Arrêts pour reliqua de
compte de tutelle, & à ce que lesdits Officiers fussent condamnez en leurs propres & privez noms solidairement, au payement des mêmes sommes, pour
avoir plusieurs fois refusé ladite permission, même à l'Audience ; ayant ordonné que lesdits Arrêts & Pareatis du Grand-Sceau seroient mis à leur
Greffe, par le moyen dequoy ils auroient donné lieu audit Lieutenant Criminel leur Confrere, de rompre les scellez apposez de l'autorité de ladite Cour,&
d'emporter clandestinement ses meubles : Sur lesquelles Requêtes Arrêt dudit Conseil seroit intervenu le 14. May dernier, qui auroit enjoint ausdits
Officiers de se rendre à la suite de Sadite Majesté, pour rendre compte de leur
conduite, & pour être fait droit sur les fins desdites Requêtes : lequel Arrêt
seroit bien plus fatal aux Supplians qu'avantageux, s'ils n'étoient maintenus
contre les Juges, qui font leurs efforts pour se venger de ceux qui se plaignent

Refus d'ou-
vrir la porte
pour saisir.

Refus de le
permettre.

Juges pris à
partie.

des contraventions de la nouvelle Ordonnance : étant arrivé que ledit le Maître auroit presenté Requête au Parlement de Normandie, pour estre reçû opposant auſdites ſaiſie & execution de ſes meubles, & à tout ce qui s'en ſeroit enſuivy : ſur laquelle Requête il auroit ſurpris un Arrêt, portant, Qu'aux fins d'icelle, leſdits le Comte & Frontin ſeroient aſſignez audit Parlement de Normandie, & cependant défenſes : Et quoy que les défenſes dudit Parlement de Roüen d'executer les Arrêts de celuy de Paris, fuſſent ſujettes à caſſation, ſuivant ladite nouvelle Ordonnance ; Neanmoins ledit le Comte eſperant que les Juges craindroient ladite nouvelle Ordonnance, ſeroit allé audit Parlement de Roüen demander ſon renvoy au Conſeil d'Etat à l'égard deſdites ſaiſie, execution, refus & jugement deſdits Officiers : Et à l'égard de la ſaiſie réelle d'heritages du Reſſort dudit Parlement de Paris faite en vertu des Arrêts d'iceluy, ledit le Comte en auroit demandé le renvoy audit Parlement de Paris : Mais au lieu d'accorder ou refuſer ledit renvoy ſur le champ, ils auroient ordonné que les parties mettroient leurs Requêtes & piéces pardevers la Cour, pour leur être fait droit ; ce qui eſt contraire à l'Article 3. des fins de non proceder de ladite Ordonnance, qui défend abſolument ces ſortes d'appointemens ſur les renvois déclinatoires. A CES CAUSES, requeroient, qu'il plût à Sa Majeſté, caſſer & révoquer ledit appointement à mettre dudit Parlement de Normandie du 20. Juillet dernier : ce faiſant, Ordonner que ledit le Maître & Officier dudit Giſors ſatisferoient audit Arrêt du Conſeil d'Etat du 14. May dernier, & ſur le ſurplus de tous les autres differens des Supplians, les renvoyer audit Parlement de Paris, avec amende & dépens. VEU auſſi audit Conſeil les piéces attachées à ladite Requête : La premiere, du 17. Septembre 1663. eſt un compromis paſſé pardevant Huart & ſon compagnon Notaires au Châtelet de Paris, avec clauſe, Qu'en cas que ledit le Maître voulût empêcher l'execution du jugement arbitral, il ſeroit tenu de proceder au Parlement de Paris. La ſeconde du 21. May 1665. eſt un Arrêt dudit Parlement de Paris, qui a homologué deux Sentences arbitrales interlocutoires des 26. Janvier 1664. & 31. Mars 1665. renduës entre leſdites parties, & ſignées, Bignon, Caillard & Ricard. La troiſiéme du 31. Mars 1666. eſt un Arrêt dudit Parlement de Paris entre leſdites parties ; par lequel il eſt ordonné, que les Enquêtes reſpectivement faites par les parties ſeront reçuës pour juger & pour faire droit ſur icelles, enſemble ſur le principal & ce qui reſte à juger entre leſdites parties : La Cour les a renvoyez pardevant leſdits arbitres. La quatriéme, du 14. Septembre 1667. eſt une Sentence arbitrale renduë entre leſdites parties. La cinquiéme, du 4. Février dernier, eſt un Arrêt contradictoirement rendu entre leſdites parties audit Parlement de Paris pour l'execution de ladite Sentence en baillant caution. La ſixiéme, du 11. Février audit an, eſt une Ordonnance contradictoire de l'un des Conſeillers de ladite Cour de reception de caution. La ſeptiéme, du 11. Mars audit an, eſt un Arrêt dudit Parlement de Paris confirmatif de ladite Sentence arbitrale. Les huit & neuviéme des 19. Février & 22. Mars derniers, ſont deux Pareatis au Grand Sceau pour l'execution deſdites Sentence & Arrêt. Les dix, onze & douziéme des 18. & 21. & 25. Février dernier, ſont des ſommations & commandemens

Arrêt portant défenſes d'executer un autre Arrêt.

Renvoy demandé.

Appointement du 20. Juillet &c.

Hhhh iij

de fatisfaire aufdits Arrêts. La treiziéme , du 3. Mars 1668. eft un procés verbal de Boüillaud & Perfehaye Huifliers, & de leurs affiftans , du premier refus d'ouvrir & permettre d'ouvrir les portes dudit le Maître. La quatorziéme du cinquiéme Mars dernier , eft un procés verbal defdits Huifliers du refus fait à l'Audience du mandement d'ouverture defdites portes. La quinziéme du feptiéme Mars dernier, eft un Arrét dudit Parlement, de permiffion d'ouvrir lefdites portes. La feiziéme du quatre Avril dernier , eft un procés verbal de l'Huiffier Baudoüin de rupture de fcellez & voyes de fait. La dix-feptiéme, du cinquiéme Avril dernier, eft un autre procés verbal dudit Baudoüin. La dix-huitiéme du quatorziéme May dernier , eft un Arreft du Confeil d'Etat avec la Commiffion étant enfuite. La dix-neuviéme du 19. May dernier, eft un Mandement du Parlement de Roüen avec l'affignation enfuite. La vingtiéme du vingt-fixiéme dudit mois, eft une fignification fignée dudit Baudoüin audit le Maître, à la Requête dudit le Comte. Les vingt-uniéme & vingt deuxiéme des 16. & 19. Juillet dernier, font deux actes que ledit le Comte a baillé copie dudit Arrêt du Confeil d'Etat , & autres piéces. La vingt-troifiéme du 20. Juillet dernier , eft ledit Arrêt du Parlement de Normandie d'appointement à mettre fur le déclinatoire & autres piéces attachées à ladite Requête. Oüy le rapport du Sieur Puffort Commiffaire à ce deputé : Et tout confideré, LE ROY ÉTANT EN SON CONSEIL, ayant égard à ladite Requête, A caffé & annullé, caffe & annulle ledit Arrêt du Parlement de Roüen du 20. Juillet dernier, comme contraire à fon Ordonnance du mois d'Avril 1667. Ce faifant, & en conféquence du défiftement dudit le Comte, de la faifie faite à fa requête des Offices dudit le Maître, & des heritages à luy appartenans, fituez en la province de Normandie : A Sa Majefté renvoyé & renvoye lefdites parties au Parlement de Paris, pour y proceder fur la faifie réelle des heritages fituez dans le Reffort d'iceluy, circonftances & dépendances, luy en attribuant Sa Majefté toute Cour , Jurifdiction & connoiffance , & icelle interdite à toutes fes autres Cours & Juges : Fait Sa Majefté défenfes audit Parlement de Normandie & à tous autres Juges de plus contrevenir à Sadite Ordonnance, ni d'appointer les parties fur les renvois, incompetences & déclinatoires, qui feront requis & propofez ; mais leur enjoint, fur les peines y contenuës, de les juger fommairement à l'Audience : Ordonne Sa Majefté , que fon Arrêt du 14. May dernier fera executé felon fa forme & teneur : Et ce faifant, que lefdits Julien Huet Lieutenant Général au Bailliage de Gifors , le Febvre Prevôt Vicomtal dudit Gifors, & le Roy Lieutenant du Vice-Bailly dudit Gifors, feront tenus de fe rendre dans huitaine à la fuite de Sa Majefté, pour y rendre compte de leur conduite au fait defdits Jugemens & Executions ; Autrement & à faute de ce faire dans ledit temps & iceluy paffé , fera fait droit fur les conclufions & demandes dudit le Comte. Fait au Confeil d'Etat du Roy , tenu à S. Germain en Laye , le fixiéme Août mil fix cens foixante-huit.

Signé, DE LA VRILLIERE.

ARTICLE VIII.

POUR Monfieur Merault Confeiller honoraire au Parlement de Normandie.

CONTRE les Dames Religieufes du Port-Royal.

Le garant privilegié attire le garanti pardevant le Juge de fon Privilege.

SUR les Requêtes refpectivement prefentées au Roy étant en fon Confeil, l'une par le Sieur Jean Merault Confeiller honoraire au Parlement de Normandie ; & l'autre par les Abbeffe & Religieufes du Port-Royal de Paris : Celle dudit Sieur Merault contenant, Que defunt Maître Jacques Merault, vivant Confeiller de Sa Majefté en fes Confeils, Maître des Requêtes ordinaire de fon Hôtel, fon pere a délaiffé le 23. Fevrier 1607. aux Abbeffe & Religieufes du Port-Royal une maifon fize au village de Villiers-Abafcle, avec demy-arpent de jardin, lefquelles en contre échange luy ont baillé avec promeffe de garantie de tous troubles & empêchemens quelconques une piéce de terre appellée les Laris du Port Royal, en la poffeffion de laquelle il eft troublé par Maître Michel Lucas, Sieur du Prêle, fis audit Villiers, qui prétend pour luy & pour les habitans dudit lieu la proprieté dudit Laris, en tout cas une fervitude de chemin & paffage par iceluy, pour raifon duquel trouble y a procés pendant au Parlement de Paris, où le Suppliant ayant par Exploit du premier Juin 1669. fait appeller en garantie lefdites Dames du Port-Royal ; Elles ont au lieu de comparoir à ladite affignation, fait fignifier par Exploit du 25. defdits mois & an, au Procureur du Suppliant, un Arrêt rendu au Confeil du 12. Fevrier 1666. portant évocation de tous leurs procés, tant en demandant que défendant, fans limitation d'aucun temps, quoy que la Caufe qui étoit la divifion d'entre-elles foit à préfent ceffée, & qu'en tout cas cette évocation ne pût avoir lieu en ce rencontre, à caufe que la demande originaire qui caufe le trouble fait au Suppliant, eft pendante audit Parlement, où lefdites Dames font tenuës proceder fur ladite fommation, qui n'en eft qu'acceffoire, fuivant l'Article 8. du Titre des garants de la nouvelle Ordonnance. A CES CAUSES, le Suppliant auroit requis, qu'il plût à Sa Majefté ordonner, que fans s'arrêter à ladite évocation generale, lefd. Abbeffe & Religieufes du Port-Royal procederont fur ladite fommation, & demande en garantie audit Parlement de Paris, où elles feront tenuës fe reprefenter dans trois jours, attendu le délay de fe faire expiré il y a long-temps, & les condamner aux dépens : Celle defdites Abbeffe & Religieufes duPort-

Requête des Religieuſes.

Révocation des Religieu-ſes dure en-core.

Arrêt.

Royal : Contenant, que par Arrêts du Conſeil des 14. Novembre 1664. & 3. Février 1666. il a plû à Sa Majeſté, pour conſiderations très-importantes, évoquer & retenir à ſoi & à ſon Conſeils, tous les procez & differends qui ſont ou pourront être cy-après mûs & intentez par leſd. Abbeſſe & Religieuſes, ou alencontre d'elles, tant en demandant qu'en défendant ; avec défenſes très expreſſes à toutes Cours & Juges d'en prendre connoiſſance, au préjudice de-quoy le ſieur Jean Merault Conſeiller honoraire au Parlement de Roüen, pré-tendant être troublé dans la joüiſſance d'une piece de terre appellée les Laris de Port-Royal, ſituée en la Paroiſſe de Villiers-Abaſcle, donnée par les Abbeſſe & Religieuſes du Port-Royal en échange, à défunt Meſſire Jacques Merault, Conſeiller de Sa Majeſté en ſes Conſeils, Maître des Requêtes ordinaire de ſon Hôtel, pere dudit Sieur Merault, contre une maiſon & Jardin ſis audit Villiers dés l'année 1607. depuis lequel temps ledit ſieur Merault, qui a pû ac-querir une triple preſcription de vingt années, auroit fait aſſigner les Supplian-tes au Parlement de Paris, où il prétend être pourſuivy pour raiſon de ladite piece de terre : Les Suppliantes luy ayant fait ſignifier ledit Arrèt du 12. Fé-vrier 1666. avec aſſignation au Conſeil ; il a préſenté Requête, & demandé le renvoy audit Parlement, ſur ce qu'il a prétendu que la Cauſe de ladite évoca-tion ceſſoit par la ſéparation de deux maiſons du Port-Royal de Paris & des Champs, & que ſuivant l'Art. 8. du Titre des garants de la derniere Ordon-nance, les Suppliantes étoient obligées de proceder au lieu où leur prétendu garant eſt pourſuivy, à quoy les Suppliantes répondent, que ledit ſieur Me-rault s'abuſe en tous ſes deux moyens : Au premier, en ce que la ſéparation des deux maiſons ne fait point ceſſer la cauſe de ladite évocation, au contraire, elle l'augmente ; parce que cette ſéparation a fait plus d'ennemis aux Supplian-tes qu'elles n'en avoient auparavant. Quant au ſecond moyen, ſi ledit ſieur Merault avoit lû entierement ledit Article 8. du Titre des garants, il auroit vû qu'il y a une exception, *Lors que le Garant eſt privilegié & qu'il de-mande ſon Renvoy pardevant le Juge de ſon Privilege* : Or le privilege des Suppliantes eſt l'évocation qu'il a plû à Sa Majeſté leur accorder de toutes leurs Cauſes, en demandant & défendant au Conſeil : elles y demandent la rétention de la pourſuite dudit ſieur Merault, qu'elles feront voir n'être qu'une vexa-tion, & partant, ſuivant l'Art. de l'Ordonnance par luy alleguée, il doit être débouté de ſa Requête avec dépens. A C E S C A U S E S, les Suppliantes au-roient requis, qu'il plût à Sa Majeſté, ſans s'arrêter à ladite Requête dudit ſieur Merault, de laquelle il ſera débouté avec dépens : Ordonner que les par-ties procederont au Conſeil en execution dudit Arrèt du 12. Février 1666. à luy bien & deüëment ſignifié. V E U au Conſeil du Roy leſdites Requêtes ; celle dudit ſieur Merault, ſignée de luy & de Pourſier ſon Avocat, & celle deſ-dites Abbeſſe & Religieuſes de Port-Royal, de Poudreau leur Avocat, & les pieces jointes à icelles. Oüy le rapport du ſieur Puſſort, Conſeiller ordinaire du Roy en tous ſes Conſeils d'Etat, Commiſſaire à ce député : Et tout conſi-deré, L E R O Y E T A N T E N S O N C O N S E I L, ſans avoir égard à la Requête dudit ſieur Merault, a ordonné & ordonne, que ſur la ſomma-tion par luy intentée contre leſdites Religieuſes, Abbeſſe & Convent du

Port-Royal

Port-Royal de Paris, les parties procederont au Conseil. Fait au Conseil d'Etat du Roy, Sa Majesté y étant, tenu à S. Germain en Laye, le vingt-sixiéme Août 1669. Signé, COLBERT.

TITRE X.
Des Interrogatoires sur Faits & Articles.

Art. 1. *Permis de se faire interroger devant le Juge du procés, ou celuy qui sera commis.*

Art. 8. Tit. 17. *La contrarieté en matiere sommaire, se vuide par audition de Témoins, ouys au Greffe és Cours Presidiales.*

Art. 5. Tit. 29. *Le Rapporteur de l'Arrêt qui aura ordonné compte, ne pourra recevoir le compte.*

Requête des Commissaires Enquêteurs & Examinateurs de Lyon, pour être maintenus en leur droit, que ces Articles leur ôtoient.

SUR ce qui a été remontré au Roy étant en son Conseil, par les Commissaires Enquêteurs-Examinateurs de la Sénéchaussée & Siège Présidial de Lyon; Que par l'Article premier du x. Titre des Ordonnances de Sa Majesté du mois d'Avril 1667. il est permis aux parties de se faire interroger en tout état de Cause sur Faits & Articles pardevant le Juge où le differend est pendant : Et par le viij. Article du xvij. Titre, il est porté, Que les parties se trouvans contraires en faits dans les matieres sommaires, les Témoins à l'égard des Siéges Présidiaux pourront être oüis au Greffe par l'un des Conseillers : Et par le v. Article du xxix. Titre, il est dit, que tout Jugement portant condamnation de rendre compte, commettra celuy qui devra recevoir la presentation & affirmation du compte, & s'il est rendu sur un appointement à mettre, ou sur un procés par écrit, le Rapporteur ne pourra être commis pour le compte, mais en sera commis un autre par celuy à qui la distribution appartiendra : Par tous lesquels Articles les Supplians se trouveront hors de fonctions, quoy que Sa Majesté n'ait point entendu de les priver de l'Exercice de leurs Charges, par le mot de Juges employé dans lesdits Articles ; Et neanmoins les Officiers dudit Présidial de Lyon, prenant avantage des termes portez par lesdits Art. n'ont voulu souffrir que les Supplians ayent continué l'Exercice de leurs Charges, aux termes mêmes desdits Articles de ladite Ordonnance : Pourquoy ils ont très-humblement fait supplier Sa Majesté leur vouloir sur ce pourvoir, déclarans lesdits Supplians vouloir executer exactement ladite Ordonnance, en ce qui concerne les fonctons de leurs Charges.

Arreft qui
maintient les
Enquêteurs
dans leur u-
fage.

Veu la Requête defdits Supplians, les Memoires attachez à icelle, les Edits, Déclarations, Reglemens & Arrêts, tant du Confeil que du Parlement de Paris, rendus fur le fait & exercice de leur Charge. Ouy le rapport du Sieur Puffort, Confeiller ordinaire de Sa Majefté en fes Confeils, Commiffaire à ce depuré : Et tout confideré, LE ROY ETANT EN SON CONSEIL, ayant égard à ladite Requête, a ordonné & ordonne, Que les Commiffaires Enquêteurs & Examinateurs de ladite Sénéchauffée & Siége Préfidial de Lyon continuëront d'exercer les fonctions qui leur font attribuées à caufe de leurfdits Offices par les Edits de creation d'iceux, Arrêts & Reglemens, comme ils auroient pû faire avant fon Ordonnance du mois d'Avril 1667. en ce qui n'eft point abrogé par icelle. Fait Sa Majefté défenfes à toutes perfonnes de les y troubler ni empêcher, à peine de tous dépens, dommages & interêts. Fait au Confeil d'Etat du Roy, tenu à S. Germain en Laye, le fixiéme Août 1668. Signé, DE GUENEGAUD.

TITRE XI. ARTICLES XXII. & XXV.

Tit. 14. Art. 12. Les Actes y énoncez, feront fignifiez par Huiffiers, comme à l'Arrêt cy-deffus.

POUR les Huiffiers du Parlement de Dijon.

CONTRE les Procureurs.

Requête des
Huiffiers.

SUR les Requêtes refpectivement prefentées au Roy en fon Confeil, par les Huiffiers & Procureurs au Parlement de Dijon, & par Claude Gebert premier Huiffier audit Parlement : Celle defd. Huiffiers, contenant, Qu'encore que par les Edits de creation de leurs Offices il ait été fuffifamment pourvû à la fonction & exercice de leurs Charges, & que l'intention de Sa Majefté n'ait été de les créer que pour faire les fignifications de tous les actes fervans à l'inftruction des procés, & des Arrêts des Cours en dernier reffort, & autres, plus au long y mentionnez, & qu'au contraire les Procureurs ayent été créez pour inftruire les procés, & les mettre en état de juger : Neanmoins lefdits Procureurs du Parlement de Dijon, ayant ci-devant entrepris de faire leurs fonctions, recevant de l'un & de l'autre copies de tous actes fans les faire fignifier : S'étans plaints de ce procedé audit Parlement par divers Arrêts contradictoires, notamment par celuy du 18. Janvier 1641. défenfe auroit été faite aufdits Procureurs de fe donner copie des Arrêts, procés verbaux, executions de Sentences, Appointemens, Commiffions, intimations, fommations, lettres de reftitutions, & autres actes, dont les procés feroient pendans audit Parlement ; lefquels ils feroient tenus de faire fignifier par lefdits Huiffiers, à peine de tous interêts, dépens & amende : au préjudice defquels Arrêts & de

Arrêt qui
avoit préve
nu l'Ordon-
nance.

l'Ordonnance du mois d'Avril 1667. lefdits Procureurs n'ont laiffé de continuer leurs contraventions, en fe donnant copie les uns aux autres de tous actes
indifferemment, même des Arrêts dudit Parlement, ce qui eft entierement
contraire à ladite Ordonnance, & aux Arrêts du Confeil rendus en pareil cas,
notamment à celuy donné au profit des Huiffiers du Parlement de Toloze: par lequel il eft enjoint aux Procureurs dudit Parlement de faire fignifier par lefdits Huiffiers les actes fervans à l'inftruction des procés mentionnez, és Articles 20. 22. & 25. du Titre des Délais & procedures, premier & 12. du Titre
des Conteftations en caufe : & à l'Article 14. du Titre des dépens de ladite
Ordonnance , à peine de cent livres d'amende contre lefdits Procureurs pour
chacune contravention, & des dépens, dommages & interêts defdits Huiffiers:
Au defir duquel Arrêt & defdits Articles , & de plufieurs autres rapportez , &
autres Titres de ladite Ordonnance , il étoit important de pourvoir : Requeroient, qu'il plût à Sa Majefté ordonner, que ledit Arrêt dudit Parlement de
Dijon du 18. Janvier 1641. l'Ordonnance du mois d'Avril 1667. & l'Arrêt
du Confeil du 19. Mars dernier rendu en conféquence, feroient executez felon
leur forme & teneur , & conformément à iceux & à ladite Ordonnance ; Que
lefdits Procureurs feroient tenus de faire fignifier par lefdits Huiffiers tous les
actes mentionnez aux fufdits Arrêts & Articles de ladite Ordonnance & autres fervans à l'inftruction des procés pendans audit Parlement de Dijon ; avec
défenfes aux Procureurs d'y contrevenir, ni de fe donner ou faire donner par
leurs Clercs copie defdits actes, Arrêts & procedures , à peine de mille livres
d'amende à leur profit pour chacune contravention, & de tous dépens , dommages & interêts, fur lefquels ils requeroient leur être fait droit. La Requête
des Procureurs du Parlement de Dijon, Qu'encore que par le Reglement publié audit Parlement le 24. Janvier 1559. contenant la taxe des falaires des
Huiffiers dudit Parlement, créez à l'inftar de ceux dudit Parlement de Paris, il
n'ait été attribué aux Huiffiers que deux fols fix deniers pour droit de fignification de Requête , Arrêts & autres actes, lors même qu'ils étoient obligez
de faire lefdites fignifications à plufieurs parties : Neanmoins lefdits Huiffiers
dans la fuite des temps avoient exigé cinq fols pour chaque fignification, fans
aucun titre, jufques-là que ne fe contentant pas de cette exaction, ils l'auroient
depuis dix ans augmentée & pris , comme ils font encore à préfent, jufques à
fept fols de chaque affignation & fignification; & lors que les piéces qu'ils fignifient contiennent plufieurs fcuillets ils prennent du premier fcuillet fept fols, &
de chacun des autres fcuillets deux fols fix deniers, d'autres fois trois fols , &
d'autres quatre , à leur difcretion : Tellement que fi un Arrêt contenoit trois
fcuillets de groffe , qui pourroient être réduits en un fcuillet de minute , ils en
prennent quinze fols, & ainfi à proportion s'il en contient trente ou quarante, &
s'il convient fignifier ledit Arrêt à trente Procureurs, ils en prennent trente fignifications à ladite raifon de quinze fols , laquelle inégalité de Reçû ne pro-
vient que de ce que lefdits Huiffiers n'ont autres falaires attribuez que lefdits
deux fols fix deniers pour affignation & fignification , ainfi que les Huiffiers
du Parlement de Paris : Deplus, auroient lefdits Procureurs expofé, que lefdits
Huiffiers s'étoient ingerez de retirer des mains des Greffiers dudit Parlement

Inconveniens de cet usage.

les Requêtes que defdits Procureurs pour leurs parties donnoient aux Confeillers dudit Parlement pour être réponduës, dont il arrivoit deux inconveniens à l'interêt du public. Le premier par la détention que lefdits Huiffiers faifoient defdites Requêtes, qui caufoit du féjour & retard aux parties ; & l'autre, parce que lefdits Huiffiers pour rendre lefdites Requêtes exigeoient cinq fols de chacune, quoy qu'ils ne les fignifiaffent en aucune façon : lefquels Huiffiers pour fe mettre à couvert de ce qu'ils prennent pour lefdites fignifications & pour lefdites Requêtes, qu'ils ne mettent à execution, n'avoient autre titre qu'un Arrêt dudit Parlement de Dijon, du 28. Mars 1658. lequel Arrêt ayant été donné au préjudice de l'oppofition du Procureur Syndic des Etats : Il y auroit eu décret defdits Etats des mois d'Avril 1659. & Juin 1665. pour fe pourvoir contre, & faire réduire les droits exceffifs defdits Huiffiers, lefquels Huiffiers depuis ladite Ordonnance du mois d'Avril 1667. fe feroient pourvûs par Requête audit Parlement, le 28. de Novembre audit an, demandé une augmentation de falaires, & prétendu que lefdits Procureurs leur devoient mettre en main toutes les piéces d'un procés pour en faire les copies & les fignifier, à laquelle Requête lefdits Procureurs auroient fait réponfe, & fait connoître qu'il n'y avoit aucune raifon ni en l'une ni en l'autre de ces demandes, & qu'il étoit fans exemple qu'en aucun Parlement de France il eût été obfervé, pratiqué ni ordonné, qu'aucun Huiffier eût prétendu faire donner ni fignifier aucunes piéces de cette nature, outre que la conféquence de confier les originaux aufdits Huiffiers, feroit peirilleufe : Et de plus, que fi cette prétention avoit lieu, elle augmenteroit de moitié, les frais des procés contre l'intention de Sa Majefté, qui a voulu par fon Ordonnance procurer le foulagement de fes Sujets par le retranchement des procedures ; & à l'égard du premier Huiffier du-

Prétentions du premier Huiffier de Toloze.

dit Parlement, lefdits Procureurs auroient remontré, Qu'encore qu'il participât à tous les autres droits des Huiffiers, il fe feroit arrogé en fon particulier de prendre un droit de cinq fols pour l'appel de chacune Caufe, même de celles d'inftruction qui fe portoient aux Audiences dudit Parlement, conformément à ladite Ordonnance ; & ce fans aucune attribution : Requeroient, que comme les Huiffiers du Parlement de Paris, à l'inftar duquel celuy de Dijon a été étab'y, n'ont que deux fols fix deniers pour chacune fignification de Requête & Arrêt, vingt deniers pour chaque fignification de Défauts & Appointemens, & dix deniers pour chaque fignification d'actes, défenfes, repliques & autres procedures, qu'il n'eft dû & ne fe taxe en dépens aucun droit au premier Huiffier du Parlement de Paris pour l'app.l des Caufes, & que les Requêtes qui étoient données aux Confeillers dudit Parlement étoient renduës aux Procureurs, & pour raifon dequoy il ne fe payoit aucune chofe aux Huif-fiers, finon lors qu'ils en faifoient les fignifications, ainfi qu'ils en juftifioient par l'acte de certification de la Communauté des Avocats & Procureurs dudit

Ufage du Parlement de Paris, allegué pour regle.

Parlement de Paris, du 24. May de la prefente année, il a plû à Sa Majefté regler les falaires defdits Huiffiers dudit Parlement de Dijon, à proportion de ceux dudit Parlement de Paris, & leur faire défenfe, & audit premier Huiffier, de prendre & exiger de plus grands droits que ceux qui leur font legitimement attribuez, à peine de concuffion : Ordonner que les Requêtes qui feront prefentées audit Parlement de Dijon, feront renduës par les Greffiers aux Procureurs ou parties qui les auront préfentées, aprés qu'elles auront été réponduës & déliberées aux Chambres pour en être faites les fignifications par un defd. Huifliers, au cas que la fignification en dût être faite en la ville de Dijon. Et la Requête dudit Gebert premier Huiflier dudit Parlement, à ce qu'ayant été pourvû par Sa Majefté dudit Office de premier Huiflier, par Lettres de provifion du 18 Janvier 1665. pour joüir des droits, gages, revenus & émolumens y appartenans, ainfi qu'il en avoit joüi ou devoit joüir Jacques Carrelet fon Prédeceffeur : & ayant été enfuite reçû en ladite Charge le 8 Mars fuivant, il auroit depuis ce temps mis toute fon application à l'exercice & fonction de fadite Charge, au contentement des Officiers dudit Parlement & du public ; neanmoins, quoy que fondit Office foit créé à l'inftar de celuy du premier Huiflier du Parlement de Paris, & qu'il n'ait pour toute rétribution du fervice qu'il rend qu'un droit de cinq fols pour l'appel de chaque Caufe aux Audiences ; lefdits Procureurs du Parlement de Dijon pouffez d'envie, & mal intentionnez contre luy, pour le traverfer, & luy ôter le moyen de fubfifter & fa famille, auroient expofé qu'il n'étoit rien dû, & ne fe taxoit en dépens aucun droit aufdits premiers Huifliers pour l'appel des Caufes aux Audiences, & auroient enfuite demandé, que défenfe luy fût faite de prendre ledit droit de cinq fols, auquel il foûtenoit être bien fondé, tant par fa poffeffion & de fes prédeceffeurs, lefquels dés l'inftant de la création dudit Office avoient perçûs ledit droit de cinq fols, que parce que ce droit étoit étably & perçû, non feulement au Parlement de Dijon, mais en tous les autres Parlemens, ainfi qu'il fe verifioit premierement par un certificat du Commis du Greffe civil du Parlement de Dijon, portant, Qu'il a toûjours été paffé en taxe cinq fols pour le droit du premier Huiflier de chaque Caufe qu'il appelloit aux Audiences, & qu'il n'a aucun autre droit comme premier Huiflier. Secondement, par un extrait de plufieurs déclarations de dépens arrêtez audit Parlement de Dijon, auquel ledit droit a été employé en taxe : Et en troifiéme lieu, par le Reglement fait au Parlement de Paris, par lequel il fe voit que le premier Huiflier joüit de ce droit : Ainfi, fans avoir égard à la Requête defdits Procureurs, lefquels ne font point parties capables pour luy contefter fes droits ; ny à ce qu'ils ont dit, que ledit droit de cinq fols, au moyen de la nouvelle Ordonnance, augmenteroit fa Charge de deux mille livres de rente, laquelle Ordonnance au contraire luy faifoit un préjudice notable, dautant que toutes les caufes étant jugées fur le premier appel, il n'a plus ledit droit de cinq fols des remifes, fi vray, qu'il offroit d'abandonner ledit droit de cinq fols d'appel de Caufe pour mille livres par an : Requeroit, que lefdits Procureurs fuffent déboutez des fins de leurs Requêtes, & ce faifant, qu'il fût maintenu & gardé en la joüiffance & perception dudit droit de cinq fols pour l'appel de chaque Caufes qui font portées aux Audiences de toutes les Chambres dud. Parlement, & en tous fes autres droits & émolumens ; Et pour l'indûë vexation defdits Procureurs, iceux condamnez en tous fes dépens, dommages & interêts. VEU les extraits dudit Reglement, publié au dit Parlement de Dijon, le 24. Janvier 1559. portant, que lefdits Huifliers ne prendront que deux fols fix deniers

l iii iij

pour la signification d'une Requête, encore qu'il la convînt signifier à plusieurs, & ce jusques autrement eût été ordonné. L'Arrêt dudit Parlement de Dijon du 18 Janvier 1641. par lequel, défense auroit été faite aux Procureurs de se donner copie des Arrêts, procés verbaux, d'executions de Sentences, Appointemens, Commissions, Intimations, Sommations, Lettres de restitution, ni autres actes incidens és procés pendans en ladite Cour, ains de les faire signifier par les Huissiers dudit Parlement, à peine de tous interêts & dépens, & de l'amende arbitrairement : Et encore défenses ausdits Procureurs de comparoir à aucunes causes pardevant les Commissaires de ladite Cour, sans exploits d'assignations aux mêmes peines. Autres Arrêt dudit Parlement de Dijon du 28. Mars 1658. par lequel il est dit, que lesdits Huissiers auront à l'avenir & pourront recevoir des parties sept sols pour chaque exploit d'assignation & signification de Requêtes, sommations & autres qu'ils feront dans l'enclos du Palais, & dans la ville de Dijon, & cinq sols de chaque Requête qui seront retirées de leurs mains, pour être montrées & signifiées hors ladite Ville, lesquels droits seroient passez és taxes de dépens : Avec ordonnance aux Huissiers de garder & observer le reglement de leurs Charges concernant les autres droits & vacations qui leurs sont attribuées, avec défenses de les exceder. Decret des Etats de la Province de Bourgogne, assemblez à Noyers au mois d'Avril 1659. par lequel, sur l'avis que lesdits Huissiers auroient depuis peu augmenté leurs droits, on auroit renvoyé aux Elûs pour y pourvoir. Autre decret desdits Etats assemblez en la ville de Dijon au mois de Juin 1665. portant, que comme ensuite des decrets desdits Etats des années 1659. & 1663. l'on s'étoit pourvû pour faire réduire les droits excessifs des Huissiers du Parlement, & qu'il n'y avoit été pourvû que lesdits decrets, seroient executez ; Et enjoint au Procureur Syndic desdits Etats d'y tenir la main. Les Lettres de provision de l'Office de premier Huissier au Parlement de Dijon, expediées en faveur dudit Gebert, le 18. Janvier 1665. ausquelles sont attachées sous-contre-scel celles de Jacques Carrelet dernier pourvû du 25. Novembre 1651. Copie collationnée d'une déclaration du 8. Novembre 1662. portant attribution au premier Huissier du Parlement de Roüen de cinq sols pour les remises aux petites Audiences, dix sols pour celles qui seront remises aux grandes, & vingt sols pour celles qui y sont plaidées. Un extrait de trois déclarations de dépens arrêtez audit Parlement de Dijon des 5. Octobre 1638. dernier May 1639. & 28. Janvier 1640. concernant les cinq sols qui se passent pour l'appel des Causes aux Audiences. Copie collationnée d'un certificat des Huissiers du Parlement de Roüen, du 30. Octobre 1656. portant, qu'ils sont en possession de se faire payer par les parties 8 sols de chaque signification de Requêtes ; & que lorsque lesdites Requêtes sont signifiées à plusieurs, ils prennent à raison de 8 sols pour chaque signification dans l'enclos du Palais & hors iceluy dans la Ville & domicile 15 sols, & hors icelle & Banlieuë 25 ou 30 sols ou plus, suivant la distance, & que l'on leur taxe pour chaque journée à la campagne douze livres. Autre certificat desdits Huissiers du Parlement de Roüen, du 12. May 1668. portant, que depuis la nouvelle Ordonnance, les Procureurs

leur baillent à fignifier tous les actes & procedures. Copie d'Arrêt du Confeil du 23. May dernier, donné fur la Requête des Huiffiers du Parlement de
Bordeaux, portant, Que les articles 8. 20. 22. 23. 25. & 28. du titre des Délais & Procedures, les premier & douze des Conteftations en caufe ; & l'article
14. du titre des Dépens de fon Ordonnance du mois d'Avril 1667. feroient
executez ; Et enjoint aux Procureurs dudit Parlement, de faire fignifier les
actes mentionnez aufdits Articles par lefdits Huiffiers, à peine de cent liv.
d'amende contre les Procureurs pour chaque contravention, & des dépens,
dommages & interêts. Certificat du Commis à l'exercice du Greffe civil du
Parlement de Dijon, du 2. Juin dernier, portant, que l'ufance obfervée de
tout temps audit Parlement, eft que les Greffiers après avoir mis les Arrêts
fur les Requêtes, remettent lefdites Requêtes aufdits Huiffiers, defquels ils
font partage, & que les Huiffiers expedient & donnent les copies des Requêtes, Sommations, Cédules, Intimations, Appointemens, Sentences, Placets,
Lettres de Chancellerie, Arrêts & Commiffions qu'ils fignifient. Autre certificat dud. Commis audit Greffe, du 5. dudit mois de Juin, contenant, Qu'il
a toûjours été paffé en taxe cinq fols pour le droit du premier Huiffier de
chaque prefentation de Caufes qu'il appelle aux Audiences & qu'il n'a aucun
autre droit comme premier Huiffier. Autre certificat des Huiffiers Audienciers, Sergens Royaux & Generaux, du 3. dudit mois de Juin, que de tout
temps ils ont donné & expedié copie de tous les actes & procedures qu'ils fignifient, & en vertu defquelles ils affignent & qu'ils ont toûjours pris cinq fols
pour chaque fignification & affignation. Autre certificat de la Communauté
des Avocats & Procureurs du Parlement de Paris du 24. May dernier, contenant ; Qu'il fe paye aux Huiffiers dudit Parlement deux fols fix deniers pour
chaque fignification des Requêtes, Arrêts & autres expeditions du Greffe qui
fe font aux Procureurs, vingt deniers pour chaque fignification d'Ordonnance, Défauts & Appointemens, & dix deniers pour chaque fignification,
d'actes, défenfes, repliques & autres procedures, & que le nombre des rôles
de la grandeur des Arrêts, Requêtes & autres expeditions, n'augmente
les droits des Huiffiers qui font uniformes pour les grandes & petites expeditions, qu'il n'eft dû & ne fe taxe en dépens aucun droit au premier Huiffier
dudit Parlement de Paris pour l'appel des caufes à l'Audience, & que les Requêtes qui font baillées, réponduës & déliberées aux Chambres font renduës
aux Procureurs; & pour raifon dequoy, il ne fe paye aucune chofe : Et un autre certificat des Huiffiers du Parlement de Paris du 5. Juin dernier, contenant,
que de l'appel & rapport des Cédules & Placets aux Audiences des Grand'-
Chambre, Tournelle & Edits pour la plaidoirie de toutes Caufes, il leur eft
taxé & payé par les Procureurs cinq fols pour chacun appel ou rapport ; ce que
les Procureurs employent dans les déclarations de dépens. Quarante huit
Arrêts ou actes, comme lefdits Procureurs ou leurs Clercs fe donnent les copies les uns aux autres, & mettent le reçû au lieu de fignification Vingt autres Arrês & fignifications, comme lefdits Huiffiers prennent differentes
fommes pour leurs fignifications. Lefdites trois Requêtes, défenfes & repliques defdits Huiffiers, Procureurs & premier Huiffier, & autres piéces & pro-

cedures attachées aufdites Requêtes. Oüy le rapport du fieur Puffort, Confeiller ordinaire de Sa Majefté en fes Confeils, Commiffaire à ce député. Et tout confideré, LE ROY E'TANT EN SON CONSEIL, faifant droit fur les Requêtes refpectives defdites parties : a ordonné & ordonne, que les Articles 22. & 25. du Titre des Délais & Procedures, les 1. & 12. du Titre des Contestations en caufe, & l'Article 14. du Titre des Dépens de fon Ordonnance du mois d'Avril 1667. feront executez felon leur forme & teneur : Ce faifant, a Sa Majefté enjoint aux Procureurs dudit Parlement de Dijon, de faire fignifier par les Huiffiers audit Parlement de Dijon les actes mentionnez aufdits Articles ; comme auffi tous les autres actes qui doivent être fignifiez en conféquence de ladite Ordonnance, à peine de cent livres d'amende contre lefdits Procureurs pour chacune contravention, & des dépens, dommages & interêts defdits Huiffiers : Ordonne Sa Majefté, que les Requêtes qui feront répondües par les Confeillers dudit Parlement feront rendües aufdites parties qui les auront données, ou à leurs Procureurs, fans qu'elles foient plus diftribuées aufdits Huiffiers, aufquels Sa Majefté fait défenfes de prendre ni recevoir aucun droit pour lefdites Requêtes, fi elles n'ont été par eux fignifiées : Enjoint Sa Majefté audit Parlement de Dijon de proceder inceffamment à l'execution entiere de fon Ordonnance : & ce faifant, veut qu'à la diligence de fon Procureur General audit Parlement, il foit dreffé & mis dans le Greffe dudit Parlement un Tableau ou Regiftre, dans lequel feront

Quels droits
peuvent pré-
tendre les
Huiffiers. écrits tous les droits qui doivent entrer en taxe, même ceux pour les falaires du premier Huiffier, & autres Huiffiers dudit Parlement : faifant Sa Majefté défenfes d'y employer autres droits que ceux qui ont été accordez audits Huiffiers par Edits, Lettres Patentes ou Déclarations, bien & dûëment verifiez, fauf à eux à fe pourvoir pardevers Sa Majefté pour l'augmentation defdits droits, s'il y échet.

ARTICLES XX. & XXII. TITRE XI.
Articles 1. & 12. Titre 14.
Article 14. Titre 31.

Procureurs feront fignifier par les Huiffiers tous les actes &
procedures mentionnez efdits Articles, à peine de cent livres
d'amende contre les contrevenans.

Et défenfes aux Huiffiers de prendre plus grands droits
que deux fols pour chacun acte.

SUR la Requête prefentée au Roy étant en fon Confeil, par le Syndic des Procureurs poftulans en fa Cour de Parlement, Aydes & Finances de
Grenoble

Grenoble, contenant que depuis l'établissement & institution de ladite Cour les Supplians ont toûjours été en possession de se communiquer réciproquement sans frais, les uns autres, dans la poursuite & instruction des procez, toutes écritures, Appointemens, Inventaires de productions & autres actes, sans la participation & ministere des Huissiers & Commissaires. Cet usage n'a été introduit qu'à l'avantage & soulagement des parties ; il se trouve aussi autorisé par le Reglement general dudit Parlement de l'année 1618. art. 11. au mépris & préjudice duquel lesdits Huissiers ayant entrepris de vouloir faire augmenter leurs droits ordinaires, ou s'en faire attribuer de nouveaux à la charge des parties & des Supplians, qui sont le plus souvent contraints d'en faire les avances ; par Arrêt contradictoire dudit Parlement du 3. Mars 1634. rendu les Chambres assemblées, ledit Reglement general a été confirmé, & permis ausdits Procureurs de s'entre-communiquer les actes y spécifiez ; avec défenses aux Huissiers de prendre plus de deux sols six deniers pour les significations qui leurs sont attribuez. Il est vray que postérieurement audit Arrêt, lesdits Huissiers auroient trouvé moyen d'en surprendre un autre sur leur simple Requête, le 16. Janvier 1646. par lequel ils se sont fait attribuer les significations & communications des écritures & Inventaires de productions ; mais par autre Arrêt du 20. Février 1647. il a été cassé, & ordonné, que celuy dudit jour 3. Mars 1634. & Reglement general de 1618. seront executez ; avec défenses d'exiger autres droits que ceux portez par iceluy, à peine de suspension, & de cinq cens liv. d'amende ; en conséquence desquels, lesdits Huissiers ont fait & continué leurs fonctions sans aucun trouble jusqu'à present, qu'ayant été question de faire un Reglement pour la taxe des droits & émolumens qui doivent être exigé à la forme de la nouvelle Ordonnance de Sa Majesté du mois d'Avril 1667. & ledit Parlement ayant à cet effet nommé des Commissaires, ils ont prétendu que contre cet ancien usage & la disposition des Arrêts, le droit desdites significations & communications des écritures, Appointemens, Inventaires de productions, & autres actes qui se faisoient auparavant sans frais, leur devoient être attribuez sous prétexte que par les Articles 24. & 25. du Titre des Délais & procedures de ladite Ordonnance, il est porté, Qu'il sera donné copies des demandes incidentes des Inventaires & pieces y mentionnées, sans prendre garde qu'il n'en a été usé de la sorte, que pour réformer l'abus qui se commettoit auparavant au seul Parlement de Paris, & non pas pour anéantir les bons usages & Reglemens qui s'observent aux autres, & particulierement en celuy de Grenoble par lesdites communications qui se font sans frais, & qui bien loin de retarder le jugement des procez en facilitent l'expedition ; Et comme le bien du public est toûjours préferable à l'interêt particulier desdits Huissiers, il n'est pas vray semblable que Sa Majesté ait eu intention d'augmenter & multiplier les frais à la charge des parties contre cet ancien usage, & la disposition desdits Arrêts & Reglemens generaux pour leur attribuer des droits dont ils n'ont jamais joüi, sous prétexte du retranchement qui leur a été fait des significations des Ordonnances de Défaut & Congé qui se délivroient par les Commissaires de la Barre, dont Sa Majesté a abrogé l'usage ; puis que d'autre part leurs droits se trouvent aug-

Tome I.

Reglement
de Grenoble
de 1618. &
1634.

Commode
aux parties.

mentez par les significations des Arrêts aux Procureurs des parties, des actes d'affirmation, des Défauts faute de fournir, défenses de joindre, des sommations sur les appellations de conclusions, & autres actes qui n'étoient pas en usage audit Parlement de Grenoble, & qui augmentent beaucoup le prix ordinaire de leurs Charges, pendant que toutes les autres diminuënt, puis que de trois ou quatre cens liv. qu'elles ont valu, ils les font à present valoir jusqu'à quinze mille livres : outre que si les Procureurs étoient obligez de faire passer par les mains desdits Huissiers les titres originaux de leurs parties, ils seroient tous les jours en péril de les perdre, & d'en demeurer responsables sans aucune seureté ny garantie : ce que Sa Majesté a si bien reconnu, que la même difficulté étant cy-devant survenuë entre les Procureurs & Huissiers du Parlement de Toloze, par Arrêt contradictoire du 18. May 1668. lesdits Procureurs ont été maintenus en leur ancien usage de se communiquer entre eux les premieres productions & inventaires ; & lesdits Huissiers de prendre deux sols six deniers pour les Exploits à eux appartenans qui se font au Palais, & cinq sols pour ceux qui se font en Ville : en quoy il y a cette difference à faire à l'égard des Supplians, qu'ils sont en possession à la forme desdits Arrêts & Reglemens generaux, de s'entre-communiquer sans le ministere desdits Huissiers, toutes productions, tant principales qu'incidentes & tous autres actes, & de ne payer ausdits Huissiers que deux sols pour tous les Exploits, tant au Palais qu'en la Ville ; & s'agissant en cela de l'explication & interpretation de ladite nouvelle Ordonnance, il n'y a que Sa Majesté qui en puisse connoître, de laquelle les Supplians esperent un succès d'autant plus favorable que leur demande est juste & conforme ausdits Arrêts, Reglemens generaux, & à cet ancien usage, qui n'ont d'autres motifs que le soulagement des peuples, & le retranchement des frais. Requeroient, A CES CAUSES, les Supplians, qu'il plût à Sa Majesté les maintenir & garder en la possession de se communiquer entre eux tous Exploits, Sentences, Lettres, Titres, Actes, Procedures, Instrumens, Griefs, Ecritures, Inventaires de productions, & autres pieces dont ils voudront se servir, suivant & à la forme dudit Reglement general de 1618. & Arrêts desdits jours trois Mars 1634. & dernier Février 1647. & conformément à iceux, faire défenses ausdits Huissiers d'exiger autres droits que deux sols pour chaque signification, à peine de suspension de leurs Charges, & cinq cens livres d'amende, dépens, dommages & interêts. VEU ladite Requête signée de l'Avocat au Conseil, ledit Reglement general dud. Parlement de Grenoble de l'année 1618. lesdits Arrêts du 3. Mars 1634. & 20. Février 1647. Arrêt du Conseil intervenu entre les Procureurs & Huissiers du Parlement de Toloze, du 28. May 1668 & autres pieces attachées à ladite Requête. Oüy le rapport du sieur Pussort, Conseiller ordinaire de Sa Majesté en tous ses Conseils : Et tout consideré, LE ROY ETANT EN SON CONSEIL, faisant droit sur ladite Requête, a ordonné & ordonne, Que lesdits Procureurs feront signifier par les Huissiers dudit Parlement, Aydes & Finances de Grenoble, tous les actes & procedures mentionnez aux Articles 20. & 22. du Titre des Délais & procedures, premier & 12. du Titre des Contestations en Cause, & 14. du Titre des Dépens, à peine de cent liv. d'amende contre chacun des contrevenans : Fait Sa Majesté défenses ausdits Huissiers, conformément audit Arrêt du Parlement de Grenoble, du 3. Mars 1634. de prendre plus grands droits des significations par eux faites, que deux sols pour chacune signification. Fait au Conseil d'Etat du Roy, tenu à S. Germain en Laye, le 27. May 1669. Signé, LE TELLIER.

Pareil Arrêt du 23. May 68. sur la Requête des Huissiers du Parlement de Bordeaux, ausquels il est enjoint de faire signifier par les Huissiers les actes mentionnez esdits articles, à peine de cent livres.

Parreil Arrêt du 23. Juillet 1668. sur la Requête des Huissiers du Parlement de Provence quoy que leur usage fût de se bailler les actes & pieces d'instruction de la main à la main : Enjoint de faire signifier les actes portez par le Titre 11. Articles 2. & 22. Tit. 14. Art. 1. & 12. & par le Tit. 31. Art. 14.

Pareil Arrêt sur la Requête des Huissiers Audienciers du Bailliage de Roüen, portant défenses aux Procureurs de se communiquer les actes desdits Articles, & autres actes qui doivent être signifiez suivant l'Ordonnance, rendu le 22. Juin 1669.

POUR les Huissiers du Parlement de Toloze.

CONTRE les Procureurs du même Parlement.

ARTICLES XX. & XXII.
1. & 12. du Titre 14.

14. du Titre 31. *Seront executez, & les actes y contenus signifiez.*

Permis aux Procureurs du Parlement de Toloze, de se communiquer les premieres productions & inventaires sans autre signification.

Défenses aux Huissiers de prendre plus grands droits qu'auparavant l'Ordonnance.

VEU par le Roy étant en son Conseil, les Requêtes respectivement presentées, l'une par les Huissiers du Parlement & Chambre des Re-   Requête des Huissiers.

quêtes de Toloze : Et l'autre par les Procureurs dudit Parlement. Celle defdits Huissiers contenant , Que par Arrêt dudit Conseil , du 19. Mars dernier,
confirmatif de l'Ordonnance du mois d'Avril 1667. & conformément à icelle
il a été ordonné , Que les Procureurs dudit Parlement seront tenus de faire signifier par lesdits Huissiers les actes mentionnez aux Articles de la susdite Ordonnance , à peine de cent livres d'amende contre lesdits Procureurs pour chacune contravention , & des dépens, dommages & interêts desdits Huissiers :
Au préjudice desquels Arrêt & Ordonnance , lesdits Procureurs par une contravention manifeste à iceux , & par le peu de respect qu'ils ont pour l'execution des ordres de Sa Majesté , sous prétexte qu'il n'a pas été prononcé par le
susd. Arrêt du 19. Mars, que l'amende y encouruë seroit payée en vertu d'iceluy sans qu'il en soit besoin d'autre , & ce par corps : continuënt dans leurs premieres contraventions, ce qu'ils font avec tant d'adresse , que pour en empêcher la preuve ils se sont cabalez avec les Gardes sacs dud. Parlement , qui ne
veulent exhiber aucune production ausd. Huissiers, quelques requisitions qu'ils
en puissent faire , à dessein de ruiner entierement leurs Charges : Toutesfois
lesd. Huissiers ont recouvert depuis peu un inventaire reçû pour copie par Maître Raymond Moreau Procureur audit Parlement , & l'un des Syndics desdits
Procureurs , de Maître Guillaume Montjuif aussi Procureur en iceluy ; ce
qui auroit obligé le Syndic desdits Huissiers de les faire assigner devant le Viguier de Toloze , en aveu & reconnoissance de la signature apposee au bas
dud. inventaire , laquelle reconnoissance auroit été faite contradictoirement
avec ledit Moreau , par le procès verbal dudit Viguier du 28. Avril dernier :
Mais d'autant qu'il est important de remedier aux abus & contraventions desdits Procureurs par une peine severe, pour les obliger à se contenir dans leur
devoir, & à suivre ponctuellement les ordres de Sa Majesté, auxquels ils ont été
refractaires jusques à present , & continuëroient sans doute à l'avenir par un
esprit capricieux , s'il n'y étoit pourvu par Sa Majesté A CES CAUSES , re-

queroient lesdits Supplians qu'il plût à Sa Majesté ordonner , que ladite Ordonnance nouvelle du mois d'Avril 1667. & Arrêt du Conseil rendu en
conséquence le 9. Mars ensuivant, seront executez selon leur forme & teneur,
conformément auquel l'amende de cent livres portée par ledit Arrêt sera déclarée encouruë à l'encontre desdits Moreau & Montjuif Procureurs aud. Parlement , pour la contravention par eux faite au susdit Arrêt : au payement de
laquelle , ensemble tous autres contrevenans seront contraints & par corps en
vertu de l'Arrêt qui interviendra sur la presente Requête , & sans qu'il en soit
besoin d'autre au profit des Supplians , & faire ample défenses ausdits Procureurs de plus à l'avenir contrevenir aux susdites Ordonnance & Arrêt , à peine
d'interdiction de leurs Charges , & telle autre plus grande peine qu'il plaira à
Sa Majesté ordonner par le même Arrêt , & de tous dépens , dommages & interêts , & condamner en outre lesdits Moreau & Montjuif dés à-present , en tels
dommages & interêts qu'il plaira à Sa Majesté envers les Supplians Et celle
desdits Procureurs contenant , Que lesdits Huissiers incontinent aprés la publication de la nouvelle Ordonnance , se seroient avisez de prendre le double
du salaire qu'ils avoient accoûtumé de percevoir ; Et au lieu de deux sols qu'ils

prenoient pour les significations dans le Palais, ils auroient pris cinq sols, &
10 sols de celles à domicile, dont ils n'avoient accoûtumé de prendre que 5.
à quoy la Communauté des Procureurs du Parlement s'étant opposée , &
ayant fait ses Remontrances au Parquet, le sieur Procureur General aud. Parlement auroit fait défenses ausdits Huissiers de prendre plus qu'ils ne faisoient auparavant ladite Ordonnance : ce que lesdits Huissiers dissimulans, ils
seroient venus au Conseil supposer que les Procureurs auroient résolu de les
ruïner, en faisant entre eux les significations, & faisant payer aux parties les
droits desdits Huissiers, sans vouloir executer les Articles de lad. Ordonnance
ce, 20. 22. & 25. du Titre des Délais & Procedures, & le 1. & 12. du Titre
des Contestations en Cause. & le 14. du Titre des Depens, Et sur ces suppositions ils ont obtenu Arrêt sur Requête, portant, Que lesdits Articles seront
executez selon leur forme & teneur : ce faisant, enjoint aux Procureurs du
Parlement de Toloze de faire signifier les actes mentionnez ausdits Articles
par les Huissiers dudit Parlement, à peine de cent livres d'amende contre lesd.
Procureurs pour chacune contravention, & des dépens, dommages & interêts
desd. Huissiers ; Et cette surprise leur ayant réüssi, ils s'en sont tellement éle-
vez, qu'aussi-tôt ils ont prétendu se mocquer des défenses qui leur avoient été
faites par ledit sieur Procureur General. Et de plus, ils ont voulu interpreter
l'Ordonnance, en telle sorte que non seulement ils puissent prendre deux sols
six deniers de chaque signification d'inventaire de production des incidens,
mais aussi des productions principales de chaque piece y contenuë, sous prétexte qu'on en donne copie, quoy qu'en un seul cahier, ce qui monteroit à
des sommes considerables, & causeroit la ruine des parties. En telle sorte, que
Jeanne Verniague ayant voulu faire signifier une nouvelle production contenant 24 Quittances, desquelles il falloit donner copie à douze Procureurs,

lesdits Huissiers ont voulu exiger trente-six livres pour ladite signification,
sur le pied de onze s. 6 deniers pour chacune desdites Quittances à signifier à
chacun desdits Procureurs : dequoy ladite Verniague s'étant plainte audit Parlement de Toloze, par Arrêt du 11 Avril dernier, il auroit été enjoint au
premier Huissier de ladite Cour sur ce requis, de signifier par un seul Exploit
ladite continuation de production, & les pieces contenuës en icelle à chacun
desdits Procureurs sur l'heure de la requisition qui luy en seroit faite, luy enjoignant de faire mention de la copie des actes : Et défenses à tous Huissiers
de prendre plus grand droit de chacune desdites significations qu'ils feront à
chacun Procureur, que deux sols six deniers de chaque Exploit qui sera fait
au Palais, & cinq sols de ceux qui seront faits à la Ville conformément à l'ancienne taxe & tarif des usages anciens : Enjoignant à tous les suppôts du Palais d'executer ponctuellement la nouvelle Ordonnance, qui sont les termes
de ce Reglement, que lesdits Huissiers s'efforcent d'éluder, ayant à cet effet
député à la suite du Conseil pour surprendre quelque nouvel Arrêt , & dans
ce dessein, ils ont intimidé ladite Jeanne Verniague, la menaçant de la faire
assigner au Conseil en vertu de l'Arrêt qu'ils y ont obtenu ; Et d'autre part,
luy ayant promis de faire ses Exploits gratis, ils ont tiré d'elle un désaveu de
la Requête sur laquelle est intervenu l'Arrêt du Parlement de Toloze dudit

jour onze Avril dernier, mais inutilement ; dautant que cet Arrêt fait un Reglement general, & n'eft point en faveur de lad. Verniague feule : en telle forte que quand elle voudroit s'en départir, le Reglement fubſifte, & le public n'en peut être fruſtré, ni lefdits Huiſſiers prétendre de le pouvoir éluder par aucun artifice, puis qu'il eft dans l'ordre & pour l'utilité publique. En fecond lieu, Qu'auparavant la nouvelle Ordonnance & de toute ancienneté, l'ufage de Toloze eft, que les Procureurs communiquent leurs premieres productions, & s'entre-baillent copie de leurs inventaires, fans miniſtere d'Huiſſier, en mettant leur confentement figné de leur main au bas de leurs productions, ce qui a été confirmé par divers Arrêts & Reglemens dudit Parlement contradictoires avec lefdits Huiſſiers du cinq Avril 1654. & 12. Juillet 1664. & qu'ainſi l'Ordonnance ayant étably la fignification des Requêtes, pieces & inventaires des incidens, par les Articles 24. & 25. du Titre des Délais & Procedures, afin d'éviter aux longueurs qui fe pratiquoient à Paris, & ces incidens mettoient les procez hors d'état, & empêchoient le jugement fur la fin des Parlemens, ce qui a été inftitué à bonne fin, lefdits Huiſſiers le veulent tourner à mauvais ufage pour empêcher les Procureurs de Toloze de continuer leurs anciennes communications des premieres productions & inventaires, qui ne retardent rien, & qui fe font fans frais : Et à cette fin, ils ont fait dreſſer un procès verbal de reconnoiſſance des deux premieres productions, & des confentemens appofez au bas d'icelles par Moreau & Montjuif Procureurs audit Parlement de Toloze : furquoy il importoit de faire réflexion pour diftinguer ce qui eft de l'utilité publique, avec l'interêt particulier defdits Huiſſiers, & ce qui regarde la correction des abus de la procedure d'un Parlement, fans diftraire les bons ufages d'un autre : comme auſſi, ce que l'Ordonnance a nouvellement établi pour les incidens, fans détruire ce qui s'obfervoit pour les premieres & principales productions ; Et auſſi tout ce que lefdits Huiſſiers alleguent à l'égard des confentemens appofez par lefdits Moreau & Montjuif aux premieres productions contenuës dans ledit procès verbal, eft hors de propos, puis que c'eft non feulement l'ufage de Toloze, de Paris & de tous les autres Parlemens, mais auſſi pour les incidens, ainfi qu'il fe voit par les Articles 24. & 25. En troifiéme lieu, que la nouvelle Ordonnance eft avantageufe aufdits Huiſſiers, parce que les fignifications font augmentées en divers articles : fçavoir, au fujet des affirmations de tous les Arrêts qu'il faut fignifier aux Procureurs avant que de les envoyer aux parties, des Défauts levez faute de donner copie des actes, & fommations des extraits de remifes des procedures, des réponfes à griefs & falvations, des capacitez en benefice, des enquêtes, des procez verbaux, des congez, des rôles de dépens, des fommations de procedures, ou d'aller voir les actes & autres infinis qui ne fe fignifioient pas, & au moyen defquels lefd. Huiſſiers font récompenfez au quadruple des forclufions & des contraintes pour rendre les productions dont ils font privez par la nouvelle Ordonnance, en telle forte qu'eux-feuls gagnent, où tous les autres Officiers de Juftice perdent ; Et néanmoins ils veulent encore, que les communications entre les Procureurs defd. pieces produites fe faſſent par leur miniftere, quoi que cela foit contraire à l'ufage, & que l'Ordonnance ne le porte point, à quoy il étoit d'autant plus neceſſaire de pourvoir, que l'argent étant rare à Toloze, les taxes de Juſtice y ont toûjours été moderées ; & que ſi les prétentions deſdits Huiſſiers avoient lieu, ils tireroient de chaque procès plus que tous les autres Officiers de Juſtice enſemblement pourroient profiter. A CES CAUSES, requeroient les Supplians, qu'il plût à Sa Majeſté ordonner, que les Reglemens & Arrêts du Parlement de Toloze du 5. Avril 1654. & 11. Juillet 1664. & 11. Avril dernier 1668. feront executez ſelon leur forme & teneur : Et faire très expreſſes inhibitions & défenſes auſdits Huiſſiers de prendre & exiger plus grands droits que ceux qui ſont portez par ledit Arrêt du 11. Avril, ni de troubler les Supplians en leur ancien uſage, de ſe communiquer entre eux de leurs conſentemens les premieres productions. VEU auſſi ce qui a été répondu par leſdits Huiſſiers, & les pieces attachées eſdites Requêtes. Oüy le rapport du ſieur Puſſort, Conſeiller ordinaire de Sa Majeſté en ſes Conſeils, Commiſſaire en cette partie. Et tout conſideré, LE ROY ETANT EN SON CONSEIL, faiſant droit ſur les Requêtes reſpectives deſdites parties, & interpretant ſon Arrêt du 19. Mars dernier : Enjoint aux Procureurs dudit Parlement de Toloze, de faire ſignifier par les Huiſſiers dudit Parlement, tous les actes & procedures mentionnez aux Articles 20. & 22. du Titre des Délais & Procedures ; premier & 12. du Tit. des Conteſtations en Cauſe, & quatorze du Titre des Dépens, à peine de cent livres d'amende contre chacun des contrevenans : ce faiſant, pourront leſdits Procureurs conformément aux Arrêts dud. Parlement de Toloze des 5. Avril 1604. & 12. Juillet 1664. s'entre communiquer reſpectivement les premieres productions & inventaires d'icelles ſans autre ſignification, pourvû que le conſentement & reçû du Procureur ſoit ſigné de ſa main & non d'aucun de ſes Clercs. Fait Sa Majeſté défenſes auſdits Huiſſiers, conformément audit Arrêt du Parlement de Toloze du 11. Avril dernier, de prendre plus grands droits des ſignifications par eux faites, que deux ſols ſix deniers pour chacun Exploit qui ſera fait au Palais, & cinq ſols pour ceux qui ſeront faits au domicile, encore qu'il y ait eu pluſieurs actes en un même cahier. Fait au Conſeil d'Etat du Roy, tenu à ſaint Germain en Laye le 28. May 1668.

Signé, DE LA VRILLIERE.

Conclu-
ſions desPro-
cureurs.

Arrêt.

Reglemens
de 1604. &
64. executez.

Droits des
Huiſſiers re-
glez.

POUR l'Occonome du Chapitre de Draguignan.

CONTRE ledit Chapitre.

ARTICLES XXII. & XXIII.

*Appellans doivent dire leur moyens par Requétes
ou Lettres signifiees.*

Titre 35. Articles 37. & 40.

*Ne feront jugez les moyens du fonds , ny plaidez
avec la Requête civile.*

*Requête de
l'Occonome*

SUR la Requête prefentée au Roy étant en fon Confeil, par l'Oeconome du venerable Chapitre de l'Eglife Collegialle de la Ville de Draguignan en Provence : Contenant , que Maître Jean-Claude Robert fe pretendant Vicaire de ladite Eglife , auroit formé une inftance au Parlement d'Aix contre ledit Chapitre : Dans laquelle comme il appuyoit fon injufte prétention fur des Arrêts rendus au Parlement de Dijon le 12. Avril 1642. &

Arrêts.

27. Mars 1 6 43 entre Maître Henry Robert fon prédeceffeur ; & Meffire Annibal de Rafcas Archidiacre en l'Eglife Métropolitaine faint Sauveur d'Aix, par lefquels ils auroit été maintenu dans le Vicariat & Rectoriat de ladite Eglife Collegiale , qu'on fuppofoit erronément uny audit Archidiaconat :

Requête civile du Chapitre.

Ledit Chapitre auroit été confeillé de fe pourvoir incidemment contre iceux par Requête civile, avec claufe de reftitution contre tous les actes approbatifs defdits Arrêts ; ce qu'il auroit fait , & même interjetté & relevé appel

Reftitution & appel.

d'une Sentence Arbitrale renduë fur le fondement d'iceux , de laquelle Requête civile, fon premier moyen eft ; Que ledit Chapitre n'a été oüy ny appellé lors defdits Arrêts, bien qu'il fût la veritable & feule partie intereffée, la Cure des Ames luy apparteroit par fon érection, & l'exercice d'icelle à fon Sacriftain : Au préjudice dequoy , on n'avoit pû ajuger audit Maître Claude Robert un Vicariat & Rectoriat en ladite Eglife , au moyen duquel on privoit le Chapitre de la Cure des Ames. Et fon deuxiéme moyen eft, que lefdits Arrêts ont été rendus fur une évidente erreur de fait , en ce qu'on avoit fuppofé un Vicariat & Rectoriat en ladite Eglife, uni à l'Archidiaconat de l'Eglife Métropolitaine S. Sauveur de la Ville d'Aix, au préjudice de l'érection faite de lad. Eglife Parochiale ou Collegiale : au moyen de laquelle érection l'état d'icelle avoit été changé, & lefdits Vicariat & Rectoriat auroient été éteints & fupprimez, la Cure des Ames attribuée au Chapitre, & l'exercice d'icelle donnée au Sacriftain ; laquelle Requête civile les Avocats des parties ayant plaidé

Requête civile plaidée à Dijon.

le mois de Mars dernier audit Parlement de Dijon : comme l'Avocat dudit

Sieur

Sieur Robert n'auroit pû répondre aux moyens de l'Avocat du Chapitre, il se seroit avisé en plaidant de proposer un appel comme d'abus contre la Bulle d'érection dudit Chapitre, & bien que ledit appel comme d'abus ne pût être proposé en cette maniere, ni employé pour le soûtien desdits Arrêts, & servir de réponse aux moyens de ladite Requête civile, dont il étoit seulement question, ce qui auroit été amplement representé par l'Avocat du Chapitre ; Néanmoins ledit Parlement, pour n'être obligé de révoquer les Arrêts qu'il a rendus, auroit donné Arrêt le 8. Mars dernier, par lequel il a reçû ledit appel comme d'abus, l'a joint à la Requête civile, & à l'appel de la Sentence Arbitrale, & ordonné que les parties écriroient & produiroient sur le tout dans le temps porté par l'Ordonnance, ce qui a été fait contre toutes les Regles : Premierement, parce que ledit appel devoit avoir été relevé & proposé trois jours auparavant le plaidoïer de la Cause, & contenir les causes & moyens d'iceluy, pour y être fourni de réponse, être le tout deuëment signifié, suivant la disposition de l'Ordonnance nouvelle, aux Articles 22. & 23. du Titre 11. des Délais & Procedures. En second lieu, parce que l'Avocat dudit Maître Robert ne fut pas assisté de deux autres Avocats en plaidant ledit appel comme d'abus, conformément à l'Edit d'Henry IV. verifié en l'année 1606. En troisiéme lieu, pour avoir ledit appel retardé l'enterinement de ladite Requête civile contre les dispositions de la nouvelle Ordonnance en l'Article 35. des Requêtes civiles, lequel porte, *Que les Ecclesiastiques seront receus à se pourvoir par Requête civile, s'ils n'ont été défendus, ou s'ils ne l'ont été valablement.* En sorte, qu'apparoissant par ledit appel comme d'abus de l'interêt du Chapitre, qui n'a point été oüy ni appellé lors desdits Arrêts, contre lesquels ladite Requête civile a été obtenuë ; on a dû l'enteriner, à moins de vouloir formellement contrevenir à ladite Ordonnance. En quatriéme lieu, parce que ledit appel comme d'abus a été employé & joint à ladite Requête civile, & ordonné que les parties écriroient & produiroient sur le tout contre les défenses expresses de la nouvelle Ordonnance, aux Art. 37. & 40. du susdit Titre des Requêtes civiles ; par lesquels il est statué qu'il sera seulement plaidé sur l'ouverture de la Requête civile, & sur les Réponses du défendeur, sans entrer aux moyens du fonds, & qu'étant appointée au Conseil, elle sera jugée, comme elle auroit pû être à l'Audience, sans aussi entrer aux moyens du fonds, & ledit appel comme d'abus, qui est tout ce que le Chapitre peut avoir à contester au fonds contre ledit Maître Robert, ne regarde en aucune maniere ce qui a été jugé par lesdits Arrêts, & ne peut non plus servir de réponse aux moyens de ladite Requête civile, attendu que lesdits Arrêts sont intervenus sur des contestations biens differentes : & qu'au contraire, ledit appel en fait paroître l'injustice, puisque led. Robert pour pouvoir se maintenir dans la chose qui a été ajugée par iceux, il croit à present necessaire led. appel comme d'abus, qui est un moyen de fait qui ne peut être suppléé, ni par les raisons que les parties peuvent avoir alleguées, ni par celles que les Juges peuvent avoir eu pour les rendre, outre qu'il n'étoit pas question, lors d'iceux, si le Chapitre par son érection avoit la cure des ames abusivement, ou s'il ne la possedoit pas ; ce qui est une question nouvellement proposée par ledit Robert,

Appel comme d'abus interjetté en plaidant, & receu par Arrêt du 8. Mars 1668. & joint.

1.
Moyens de cassation.

3.

4.

qui n'a rien de commun avec ladite Requête civile, & ne pouvoit par conséquent en empêcher l'enterinement, ni être joint à icelle, & ordonné que les
parties écriroient & produiroient fur tout ; en quoy il paroît que ledit Parlement a connivé en faveur dudit Maître Robert pour foûtenir fes Arrêts : ce
qui fait avec raifon apprehender audit Chapitre de n'y avoir pas toute la
juftice que fa Caufe merite, après s'être confommé en frais tres-confiderables,
ce qui l'oblige d'avoir recours à Sa Majefté, aux fins qu'il luy plaife caffer, révoquer & annuller ledit Arrêt dudit Parlement de Dijon, du 8. Mars 1668.
comme contraire à fes Ordonnances : ce faifant, évoquer dudit Parlement
ladite inftance de Requête civile, renvoyer icelle avec fes circonftances & dépendances au Grand-Confeil, ou à tel autre Parlement qu'il plaira à Sa Majefté. VEU par le Roy ladite Requête & les pieces juftificatives. Oüy le rapport
du fieur Puffort, Confeiller ordinaire du Roy en fes Confeils & Commiffaire
à ce député : Et tout confideré, LE ROY E'TANT EN SON CONSEIL,

Arrêt de
caffation. a caffé & annullé, caffe & annulle ledit Arrêt du Parlement de Dijon, du
huitiéme jour de Mars dernier, comme contraire à fon Ordonnance du
mois d'Avril 1667. Ce faifant, a Sa Majefté évoqué & évoque à fa perfonne
ladite inftance de Requête civile ; & pour y faire droit, icelle avec fes circonftances & dépendances, a renvoyé & renvoye en fon Grand-Confeil, auquel Sa
Majefté en a attribué toute Cour, Jurifdiction & connoiffance, & icelle interdit
à toutes fes autres Cours & Juges : Fait Sa Majefté défenfes audit Parlement
de Dijon & à tous autres Juges de plus contrevenir à fadite Ordonnance, fous
les peines y contenuës, ni de joindre les moyens du fonds avec ceux de la Requête civile, & d'ordonner aux parties de plaider fur le tout : Mais veut &
ordonne Sa Majefté, que pour juger les Requêtes civiles, les ouvertures
foient feulement plaidées, & les réponfes du défendeur, fans entrer aux
moyens du fonds, & que la Requête civile qui aura été appointée foit jugée,
comme elle eût pû être à l'Audience, fans entrer pareillement dans les moyens
de fonds.

ARTICLE XXIV. & XXVIII. TITRE XI.
Titre 35. Article 34.

REGLEMENT NOTABLE ENTRE
*la Grand'-Chambre du Parlement de Toloze, & les
Enquêtes du même Parlement, pour l'execution defdits
Articles.*

VEU par le Roy étant en fon Confeil, les Memoires qui luy ont
été prefentez par les Officiers de la Grand'-Chambre du Parlement
de Toloze : Tendans, à ce que veu les notables pertes qu'ils font

dans l'execution de la nouvelle Ordonnance, expliquées dans lefdits Memoires , & qu'ils font entierement dépoüillez par là de tous leurs attributs &
avantages , les affaires les plus confiderables appartenant aux Enquêtes ; Il
plût à Sa Majefté leur conferver leur ancien partage, ou bien leur accorder une
indemnité fur les procez par écrit , dont ils connoiffoient autrefois : Et au
furplus interpreter fon Arrêt du Confeil d'Etat du fixiéme Avril dernier , par
lequel il eft ordonné entre autres chofes , que les Requêtes civiles appointées
& fondées fur contrarieté d'Arrêts , feront portées aux Chambres où ils auront été rendus, attendu que lors dudit Arrêt Sa Majefté avoit ignoré qu'une
des Chambres d'Enquêtes fut appellée par tour au jugement defdites Requêtes civiles en contrarieté, par où il étoit fatisfait au defir des Ordonnances.
Autres Memoires des Officiers des Enquêtes dudit Parlement, tendans à
faire voir que par la difpofition de la nouvelle Ordonnance, toutes les executions & fuites de leurs Arrêts : Comme des oppofitions des tiers envers iceux,
les appels de taxe de dépens, & les decrets réels pourfuivis enfuite des condamnations établies par lefdits Arrêts, devoient être portez aux Chambres où
ils avoient été donnez, enfemble les inftructions de leurs procez après l'appel fignifié , fuivant l'Art. 24. du Tit. des Délais & Procedures : comme auffi
les Requêtes civiles appointées , bien qu'elles fuffent fondées fur contrarieté
d'Arrêts , conformément à celuy du 6. Avril dernier , fans qu'il y eût aucune
raifon de l'interpreter, attendu que l'Ordonnance ne fait point de différence
entre la contrarieté & les autres ouvertures de Requête civile ; Et que l'ufage
de les juger à la Grand'-Chambre , conjointement avec une des Enquêtes, n'é-
toit qu'un abus qui caufoit un grand défordre dans la Juftice , auffi bien que
celuy d'y porter les fuites & executions des Arrêts des Enquêtes. Ledit Arrêt du Confeil d'Etat du 6. Avril dernier , par lequel Sa Majefté ordonne ,
Que lefdites Requêtes civiles appointées & fondées fur contrarieté , feront
portées aux Chambres où les Arrêts auront été rendus , & au furplus, confirme l'Article 24. & 27. de l'Ordonnance, touchant le jugement des incidens,
qu'elle veut être donné en chaque Chambre fur le Bureau , & fans épices.
L'Article 28. concernant les inftructions renvoyées aux Chambres d'Enquêtes ; & fait en outre inhibitions & défenfes aux Officiers de lad. Grand' Chambre d'appointer aucunes Requêtes de Commis, autrement appellez audit
Parlement, incidens *loquatur*. L'Art. 122. de l'Ordonnance de 1539. enre-
giftrée au Parlement de Toloze le 20. Novembre de la même année, portant
Que les procez par écrit feront jugez aux Enquêtes : Enfemble quatre délibe-
rations dudit Parlement , prifes fous le bon plaifir du Roy les Chambres affem-
blées : La premiere du 11. Juillet dernier : par laquelle il eft dit , que tous les
differends meus entre ladite Grand'-Chambre & lefdites Chambres d'Enquêtes, feront traitez dans l'affemblée des Chambres , au Samedy lors prochain.
La deuxiéme , du quatorziéme Juillet dernier , par laquelle il eft décidé , fous
le bon plaifir de Sa Majefté , que les oppofitions des tiers envers les Arrêts des
Enquêtes , & les appels de taxe des dépens defdits Arrêts feront traitez à la
Grand' Chambre. La troifiéme du feize dudit mois , par laquelle il eft arrêté
que les inftructions des procez par écrit qui appartenoient à la Grand'-Cham-

bre, se feroient à l'avenir aux Enquêtes, dés que l'appel des Sentences auroit été signifié. Et la quatriéme du 20. du même mois, portant, que sous le bon plaisir de Sa Majesté, toutes les appellations des Commissaires executeurs d'Arrêts, Demandes en excès, Decrets & Défauts seroient jugez à la Grand'Chambre, moyennant quoi & le contenu aux précedentes deliberations, elle renonce à toute l'indemnité qu'elle pouvoit prétendre par un nouveau partage. Défenses des Officiers des Enquêtes, tendant à montrer que les sušd. deliberations renversoient la disposition de l'Ordonnance, & en empêchoient l'execution: & à demander qu'il plût à Sa Majesté leur accorder les conclusions par eux prises dans leurs précedens Mémoires, & sans s'arrester ausd. deliberations, par lesquelles on interpretoit l'Ordonnance contre des termes de l'Art. 7. Tit. 1. leur renvoyer le jugement des incidens criminels jusqu'à la confrontation, Decrets & appels des Commissaires executeurs de leurs Arrêts qui leur appartenoient auparavant. Repliques des Officiers de la Grand' Chambre ausdites défenses, & autres pieces produites respectivement par lesdites parties és mains du sieur Pussort, Conseiller ordinaire de Sa Majesté en ses Conseils, Commissaire à ce député. Oüy le rapport qu'il en a fait à Sa Majesté, & tout consideré : LE ROY ETANT EN SON CONSEIL, faisant droit sur lesdits Mémoires, a ordonné & ordonne, que son Arrêt du 5. Avril dernier sera executé selon sa forme & teneur : & ce faisant, qu'après que les Requêtes civiles auront été appointées, elles seront renvoyées aux Chambres où les Arrêts auront été rendus pour y être instruites & jugées, encore que lesdites Requêtes civiles fondées sur la contrarieté des Arrêts, que l'instruction des procez par écrit sera faite dans les Chambres des Enquêtes où ils auront été distribuez ; Que les incidens & interventions, Demandes en excès incidentes au civil, jusques à la confrontation exclusivement & les Défauts, criminels, seront aussi portez, instruits & jugez en la maniere prescrite par son Ordonnance du mois d'Avril 1667. és Chambres où les procez seront pendans ; Que les executions des Arrêts, même les decrets des biens saisis en execution d'iceux, & les oppositions des tiers, & les appels des Ordonnances & procedures des Commissaires Executeurs des Arrêts, seront aussi portées, instruites & jugées aux Chambres où les Arrêts auront été rendus : Ordonne Sa Majesté, que ladite Grand' Chambre connoîtra par provision, & jusques à ce que par Sa Majesté y ait été pourvû par un Reglement general de tous les appels des taxes de dépens ajugez ausdites Chambres des Enquêtes ; comme aussi de l'instruction de tous les procez par écrit relevez par appel audit Parlement, jusques à la distribution qui en sera faite ausdites Chambres des Enquêtes : Et pour ce qui concerne l'indemnité prétenduë par ladite Grand'-Chambre sur les procez par écrit, à cause du changement fait en son ancien partage en conséquence de sadite Ordonnance & dudit Arrêt du mois d'Avril dernier : a Sa Majesté ordonné & ordonne, qu'il en sera déliberé dans l'assemblée des Chambres dudit Parlement pour la déliberation prise en ladite assemblée, & rapportée à Sa Majesté être pourvû ainsi que de raison. Fait au Conseil d'Etat du Roy, tenu à saint Germain en Laye le vingt-troisiéme Septembre 1668. Signé, DE LA VRILLIERE.

POUR Paul & Jean Bonnet.

CONTRE Jean-Baptiste Bonnet.

TITRE XI. ARTICLE IX.

Nulle Cause ne fera appointée qu'à l'Audience, à la pluralité des voix.

Article 1. & 4. Titre 34. Nulle contrainte par corps ne fera prononcée qu'és cas exprimez par l'Ordonnance.

SUR les Requêtes refpectivement prefentées au Roy étant en fon Confeil; l'une par Paul Bonnet, Sieur de S. Leonard, & Jean Bonnet Sieur du Mefnil, Procureur Fifcal des Eaux & Forefts du Comté d'Eu, tant en fon nom que comme Tuteur de fes freres mineurs ; Et l'autre par Jean Baptifte Bonnet Avocat en Parlement. Celle defdits Paul & Jean Bonnet, contenant, que pour raifon de l'exheredation faite par feu Nicolas Bonnet, Sieur de Liteville leur pere, de la perfonne de Maître Jean - Baptifte Bonnet, l'un de fes puînez, à caufe d'un mariage inégal & honteux fait contre fa volenté par ledit Jean-Baptifte Bonnet, avec Antoinette le Griel, qui eft une perfonne infâme, les parties font en procès au Parlement de Paris, pendant lequel led. Baptifte Bonnet a usé de toutes les furprifes imaginables pour avoir une provifion fur les biens paternels & maternels : Et de fait, ayant pris un appointement à mettre par défaut devers le Sieur Gaudart Confeiller, qui protege ouvertement ladite le Griel : Les Supplians s'en plaignirent, au préjudice dequoi, n'ayant pas laiffé de faire rendre Arrêt par défaut le 27. Juin 1669. portant provifion de deux mille livres à prendre fur les biens paternels & maternels, avec contrainte par corps contre les Fermiers & débiteurs ; & cette mauvaife procedure ayant été blâmée, intervint Arrêt contradictoire à l'Audience, le 25. defdits mois & an, après que tous les Avocats des parties & le fieur Avocat General Bignon eurent été oüis, par lequel, les Supplians furent receus oppofans à l'execution tant dudit Arrêt d'appointé à mettre du 1. Juin, que dudit Arrêt de provifion du 17. dudit mois & an, obtenu en conféquence, en ce qu'il ajugeoit une provifion indéfiniment fur les biens paternels & maternels ; & faifant droit fur l'oppofition, ordonné que ladite provifion de deux mille l. ne pourroit être executé, que fur les biens de la mere feulement, tous dépens, dommages & interêts refervez : Au préjudice duquel Arrêt ledit Baptifte Bonnet ayant prétendu que les meubles de la fucceffion dudit défunt

Requête de Paul & Jean.

Premier Arrêt caffé du r. Juin.

T. III. iij

fieur de Litteville, étant és mains de Jean Poitevin, Revendeur Juré de la Ville d'Eu, étoient auffi communs à la fucceffion maternelle, quoy que la mere foit décedée il y a plus de fept ou huit ans ; & qu'en Normandie, dont la Coûtume eft pratiquée au Comté d'Eu, il n'y ait aucune communauté entre mari & femme, & fous ce prétexte l'ayant fait emprifonner, ledit Poitevin fut mis hors des prifons à fa caution juratoire, par autre Arrêt contradictoire du 20. Juillet 1669. ce qui n'a pas empêché ledit Baptifte Bonnet de recommencer une nouvelle chicanne contre les Ordonnances, pour renverfer tous les Arrêts, ayant préfenté fa Requête à ce que les Supplians fuffent tenus luy indiquer des biens fuffifans pour payer ladite provifion, finon qu'ils fuffent contraints en leur propre & privé nom, qui eft une conclufion infoûtenable, fauf correction, parce que les Supplians ne font point cautions ny obligez à l'impoffible, & ledit Jean-Baptifte Bonnet ne peut prétendre que fa part en un tiers afferant aux puînez defdits biens maternels, fuivant la Coûtume ; ce qui luy a été plufieurs fois offert fur cette nouvelle Requête, fuivie d'un nouvel appointement à mettre, pris par défaut pardevers led. fieur Gaudart Confeiller : Les parties ayant été oiies au Parquet des Gens du Roy, où la procedure fut encore blâmée, comme contraire aux Ordonnances de Sa Majefté ; Ledit Baptifte Bonnet n'a pas laiffé de continuer, & en outre a baillé une Requête, fur laquelle il a fait mettre, En jugeant ; & fur cette procedure vicieufe, il a obtenu en conféquence Arrêt le 21 Aouft 1669. portant, Qu'il feroit payé de la fomme de deux mille livres à luy ajugée par l'Arrêt du 25. Juin précedent, fur les biens tant paternels que maternels, pour raifon de laquelle fomme les Supplians conjointement avec les Fermiers & débiteurs defd. biens feroient contraints de luy payer par toutes voyes, même par corps, auquel Arrêt les Supplians ayant été receus oppofans par autre Arrêt du 5. Septembre auffi dernier, & iceluy ayant été caffé par un autre furpris fans Avenir le 20. du mois de Septembre : Enfin, par la grande protection que luy donne le fieur Gaudart, l'execution en a été ordonnée par un autre Arrêt de la Chambre des Vacations du 28. Septembre dernier, en vertu duquel & autres, ledit Jean-Baptifte Bonnet ayant fait arrêter prifonnier ledit Paul Bonnet, il a été contraint & forcé pour procurer fa liberté de payer à Dufaix Sergent, qui l'a arrêté, une fomme de fix cens livres en vertu defdits Arrêts, quoy qu'il ne fût porteur que de celuy par défaut du 21. Aouft, anéanty par celuy du 5. Septembre. Defquels Arrêts les Supplians ont été confeillez de demander la caffation, qui ne peut recevoir de difficulté. 1. Parce qu'ils ont confirmé une procedure faite fur un Appointement à mettre pris au Greffe par défaut contre la prohibition expreffe de l'Ordonnance, Article 9. Titre 11. qui porte, Qu'aucune Caufe ne pourra être appointée, fi ce n'eft à l'Audience à la pluralité des voix, à peine de nullité. 2. Ledit Arrêt du 21. Aouft contient une contrainte par corps contre les Supplians, quoy qu'ils ne foient point obligez par cette voye, & qu'ils ne s'agiffe d'aucun cas porté par l'Ordonnance du mois d'Avril 1667. ce qui eft une contravention expreffe à icelle, Titre 24. Art. 1. & 3. 4. Lefdits Arrêts des 21. Aouft & 28. Septembre 1669. font directement contraires, & anéantiffent celuy contradictoirement donné à l'Audience, le 25. Juin precedent contre ledit Jean-Baptifte Bonnet, quoy qu'il ne fe foit point pourvu contre ledit Arrêt, par Lettres en forme de Requête civile. 4. Ils font auffi contraires, & diametralement oppofez aufdits Arrêts contradictoires précedens, des 25. Juin & 20. Juillet. Re-querans à ces caufes lefdits Paul & Jean Bonnet, qu'il plût à Sa Majefté caffer & annuller tant l'Appointement à mettre, pris au Greffe par défaut & contre l'Ordonnance, le 1 Juin 1669. que l'Arrêt intervenu par défaut fur iceluy audit Parlement de Paris au profit dudit Baptifte Bonnet, le 21. Aouft der-nier, & ceux de la Chambre des Vacations qui l'ont confirmé, des 20. & 28. Septembre dernier, & tout ce qui s'en en eft enfuivi, comme directement con-traire à ladite Ordonnance de 1667. Tit. 11. Art. 9. Tit. 34. Art. 1. & 4. & au Titre des Requêtes civiles Art. 1. même aufdits Arrêts contradictoires dudit Parlement rendus à l'Audience les 25. Juin & 20. Juillet précedens : & ce faifant ordonner, que lefdits Arrêts contradictoires des 25. Juin & 20. Juil-let feront executez, & que ladite fomme de fix cens liv. que ledit Paul Bonnet l'un des Supplians a été contraint de payer à Pierre Dufaix à la requête dudit Jean-Baptifte Bonnet, luy fera renduë & reftituée, à quoy il fera contraint par les mêmes voyes dont on s'eft fervy : Comme auffi que fi aucuns meu-bles, beftiaux ou autres effets, même des deniers ont été faifis, fequeftrez & touchez en vertu defdits Arrêts du 21. Aouft, 20. & 28. Septembre, ils feront rendus & reftituez, à ce faire, led. Baptifte Bonnet & Ifaac Levefque fon Pro-cureur qui a fait la mauvaife procedure contre l'Ordonnnance, & les dépo-fitaires contraints folidairement & par corps, fans préjudice des dépens, dom-mages & interêts des Supplians, aufquels fera pourvu : & en conféquence évo-quer le procès & differends des parties de lad. Grand'Chambre, & les renvoyer en celle des Chambres des Enquêtes, non fufpecte, qu'il plaira à Sa Majefté, à laquelle Jurifdiction fera à cette fin attribuée, & icelle interdite à tous autres Juges ; & attendu l'infolvabilité dudit Jean-Baptifte Bonnet, & la procedure vicieufe dudit Levefque Procureur, qui a donné lieu à tous les frais & dépens, permettre aux Supplians de l'affigner pour répondre de tout en fon propre & privé nom, fi mieux Sa Majefté n'aime le condamner des-à-prefent. Et celle dudit Jean Baptifte Bonnet, contenant, Que Paul & Jean Bonnet fes freres, demandent à Sa Majefté trois chofes par une Requête qu'ils ont prefentée : La premiere, la caffation de l'Arrêt du 21. Aouft, & de ceux des 20. & 28. Septembre dernier. La deuxiéme, la reftitution de huit cens livres ; Et la troifiéme, le renvoy en une Chambre des Enquêtes. Pour moyen de caffa-tion, ils alleguent la derniere Ordonnance, & pour moyens de renvoy, la pro-tection du fieur Gaudart. Pour répondre à cette Requête, le Confeil eft fupplié de confiderer qu'en cette affaire il y a le fonds, & il y a la forme, ni en l'un ni en l'autre Paul & Jean Bonnet n'ont pas dit un feul fait veritable. Car au fonds il ne s'agit pas de fçavoir fi une exheredation eft bonne & vala-ble, mais de fçavoir fi un pere qui a fait une donnation entre-vifs, acceptée & infinuée, la peut revoquer fans caufe légitime. Il eft vray que la révocation eft fuivie d'un acte en forme d'exheredation, mais qui n'a point de raifon ni de fondement : voilà le fonds qu'il faut plaider en une Audience. C'eft une

Contre les Arrêts du 2, Aouft & 28. Septembre.
4.Arrêt con-traires à d'autres, qui fubfiftoient ainfi contre l'Art. 1. Tit. 35.
Conclufions de la Reque-te.

Requête contraire, qui eft celle de Jean-Bap-tifte Bonnet.

question d'Etat pour sçavoir si l'on retranchera le Suppliant de sa famille, à cause d'un mariage celebré en vertu d'Arrêt contradictoire avec une fille égale en naissance, en biens, & s'il y a de l'inégalité, c'est de la part de ceux qui contestent. Quant à la forme pendant cette contestation, qui dure déja depuis le   jour de   que le pere commun est decedé, le travail des Bonnets n'a été que d'éloigner l'Audience, cacher les effets de la succession paternelle & maternelle, dont ils joüissent, qui vont à plus de deux cens cinquante mille livres en deniers comptans & en meubles, & dix mille livres de rente. A l'égard du Suppliant, il a consommé la plus grande partie de la dot de sa femme pour subsister dans Paris; & ne pouvant plus poursuivre, voyant ses freres au milieu des biens, il a presenté sa Requête le 23. May 1669. & demandé que ces freres fussent tenus de venir plaider: cependant, qu'il luy fut donné une provision de quatre mille livres. Cette Requête signifiée, Avenir précis pour venir plaider à la Grand'Chambre, au lieu par les défendeurs de venir défendre à cette provision, ils laisserent prendre un Défaut, & au lieu que la Cour pouvoit juger le profit du Défaut sur le champ; néanmoins ayant entendu que le Suppliant demandoit quatre mille livres, qu'au fonds il y avoit une exheredation, elle ne voulut pas juger, mais appointa sommairement à mettre pardevers le sieur Gaudart, qui se trouva l'ancien. Par Arrêt du premier Juin, le Suppliant fit signifier son appointement, somma les Bonnets ses freres d'y defendre. Production du Suppliant, au lieu par lesd. Bonnets de produire, comme ils affectoient de füir, ils représenterent leur Requête afin d'opposition à l'execution dudit Arrêt d'appointé à mettre, qui ne leur fît aucun grief: c'est pourquoy le Suppliant demanda qu'ils fussent deboutez de leur opposition: Toutes ces trois Requêtes rapportées à la Grand'Chambre, Arrêt le 27. Juin, par lequel il est ordonné que les parties viendront plaider: cependant provision de deux mille livres sur les biens paternels & maternels, à quoy faire les Fermiers contraints. L'on demanderoit volontiers où est la nullité de cet Arrêt dans la forme, ou le grief dans le fonds? Oüy, mais dit-on, l'on a appointé, & l'on devoit juger. Qui pouvoit se plaindre de cet appointement? c'est le Suppliant, parce qu'il devoit avoir son Défaut sur le champ, y ayant Avenir précis à trois jours francs, conformément à l'Ordonnance: Mais la Cour ayant appointé, voulut examiner davantage; donc dans la forme, l'Arrêt est dans les Regles. Au fonds, l'on luy donne une provision de deux mille livres sur trois mille livres de rente, qui reviennent dans la portion du Suppliant; néanmoins les Bonnets forment encore opposition à l'execution de cet Arrêt du 17. Juin, & obtiennent Arrêt qui les reçoit opposans, en ce que la provision est ordonnée sur les biens paternels & maternels: & faisant droit sur l'opposition, que la provision sera prise sur les biens maternels seulement: Cet Arrêt intervint sur ce que les Bonnets disoient, que si l'on donnoit la provision sur les biens paternels, c'étoit juger la question de l'exheredation, qu'il la faloit laisser entiere; qu'il y avoit assez de biens maternels pour payer les deux mille livres, desorte que l'on donna facilement dans la raison de l'Arrêt: mais il ne fut pas plûtôt rendu, que les Bonnets changerent de langage, & dirent, qu'il n'y

avoit

1. Arrêt.

Opposition à ce premier Arrêt.

2. Arrêt.

Comment on se prenoit ces deux Arrêts.

avoit plus de provision, parce que la mere n'avoit point de biens, que tout le bien étoit paternel. Le Suppliant voyant l'extrémité dans laquelle il étoit, chargé de famille, d'un grand procés, sans biens ; somme ses freres de luy communiquer l'inventaire fait aprés le deceds de ses pere & mere, pour connoître les biens paternels & maternels ; diverses sommations, silence, suite de la part des Bonnets. En cet état, le Suppliant presente sa Requête, expose les sommations, demande que ses freres luy indiquent les biens maternels, sinon la provision executée sur les biens paternels, sur laquelle appointement à mettre prononcé aussi tôt. Opposition par les Bonnets, Maître Michel Guyeux, qui est l'Avocat du Suppliant, va au Parquet communiquer au Sieur Avocat General Bignon, qui avoit pris connoissance de cette affaire : sur les Requêtes, il trouva un temperamment dont il fut d'avis, pour ne point blesser la question d'exheredation dans le fonds, & ne rendre pas aussi la provision illusoire, que la provision seroit executée, tant sur les biens paternels que maternels, sauf à imputer lesdites deux mille livres sur les biens maternels : cela fut ainsi jugé pat l'Arrêt du 21. Août, au rapport du Sieur Gaudart. Où est encore le grief de cet Arrêt ? s'il y en avoit, ce seroit contre le Suppliant ; car l'on donne ausdits Bonnets ce qu'ils demandoient que cette provision fût sur les biens maternels, mais ce n'est pas ce qu'ils demandent, c'est de ne jamais finir d'affaires, de sorte qu'ils s'opposent encore à l'execution de cet Arrêt, qui leur donne ce qu'ils demandoient : Enfin, les parties ayant plaidé contradictoirement par leurs Avocats à l'Audience, presidant le Sieur de Novion, est intervenu Arrêt contradictoire le 28. Septembre, que la provision sera payée, sauf à imputer sur la succession maternelle s'il y échet : Y eut-il jamais d'Arrêt plus juste ? Cependant les Bonnets qui se voyent ne pouvoir plus fuir en la Cour, se pourvoyent au Conseil, & se donnent la licence de médire des Magistrats, & l'un d'eux quoique Procureur Fiscal s'érige en calomniateur en un Tribunal qui est composé de personnes avancées en âge & dans les premieres dignitez de l'Etat, qui par conséquent sçavent peser l'honneur, & le conserver à tout le monde. Il y a quatre moïens dans lad. Requête, il y faut répondre. A l'égard du premier led. Jean-Baptiste Bonnet demeure d'accord de la disposition de l'Art. 9. du Tit. 11. de l'Ordonnance : Mais aussi il faut que l'on convienne que le premier Arrêt d'appointé à mettre qui est intervenu, aussi bien que le subséquent, ont été obtenus sur des Avenirs précis, & conformément à ce qui est désiré par cet Article, ainsi qu'il est justifié par lesdits Arrêts : par ainsi ce premier moyen n'est de nulle consideration. Le second n'a pas plus de fondement, parce que l'on sçait que tous dépositaires sont contraints & par corps : Or lesdits Paul & Jean Bonnet ne peuvent pas disconvenir d'être dépositaires de tous les biens des successions de pere & mere communs des parties, & par conséquent l'Arrêt du 21. Août ayant prononcé contre eux la contrainte par corps, cela est dans les regles, & non pas contraire à l'Ordonnance. Joint qu'il s'agit de provision alimentaire, dont le payement se fait ordinairement de cette maniere, notamment quand on trouve de la résistance de la part de ceux qui la doivent acquitter : Donc vray de dire, qu'il n'y a nulle contravention à l'Ordonnance. Quant au troisiéme & quatriéme, il ne se trouve pas que les Arrêts des 21. Août &

3. Arrêt du 21. Août, Comment il fut rendu.

4. Arrêt du 28. Septembre.

28. Septembre foient oppofez & aneantiffent ceux des 25. Juin & 11. Juillet, au contraire, ils confirment toutes les provifions ajugées audit Jean-Baptifte Bonnet par l'Arrêt du 17. Juin. Il n'y a de difference, finon que celuy dudit jour 25. Juin, ordonne que ladite provifion fera exécutée fur les biens de la mere, & ceux defdits jours 21. Août & 28. Septembre, portent, qu'elle fera payée, tant fur les biens paternels que maternels : Mais ils ajoûtent ces mots, fauf à imputer en après fur les biens de la mere par l'évenement du principal differend, ce qui met lefdits Paul & Jean Bonnet hors d'interêt. Joint qu'ils ont donné lieu à cette prononciation par le refus qu'ils ont fait de communiquer l'inventaire defdits pere & mere ; ce qui a dû être fait pour connoître en quoy confifte le bien de l'un & de l'autre, ayant même toûjours réfifté d'indiquer ceux fur lefquels ladite provifion fe doit prendre au defir dudit Arrêt du 25. Juin, parce qu'ils fçavent bien que les biens defdites fucceffions font confus, & la plufpart acquêts de la Communauté, étant une grande queftion qui s'agitera de fçavoir quel eft le droit des freres en Normandie, & partant, il n'y a non plus à cet égard de contravention à l'Ordonnance de 1667. Titre des Requêtes civiles, ne fe pouvant valablement pourvoir contre les Arrêts obtenus par ledit Suppliant, que par les voyes de droit, particulierement contre les deux derniers, qui font rendus à l'Audience. A l'égard du Renvoy requis de la Caufe, en l'une des Chambres des Enquêtes, lefdits Paul & Jean Bonnet n'y font pas mieux fondez, parce qu'ils ont volontairement procedé à la Grand'-Chambre, que c'eft une queftion d'Etat, que la Grand'-Chambre eft faifie, que c'eft la Chambre des plaidoïers, & que les Arrêts obtenus par le Suppliant font dans les regles : Requerant à ces caufes, ledit Jean-Baptifte Bonnet qu'il plût à Sa Majefté débouter ledit Paul & Jean Bonnet de leur Requête, & les condamner aux dépens, ladite Requête fignée Hacqueteau Avocat audit

Vû des piéces. Confeil. VEU lefdites Requêtes, celle de Paul & Jean Bonnet, fignée Patron Avocat audit Confeil, les Arrêts fufdattez & mentionnez. Procés verbal, contenant le payement forcé des fix cens livres. Requête dudit Jean-Baptifte prefentée au Parlement aux fins d'ordonner que fur la validité du prétendu acte de révocation de ladite donation du 20. Août 1667. les parties viendroient plaider, & cependant qu'il luy feroit donné provifion de 4000 livres fur les biens tant paternels que maternels, à ce faire, les Débiteurs & Fermiers contraints ; au bas eft l'Ordonnance, portant ; Viennent les parties, du 23. May 1669 & l'Exploit de fignification dudit jour. Avenir pour plaider fur ladite Requête, fignifiée à la requête du Procureur dudit Jean Baptifte ; à ceux defdits Paul & Jean, du 27. defdits mois & an. Arrêt par défaut de ladite Cour, du 1. Juin 1669. portant, que les parties mettront dans trois jours leurs Requêtes & piéces és mains du Sieur Gaudart. Exploit de fignification d'iceluy du 8. dudit mois. Acte de fommation de produire aufdits Paul & Jean Bonnet du même jour. Arrêt contradictoire de ladite Cour au rapport dudit Sieur Gaudart, qui ordonne, que pour faire droit aux parties au principal, elles viendront plaider à l'Audience : & cependant, que ledit Jean-Baptifte aura deux mille livres de provifion, tant fur les biens paternels que maternels ; à ce faire, les Fermiers & Débiteurs contraints comme dépofitaires de biens de Juftice, du

17. dudit mois de Juin. Exploit de signification d'iceluy dudit jour. Autre Arrêt contradictoire, par lequel lesdits Paul & Jean Bonnet ont été reçûs opposans à l'execution desdits Arrêts des 1 & 17. Juin, & que la provision de 2000 livres ne pourra être executée que sur les biens maternels, tous dépens, dommages & interêts reservez, du 25. dudit mois de Juin. Sommation dudit Jean-Baptiste, de luy communiquer le contract de mariage de leur pere & mere. L'inventaire fait aprés le déceds, & le testament du 3. Juillet 1669. Arrêt d'appointé du Parquet, portant que les parties viendront plaider au premier jour, que les copies demandées seront données, & ledit Arrêt du 25. Juin executé, du 5. dudit mois de Juillet. Exploit de signification d'iceluy au Procureur dudit Paul, portant sa réponse, qu'il empêche la reception dudit appointement, comme contraire à ce qui avoit été résolu, dudit jour 5. Juillet. Sommation à la requête dudit Jean Baptiste de passer ledit appointement, du même jour. Avenir pour plaider sur ladite reception à la requête dudit Jean-Baptiste du 6. dudit mois. Requête dudit Jean-Baptiste à ladite Cour, aux fins que lesdits Paul & Jean fussent condamnez à luy indiquer les biens sur lesquels il puisse être payé, sinon les condamner en leurs noms : Au bas est l'Ordonnance, portant Viennent, & signification d'icelle du 8 dudit mois. Trois Avenirs pour plaider sur ladite Requête des 9. 10. & 11. du même mois. Arrêt contradictoire de ladite Cour, sur l'emprisonnement d'un particulier, emprisonné à la requête dudit Jean Baptiste, prétendant qu'il avoit des éfets appartenans à la succession de sa feuë mere, qui joint les Requêtes aux oppositions, & élargit le prisonnier à sa caution juratoire, dudit jour 12. Juillet. Exploit de signification dudit Arrêt du 20. dudit mois. Arrêt par défaut de ladite Cour, portant, que les parties mettront leurs piéces és mains dudit Sieur Gaudart, du 7. Août 1669. Exploit de signification au Procureur desdits Paul & Jean Bonnet, contenant ses protestations, & qu'il s'oppose à l'execution du 12. dudit mois d'Août. Sommation de produire à la requête du Procureur dudit Jean-Baptiste du même jour. Requête dudit Jean-Baptiste à ladite Cour, aux fins d'être payé desdites 2000 livres sur les biens paternels : à ce faire lesdits Paul & Jean, leurs Fermiers & Débiteurs contraints : au bas est l'Ordonnance d'en jugeant, du 19 dudit mois d'Août Exploit de signification au Procureur desdits Paul & Jean, du 20. dudit mois. Autre Arrêt de ladite Cour du 21. du même mois, qui ordonne l'execution de celuy du 25. Juin. Exploit de signification dudit Arrêt du 23. dudit mois d'Août. Autre Arrêt par défaut de ladite Cour du 5. Septembre 1669. qui reçoit lesdits Paul & Jean Bonnet opposans à l'execution de celuy du 7. Août, & ordonne que les parties auront Audience au lendemain de S. Martin Exploit de signification d'iceluy du 16. dudit mois de Septembre. Requête dudit Jean-Baptiste à ladite Cour, aux fins d'être reçû opposant à l'execution dudit Arrêt du 5. Septembre, au bas duquel est l'Ordonnance, Viennent les parties, & signification d'icelle, du 18. dudit mois. Avenir signifié à la requête dudit Jean-Baptiste, du 19. du même mois Arrêt par défaut qui adjuge audit Jean-Baptiste ses fins & conclusions, du 2 dudit mois de Septembre. Exploit de signification d'iceluy au Procureur desdits Paul & Jean

Bonnet, contenant sa réponse & les protestations du 25. dudit mois. Requête desdits Paul & Jean Bonnet, aux fins d'être reçus opposans à l'execution dudit Arrêt du 20. Septembre, au bas Viennent les parties, & signification des 25. & 26. dudit mois de Septembre. Avenir à la requête dudit Jean-Baptiste, du 27 du même mois. Arrêt contradictoire en conséquence, qui deboute lesdits Paul & Jean de leur opposition, & que la provision sera payée nonobstant toutes saisies & oppositions faites ou à faire, du 28. dudit mois de Septembre. Exploit de signification d'iceluy du même jour. Acte signifié à la requête desdits Paul & Jean Bonnet audit Jean-Baptiste, comme ils ont remis leur requête en cassation des Arrêts de ladite Cour & piéces justificatives és mains du Sieur Pussort Conseiller de Sa Majesté ordinaire en ses Conseils. Oüy le rapport dudit Sieur Pussort, &c. Et tout consideré, Le Roy e'tant en son Conseil, faisant droit sur lesdites Requêtes respectives, a cassé & annullé lesdits Arrêt du Parlement de Paris, des premier Juin, 21. Août 20. & 28. Septembre derniers, comme contraires à son Ordonnance du mois d'Avril 1667. & sans y avoir égard, a Sa Majesté ordonné & ordonne, que celuy du 25. Juin aussi dernier, sera executé selon sa forme & teneur ; Et a Sa Majesté condamné & condamne ledit Jean Baptiste Bonnet aux dépens. Fait au Conseil d'Etat du Roy, tenu à S. Germain en Laye, le onziéme Septembre 1669. Signé, Colbert.

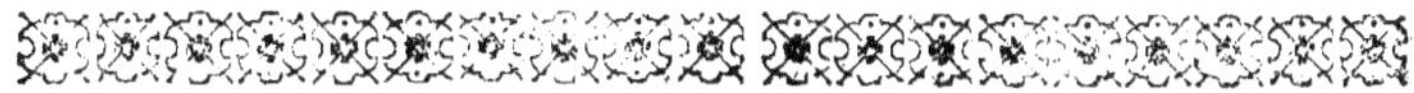

Pour Adrien Pastoureau.

Contre les Chanoines de Meaux.

TITRE XIV. ARTICLE V.

Sentence des Requêtes du Palais de Paris cassée, pour avoir donné acte aux parties de la conversion d'appel en opposition, & appointé sur le principal.

VEU au Conseil la Requête presentée par Maître Adrien Pastoureau Conseiller du Roy, Tresorier Provincial de l'Extraordinaire des Guerres en Picardie, Flandre & Artois, ayant droit par Transport de M. François Angilbert, cy-devant Chanoine en l'Eglise S. Estienne de Meaux, contenant ; Qu'encore que par l'Ordonnance derniere, verifiée en toutes les Cours souveraines du Royaume, Article 5. Titre 14. les Requêtes à fin de rapport & Sentences de rabat, ou rapport des Sentences par defauts ayent été abrogées & prohibées, sauf à se pourvoir par appel au Parlement ; & que le Suppliant ait obtenu dans toutes les formes trois Sentences de nos Amez & Feaux Conseillers les Gens tenans les Requêtes de nôtre Palais, des 26. Février & 29. Juillet 1667. & une derniere contradictoire du 8. Février dernier : portant entre autres choses condamnation contre les Doyen, Chanoines & Chapitre de lad. Eglise de Meaux, leurs Receveurs & Fermiers de payer au Suppliant les arrerages de la pension de 400. liv. dûë par chacun an, par M. Pierre Angilbert, Chanoine de ladite Eglise, audit François Angilbert jusques à la concurrence de son dû ; Et les nommez Antoine le Meol, Estienne Durand, Isaye Benoît, Gabriel Noria, Girard Bertrand, Pierre Bocquet, Claude Guilbert Marchands, & Charles le Franc Sergent Royal à Meaux, déboutez des oppositions qu'ils avoient formées, & condamnez aux dépens, & ordonné en cas d'appel, en baillant par le Suppliant Caution, que lesdites Sentences seroient executées nonobstant l'appel, & que les Cautions eussent été fournies ; & quoy que même lesdits le Merle & Consorts se fussent desistez de leur opposition par l'acte signé le Pelletier leur Procureur, du 5. Juillet de ladite année 1667. neanmoins du depuis, lesdits Chanoines & Chapitre de Meaux se sont avisez de faire interjetter appel desdites Sentences par lesdits le Franc, le Merle & Consorts. Et ensuite par une manifeste contravention à ladite Ordonnance, ont fait presenter deux Requêtes aux Requêtes du Palais, par Maître François le Pelletier & Pierre Bridou Procureurs desdits le Franc, le Merle & Consorts : par laquelle ils ont demandé la conversion de leurs appellations en opposition, & que y faisant droit, ils toucheroient les deniers saisis à l'exclusion du Suppliant. Sur cette Requête, au lieu par nosdits Gens tenans lesdites Requêtes du Palais d'ordonner, que suivant nosdites Ordonnances, les parties se pourvoiroient sur leurs appellations au Parlement, ils ont par leur Jugement du 13. Avril dernier, converti leurs appellations en oppositions ; & pour y faire droit, appointé les parties à écrire, produire & contredire, ce qui est vouloir faire renaître & commencer les contestations jugées par lesdites quatre Sentences : Desorte qu'il est visible, que si l'on toleroit lesdits Procureurs en la nouvelle chicanne qu'ils ont inventée, de presenter ainsi des Requêtes de conversion des appellations des Sentences en oppositions, au lieu desdites Requêtes, afin de rapport, dont ils se servoient avant ladite Ordonnance ; le public en recevroit un grand préjudice, & se seroit tout à fait rendre inutile & éluder ledit Article 5. Titre 14. de nôtredite Ordonnance, qui est le plus important pour le bien de nos Sujets. A CES CAUSES, ledit Pastoureau a requis qu'il plût à Sa Majesté ordonner, que ledit Article 5. Titre 14. de l'Ordonnance, seroit executé, & suivant iceluy, casser & déclarer nul ledit Jugement des Requêtes du Palais du 13. Avril dernier : Faire défenses de l'executer, sauf ausdits le Franc, le Merle & Consorts à se pourvoir sur leurs appellations au Parlement, suivant ladite Ordonnance : Ce faisant, ordonner que lesdites Sentences des 26. Février, 8. & 29. Juillet 1667. & 8. Février dernier seront executées à la Caution baillée de Maître Tallon Avocat és Conseils de Sa Majesté, & d'André Geffart Commissaire des Guerres, qui ont faits les soûmissions ; Et que lesdits Pelletier & Bridou pour la contravention par eux commise à l'Ordonnance, seront assignez au Conseil, pour être condamnez en l'amende, & aux dommages & interests dudit Suppliant. VEU aussi les Transports faits par ledit François Angilbert au Suppliant, les

Mmmm iij

5 Avril 1666. & 17. Juin 1667. Requête & Ordonnance du Lieutenant Civil du Châtelet, portant permission de saisir, du 18 May 1666. Saisie faite en conséquence entre les mains desdits Chanoines, du 27. Août 1666. Les Sentences desd. Requêtes du Palais des 26. Février, 8 & 29 Juillet 1667. par lesquelles il est ordonné, que lesdits Chanoines & Chapitre de Meaux, leurs Receveurs & Fermiers seront contraints au Payement des arrérages de ladite pension de quatre cens livres par chacun an, & lesdits le Franc, le Merle & Consorts deboutez de leurs oppositions, & condamnez en l'amende & aux dépens. Sentence contradictoire desdites Requêtes du Palais du 8 Février dernier; par laquelle entre autre chose est ordonné, que lesdites Sentences feront executées : ce faisant, lesdits Chanoines & Chapitre condamnez à payer les arrerages de ladite pension ; & en cas d'appel, la Sentence executée par provision en baillant Caution. Acte du 5. Avril dernier, contenant appel desdites Sentences cy-dessus par lesdits le Franc, le Merle & Consorts. Requête presentée ausdites Requêtes du Palais par lesdits le Franc, le Merle & Consorts, signée desdits le Pelletier & Bridou Procureurs, signifiée le 9 Avril, tendante afin de conversion de leur appel en opposition. Jugement desdites Requêtes du Palais du 13. dudit mois d'Avril, par lequel a été donné acte de la conversion dudit appel en opposition ; & pour faire droit sur le tout, les parties appointées en droit à écrire & produire, bailler Contredits & Salvations, & cependant toutes choses demeurant en état, & ledit Jugement executé nonobstant l'appel, & autres piéces attachées à ladite Requête. Oüy le rapport du Sieur Pussort, Conseiller ordinaire de Sa Majesté en ses Conseils, Commissaire à ce député : Et tout consideré, LE ROY E'TANT EN SON CONSEIL, a cassé & annullé, casse & annulle ladite Sentence des Requêtes du Palais du Parlement de Paris, du 13. Avril 1668. comme contraire à son Ordonnance du mois d'Avril 1669. Fait Sa Majesté défenses aux parties qui l'ont obtenuë de s'en aider ; & ce faisant ordonne Sa Majesté, que lesdites Sentences des 26. Février, 8. & 29 Juillet 1667. & 8. Février dernier feront executez selon leur forme & teneur. Fait Sa Majesté pareillement défenses ausdites Requêtes du Palais & à tous autres Juges, de contrevenir à ladite Ordonnance, aux peines portées par icelle, ni de donner acte de la conversion faite par les parties de l'appel de leurs Sentences en opposition, de les appointer sur icelles, ni d'en ordonner la surséance, a condamné & condamne lesdits le Pelletier & Bridou Procureurs, qui ont obtenu ladite Sentence, & le Greffier qui l'a expediée en vingt livres d'amende chacun en leur nom, avec défenses d'y récidiver sous plus grandes peines. Fait au Conseil d'Etat du Roy, tenu à S. Germain en Laye, le   Avril 1668. Signé, DE GUENEGAUD.

POUR le Lieutenant Géneral du Bailliage de la Montagne, Siége de Châtillon.

CONTRE *le Lieutenant Particulier , Affeffeur & Confeiller du même Siége.*

ARTICLES VII. X. & XI. DU TITRE XVII.
Article 5. du Titre 29.
Articles 2. & 4. du Titre 21.

REGLEMENT ENTRE LES
Officiers , touchant l'execution defdits Articles.

SUR les Requêtes refpectivement prefentées au Roy en fon Confeil, y étant ; l'une par Maître Marc-Antoine le Foul Confeiller de Sa Majefté & fon Lieutenant Géneral au Bailliage de la Montagne, Siége de Châtillon fur-Seine en Bourgogne : Conténant , Que depuis l'établiffement de la nouvelle Ordonnance, pour l'abreviation des procès : Maître Voile Marcenay Lieutenant particulier , Affeffeur ; Nicolas de Gilly, Guy Joüart, François Toulouze, & Nicolas Bouvot Confeillers audit Siége , auroient fait plufieurs entreprifes fur les fonctions de fa Charge, & par une contravention à ladite Ordonnance, prétendu que toutes matieres fommaires qui ne pouvoient être jugées fur le champ, & fur lefquelles on ordonne que les pieces feront laiffées fur le Bureau pour y être déliberé, tomboient en diftribution, à quoy ledit Suppliant fe feroit oppofé, difant, Que les Sentences en matiere fommaire, devant être par luy prononcées à l'Audience, fans épices ni vacation, conformément à l'Article 10. au Titre defdites matieres fommaires, il n'échoit aucune diftribution ; dautant que tout ce qui fe prononçoit à l'Audience luy appartenoit : Ce qui auroit donné lieu à des refus par lefdits d'opiner fur lefdits Jugemens de plufieurs Caufes en matiere fommaire: fur lefquelles, de leurs avis, il auroit été dit, qu'il en feroit déliberé fur le Regiftre, & que lefdits Confeillers auroient foûtenu qu'aux appellations de Sentences diffinitives, Appointemens en droit, Jugemens par diction rendus en Juftices inférieures avant la S. Martin derniere en matiere fommaire, & relevez audit Bailliage,

Requête du Lieutenant Géneral de la Montagne.

Article 10. Tit. 17. refifte à la diftribution,

l'appellant & l'intimé devoient mettre leurs productions au Greffe dudit Siége huit jours après l'écheance de l'assignation pour comparoir, & aussi tôt être apportées en la Chambre du Conseil, & le procés être distribué, pour après être pris communication par les mains du Rapporteur des piéces produites par les parties, afin d'en venir plaider à l'Audience sur un simple acte signifié, lesquelles formalitez n'ayant été pratiquées par les Avocats, Procureurs & parties qui craignoient de contrevenir à ladite nouvelle Ordonnance, qui a abregé toutes longueurs de procedures ; lesdits Conseillers par un emportement extraordinaire auroient imposé silence aux Avocats & Procureurs qui plaidoient volontairement à l'Audience, & protesté de les prendre à partie, pour raison desquelles protestations & Ordonnances desdits Conseillers la Justice n'auroit pû être renduë aux sujets de Sa Majesté : Laquelle dans les Articles 7, 10 & 11. au Titre des Matieres sommaires, a precisément & sans distinction ordonné, que toutes affaires de cette nature, tant en premiere instance que cause d'appel, seroient jugées à l'Audience après un simple acte pour venir plaider sans autre formalité ni procedures, inventaires de production, écriture ni memoire : ce qui seroit executé dans toutes les Terres & Jurisdictions de l'obeïssance de Sa Majesté, à commencer dés le lendemain de saint Martin de l'année derniere : Et qu'ainsi, toutes les Matieres sommaires, jugées & instruites, comme procés par écrit, avant le dit jour S. Martin dernier, ne devoient point être instruites de même dans ledit Baillage, mais jugées à l'Audience conformément à ladite nouvelle Ordonnance, sans aucunes des formalitez prétenduës par lesdits Conseillers, qui ne tendoient qu'à l'oppression des parties, & au retardement de la Justice, étant en cela la difference que Sadite Majesté avoit apportée entre les Matieres sommaires & non sommaires : car dans les dernieres ; Elle a précisément ordonné qu'elles seroient distribuées par celuy auquel la distribution appartiendroit, en l'Article 13. au Titre des Délais & Procedures, que trois jours après le Jugement du procés le Rapporteur mettra au Greffe le dicton de la Sentence, le jour de l'arrêté, & le procés entier, sans qu'il soit besoin d'aucune prononciation ni signification, comme il est expliqué és Articles 15. au même Titre des Délais, & Article 7. au Titre de la forme de proceder aux Jugemens : Et tout au contraire, dans ceux des Matieres sommaires, Sa Majesté n'a point parlé de distribution, communication ni rapport ; mais a voulu indistinctement que telles Matieres sommaires fussent portées, jugées, & le Jugement prononcé à l'Audience sans formalité, comme dit est. Etant à remarquer, que si la distribution avoit lieu dans les Matieres sommaires, lesdits Conseillers forts en nombre dans le vû de l'interêt & de leur autorité, seroient d'avis de tout appointer à mettre sur le Bureau, ainsi qu'ils ont déja fait plusieurs fois, & dans des affaires de legere importance, où il ne s'agissoit seulement que de cinquante sols, trois & quatre l. peu plus ou moins ; & par ce moyen rendroient les fonctions de la Charge du Suppliant inutiles ; Et qu'enfin, la mauvaise conduite desdits Conseillers, avoit tellement autorisé le désordre, que le Greffier-Commis audit Bailliage par un mépris à ladite nouvelle Ordonnance Article 5. au Titre de la forme de proceder au Jugement, auroit journellement délivré des Sentences & Juge-

mens.

mens rendus à l'Audience auparavant qu'ils euſſent été paraphez par ledit Suppliant : lequel abus, il ſupplioit Sadite Majeſté de vouloir réformer , attendu
qu'étant reſponſables de ſes Jugemens , il luy étoit important qu'il les vît &
approuvât par ſon ſoin, pouvant arriver que par la negligence ou ignorance
d'un Clerc , l'on délivreroit aux parties des Jugemens contraires à la nouvelle
Ordonnance : Tous les déſordres cy-deſſus n'ayant pû être corrigez , quelques diligences & ſoins que ledit Suppliant y ait pû apporter pour rendre l'o-
beïſſance qu'il doit aux ordres de Sa Majeſté , ny ayant pû faire autre choſe
que d'en dreſſer les procés verbaux joints à ladite Requête. POUR CES
CAUSES , & attendu que par ce qui réſulte de la verité du fait, & des
circonſtances ſuſdites , il étoit conſtant que le procedé & prétention deſdits
Conſeillers ſuſmentionnez , eſt une manifeſte contravention à ladite nouvelle
Ordonnance ; Requeroit ledit Suppliant , qu'il plût à Sadite Majeſté ordonner, que toutes Matieres ſommmaires ſeront jugées à l'Audience , & les Jugemens prononcez par ledit Suppliant en qualité de Lieutenant General audit
Bailliage, même celles inſtruites avant la S. Martin derniere dans les Juſti-
tices inférieures : Comme procés par écrit, ſoit qu'il y eût eu Sentence diffinitive , Appointement à mettre , Jugemens par diéton , ſans que les parties
ſoient obligées de mettre leur produétions au Greffe huit jours aprés l'é-
chéance de l'aſſignation, ſans aucune communication , par les mains des Rapporteurs , ſauf aux Avocats à ſe communiquer de main en main les piéces de
leurs parties pour plaider ſur icelles à l'Audience ; Que tous les Déliberez ſur
le Regiſtre eſdites Matieres ſommaires appartiendront audit Suppliant ſans
aucune diſtribution ; Que le Greffier dudit Bailliage ou ſon Commis , ne
pourra délivrer aucuns Jugemens & Sentences prononcées à l'Audience par
le Suppliant , qu'auparavant il n'ait vû à l'iſſuë ou dans le même jour ce qui
aura été rédigé par écrit, ſigné le Plumitif, & paraphé chacune Sentence &
Jugement que leſdits Conſeillers ſeront tenus de délivrer ſur les procés appointez à mettre ſur le Bureau entre les nommez Chameraudes , Vacher , Simon, Piardon, Lamiral , & autres mentionnez aux procés verbaux dudit Suppliant, & ſur tous autres de cette nature à l'avenir : Avec défenſes auſdits Conſeillers de troubler ledit Suppliant dans l'execution de ladite nouvelle Ordonnance ; Et pour l'avoir fait, les condamner aux dépens dommages & interêts
dudit Suppliant. Vû ladite Requête ſignée du Suppliant , & de Guibert ſon
Avocat & conſeil. Les procés verbaux dudit Suppliant , en datte des 11.
19. & 24. Janvier 1668. & autres piéces y attachées. Et l'autre deſdites Requêtes preſentées par leſdits de Marcenay , de Giſſey , Joüart , Toulouze &
Bouvot Conſeillers deſdits Bailliage & Chancellerie : Contenant , que ledit
Maître Marc-Antoine le Foul , Lieutenant audit Bailliage , ayant le 18 Janvier dernier prononcé en la Cauſe d'entre Charles Molibet , appellant d'une
Sentence diffinitive contre luy rendaë en la Prevôté Royale de ladite ville de
Châtillon , d'une-part ; & Edme Petit Foul intimé d'autre : Contre l'Avis
deſdits Supplians & la nouvelle Ordonnance, Article 14. du chapitre des Délais & Procedures , en ce que leſdits Supplians étoient d'Avis aux termes de
ladite Ordonnance, que les parties miſſent leurs produétions au Greffe dudit

Concluſions
du Lieute-
nant Gene-
ral.

Requête cô-
traire.

Siége dans la huitaine après l'échéance du déiay de l'affignation au terme dudit

Caufe de la couteftation.

Article, comme s'agiffant d'un appel interjetté d'une Sentence par écrit & fur Appointement en Droit : Et au contraire, ledit Sieur Lieutenant Géneral de fon propre mouvement avoit prononcé que les parties mettroient leurs piéces fur le Bureau pour y être délibéré ; Ce qui avoit obligé les Supplians de reprefenter audit Lieutenant Genéral, que non feulement il contrevenoit à leur Avis, mais audit Article 14. de ladite nouvelle Ordonnance, que Sa Majefté veut être inviolablement gardée : En forte qu'il n'eft pas libre, ni aux Juges, ni aux parties d'y contrevenir. Y ajoûtant même que par l'Article 6. du Titre 1. de ladite Ordonnance, il eft porté en termes précis. Que fous quelque prétexte que ce foit, on ne pourra fe difpenfer de l'obferver ; Et conféquemment lefdits Supplians ne fe pouvoient difpenfer de luy faire cette Remontrance, fans contrevenir à ladite nouvelle Ordonnance, & encourir la rigueur d'icelle d'être pris à partie, lefquelles Remontrances ledit Lieutenant Géneral auroit méprifées : En forte que pour en avoir acte, les Supplians auroient ordonné à Henry Dumont Greffier audit Bailliage d'écrire icelle, ce que ledit Lieutenant Géneral auroit empéché, & fait défenfes audit Greffier d'écrire & de leur obeïr, & de reconnoître aucun Juge que luy : Ce qui auroit obligé les Supplians de s'adreffer à Maître André Singer, & Joachim Joüart Avocat & Procureur de Sa Majefté audit Siége, comme obligez de tenir la main à ce que ladite Ordonnance foit religieufement obfervé, ce qu'ils auroient méprifé, & feroient demeurez dans le filence : Si bien que lefdits Supplians n'ont eu autre recours, que celuy d'en dreffer leurs procez verbaux, pour fur iceux en porter leur plainte à Sa Majefté, ainfi que des autres contraventions, qui ont continué ledit jour 18. Janvier de relevée, les 19, 24 & 26. dudit mois, tant en la Chambre de l'Audience qu'en celle du Confeil, fans avoir pû tirer extrait defdites Sentences dont étoit appel, ni obliger le Greffier d'apporter en ladite Chambre du Confeil fon Regiftre des productions, pour reconnoître les procez qui étoient produits, pour en faire la diftribution, & être pris par communication par les parties des piéces les unes des autres par les mains des Rapporteurs, par l'intelligence qui fe rencontre entre ledit Lieutenant Géneral, les Avocat & Procureur du Roy & le Greffier : Si bien que comme Sa Majefté s'eft retenuë & réfervée la connoiffance de telles contraventions & interprétations de fa volonté fur le fait de ladite nouvelle Ordonnance, & icelle interdite & défenduë à tous autres, Les Supplians font obligez de

Conclufions.

recourir à Elle pour leur être pourvû. Pour ces causes, iceux requeroient, qu'il plût à Sa Majefté, caffer, révoquer & annuller les Jugemens & Ordonnances renduës par ledit Lieutenant Géneral contre la pluralité des voix des Officiers dudit Siége & ledit Article 14. des Délais & Procédures : Ce faifant, Ordonner que ledit Lieutenant Géneral fera tenu d'obferver ladite Ordonnance, & de prononcer fuivant la pluralité des voix ; Et que toutesfois & quantes qu'il y fera par luy contrevenu, lefdits Avocat & Procureur de Sa Majefté feront tenus d'en demander & requerir la réparation, à peine d'être tenus des dépens, dommages & interêts des Supplians, en leur privé nom, & que le Greffier reconnoîtra lefdits Supplians comme fes Superieurs, & fera

tenu d'écrire toutes les Rémontrances & Réquisitions qu'ils auront à faire
audit Siége pour les affaires concernant l'interêt de leur Compagnie, & l'obfervation des Ordonnances & Réglemens de Sa Majefté : Comme auffi d'apporter és jours ordinaires & accoûtumez, en la Chambre du Confeil, fes Regiftres de productions, & les procez qui auront été produits audit Greffe, pour
en être la diftribution faite aux Officiers prefens, & la communication faite
par les mains des Rapporteurs aux termes de l'Ordonnance, à peine d'interdiction : Et pour y avoir contrevenu, tant par ledit Lieutenant Général que
par ledit Greffier, de les condamner dés à prefent en tous les dommages & in-
rêts des Suppliants, & aux dépens ; Et en tout cas, fi Sa Majefté faifoit difficulté d'adjuger dés à prefent les conclufions cy-deffus prifes, Ordonner, que
pour le voir ainfi dire, lefdits Lieutenant Général, Greffier & autres qu'il appartiendra, feront affignez audit Confeil : Et cependant, afin qu'il ne puiffe
être dérogé ni contrevenu à ladite Ordonnance, que la Juftice ne foit retardée, & que les Sujets de Sa Majefté ne foient vexez en frais par le défaut d'a-
voir la communication des piéces dont ils auront befoin ; Ordonner audit
Greffier d'apporter en la Chambre du Confeil les piéces des parties qui auront
été produites au Greffe, pour être lefdites piéces diftribuées, & ladite communication faite par les mains des Rapporteurs, & après venir par lefdites parties plaider à l'Audience, ou écrire, fuivant la qualité ou nature des affaires :
Et que ladite Ordonnance fera inviolablement gardée & obfervée, jufques à
ce qu'autrement en ait été ordonné diffinitivement entre lefdites parties.
Vû auffi ladite Requête fignée de Marcenay, l'un defdits Suppliants, & Cha-
vanon leur Avocat & confeil ; enfemble les procez verbaux y joints, en datte
des 18, 19 & 24 & 26. Janvier 1668. Oüy le Rapport du Sieur Puffort,
Confeiller ordinaire de Sa Majefté en fes Confeils, Commiffaire à ce députe :
Et tout confideré, Le Roy e'tant en son Conseil, faifant   Teneur du
droit fur les Requêtes refpectives defdites parties, A ordonné & ordonne,   Reglement
que fon Ordonnance du mois d'Avril 1667. fera obfervée felon fa forme &
& teneur : Et ce faifant, conformément à icelle, Toutes les Matieres fommaires portées en premiere inftance ou par appel au Bailliage de la Montagne,
Siége de Châtillon fur Seine, feront jugées à l'Audience, & les Jugemens
prononcez par ledit Lieutenant Géneral, ou par le plus ancien des Officiers
dudit Siége qni préfidera en fon abfence ; Déclare l'Arrêt rendu au Confeil,
Sa Majefté y étant en forme de Réglement entre les Lieutenans Géneraux
des Bailliages & Sénéchauffées du Reffort du Parlement de Paris & les autres Officiers defdits Siéges, commun avec les Lieutenans Generaux & autres
Officiers du Reffort du Parlement de Dijon ; Et ce faifant, Ordonne, que
ledit Lieutenant Géneral continuëra d'exercer dans fa maifon tous actes de Jurifdiction volontaire, fans neanmoins qu'il puiffe faire aucun Renvoy à l'Extraordinaire, ni inftructions à la Barre ; que les taxes & liquidations de dommages & interêts fe feront fuivant les formes prefcrites par ladite Ordonnance,
fans que ledit Lieutenant Géneral ni autres puiffent à cet égard faire aucunes
fonctions de Commiffaires : Ordonne Sa Majefté, que les Prefentations &
Affirmations des comptes appartiendront audit Lieutenant Géneral feul, en

Nnnn ij

cas qu'il foit pourvû des Charges de Commiſſaire Examinateur, & en poſſeſ-
fion de recevoir & examiner feul les comptes, à l'exception de ceux qui auront
été ordonnez à fon rapport, qui feront diſtribuez : Comme auſſi les procés
verbaux & inſtances appointées fur les débats de compte en la maniere accoûtumée pour tous les autres procés ; Que la diſtribution des deſcentes qui feront ordonnées en une même Audience ou Séance de rapport, commencera
toûjours par le Lieutenant Géneral, & fera continuée aux autres Officiers,
fuivant l'ordre du Tableau, à commencer toûjours par ledit Lieutenant Géneral en chacune Audience ou Séance de rapport, & feront au furplus les
Arrêts & Reglemens, Traitez & Concordats faits entre ledit Lieutenant General & Officiers dudit Bailliage, en ce qui n'eſt point abrogé ou changé par ladite nouvelle Ordonnance, executez felon leur forme & teneur. Fait au Confeil d'Etat du Roy, tenu à S. Germain en Laye, le 28. May 1668.
Signé, DE LA VRILLIERE.

✿✿✿ : ✿✿✿✿✿✿✿✿✿✿✿ : ✿✿✿✿✿✿✿✿✿ : ✿✿✿

POUR les Aſſeſſeurs & Conſeillers du Bailliage & Siége Préſidial de Château-Thierry.

CONTRE *les Préſident & Lieutenant General au même Bailliage & Siége.*

REGLEMENT ENTRE EUX

Pour l'expedition des Matieres ſommaires ; Comme No-
mination, Reception & Rapport d'Experts, Reception
de Caution, Enquêtes ſommaires, Diſtribution des
Deſcentes, &c.

SUR la Requête preſentée au Roy étant en fon Conſeil, par les
Aſſeſſeurs & Conſeillers au Bailliage & Siége Préſidial de Château-
Thierry : Contenant, qu'encore que par pluſieurs Arrêts du Conſeil,
& fpecialement par celuy du 21 Avril 1668. rendu fur la Rémontrance des
Officiers de pluſieurs Préſidiaux du Reſſort du Parlement de Paris, & fur les
Memoires des Lieutenans Generaux defdits Siéges, les fonctions des Conſeillers & celles des Lieutenans Generaux fe trouvent fi bien reglées, & les intentions de Sa Majeſté, en ce qui concerne le Réglement defdites Charges, fi
bien expliquées, étoit difficile de prévoir que l'on y pût donner atteinte:

Néanmoins Maître Claude Rousselet, Président & Lieutenant Général audit Bailliage & Siége Présidial de Château-Thierry, sous prétexte d'un Arrêt qu'il avoit surpris audit Parlement de Paris, le 14. Mars de la présente année, dont il a fait encore ordonner l'execution par autre Arrêt aussi sur Requête, du 27. Juillet ensuivant : qui ont été tacitement cassez par celuy du Conseil du 21. Avril 1668. comme ceux qu'avoient aussi surpris audit Parlement les Lieutenans Generaux de Blois, du Mans, de Melun, Chartres & Abbeville, prétend éluder entierement l'execution desdits Arrêts du Conseil, & de la Transaction passée entre les Supplians & luy le 22. Septembre 1660. & s'attribuer privativement aux Supplians l'execution desdits Arrêts & Commissions du Conseil, du Grand-Conseil & du Parlement, encore qu'ils soient adressez en particulier à l'un des Supplians, nommé par lesdites Commissions & Arrêts ; les Enquêtes sommaires, Rapports de Jurez, Receptions de Cautions, tenir les petites Audiences, & y juger les Matieres sommaires jusqu'à dix livres & au dessous, & celles qui requierent celerité, encore qu'il n'en soit point en possession, non plus que de tenir de petites Audiences, mais seulement de proceder à la levée du Siége, à l'adjudication des Baux judiciaires, ventes de grains, Décrets & certifications des criées, toutes instructions de procés & taxes de dépens : bien que par ladite Transaction l'instruction des procez distribuez, & la taxe des dépens adjugez par Sentences renduës par rapport appartiennent au Rapporteur : Refuse de prononcer ce qui a été résolu à la pluralité des voix, & prétend empêcher que celuy des Supplians, qui est immédiatement après luy ne prononce à son refus : Et parce que si telles entreprises avoient lieu, les Supplians seroient entierement dépoüillez des fonctions de leurs Charges, & la nouvelle Ordonnance de Sa Majesté du mois d'Avril 1667. & les Arrêts du Conseil sur icelle, aneantis : Les Supplians ont recours à son autorité pour leur être pourvû. A CES CAUSES, requeroient les Supplians, qu'il plût à Sa Majesté ordonner, que sans s'arrêter aux Arrêts du Parlement de Paris, surpris sur Requête par led. Rousselet Lieutenant Général de Château-Thierry, les 14. Mars & 27. Juillet 1668. celuy du Conseil du 21. Août de ladite année sera executé audit Siége de Château-Thierry selon sa forme & teneur, & suivant iceluy, la transaction passée entre les Supplians & ledit Rousselet, le 12. Septembre 1660. & l'usage observé de toute ancienneté audit Siége Que les Supplians seront maintenus & gardez en la possession & joüissance des droits appartenans à leurs Charges. Qu'ils executeront à l'exclusion dudit Lieutenant General les Arrêts & Commissions qui seront adressées à l'un d'eux, qui y sera dénommé ; Que les nominations d'Experts, Reception de leurs Rapports, Receptions de Cautions, & Enquêtes sommmaires se feront ainsi qu'il est prescrit par la nouvelle Ordonnance ; Que les instructions des procez distribuez aux Supplians & des incidens à iceux, la taxe des dépens adjugez par les Sentences renduës à leur Rapport, leur appartiendra aussi bien que l'execution desd. Sentences, partiellement à l'exclusion dudit Lieutenant General, qui ne pourra tenir aucunes petites Audiences ni connoître seul d'aucunes Matieres sommaires ni autres, sous prétexte qu'elles requierent célerité, n'en étant en possession ; mais pourra seulement à la levée du Siége proceder

Leurs con-
clusions.

en la maniere accoûtumée à l'adjudication des baux judiciaires, ventes de grains, Decrets & Certifications de criées ; Que les Caufes appointées à mettre feront diftribuées fuivant l'ordre du Tableau , ainfi qu'il eft accoûtumé ; Qu'en cas de récufation jugée, ou de refus par ledit Lieutenant General , ou par celuy qui préfidera , de prononcer ce qui aura été réfolu à la pluralité des voix , l'Officier qui fuivra immédiatement, pourra prononcer : Qu'au furplus, ledit traité du onze Septembre 1660. fera executé , en ce qui n'eft point abrogé par ladite nouvelle Ordonnance ; Que l'Arrêt qui interviendra fera lû & publié audit Siege, executé , gardé & obfervé par ledit Lieutenant General , les Greffiers, Procureurs & Praticiens ; & défenfes d'y contrevenir & de troubler les Supplians en l'exercice & fonction de leurs charges, & des droits y appartenans, à peine de tous dépens, dommages & interêts. VEU ladite Requête fignée Roland du Bourg , Avocat des Supplians. Ledit Arrêt du Confeil du 21. Avril 1668. Ceux du Parlement de Paris furpris fur Requête par ledit Rouffelet , les 14. Mars & 27. Juillet 1668. Ledit Traité du 12. Septembre 1660. & autres pieces attachées à lad. Requête , juftificatives d'icelle. Oüy le rapport du fieur Puffort Confeiller ordinaire de Sa Majefté en fes Confeils : Et tout confideré , LE ROY ETANT EN SON CONSEIL, fans s'arrefter audit Arrêt du Parlement de Paris du 27. Juillet dernier, a ordonné & ordonne que celuy du 21. Avril auffi dernier fera executé felon fa forme & teneur : Et ce faifant, que les Matieres fommaires, non excedentes la fomme de dix livres feront jugées en la petite Audience à la levée du Siege , en la maniere accoûtumée par ledit Lieutenant General feul, ou par ceux des autres Officiers dudit Siege qui tiendront ladite Audience en fon abfence, fans que fous prétexte que les affaires requiffent celerité, & ne puffent pas être differées, ou que ce fût entre Forains, & qu'il s'agit de main levée des beftiaux en donnant Caution , aucunes autres affaires puiffent être traitées ni jugées en ladite Audience, que ledit Lieutenant General feul aura l'inftruction des Caufes & Procez non diftribuez, pour être lefdites inftructions faites, fuivant les formes prefcrites par fon Ordonnance du mois d'Avril 1667. & non autrement , & fera tout ce que deffus obfervé dans ledit Siege, en cas que ledit Lieutenant General foit en poffeffion , en vertu d'Arrêts , Concordats ou Reglemens, de tenir feul lefdites petites Audiences ,& de faire lefdites inftructions : Ordonne Sa Majefté, que ledit Lieutenant General continuëra d'exercer dans fa maifon tous les actes de Jurifdiction volontaire, fans néanmoins qu'il puiffe faire aucuns renvois à l'Extraordinaire, ni inftructions à la Barre ; Que les taxes & liquidations de dommages & interêts fe feront , fuivant les formes prefcrites par ladite Ordonnance fans que ledit Lieutenant General ni autres puiffent à cet égard faire aucunes fonctions de Commiffaires : Ordonne Sa Majefté , que les Préfentations & Affirmations des comptes appartiendront audit Lieutenant General feul és lieux où ils font pourvûs des Charges de Commiffaires Examinateurs , & en poffeffion de recevoir & examiner feuls les comptes, à l'exception de ceux qui auront été ordonnez à fon rapport, qui feront diftribuez : Comme auffi les procez & inftances appointées fur les débats de compte en la maniere accoûtumée pour tous les autres procez ; Que la diftribution des defcentes qui feront ordonnées en une même Audience ou Séance de rapport, commencera toûjours par ledit Lieutenant Géneral, & fera continuée aux au-tres Officiers fuivant l'ordre du Tableau, à commencer toûjours par led. Lieu-tenant Géneral en chacune Audience ou Séance de Rapport ; & feront au fur-plus les Arrêts & Reglemens, Traitez & Concordats faits entre ledit Lieute-nant Géneral & Officiers dudit Siége, en ce qui n'eft point abrogé ou changé par ladite nouvelle Ordonnance, executez felon leur forme & teneur. Fait Sa Majefté défenfes audit Lieutenant Géneral de Château-Thierry, de prononcer à l'Audience qu'à la pluralité des voix ; & aux Officiers dudit Siége de pronon-cer en prefence dudit Lieutenant General, a Sa Majefté ordonné & ordonne au Greffier dudit Préfidial, & tous autres Greffiers, de délivrer aux parties les expeditions des Enquêtes faites és Matieres fommaires, en le payant de fes falaires pour l'expedition feulement, & fans aucuns autres frais : Et fera le pre-fent Arrêt lû, & publié audit Siége de Château Thierry, l'Audience tenant. Enjoint à fon Procureur d'y tenir la main, & à l'entiere execution d'iceluy. Fait au Confeil d'Etat du Roy, tenu à S. Germain en Laye, le 27. Août 1668. Signé, DE LIONNE.

6.
Diftribution,
des defcen-
tes, commét
fera faite.

Quels trai-
tez faits en-
tre Officiers
fubfiftent.

POUR Gilles Trapu, Procureur au Châtelet de Paris.

CONTRE *Charles Canu, Huiffier à Cheval audit Châtelet.*

ARTICLE III.

Sentences en Matiere fommaire, executoires nonobftant l'appel, & fans préjudice.

Art. 16. *Condamnation de la peine y portée, pour avoir le Procu-reur figné la Requête afin de furféance à la réfolution d'un Bail.*

SUR la Requête prefentée au Roy étant en fon Confeil par Gilles Trapu, Procureur au Châtelet de Paris, contenant ; Que par Sentence contradictoire dudit Châtelet, le 16. May dernier, Charles Canu Huif-fier à Cheval audit Châtelet, fut entre autres chofes condamné de vuider au jour de S. Jean-Baptifte dernier les lieux qu'il occupe en la maifon du fup-pliant, ce qui fut fuivi d'une autre du 27. Juin : par laquelle il fut condamné de faire ouverture defdits lieux pour être vûs par ceux qui les voudroient loüer pour le terme du premier Juillet, en execution defquelles Sentences le

Premiere
Sentence.

Suppliant, faute de payement des loyers à luy dûs auroit fait faisir les meubles dudit Canu : lequel pour en empêcher la vente, auroit offert, même payé ce qu'il devoit des termes échûs, & au même tems se seroit opposé à l'execution de ladite Sentence du 16. May, au chef qui le condamnoit de vuider, sur laquelle opposition seroit intervenu trois Sentences du 11. du present mois de Juillet, qui le déboutent de ladite opposition avec dépens, & neanmoins que l'execution en surfoiroit pour 15. jours : Et finalement ledit Canu (infatigable en chicanne) se seroit pourvû tout de nouveau au Châtelet afin de rapport de ladite Sentence du 16 May, supposant faussement, sauf respect, qu'elle n'avoit pas été expediée suivant le Registre du Greffier, de laquelle demande ledit Canu fut encore débouté & condamné aux dépens : Et comme il a vû qu'il falloit faire place nette, vuider les lieux & sortir de la maison dudit Suppliant, ledit Canu par un dernier coup de chicanne se seroit pourvû au Parlement sur l'appel par luy interjetté desdites Sentences, & sans ouïr ni appeller le Suppliant, auroit surpris Arrêt de ladite Cour du 17 dudit mois de Juillet : par lequel il a fait ordonner, que les parties en viendroient au Vendredy suivant, & cependant surfis l'execution desdites Sentences au chef de la résolution dudit Bail, laquelle surseance est une contravention manifeste à l'Ordonnance du mois d'Avril 1667. au Titre 17. Art. 3. & 16. Le premier portant, *Que les Sentences de cette qualité renduës és Matieres sommaires feront executées sans préjudice de l'appel.* Et le deuxiéme, *Fait defenses aux Parlemens, Grand-Conseil, Cour des Aydes & autres Juges, de donner des surseances à l'execution desdites Sentences : Avec défenses aux parties d'en obtenir, & aux Procureurs qui auroient presenté & signé les Requêtes, ou fait demande en l'Audience ou autrement, à peine de cent liv. d'amende chacun, applicable moitié à la partie, & l'autre moitié aux Procureurs :* laquelle contravention oblige le Suppliant de recourir à Sa Majesté, à ce qu'il luy plaise sans s'arrêter audit Arrêt du Parlement du 17. Juillet, ordonner, Que lesd. Sentences dont est appel seront executées selon leur forme & teneur nonobstant led. appel : Ce faisant, déclarer l'amende susdite encouruë contre ledit Canu & Heroüard : sçavoir, cent liv. au profit du Suppliant, & pareille somme au profit des pauvres, au payement de laquelle amende ils seront contraints aux termes de ladite Ordonnance. VEU ladite Requête signée Lucas, Avocat au Conseil du Roy, lesd. Sentences du Châtelet des 18 May, 27. Juin & 11. Juillet Ledit Arrêt du Parlement du 17. dud. mois de Juillet, & autres piéces attachées à ladite Requête. Oüy le Rapport du Sieur Puffort, Conseiller ordinaire de Sa Majesté en ses Conseils, Commissaire à ce député : Et tout consideré, LE ROY E'TANT EN SON CONSEIL, ayant égard à ladite Requête, A cassé & annullé ledit Arrêt du 17. Juillet dernier, comme contraire à son Ordonnance du mois d'Avril 1667. en ce que par iceluy a été ordonné qu'il seroit surfis à l'execution desdites Sentences du Châtelet, au chef de la résolution du bail, & sans y avoir égard. a ordonné que lesdites Sentences du Châtelet des 16 May, 27 Juin & 11 Juillet derniers feront executées selon leur forme & teneur, nonobstant & sans préjudice de l'appel : A Sa Majesté condamné & condamne ledit Canu & Heroüard son Procureur,

chacun

Marginal notes:

1. & 3. de l'execution desquelles s'agit.

L'Arrêt qui est cassé.

Contravention.

Vû.

Arrêt de cassation.

Condamnation contre la partie & le Procureur.

chacun en cent livres d'amende , applicable moitié audit Trapu, & l'autre moitié aux Pauvres de l'Hôpital General. Fait Sa Majefté défenfes audit Parlement & à tous autres Juges de contrevenir cy-après à fadite Ordonnance, ni de donner défenfes ou furféances à l'execution des Jugemens donnez és Matieres fommaires, fur les peines y contenuës. Fait au Confeil d'Etat du Roy, tenu à faint Germain en Laye, le fixiéme Aouft mil fix cens foixante-huit.

    Signé, DE GUENEGAUD.

POUR Dame Magdeleine de Beaumanoir, femme du Sieur d'Ortie, premier Capitaine aux Gardes.

CONTRE un Arrêt du 27. Octobre 1668. rendu au profit de René Brechins, qui jugeoit une main-levée contre l'Article 7.

TÎTRE XVII. ARTICLE VII.

Que la Requête fera communiquée à partie : Cependant défenfes d'executer l'Arrêt obtenu.

SUR la Requête prefentée au Roy étant en fon Confeil, par Dame Magdeleine de Beaumanoir, Dame doüairiere de la Seigneurie de Montigny, femme de Maître Antoine de la Boiffonnade, Chevalier, Seigneur d'Ortie, premier Capitaine du Regiment des Gardes de Sa Majefté : Contenant qu'à faute de payement de la fomme de cinq cens foixante deux livres à elle dûë par René & autre René Brechins, pour redevance de Ferme, elle fit proceder par faifie, à quoy lefd. Brechins ayant formé oppofition, par Sentence contradictoire du Juge de Laval, du 6. Mars 1668. ils en furent déboutez avec dépens ; En execution de laquelle, il fut procedé à la vente des beftiaux faifis le 10. dud. mois, pour la fomme de cent dix-neuf livres : Et comme lefd. Brechins avoient furpris fur une mauvaife procedure quelques Sentences des Requêtes du Palais, par Arreft du Parlement de Paris, du 27. Juillet, la Suppliante en a été reçuë appellante, avec défenfes de les mettre à execution, & ordonné que les baux à ferme feront executez ; Et fur l'oppofition de la part defd. Brechins, il en fut rendu un autre le 4. Sept. dernier, portant, Qu'avant faire droit fur icelle & fur la main-levée requife des faifies de la Suppliante, les parties viendroient à compte, & procederoient au calcul pardevant le Rapporteur du procès, par une premiere contravention à l'Ord. de 1667. au préjudice duquel Arreft confirmatif de celuy du 27. Juillet 1668. & de l'inftance pendante au rapport du fieur Hervé, qui étoit entierement en état, & en la-

Requête de la Demandereffe.

que le il s'agit de juger si ladite main-levée aura lieu, Fauffard Procureur defdits Brechins, par une autre procedure plus irreguliere s'eft avisé de prefenter une Requête aux fins de la même main-levée dont il s'agiffoit en l'inftance,
fur laquelle Requête il auroit fait mettre un fimple Communiqué fans cotter
le nom du Rapporteur, à quoy la Suppliante s'étant opposee par une autre
Requête du 22. Octobre dernier, a foûtenu que s'agiffant d'une main-levée,
qui eft une Matiere fommaire, elle devoit être jugée à l'Audience, fuivant

Arrêt du
27. Octobre
1668.

l'Art. 7. de la nouvelle Ordonnance du mois d'Avril 1667. Titre 17. Il y eut
fur ladite Requête une Ordonnance de Viennent les parties : Mais ledit Fauffard continuant fa mauvaife procedure, au lieu de venir à l'Audience, furprit
le 27. dudit mois d'Octobre au rapport dudit fieur Hervé, Arreft par lequel il
a obtenu la main-levée, fans qu'il l'ait fignifié, s'étant contenté de l'envoyer
fur les lieux pour les faire executer : ce qui obligea la Suppliante pour arrêter
cette execution violente d'en lever une groffe, pour faire connoître au Confeil que ledit Arreft a été obtenu par une contravention formelle aud. Art. 7.

Moyens de
caffation.

1.

2.

Tit. 17. de lad. nouvelle Ordonnance, qui avoit été allegué aud. Parlement par
la Suppliante, lequel porte, Que les Matieres fommaires feront jugées à l'Audience, de la nature defquelles font les main-levées, fuivant l'Art. 5. de la
même Ordodnance, au même Titre 17. Joint qu'il y a une autre contravention
à ladite Ordonnance de 1667. dans l'Arreft du 4. Février dernier, en ce que le
même Rapporteur eft commis pour le compte & calcul contre la difpofition
expreffe de l'Article 5. Titre 29. portant, Que le Rapporteur ne pourra être
commis pour le compte, mais qu'il en fera commis un autre. Et dautant que

Conclufions
de la Requê-
te.

par l'Art. 8. de ladite Ordonnance, Titre 1. tous Arrefts donnez contre la
difpofition d'icelle font nuls & de nul effet & valeur ; A CES CAUSES, requeroit la Suppliante, qu'il plût à Sa Majefté caffer, révoquer & annuller led.
Arreft des Vacations dud. Parlement de Paris, du 27 Oct. 1668. enfemble
tout ce qui pourroit s'en être enfuivi, comme contraire aud. Art. 7. de la nouvelle Ordonnance, avec défenfes de le mettre à execution, & aud. fieur Hervé
d'en plus connoître ; à cet effet, que le procès fera diftribué à un autre Rapporteur, auquel il fera tenu de remettre les facs : Et en outre ordonner, que ce
qui pourroit avoir été pris & receu en vertu d'iceluy, fera rendu & reftitué,
à quoy faire, tous Détenteurs feront contraints par toutes voyes, mefme par
corps, comme dépofitaires de biens de Juftice, quoy faifant déchargez ; Et
attendu l'infolvabilité defdits Brechins, & que ledit Fauffard eft l'auteur de
la mauvaife procedure & de ladite contravention, l'en rendre refponfable en
fon propre & privé nom ; enfemble du principal & interefts des fommes dûës à
la Suppliante, mefme de tous les dépens du procès, & de tous fes dommages
& interefts. V E U ladite Requête fignée Patron Avocat, lefdits Arrefts dud.
Parlement des 27. Juillet & 4. Septembre 1668. La Requête afin de main-
levée des Saifies, fignée Fauffard, fignifiée le 16. Octobre 1668. au bas de
laquelle eft l'Ordonnance de Soit communiqué, le nom du Rapporteur non
cotté. La Requête de la Suppliante du 22. dudit mois d'Octobre, au bas de
laquelle eft Viennent, afin d'oppofition à l'Ordonnance de Soit communiqué.
L'Arreft dudit jour 27. Octobre rendu au rapport dudit fieur Hervé fur la Re-

quête de Soit communiqué, qui ordonne main-levée des faites faites fur lefd. Brechins, & autres pieces attachées à ladite Requête. Oüy le rapport du fieur Puffort, Confeiller ordinaire de Sa Majefté en fes Confeils, Commiffaire à ce députe; Et tout confideré, LE ROY ETANT EN SON CONSEIL, avant faire droit fur ladite Requête, a ordonné & ordonne qu'elle fera communiquée aufdits Brechins ou à leur Procureur, pour leur réponfe vûë être dans trois jours par Sa Majefté ou fon Confeil ordonné ce que de raifon : Et cependant fait Sa Majefté défenfes aufdits Brechins & tous autres de mettre ledit Arreft du Parlement de Paris du 27. Octobre dernier à execution, & de faire aucunes pourfuites en l'inftance pendante entre eux audit Parlement : Et audit Parlement de proceder au jugement d'icelle, jufques à ce qu'autrement par Sa Majefté en fon Confeil, en ait été ordonné. Fait au Confeil d'Etat du Roy Sa Majefté y étant, tenu à Paris le 21. Novembre mil fix cens foixante. huit.

    Signé, LE TELLIER.

Arrêt.

POUR Martin Délouys, dit le Bafque, Cordonnier du Roy.

CONTRE les Maîtres Jurez Eperonniers-Lormiers de cette Ville de Paris.

TITRE XVII.

Art. 5. 14 & 16. Ne feront accordées aucunes défenfes d'executer les Sentences de provifion en Matiere fommaire.

SUR les Requêtes refpectivement prefentées au Roy étant en fon Confeil, par Martin Délouys, dit le Bafque, Cordonnier de Sa Majefté, & de Monfieur le Duc d'Orleans, & Nicolas Bertheau auffi Cordonnier de Sa Majefté : Et l'autre, prefentée par les Jurez Eperonniers-Lormiers de cette Ville de Paris. Celle defd. Délouys & Bertheau, contenant, que le 3. Oct. 1669. les nommez Loüis Pot & Bonnet Jurez Eperonniers de cette Ville de Paris, ayant faifi fur les Supplians plufieurs paires d'éperons montez à des bottes; fçavoir cinquante neuf paires aud. Délouys, qui appartiennent à Sa Majefté & à Monfieur le Duc d'Orleans, & à plufieurs Seigneurs de la Cour; & douze paires de vieux éperons fur ledit Bertheau appartenant à plufieurs Officiers de la Maifon du Roy, & mis lefdits éperons à la garde des nommez Jean Lepot, & de Villiers Maîtres Eperonniers à Paris, les auroient faifis : Sur ces faifies les parties ayant procedé en la Prevôté de l'Hôtel de Sa Majefté, fuivant les Affignations données aufd. Supplians à la Requête defd. Jurez Eperonniers; led. jour 3. Oct. Sentences contradictoires feroient intervenuës le 5. dud. mois

Requête du
Bafque.

Saifie.
Caufe du
differend.

Main-levée.

Oooo ij

d'Octobre, par lefquelles main-levée auroit été faite aufdits Supplians par provifion en baillant Caution, & fans préjudice des droits des parties, au principal defdits éperons fur eux faifis ; & qu'à la reftitution les Gardiens feroient contraints par corps, quoy faifant déchargez, & donné acte de ce qu'ils auroient prefenté leur Caution, qui auroit été receüe en prefence defdits Jurez : Mais au lieu par lefd. Jurez Eperonniers & Gardiens de fatisfaire aufd. Sentences, ils fe feroient le même jour pourveus au Grand-Confeil, & baillé Requête afin d'être reçûs appellans defdites Sentences : en ce que par icelle main-levée auroit été faite par provifion en baillant Caution aufdits Supplians defd. éperons : Et par Ordonnance appofée au bas de ladite Requête, lefdits Jurez auroient été reçûs appellans defdites Sentences de provifion ; avec défenfes de rien faire au préjudice dudit appel & de la Jurifdiction du Grand-Confeil. Et le feptiéme dudit mois lefdits Jurez Eperonniers voyant que leur Caufe n'étoit pas bonne au Grand-Confeil ni ailleurs, ils auroient fait des offres aufdits Supplians de fatisfaire aufdites Sentences, & de leur rendre lefdits éperons ; mais au lieu de fatisfaire aufdits offres, & de rendre les mêmes éperons garnis de leurs boucles & ardillons, au même état qu'ils 'es avoient faifis, ils auroient ôté les boucles & ardillons, afin que les Supplians ne pûffent les remonter aux bottes ni les recevoir. Et à l'inftant par une chicanne fans exemple, pour empêcher l'execution defdites Sentences de provifion, & que le Prevôt de l'Hôtel, feul Juge de l'execution d'icelles, connût la mauvaife foy defdits Jurez Eperonniers & Gardiens, qui comme dit eft, ont ôté les boucles & ardillons defdits éperons, dont ils étoient garnis, étant montez à des bottes lors des faifies, ainfi qu'il appert par les Exploits dudit jour troifiéme Octobre, & l'illufion de leurs prétendus offres, auroient fignifié par acte qu'ils auroient dépofé lefdits éperons au Greffe du Grand-Confeil ; ce que voyant les Supplians, & que lefdits offres étoient illufoires, les Gardiens n'ayant pû ni dû fe défaifir defd. éperons és mains defdits Jurez, mais bien en celles des Supplians conformément aufdites Sentences de provifion, iceux Supplians fe feroient pourvûs en ladite Prevôté de l'Hôtel, tant contre lefdits Jurez, que contre lefdits Gardiens, & demandé l'execution defdites Sentences de provifion. Et par deux autres Sentences contradictoires renduës en ladite Prevôté de l'Hôtel le 8. dudit mois d'Octobre, auroit été ordonné que lefdites Sentences de provifion du 5 feroient executées felon leur forme & teneur, nonobftant l'appel defdits Jurez, aux Cautions baillées & receües : ce faifant, après que lefd. Jurez & Gardiens auroient demandé délay de trois jours pour rendre lefdits éperons, lefdits Lepot & Villiers, Gardiens feroient tenus de les rendre dans le Jeudy fuivant deux heures, finon contraints par corps le lendemain : Cependant lefdits Lepot & Villiers, Gardiens, continuans cette chicanne, auroient prefenté Requête en ladite Prevôté de l'Hôtel, aux fins d'obtenir un fecond délay de trois femaines pour faire leurs diligences & retirer lefdits éperons des mains du Commis du Greffe dudit Grand-Confeil : Et fur cette Requête, fans oüir ni appeller les Supplians ni leur Procureur, auroient furpris une Ordonnance du Lieutenant General de la Prevôté de l'Hôtel, le 9 dud. mois d'Octobre, portant furféance pour huitaine, de faire aucunes contraintes con-

SUR LE TIT. XVII. DES MATIERES SOMMAIRES. cj

tre lefdits Gardiens, laquelle Ordonnance ils auroient fait fignifier aufdits
Supplians le 10. dudit mois, & nonobftant tant de défiftemens de l'appel defdits Jurez Eperonniers an Grand-Confeil, ils font retournez en iceluy, & y
ont furpris un Arreft fur une Requête, & fous qualité d'appellans, le 11. dud.
mois d'Octobre fignifié aufdits Supplians le même jour, portant défenfes de
faire executer lefdites Sentences de provifion, ni de contraindre lefd. Villiers &
Lepot, Gardiens, à la reftitntion defdits éperons, à peine de quinze cens livres
d'amende, dépens, dommages & interefts : laquelle en cas de contravention
fera déclarée encouruë; & audit Prevôt de l'Hôtel d'en plus connoître, contre lequel Arreft auffi-bien que contre l'Ordonnance du Lieutenant en ladite
Prevôtez de l'Hôtel dudit jour 9. Octobre, portant furféance, les Supplians
ont été obligez de fe pourvoir au Confeil, & d'en demander la caffation pour
être directement contraires aux Art. 5. 14. & 16. du Titre 17. des Matieres
fommaires des nouvelles Ordonnances, s'agiffant d'une main-levée d'éperons
faifis qui font effets mobiliers qui n'excedent la valeur de mille livres, ce qui requiert celerité, & de l'execution des Sentences de provifion contradictoirement renduës aux termes defdites Ordonnances, l'execution defquelles n'a pû
être differée ni arrêtée par ladite Ordonnance portant furféance, ni par ledit
Arreft du grand Confeil, veu même que lefdits Supplians ont baillé Caution :
Requeroient lefdits Supplians, qu'il plût à Sa Majefté, fans s'arrêter à ladite
Ordonnance dudit Lieutenant general en ladite Prevôté de l'Hôtel dud. jour
9. Octob. portant furféance, ni aud. Arrêt du Grand-Confeil furpris le 11. du
même mois, & à toute la folle procedure defd. Loüis Lepot & Bonnet Jurez Eperonniers ; Jean Lepot & Claude de Villiers auffi Eperonniers, Gardiens dépofitaires defdits éperons, ordonner que lefd. Sentences contradictoirement renduës en lad. Prevôté de l'Hôtel, le 5. & 8. Octobre 1669. feront
executées felon leur forme & teneur. Faire défenfes aufdits Jurez Eperonniers,
Lepot & de Villiers, Gardiens, de faire pourfuites ni procedures pour raifon de
ce ailleurs qu'en ladite Prevôté de l'Hôtel, du moins jufqu'à Jugement diffinitif & contradictoire : Et pour la contravention aufdites Ordonnances, déclarer les amendes portées par icelle, encouruës alencontre defdits Jean Lepot &
Claude de Villiers, Gardiens, & Marc Dubut leur Procureur en lad. Prevôté
de l'Hôtel, & defdits Loüis Lepot & Bonnet Jurez Eperonniers & Maître
Pierre-Alexandre Joffe leur Procureur audit Grand Confeil, qui ont figné les
Requêtes, & furpris ladite Ordonnance portant furféance, & Arreft dudit
Grand Confeil, & aux dépens, dommages & interêts des Supplians, ladite
Requête fignée Feret & des Supplians. Et la Requête defdits Jurez Eperon-
niers-Lormiers : Contenant, que le deuxiéme Octobre 1669. ils ont fur une
Requête obtenu du Lieutenant General en la Prevôté de l'Hôtel permiffion
d'aller en vifite chez plufieurs particuliers qui entreprennent journellement
fur leur métier, & faire rapport des malverfations & contraventions. En conféquence de cette Ordonnance, le lendemain 3. Octobre lefdits Jurez ont
été en vifite chez les nommez Bertheau & Délouys dit le Bafque, fe difans
Cordonniers du Roy & de Monfieur le Duc d'Orleans, affiftez d'un Huiffier
de la Prevôté & de témoins, chez lefquels ils ont faifi; fçavoir, chez led. Ber-

Arrêt du
Grand-Con-
feil du 11.
Octobre
1669.

Demande en
caffation.

Moyens.

Conclufions.

Requête des
Defendeurs.

theau huit vieilles paires d'éperons, une paire de neufs, & les autres paires non
pareilles ; & audit le Basque cinquante-neuf paires d'éperons, les uns montez
sur des bottes, les autres en divers endroits de sa boutique ; lesquels éperons
auroient été donnez en garde aux nommez Villiers & Lepot ; Le procès verbal
dans les formes rapporté, Sentences sont intervenuës en la Prevôté de l'Hôtel
le 5. du même mois, par lesquelles après que Bertheau & le Basque ont soûtenu qu'ils avoient droit d'avoir des éperons, & qu'ils les peuvent vendre lors
qu'on leur en demande pour les mettre aux bottes : Et le contraire soutenu par
les Eperonniers, a été permis aux parties respectivement de mettre en cause les
Jurez privilegiez Cordonniers ; Et cependant par provision, main-levée a été
faite ausdits Bertheau & le Basque des éperons sur eux saisis en baillant caution, qu'à la representation les Gardiens seroient contraints par corps, ce faisant déchargez & receu les nommez Flatier & Bodin Cordonniers pour caution ; avec défenses aux Eperonniers de saisir les éperons pour le Roy & pour
Monsieur : Desquelles Sentences les Jurez Eperonniers ayant le même jour
déclaré qu'ils étoient appellans sur ce qu'elles étoient contraires aux Reglemens & Statuts de leur Métier ; ils ont le même jour presenté Requête au
Grand-Conseil, & été receus appellans desdites Sentences, avec défenses de
rien faire au préjudice de l'appel ; & en mesme temps ils ont fait donner assignation ausdits le Basque & Bertheau à comparoir audit Conseil pour y proceder sur ledit appel : Au préjudice duquel & de l'assignation le Lieutenant de
ladite Prevôté pour multiplier la procedure en une mesme Cause, a donné deux
Sentences le 8. Octobre, par lesquelles a été dit, que sans préjudice dudit appel, sur lequel les parties se pourvoiroient audit Conseil, les Sentences du
5. dudit mois seroient executées, à ce faire le nommé de Villiers, Gardien contraint, dans le Jeudy suivant, de rendre ou faire rendre par le Greffier lesdits
éperons saisis, & permis de faire informer des violences & voyes de fait commises en la personne du Gardien lors qu'il fut arresté prisonnier en vertu desdites Sentences, quoique lors elles n'eussent pas été expediées au Greffe ; Lesquelles dernieres Sentences ont donné lieu aux Jurez Eperonniers de presenter
leur Requête audit Grand-Conseil le 10. dudit mois d'Octobre afin de cassation desdites deux dernieres Sentences, comme données par attentat : & attendu le dépôt desdits éperons au Greffe du Conseil, que les Gardiens en fussent déchargez ; avec défenses au Prevôt de l'Hôtel de plus à l'avenir rendre
aucune Sentence au préjudice desdites appellations interjettées, sur laquelle
& les Conclusions du Substitut de Monsieur le Procureur General, Arrest est
intervenu le lendemain onze dudit mois, par lequel le Grand Conseil ayant
aucunement égard à ladite Requête, a permis de faire assigner les parties aux
fins d'icelle ; & cependant défenses ausdits le Basque & Bertheau de faire contraindre le sd. de Villiers & Lepot à la restitution desdits éperons, & de mettre
ou faire mettre lesdites Sentences du 8. Octobre à execution, jusqu'à ce qu'autrement par ledit Conseil en fût ordonné, ni de faire aucunes pourfuites ailleurs, & audit Lieutenant de la Prevôté d'en plus connoître. Cet Arrest ayant
été signifié aux Cordonniers ils se sont avisez, croyant en éluder l'execution,
de donner une Requête à Monsieur Pussort, en cassation d'une Sentence qu'ils

dattent du 9. Octobre, de la procedure faite en consequence ; ensemble de
l'Arrest dudit Grand-Conseil du 11. dudit mois, ladite cassation fondée sur
la contravention qu'ils supposent qu'il y a eu aux Articles 5. 14. & 16. des
Matieres sommaires Tit. 17. de la nouvelle Ordonnance. Il n'est pas difficile
de faire connoître qu'il n'y a jamais eu de Requête plus insoûtenable que
celle desdits Bertheau & le Basque, & de justifier que la saisie faite à la requête
des Supplians, la procedure qu'ils ont faite à l'Arrêt du Grand-Conseil sont
dans les formes, & bien loin d'être contraires à la nouvelle Ordonnance,
qu'elles y sont conformes. Les 6. & 13. Art. desdits Statuts dudit Métier de
Lormiers-Eperonniers, confirmez & homologuez, portent, Que les Jurez vi-
siteront les Ouvroirs & maisons, & que nul ne doit acheter pour vendre en
cette Ville aucunes marchandises dudit Métier, s'il n'est passé Maître en ladite
Ville : Et s'il fait le contraire, il perdra sa marchandise qu'il aura achetée, &
payera l'amende de six livres. Ledit Statut a été executé, & la visitation a
été faite aux termes d'iceluy : Outre ce titre particulier, les Supplians ont
des préjugez qui ont décidé la question toutes les fois qu'elle s'est presentée,
ayant obtenu divers Jugemens alencontre mesme dudit Flatier, Caution,
& des nommez Lebret, Simon, & autres Maîtres Cordonniers de Paris,
par lesquels les saisies de plusieurs éperons ont été déclarées bien faites, &
les éperons confisquez, avec défenses audit Flatier & autres, de plus à l'a-
venir fournir, vendre & avoir en leurs boutiques aucuns éperons, à peine de
confiscation & amende arbitraire. D'ailleurs, les ouvrages qui dépendent de
sellerie & lormerie, comme des éperons, ne peuvent & ne doivent être vendus
par les Cordonniers ; & il ne leur est non plus permis de les débiter qu'aux
Eperonniers de vendre des bottes & des souliers. Les Cordonniers ne sçauroient rapporter un titre valable en vertu duquel ils puissent faire voir qu'ils ont
la faculté de vendre des éperons. Les Statuts & Reglemens desdits Cordonniers ne le portent pas, ils ont donc commis une contravention manifeste : Les
Reglemens de chacun Métier doivent être respectivement executez, & ce qui
marque non seulement que les éperons saisis ne sont ni pour le Roy, ni pour
Monsieur, non plus que pour aucune personne de qualité, comme lesdits Bertheau & le Basque ont supposé, & que même ils en font trafic au grand
préjudice des Supplians : C'est que chez un seul Cordonnier il en a été trouvé
cinquante neuf paires, parties desquels n'étoient point montez à des bottes,
& lesquels sont ouvrages de Forest, à cinq sols la piece, la confiscation est donc
infaillible, & il doit demeurer pour constant qu'il n'y a que les Supplians seuls
qui doivent vendre & débiter lesdites marchandises. Quant à la procedure & à
l'Arrest du Grand-Conseil, on ne peut pas dire qu'ils n'ayent été faits & donnez dans les Regles, ce n'est pas en ce rencontre qu'on peut alleguer le 5. 14.
& 16. Art. des Matieres sommaires Tit. 17. de la nouvelle Ordonnance : Cela
seroit bon s'il ne s'agissoit entre les parties que d'une Cause pure personnelle,
qui n'excedât de valeur la somme de cent livres, comme il est porté par le premier Article du mesme Titre : Mais la question est bien differente & plus considerable, c'est une Cause publique & non point particuliere ; c'est une contravention directe aux Statuts & Reglemens, aux préjugez & à la possession
des Eperonniers de Paris : Et si la prétention des Cordonniers avoit lieu, ils

Réponse des
Eperonniers
aux Moyens
de cassation,
1.

2.

3.

4.
Comment
on répondoit
aux Articles.

5.

introduiroient une nouveauté qui anéantiroit le métier de Sellerie & Epe-
ronnerie, & il se rencontreroit que les Cordonniers feroient le métier des
Eperonniers, & sous prétexte de mettre des éperons aux bottes, ils en ven-
droient plus que les Eperonniers, ce qui est contraire à leurs Statuts ; & si cela
avoit lieu les Eperonniers pourroient aussi prétendre d'être Cordonniers : ainsi
lesdits Bertheau & le Basque, ne peuvent pas dire que ledit Arrest du Grand-
Conseil, & la procedure feroient sujets à cassation, & que ce soit une matiere
sommaire : de sorte que les 5. 14. & 16. Articles dudit titre de la nouvelle Ordonnance ne peuvent être appliquez au fait particulier du different des parties D'ailleurs si les cautions presentées de la part desdits Bertheau & le Basque n'avoient point fait leurs soûmissions au Greffe de ladite Prevôté de
l'Hôtel, la main-levée n'en devoit pas être prononcee. L'appel interjetté par
les Supplians au Grand Conseil le 5. Octobre des Sentences renduës le même jour contre la disposition des Statuts, avec assignation au Grand-Conseil, étoit suspensif : les parties & ledit Juge avoient reconnu que lesdits éperons en question étoient déposez au Greffe dudit Conseil, ce qui leur avoit
été signifié, les Gardiens ne pouvoient pas être contraints, ledit Prevôt de
l'Hôtel avoit les mains liées, & lesdites parties ne pouvoient faire aucunes
poursuites ce que ledit Lieutenant de la Prevôté de l'Hôtel a tellement
reconnu, que posterieurement par la Sentence du huitiéme du present
mois, il a renvoyé les parties à se pourvoir au Grand-Conseil, mais pas-
sant les limites de son pouvoir, & contre les regles, il a prononcé en même temps que les dépositaires rendroient, ou feroient rendre par le Greffier
du Conseil, lesdits éperons saisis : ce qu'il n'a pû ni dû faire, ledit Grand-
Conseil juge competent étant saisi de l'appel. Et c'est la raison pour laquelle
les Supplians ont demandé cassation desdites dernieres Sentences, & que ledit
Grand Conseil en connoissance de cause, & avec beaucoup de justice voyant
qu'il ne s'agissoit pas d'une matiere sommaire, mais d'une contravention à des
Statuts privilegiez, dont le Prevôt de l'Hôtel n'étoit plus Juge, que ledit
Prevôt de l'Hôtel par lesdites Sentences du 5. Octobre, permettoit de mettre en cause les Jurez & Communauté des Cordonniers de Paris, qui mar-
quoit qu'il ne s'agissoit pas d'un fait particulier, mais d'une cause toute publique & d'un Reglement entre deux Communautez, que néanmoins par lesdites dernieres Sentences du 8. Octobre il jugeoit la question entiere, sur
laquelle ledit Grand-Conseil devoit prononcer : ledit Grand-Conseil a fait défenses de contraindre les dépositaires, & d'executer lesdites dernieres Sentences : la procedure est donc réguliere. Que si les Gardiens en ladite Prevôté de
l'Hôtel ont donné Requête & offert de rendre lesdits éperons, ç'a été
pour éviter la continuation des violences exercées contr'eux, ayant été menez
prisonniers entre les deux guichets des prisons du Fort-l'Evêque, quoiqu'ils
eussent déposé lesdits éperons au Greffe dudit Grand-Conseil, comme il est
cy-devant remarqué, sur le refus que lesdits Cordonniers auroient fait de les
reprendre, ayant voulu persuader contre la verité, & de mauvaise foy, que
ce n'étoit pas les mêmes éperons qui avoient été sur eux saisis, quoiqu'ils
n'ayent point été changez, & qu'ils soient encore au Greffe du Grand-Conseil,

feil, cette Requête, ni les offres defdits gardiens ne peuvent pas préjudicier aux Supplians, & lefdits Cordonniers n'en peuvent tirer aucun avantage. REQUEROIENT les Supplians qu'il plût à Sa Magefté renvoyer les parties audit Grand Confeil, pour y proceder fuivant les derniers erremens,
& fur le Reglement à faire entre lefdits Jurez Eperonniers, & lefdits Cordonniers, enfemble avec les Jurez dudit mêtier de Cordonnier. Vû ladite
Requête, figné Gualy ; & piéces attachées aufdits Reglemens : Oüy le rapport du fieur Puffort, Confeiller ordinaire de Sa Majefté en fes Confeils,
Commiffaire à ce deputé : Et tout confideré, LE ROY E'TANT EN SON
CONSEIL, faifant droit fur lefdites Requêtes refpectives, a caffé & annullé
ledit Arrêt du Grand-Confeil du 11. Octobre dernier, & tout ce qui s'en eft
enfuivi comme contraire à fon Ordonnance du mois d'Avril 1667. Fait défenfes audit Grand-Confeil, & à toutes fes autres Cours & Juges d'y plus
contrevenir, ni de plus donner de défenfes, ou furféances d'executer les Sentences & jugemens rendus par provifion és matieres Sommaires, aux peines
contenuës en ladite Ordonnance : Et ce faifant ordonne Sa Majefté que lefdites Sentences de la Prevôté de l'Hôtel des 5 & 8 jours dudit mois d'Octobre feront executées felon leur forme & teneur. Fait au Confeil d'Etat du
Roy, tenu à faint Germain en Laye le 19. Juillet 1669. Signé, COLBERT.

Arrêt qui caffe l'Arrêt du Grand-Confeil.

***

POUR Edme Bachou, & Antoine le Comte, Marchands Bourgeois de Paris.

CONTRE *Charles de Halloy,* & *Loüis Doucet Procureur en Parlement.*

SUR LES ARTICLES, XV. & XVI.

XV. Toutes Sentences dont il y a appel, ou qui font executoires nonobftant l'appel, feront executées par provifion.

XVI. Arrêts de furféance, ou défenfes ne feront fur ce rendus.

SUR les Requêtes refpectivement prefentées au Roy étant en fon Confeil : l'une par Edme Bachou, & Antoine le Comte, Marchands, Bourgeois de Paris : & l'autre par Charles de Halloy, & Loüis Doucet Procureur en Parlement. Celle defd. Bachou & le Comte, contenant que le 21
Septembre 1668. ils ont fait un marché avec Charles de Halloy fieur de Momblain, par lequel ledit de Halloy fe feroit obligé de faire abbatre des ormes à fa
difcretion dans les endroits de fa maifon de Momblain defignez par le traité,
pour être employez & travaillez à des timons, moyeux, lifoirs, fembla-

Requête de Bachou & le Comte.

Caufe du dif-ferend.

bles ouvrager, fuivant qu'il feroit marqué par les fupplians, qu'enfuite ledit de Halloy les feroit inceffamment ébaucher par un Charon, & que les Supplians feroient tenus de les recevoir, & de les payer, à mefure qu'ils leurs feroient livrez, fuivant le prix marqué par le même marché, même qu'ils payeroient à la volonté dudit de Halloy la fomme de 3000 livres fur & en déduction du prix convenu. Ce traité fût reconnu pardevant Notaires le 27. dudit mois de Septembre, & en même temps les Supplians payerent audit de Halloy ladite fomme de 3000 livres, cependant au préjudice de cet écrit, & du payement fait par les Supplians fur la foy d'iceluy, ledit de Halloy n'a pas voulu faire couper les arbres qu'il a vendus, ou du moins il ne les a pas livrez entierement aux Supplians : ce qui a donné lieu à une conteftation au Châtelet de Paris, fur laquelle il eft intervenu Sentence contradictoire le 2. Avril 1669. par laquelle il a été condamné de fournir dans deux mois aux fupplians des bois de la qualité portée par ledit marché pour les 3000 livres à luy payées par avance à la déduction de la fomme de fept cens foixante neuf livres pour quelque peu de bois qu'il leur auroit fourny ; & à faute de ce faire il eft condamné & par corps à leur rendre le furplus au par deffus de ladite fomme, & aux dommages & interêts liquidez à cinq cens livres, & en outre aux depens. Il n'y a rien de fi jufte que ce qui a été prononé par cette Sentence, ni qui foit plus conforme à la bonne foy, avec laquelle les Contrats, & particulierement ceux de cette nature doivent être executez ; neanmoins ledit de Halloy en a interjetté appel ; & ce qui eft plus extraordinaire, lors que les Supplians fuivant les regles ordinaires ont obtenu une feconde Sentence, portant que la premiere feroit executée nonobftant l'appel, en baillant par eux bonne & fuffifante caution qui feroit reçûë avec la partie ; il a furpris un Arrêt au Parlement de Paris le 21. Juin dernier, par lequel il a été ordonné que fur la Requête par luy prefentée pour eftre reçû appellant, les parties viendroient plaider le Mardy lors prochain de relevé, cependant toutes chofes demeurant en état, ce qui eft directement contraire aux Articles 15 & 16 de l'Ordonnance du mois d'Avril 1667. au titre des Matieres Sommaires : car par le 15 il eft porté que fi il y a Contrats, obligations, promeffes reconnuës, ou condamnations précedentes par Sentences dont il n'y ait point d'appel, ou qu'elles foient executoires nonobftant l'appel : les Sentences de provifion feront executées à quelques fommes qu'elles puiffent monter : & par l'Article fuivant, il eft défendu aux Cours de Parlement, Grand-Confeil, Cours des Aydes & autres Cours de donner des défenfes, ou furfeances en aucuns des cas exprimez aux précedens Articles ; & fi aucunes étoient obtenuës elles font déclarées nulles, & Sa Majefté veut que fans y avoir égard, & fans qu'il foit befoin d'en demander main-levée, les Sentences foient executées nonobftant tous Arrêts contraires, & que les parties qui auront prefenté les Requêtes, afin de défenfes, ou furfeances, & les Procureurs qui les auront fignées, ou qui en auront fait demande à l'Audience, ou autrement, foient condamnez, chacun en cent livres d'amende, applicable moitié à la partie, & l'autre moitié aux pauvres, fans que les amendes puiffent être remifes, ni moderées. A CES CAUSES, Requeroient les Supplians qu'il plût à Sa Majefté caſſer & révoquer ledit Arreſt du 21 Juin dernier : ce faiſant ordonner que leſdites Sentences deſdits jours 2 Avril & 7 Juin auſſi dernier, feront exe-cutées felon leur forme & teneur , nonobſtant oppoſitions , ou appellations quelconques , & condamner ledit de Halloy & ſon Procureur chacun en cent livres d'amende, applicable moitié à l'Hôpital General , moitié aux Supplians, & en particulier condamner ledit de Halloy aux dépens de l'Arrêt qui inter-viendra. Et celle deſdits de Halloy & Doucet contenant que ledit de Halloy eſt Seigneur & propriétaire de la terre & Seigneurie de Momblain , qu'il a été fait un écrit ſous ſeing privé du 21 Septembre mil ſix cens ſoixante-huit, entre ledit de Halloy d'une part , & Edme Bachou , & Antoine le Comte Mar-chands de vin en cette Ville de Paris, par lequel iceluy de Halloy ſe feroit obli-gé de faire abbattre quelques arbres étant dans l'enclos de ſa maiſon , & à mê-me tems qu'ils feroient abbatus , leſdits Bachou , & le Comte feroient tenus de marquer de quel uſage ils devroient eſtre coupez & ébauchez , d'en payer les prix déclarez par ledit écrit, & faute par leſd. Bachou & le Comte de faire la marque au même inſtant , il eſt ſtipulé que le Charon employé par ledit de Halloy ne ceſſeroit & feroit l'ébauchage du bois felon qu'il le jugeroit à pro-pos , & que leſdits Bachou & le Comte feroient tenus de recevoir ce bois, de mois en mois, ſur le prix duquel bois leſdits Bachou & le Comte feroient te-nus de payer audit de Halloy à ſa volonté en cette Ville de Paris, la ſomme de trois mille livres, qui feroient déduites ſur les premiers ouvrages , lequel écrit a été reconnu par les parties pardevant Notaires du Châtelet le vingt-ſept du dit mois de Septembre 1668. & par cette reconnoiſſance ledit de Halloy con-feſſe avoir reçû deſdits Bachou & le Comte la ſomme de trois mille ſoixante & ſix livres aux fins dudit traité, ledit de Halloy a ſatisfait de ſa part audit écrit, il a fait abbatre des arbres, qu'il a fait couper & ébaucher, leſdits Bachou & le Comte en ont reçû pour la ſomme de ſept cens ſoixante & neuf livres cinq ſols , dont ils ont baillé un recepiſſe le vingt-troiſiéme Novembre audit an 1668. Leſdits Bachou & le Comte n'ayant voulu recevoir divers bois que le-dit de Halloy avoit fait ébaucher , pourquoy il étoit ſur ce point d'agir contre eux pour les y obliger,ils l'auroient prévenu , & l'auroient fait aſſigner au Châtelet , où Sentence contradictoire feroit intervenuë le deuxiéme Avril 1669. par laquelle ledit de Halloy auroit été condamné de fournir dans deux mois du bois de la qualité portée audit écrit pour la ſomme de 3000 livres payée par avance , à la déduction des ſept cens livres , à faute dequoy faire il eſt condamné par corps à rendre ladite ſomme de trois mille livres à la dé-duction deſdites ſept cens livres , aux dommages & interêts liquidez à cinq cens livres , & aux dépens, de laquelle Sentence ledit de Halloy ayant inter-jetté appel , leſdits Bachou & le Comte ont fait rendre une ſeconde Sentence le ſeptiéme Juin audit an 1669. portant que la premiere feroit exécutée non-obſtant & ſans préjudice dudit appel, en baillant caution : ce qui a obligé le-dit de Halloy de ſe pourvoir au Parlement, où il a baillé ſa Requête afin d'eſtre reçû appellant deſdites deux Sentences, tenu pour bien relevé : ordon-ne que ſur l'appel les parties auroient audience ; & cependant défenſes de met-tre leſdites Sentences à execution, ſur laquelle feroit intervenu Arrêt le Ven-

Pppp ij

dredy vingt-uniéme Juin 1669. par lequel il auroit été ordonné que les parties viendroient plaider le Mardy en suivant, & cependant que toutes choses demeureroient en état, lequel Arrêt a été signifié ausdits Bachou & le Comte ; & au lieu par eux de venir plaider, prévoyans ne pouvoir éviter lesdites défenses, ni même soûtenir lesdites Sentences, ils ont le Vendredy vingt-huitiéme dudit mois de Juin 1669. au soir veille de deux Fêtes, fait signifier ausdits de Halloy & Doucet en leur absence, qu'ils avoient presenté Requête au Conseil de Sa Majesté, pour voir dire que lesd. Sentences seroient executées, & lesdits de Halloy & Doucet condamnez en chacun cent livres d'amende : ledit de Halloy étant de retour le Dimanche 30 de Juin au soir, il seroit allez chez Monsieur Pussort, Conseiller ordinaire de Sa Majesté en ses Conseils, pour avoir l'honneur de luy parler, où il luy auroit été dit par son Secretaire qu'il n'avoit point vû de Requête, si bien que les Supplians ne peuvent concevoir ce qu'elle contient, sinon que lesdits Bachou & le Comte peuvent supposer que les Suplians ont contrevenu à l'Ordonnance de Sa Majesté, ce qu'ils n'ont jamais eu l'intention de faire, & ne voudroient pas l'avoir fait ; mais Sa Majesté est trés-humblement suppliée d'observer que la premiere Sentence est diffinitive pour une somme excedante mille livres, qu'elle ne parle point de provision, & nonobstant l'appel, en sorte que le seul appel en étoit suspensif, & le Juge avoit consommé son pouvoir, de maniere qu'il ne pouvoit plus connoître de l'affaire, ni prononcer de provision, & ce nonobstant l'appel, étant expressément porté par le 17 Article du Titre 17 de la derniere Ordonnance, que si les instances où il y a matiere de provision sont en état de juger, tant sur la provision, que sur le diffinitif, les Juges y prononceront par un seul & même jugement, pourront ordonner qu'en cas d'appel leur jugement sera executé par provision en baillant caution, & l'usage de donner en ce cas une Sentence de provision & une diffinitive est abrogé, si bien qu'aux termes de cet Article le Juge n'a pû, ni dû rendre une seconde Sentence, & c'est une contravention formelle de l'avoir fait qui rend lesdits Bachou & le Comte amendables. Il est vray que par l'Article 15 du même titre, qui est le seul sur lequel lesdits Bachou & le Comte se peuvent fonder, il est dit que s'il y a des Contrats, obligations, promesses reconnuës, ou condamnation précedente par Sentence dont il n'y a point d'appel, ou qu'elles soient executoires nonobstant l'appel, les Sentences de provisions seront executées à quelques sommes qu'elles se puissent monter en donnant caution, or ledit de Halloy, ni ledit Doucet n'ont point contrevenu à cet Article. Il est vray qu'il y a un écrit reconnu qui n'est pas une simple promesse de payer ; mais cet écrit est réciproquement obligatoire, le Suppliant y a satisfait de sa part, car il a fait abbatre des arbres, il les a fait ébaucher, & lesdits Bachou & le Comte en ont reçû pour sept cens soixante & neuf livres cinq sols ; il y en a encore grande quantité sur la place qu'il n'a tenu qu'à eux de recevoir, à faute dequoy faire ledit de Halloy souffre de grands dommages & interêts, dont il espere par l'évenement avoir condamnation, & de plus cet Article ne parle que des Sentences de provision, or la Sentence dont est question n'est pas de cette qualité, c'est une Sentence diffinitive. Il y a plus, par ledit écrit de Halloy n'est pas obligé par corps, & ne s'agit pas d'aucuns des cas mentionnez en l'Article 4. du Titre 34 de la même Ordonnance, où la contrainte par corps a lieu, led. de Halloy n'étant pas Marchand, & nonobstant ladite Sentence porte condamnation par corps, ce qui n'a pas été encore executé. Par l'Article 12. du même titre, il est expressément porté que si la partie appelle de la Sentence, ou s'oppose à l'execution de l'Arrêt, ou jugement, portant condamnation par corps, la contrainte sera sursise jusques à ce que l'appel, ou l'opposition ait été vuidée, si bien qu'aux termes de ces dispositions si précises, la condamnation par corps n'a pas dû être prononcée, & ce nonobstant l'appel, & non seulement par cette raison, mais encore parce qu'il y a une condamnation de dommages & interêts liquidez à cinq cens livres de dépens, qui ne s'executent pas nonobstant l'appel : vû qu'en cause d'appel ledit de Halloy fera voir que tant s'en faut qu'il doive des dommages & interêts qu'il espere en obtenir contre lesdits Bachou & le Comte, joint que l'Arrêt du Parlement ne prononce pas des défenses, pures & simples, il ordonne seulement que les parties viendront plaider au Mardy ensuivant, & cependant que toutes choses demeureront en état, & entre ce jour de Mardy & l'Arrêt il n'y avoit qu'un jour ouvrable, joint encore que ledit Doucet est tellement exact à l'observation de l'Ordonnance, qu'il ne fait pas une seule procedure qu'il ne l'examine pour s'y conformer comme il doit auparavant que de dresser la Requête, il ne s'est pas contenté de cela, il a consulté ses anciens qui l'ont assuré qu'elle étoit dans l'ordre, & qu'il n'y avoit rien à craindre, en sorte qu'il apporte toute la précaution possible pour se conformer à l'Ordonnance. & n'estime pas, sauf correction de Sa Majesté, être tombé dans la contravention, & quand il n'y auroit que le seul cas de la contrainte par corps qui est indubitable, il n'auroit pas encouru la peine de la contravention, parce que suivant même la Coûtume de Paris & les regles de la Justice la plus-petition n'est pas vicieuse : pour être coupable de la peine, il faut que la contravention soit entiere : A CES CAUSES, requeroient lesdits de Halloy & Doucet, qu'il plût à Sa Majesté débouter lesd. Bachou & le Comte de leur Requête, & les condamner en telle amende, dépens, dommages & interêts, ainsi que de raison envers lesdits de Halloy & Doucet. Veu lesdites Requêtes, celle desdits Bachou & le Comte, signée Payelle, & celle dudit de Halloy, signée de luy & d'Amois son Avocat. Vente faite le vingt - deuxiéme Septembre 1668. par ledit de Halloy ausdits Bachou & le Comte du bois dont est question sous leurs seings privez, au bas est l'Acte de reconnoissance pardevant le Semelier & Büon Notaires au Châtelet, le vingt-septiéme dud. mois de Septembre, par lequel entre autres choses ledit de Halloy a reconnu avoir receu trois mille six cens soixante cinq liv. sur le prix dudit bois. Reconnoissance passée par lesd. Bachou & le Comte le vingt-troisiéme Novembre, suivant qu'ils ont receu pour sept cens soixante-neuf livres cinq sols du bois à eux vendu par ledit de Halloy : assignation donnée à leur Requête audit de Halloy le cinquiéme Février 1669. pour comparoir pardevant le Prevôt de Paris : défenses fournies par ledit de Halloy sur ladite assignation le septiéme Mars 1669. repliques desdits Bachou & le Comte du dixiéme dudit mois de Mars : ladite Sentence contradictoire du Prevôt de Paris du deuxiéme Avril

Pppp iij

Caſſation.

fuivant, l'Acte d'appel interjetté par ledit de Halloy de ladite Sentence, **en datte du premier Juin 1669.** ladite Sentence de nonobſtant l'appel du ſeptiéme dudit mois de Juin, ledit Arrêt du Parlement du vingt-uniéme dudit mois de Juin, Acte par lequel leſdits Bachou & le Comte ont déclaré qu'ils avoient mis une Requête en caſſation dudit Arrêt entre les mains du Sieur Puſſort Conſeiller Ordinaire du Roy en ſes Conſeils : Oüy ſon rapport, & tout conſideré. LE ROY E'TANT EN SON CONSEIL, faiſant droit ſur leſdites Requêtes reſpectives a caſſé & annullé, caſſe & annulle ledit Arreſt du Parlement de Paris du vingt-uniéme Juin dernier comme contraire à ſon Ordonnance du mois d'Avril 1667. Ordonne Sa Majeſté que leſdites Sentences des deux Avril & ſept Juin auſſi derniers, feront executées ſelon leur forme & teneur, à la reſerve neanmoins de la contrainte par corps, dont ledit Halloy demeurera déchargé. A Sa Majeſté évoqué & évoque dudit Parlement à ſa perſonne le procés & different d'entre leſdites parties, circonſtances & dépendances ; & pour y faire droit les a renvoyées en ſon Grand-Conſeil pour y eſtre jugées conformément à l'Ordonnance. Fait au Conſeil d'Etat du Roy, tenu à ſaint Germain en Laye, le 29. Juillet 1669. Signé, COLBERT.

Arrêt qui ordonne l'éxecution des deux Sentences.

POUR Dame Florence-Loüiſe Capelle, veuve du Sieur de S. Simon.

CONTRE *Meſſire Louis François de Brancas, Duc de Villars.*

PAREIL ARREST.

Avec clauſe qui excepte de l'execution, ſaiſie & contrainte, la perſonne d'un Duc & ſon Caroſſe.

Requête de la Dame de S. Simon.

SUR les Requêtes reſpectives preſentées au Roy étant en ſon Conſeil, par Florence-Loüiſe Cappelle, veuve de feu Henry de Troyes, Chevalier, Seigneur de S. Simon, & Claire-Marie-Charlotte de Troyes de S. Simon ſa fille : Et par Meſſire Louïs François de Brancas, Duc de Villars, Pair de France. Celle deſdites Dames de ſaint Simon, tendante à ce que pour les cauſes y contenuës, il plût à Sa Majeſté, ſans s'arrêter aux Arrêts du Parlement de Paris, des cinq Avril & dixiéme May derniers, contraires & directement oppoſez à ſes Ordonnances, ordonner que celuy du 26 Avril 1668. ſeroit executé ſelon ſa forme & teneur : Ce faiſant, qu'au payement de la ſomme de deux mille deux cens livres y contenuë, ledit Sieur Duc de Villars ſera contraint inceſſamment par les voyes qu'il eſt condamné, tant par ledit Arrêt que par les Sentences du Châtelet de Paris, des premiers Avril & 15 Juin 1665.

avec défenfes aux parties de fe pourvoir ailleurs pour raifon du payement de ladite fomme de deux mille deux cens livres, qu'en la premiere Chambre des Enquêtes circonftances & dépendances, & à tous autres Juges d'en connoître, & de plus à l'avenir donner aucunes défenfes ni furféances d'executer lefdits Arrêts & Jugemens, & de contraindre ledit fieur Duc de Villars, à peine de payer en leurs noms ladite fomme, de tous dépens, dommages & interêts, & de défobéiffance. Et celle dud. fieur Duc de Villars, à ce que pour les caufes y contenuës, il plût à Sa Majefté débouter lefdites Florence-Loüife Cappelle & fa fille de leur Requête, & qu'en confé- quence l'Arrêt contradictoirement rendu entre elles & le Suppliant en la Grand'-Chambre dudit Parlement de Paris, le 10. May dernier fera executé; & même que Sa Majefté ait la bonté d'accorder audit Suppliant de pareilles défenfes, tant contre ladite Cappelle & fa fille, que contre tous fes autres creanciers d'attenter à fa perfonne & à fes chevaux, caroffes & meubles fer- vans à fon ufage, fauf à eux à fe pourvoir fur fes autres biens en la maniere ac- coûtumée. VEu lefdites Requêtes, celle defdites Dames de S. Simon fignée Gironnet, & celle du fieur Duc de Villars, Adam, leurs Avocats & confeils. Sentence par défaut des quatre mois pour le payement de trois mille trois cens livres en confequence d'une Sentence du Châtelet de Paris, du premier Avril 1665. & du commandement qui lui a été fait le 16. May audit an. Signification de ladite Sentence des quatre mois, avec commandement de payer, du 17. Juin 1665. Arrêt du Parlement fur la Requête dudit fieur Duc de Villars, qui le reçût appellant de ladite Sentence du premier Avril 1665. avec défenfes de l'executer, & main-levée des faifies du 16. Juin 1665. Signification d'iceux du 3. Juillet audit an. Requête defdites Dames de S. Simon, aux fins d'être reçuës oppofantes à l'execution dud. Arrêt du 16. Juin, & à ce que les défenfes portées par iceluy fuffent levées, au bas de laquelle eft l'Ordonnance du 11. Aouft 1665. Signification d'icelle du 17. dudit mois. Arrêt contradictoire dudit Parlement du 25. Avril 1 6 6 8. qui met l'appel de ladite Sentence au neant, en ce que ledit fieur Duc de Villars a été condamné par icelle envers lefdites Dames de S. Simon au payement de trois mille trois cent livres émen- dant quant à ce, & condamné ledit fieur Duc de Villars à leur payer deux mille deux cens livres contenuës en ladite promeffe, moitié dans fix mois, & l'autre moitié fix mois après, ladite Sentence au réfidu fortiffant effet. Autre Arrêt dudit Parlement fur Requête dudit fieur Duc de Villars du 18. Aouft 1665. qui luy permet d'y faire affigner qui bon luy femblera, & contefter pardevant le Confeiller Rapporteur, avec défenfes d'attenter à fa perfonne, chevaux, caroffes & meubles fervant à fes ufages, fignification d'iceluy en conféquence, & défenfes y contenuës du 19. Décembre 1668. Requête defdites Dames de S. Simon prefentée audit Parlement, aux fins que ledit fieur Duc de Villars foit débouté de fa Requête énoncée dans ledit Arrêt du 18. Aouft 1665. & que celuy du 26. Avril 1668. fera executé avec défenfes, au bas eft l'Ordon- nance de Viennent les parties, du 11. Mars 1666. fignification d'icelle dudit jour. Sommation faite audit fieur Duc de Villars de venir au Parquet pour être reglez fur ladite requête du 11. Mars dudit jour. Arrêt d'appointé à

Requête de Monfieur le Duc de Vil- lars.

Vû des pie- ces.

Arrêt du 26 Avril 1668. dont l'execu- tion eft or- donnée.

mettre és mains du sieur de Saveuse, Conseiller-Rapporteur , du 12 Mars 1669. signification d'iceluy du 19 ensuivant. Requête desdites Dames de S. Simon aux fins d'être reçûës opposantes à l'execution dudit Arrêt d'appointé à mettre, au bas est l'Ordonnance Soit montré au Procureur General du Roy du 20 Mars dernier. Acte aux fins de se trouver au Parquet pour être reglez sur les Requêtes des parties, & que Barbier est Avocat, & chargé du sac desdites Dames de saint Simon, du 21 Mars audit an. Appointement au Parquet, par lequel ledit sieur Duc de Villars a été débouté de sa Requête du 18 Août 1665 & reçû lesdites Dames de saint Simon opposantes à l'execution dudit appointé à mettre : Et faisant droit sur ladite opposition , ordonné que ledit Arrêt du 26 Avril 1668. sera executé, défenses d'y contrevenir, signification d'iceluy du 26 Mars 1669. Acte comme lesdites Dames de saint Simon poursuivent l'Audience en la Grand-Chambre sur la reception dudit Appointement résoluë au Parquet, du trente Mars audit an. Arrêt contradictoire dudit Parlement du cinq Avril 1669. qui déboute lesdites Dames de saint Simon de leur opposition à l'execution dudit Arrêt d'Appointé à

Premier Arrêt cassé, qui est du 5 Avril 1669.

mettre du 12 Mars audit an avec dépens. Remontrances desdites Dames de de saint Simon, comme il est impossible d'accorder des surseances & défenses audit sieur Duc de Villars, d'arrêter sa personne ni de l'executer en ses meubles, chevaux & équipages, & que ledit de Saveuse ne peut demeurer Rapporteur sans approbation toutefois dudit Appointement à mettre, & de tout ce qui s'en est ensuivi, contre lesquels elles protestent de se pourvoir, du 8. Avril audit an. Arrêt dudit Parlement de Paris sur ledit Appointé à mettre du 10. May 1669. qui ordonne, Que les parties feront juger l'opposition dans six mois : cepen-

2. Arrêt cassé, qui est du 10. May 1669.

dant que l'Arrêt du 18. Août 1665. sera executé , avec défenses d'y contrevenir & d'attenter à la personne & biens dudit sieur Duc de Villars, chevaux, carosses & meubles servans à son usage , signification d'iceluy, & défenses y portées, du 15. May audit an. Acte , portant que la Requête desdites Dames de S. Simon, tendante à cassation, a été mise entre les mains de Monsieur Pussort, du 6. Juillet 1669. & autres piéces justificatives desdites Requêt/ jointes à icelles. Oüy le rapport dudit sieur Pussort Conseiller ordinaire de sa Majesté en ses Conseils , Commissaire à ce député : Et tout consideré,

Arrêt.

LE ROY E'TANT EN SON CONSEIL , faisant droit sur lesdites Requêtes respectives, a cassé & annullé, casse & annulle lesdits Arrêts du Parlement des cinq Avril & dixiéme jour de May dernier : ce faisant , a ordonné & ordonne que celuy du vingt-six Avril 1668. sera executé selon sa forme & teneur : Fait neanmoins Sa Majesté défenses ausdites de S. Simon & tous autres d'attenter à la personne, carosse & chevaux dudit sieur Duc de Villars, ledit Arrêt au surplus sortissant son plein & entier effet. Fait au Conseil d'Etat du Roy , tenu à S. Germain en Laye, le vingt-neuviéme Juillet 1669.

    Signé , COLBERT.

TITRE XXI.

TITRE XXI.

L'Article 12. interpreté en faveur des Clercs de l'Ecritoire, contre la demande à eux faite de remettre les minutes des rapports des visites de bâtimens, ausquels ils auroient assisté avec les Maîtres Massons.

SUR la Requête presentée au Roy étant en son Conseil par les Greffiers, Clercs de l'Ecritoire, contenant, qu'ils ont été créez & érigez en chef & titre d'Office formé par l'Edit du mois d'Octob. 1574. verifié en Parlement le huitiéme Mars 1575. pour par les Supplians faire & rédiger par écrit avec les Experts, tous les rapports de visitations, alignemens, toisées, prisées & estimations, partages & licitations, servitudes, & autres Actes & rapports concernant le fait desdites visites de bâtimens, en garder les minutes, & en délivrer les grosses aux parties qui le requierent, dans la fonction & exercice desquels Offices ils ont toûjours été conservez, maintenus & gardez comme necessaires au public, tant par les Déclarations des Rois prédecesseurs de Sa Majesté, Coûtume de la Ville de Paris, qu'Arrêts dudit Conseil, & du Parlement rendus en conséquence, & ont toûjours paisiblement joüy depuis ladite année 1574. jusques à present, que certains particuliers mal intentionnez contre les Supplians, & mal informez de l'intention de Sa Majesté, & entre autres le nommé Petit, Fontainier, a fait sommer Loüis Goujon, l'un des Supplians de remettre la minute d'un rapport par lui fait & reçu, avec Charles Thevenon, & Gabriel Aboy, Maîtres Massons, entre les mains de Monsieur Quentin de Richebourg, Conseiller aux Requêtes du Palais, & Commissaire à ce député, sous prétexte que l'Article 12. du Titre 21. de la nouvelle Ordonnance concernant les descentes, porte que les Experts délivreront au Commissaire leurs rapports en minute pour être attachez à son procès verbal & transcrits dans les grosses en même cahier, prétendant aux termes dudit Article, que les Supplians n'ont plus de droit de garder & retenir pardevers eux les minutes desdits rapports; & comme ce procedé est une pure contravention audit Edit & aux Déclarations & Arrêts dudit Conseil rendus en conséquence, cela les oblige de recourir à Sa Majesté & luy remontrer tres-humblement que si cette prétention avoit lieu, elle détruiroit & anéantiroit, non seulement lesdits Offices, & ruineroit entierement lesdits Supplians qui n'ont autre employ pour leur subsistance & celle de leurs familles, que le peu d'émolumens qu'ils reçoivent de l'exercice d'iceux Offices auquel ils vacquent continuellement & donnent tout leur temps; mais encore priveroit le public du soulagement qu'il retire journellement de leur travail & de la liberté de recourir aux minutes toutes & quantes fois qu'il en a besoin, par compulsoire, ou autre-

Requête des Clercs de l'Ecritoire. Edit de leur creation.

Cause de la Requête.

L'Article 12. détruit l'Edit & l'Office de Clerc.

ment , étant conftant & certain qu'à caufe de l'experience qu'ils ont , & qu'ils acquierent par leur travail continuel au fait defdites vifites , qu'ils abregent de beaucoup de temps, que les Experts même les plus intelligens employeroient & confommeroient fi les Supplians n'étoient toûjours avec eux , & ne les accompagnoient pendant tout le temps , & en tous les lieux & endroits où fe font lefdites vifites & defcentes, qu'outre ce travail qui fe fait fur les lieux, iceux Supplians font encore obligez de confommer beaucoup de temps au Bureau de l'Ecritoire par eux étably pour fatisfaire à l'Arrêt du Confeil de 1621. dont ils payent un loyer confiderable, à caufe du lieu où il eft fitué, qui eft la ruë des Arcis au milieu de cette Ville, auquel lieu ils travaillent , foit au calcul & réduction des toifes qui répondent aux fins des parties, lefquelles nomment & conviennent affez fouvent d'Experts peu intelligens & verfez dans ces matieres, qui ne pourroient fans lefdits Supplians dreffer lefdits rapports, que ce n'eft point l'intention de Sa Majefté par ladite nouvelle Ordonnance , de fupprimer directement, ni indirectement les Offices des Supplians, ayant ellemême déclaré & nommé précifément ceux qu'elle vouloit fupprimer, tels que font les Ajoints aux Enquêtes : ce qui ne fe peut dire à l'égard des Supplians qui ne font aucunement nommez en ladite nouvelle Ordonnance, que c'eft fous la foy & l'authorité dudit Edit qu'ils ont acquis leurfdits Offices, dont ils font en poffeffion depuis prés de cent années, pour le droit annuel defquels ils payent aux parties cafuelles de Sa Majefté chacun trente trois livres fix fols huit deniers ; & qu'enfin il ne fuffit pas aux Supplians d'être pourvûs d'Offices de valeur de dix mille livres & plus ; mais il leur eft encore neceffaire pour fe bien acquitter de la fonction d'iceux de confommer plufieurs années pour s'en rendre capables, & qu'aprés tout cela ils font encore obligez de vacquer & donner tout leur tems fans difcontinuation à l'exercice defdits Offices fans pouvoir faire aucune chofe, à caufe de l'affiduité & travail continuel qu'il requiert. A CES CAUSES, requeroient lefdits Supplians, attendu qu'ils font comme dit eft, Officiers neceffaires au public, pourvûs d'Offices de prix ; qu'ils ont confommé beaucoup de tems & fait grandes dépenfes pour parvenir à la capacité neceffaire pour s'acquiter de la fonction de leurfdits Offices au foulagement du public, & qu'ils employent tout leur tems à cet exercice fans en pouvoir faire d'autres : il plût à Sa Majefté en interpretant l'Article 12 du Titre 21. de ladite nouvelle Ordonnance conferver, maintenir , & garder iceux Supplians en la fonction & exercice de leurfdits Offices conformément audit Edit de 1574. & aux Déclarations & Arrêts rendus en conféquence. VEU par le Roy étant en fon Confeil, ladite Requête fignée defdits Supplians, & de Guyot leur Avocat & confeil : ledit Edit de 1574. l'Article 12. du Titre 21. de la nouvelle Ordonnance, & autres pieces attachées à ladite Requête. Oüy le rapport du fieur Fuffort , Confeiller ordinaire de Sa Majefté en fes Confeils, Commiffaire à ce député : Et tout confideré, LE ROY ÉTANT EN SON CONSEIL, ayant égard à ladite Requête en interpretant l'Article 12. du Titre 21. de fon Ordonnance du mois d'Avril 1667. a ordonné & ordonne que lefdits Greffiers-Clercs de l'Ecritoire continuëront d'exercer les fonctions & exercices de leurfd. Offices, comme ils auroient

Raifons de la Requête.

Droit annuel des Clercs de l'Ecritoire.

Conclufions de leur Requête.

Arrêt qui interprete l'Article 12.

pû faire avant ſadite Ordonnance du mois d'Avril 1668. Fait au Conſeil d'Etat du Roy, tenu le vingt-troiſiéme Septembre 1668. Signé, LE TELLIER.

TITRE XXI.

POUR François Meſnard, Conſeiller & Lieutenant Particulier au Siege Préſidial de Blois.

ARTICLES III. ET IV.

Défenſes à tous Officiers de commettre pour l'execution des Jugemens qui ordonneront des Deſcentes, aucun Officier qui n'ait aſſiſté au Jugement, ſi ce n'eſt au refus de tous ceux qui y auront aſſiſté; & caſſation d'un Jugement contraire.

SUR la Requête preſentée au Roy étant en ſon Conſeil, par François Meſnard, Conſeiller & Lieutenant Particulier au Bailliage & Siege de Blois; contenant, Que le onziéme de May dernier, tenant l'Audience avec les autres Conſeillers ſes Confreres, il auroit été appellé une cauſe entre Meſſire Simon de Croiſille, Seigneur de Moulins, demandeur comparant par Requille ſon Procureur, contre Nicolas Jourdan, défendeur; en laquelle de l'avis de tous leſdits Officiers, il auroit été ordonné conformément à la nouvelle Ordonnance, que Deſcente ſeroit faite ſur les lieux contentieux, en la preſence du Suppliant qui préſidoit en lad. Audience, dont Maître René Grimaudet, Lieutenant general audit Siege, qui avoit été plus d'un mois ſans venir aux Audiences, ayant été averti par led. Requille, auroit fait donner par led. Requille le Placet de lad. Cauſe en la petite Audience de l'iſſuë tenuë par luy ſeul, le cinq du preſent mois, & auroit ordonné que lad. Deſcente ſeroit faite en ſa preſence, lequel Jugement auroit été par luy executé le douze dudit preſent mois; ce qui eſt une contravention à lad. nouvelle Ordonnance, Art. 3. & 4. des Deſcentes; comme appert par les extraits de lad. Ordonnance cy-attachez, & encore executé toutes les Sentences deſd. Audiences, encore qu'il n'y ait aſſiſté, en quoy le Suppliant eſt fort intereſſé, y allant de l'honneur de ſa Charge. A CES CAUSES, requeroit le Suppliant, que veu leſd. contraventions à la dite nouvelle Ordonnance, il plût à Sa Majeſté, déclarer ledit Jugement du 5. dudit preſent mois de Juin, & procès verbal de Deſcente, nuls, & que celuy du onziéme May dernier ſera executé par ledit Suppliant: Faire défenſes audit ſieur Lieutenant general d'executer à l'avenir les Sentences & Jugemens qui feront rendus és Audiences auſquelles il n'aura point préſidé, & le condamner en tous ſes dépens, dommages & intérêts: Et en outre faire défenſes aux Procureurs poſtulans dudit Siege, de requerir ni demander l'execu-

Requête du
Lieutenant
Particulier.

Jugement.
Contraven
tion à l'Or
donnance.

Qqqq ij

tion des Sentences & Jugemens devant ledit sieur Lieutenant General, où il n'aura assisté, à peine d'interdiction & d'amende. V e u ladite Requête, & autres pieces y attachées ; Oüy le rapport du sieur Pussort, Conseiller ordinaire de Sa Majesté en ses Conseils, Commissaire à ce député : Et tout consideré, Le Roy e'tant en son Conseil, ayant égard à ladite Requête, a cassé & annullé ledit Jugement dudit Lieutenant General de Blois du cinquiéme Juin mil six cens soixante - neuf, & le procès verbal de Descente par luy fait en conséquence, comme étant contraires à son Ordonnance du mois d'Avril 1667. Ordonne que la Sentence dudit Bailliage de Blois du 11. May dernier, à laquelle présidoit ledit Mesnard, Lieutenant Particulier sera par luy executée : Fait Sa Majesté défenses aux Officiers dudit Siege Présidial de Blois & tous autres, de commettre pour l'execution des Jugemens, qui auront ordonné des Descentes, aucun Officier qui n'ait assisté au Jugement, si ce n'est au refus de tous ceux qui y auront été presens, auquel cas seulement l'un des autres Officiers dudit Siege pourra être commis. Fait au Conseil d'Etat du Roy, tenu à saint Germain en Laye, le premier Juillet 1668. Signé, D e l a V r i l l i e r e.

TITRE XXII. DES ENQUESTES.

POUR le Lieutenant General de Meaux, Enquêteur-Examinateur audit Siege.

TITRE XXII. ARTICLE VIII.

Titre 31. Article 32.

Tous Officiers qui ont acquis les Charges d'Enquêteur-Examinateur les exerceront, suivant l'Edit de leur création, nonobstant lesdits Articles.

SUR la Requête presentée au Roy étant en son Conseil, par Nicolas Payen, Ecuyer, Conseiller du Roy, Lieutenant General en la Ville, Bailliage & Siege Présidial de Meaux, & seul Commissaire Enquêteur-Examinateur esdits Sieges, contenant, Que sous prétexte, que par l'arrêt du 21. Avril 1668. il est dit, Que les Lieutenans Generaux auront l'instruction des Causes & Procez non distribuez ; les autres Officiers & Conseillers dudit Bailliage de Meaux, se sont imaginez que l'instruction des procez distribuez leur devoit appartenir : ensemble l'execution des Sentences rendües à leur rapport, non seulement en ce qui regarde l'Office de Juge, mais encore pour les fonctions de Commissaire Enquêteur-Examinateur, au préjudice du Suppliant, qui est seul pourvu de ladite Charge, & fondé en Arrêt du Conseil du 27. Octobre 1631. portant Reglement entre les Commissaires-Examinateurs, & les Officiers des Présidiaux : par lequel Arrêt entre autres choses, il est ordonné que lesd. Commissaires feront les Appositions & levées des Scellez, les Inventaires & Partages de biens, les Enquêtes & Informations, tant en matiere civile que criminelle, les Interrogatoires sur Faits & Articles, les Apprétiations de biens & rapports d'Experts, la taxe de Dépens, tant des Audiences que sur procès par écrit au civil & criminel, pour toutes lesquelles fonctions le Suppliant a financé une somme de quinze cens quarante livres, par quittance du dernier Décembre 1631. outre le prix payé pour l'achat desdites Charges lors de leur creation ; joint encore que le Suppliant & ses prédecesseurs ont toûjours été en possession desdites fonctions, & qu'elles sont confirmées par la nouvelle Ordonnance, Art. 8. Titre 22. & Article 32. Titre 31. A CES CAUSES, requeroit le Suppliant, qu'il plût à Sa Majesté en interpretant en tant que de besoin, ledit Arrêt du Conseil du 21. Avril 1668. ordonner que celuy du 27. Octobre 1631 sera executé selon sa forme & teneur, en ce qui n'est point changé ou abrogé par la nouvelle Ordonnance : & ce faisant, qu'au Suppliant seul en qualité de Commissaire Enquêteur-Examinateur appartiendront les appositions & levées des scellez, les Inventaires & partages de biens, les apprétiations d'heritages, rapports d'Experts, la confection d'enquête, & information tant en matiere civile que criminelle ; les Interrogatoires sur faits & articles, & la taxe des Dépens, soit que lesdits actes & fonctions de Commissaire Enquêteur-Examinateur viennent dans l'instruction des Causes & Procez distribuez ausdits Officiers & Conseillers, ou en execution des Jugemens prononcez à l'Audience, ou des Sentences interlocutoires & diffinitives renduës à leur rapport sur procez par écrit ; le tout privativement à tous lesd. Juges & Officiers, ausquels défenses seront faites de contrevenir ausdits Arrêts du 21. Avril 1668. & 27. Octobre 1631. & que l'Arrêt qui interviendra sera leu & publié à l'Audience. VEU ladite Requête, signée

& lesdits Arrêts du Conseil du 27. Octobre 1631. & 21. Avril 1668. & autres pieces attachées à ladite Requête : Oüy le rapport du sieur Pussort, Conseiller ordinaire de Sa Majesté en ses Conseils, Commissaire à ce député : Et tout consideré, LE ROY E'TANT EN SON CONSEIL, ayant aucunement égard à lad. Requête, a ordonné que led. Lieutenant General au Bailliage & Siege Présidial de Meaux & tous autres Officiers qui sont pourvus desd. Offices de Commissaire Enquêteur-Examinateur, continuëront d'en exercer les fonctions qui leur sont attribuées par les Edits de creation d'iceux, Arrêts & Reglemens comme ils auroient pû faire auparavant son Ordonnance du mois d'Avril 1667. en ce qui n'est point abrogé par icelle : Fait Sa Majesté défenses à toutes personnes de les y troubler ni empêcher, à peine de tous dépens, dommages & interêts. Fait au Conseil d'Etat du Roy, tenu à saint Germain en Laye, le neuviéme Juillet 1668.

TITRE XXII. DES ENQUESTES.

POUR le Sieur Deſlandes, Ajoint aux Enquêtes au Bailliage de Valogne.

ARTICLE XXII.

Maintenu pour tenir la plume aux Enquêtes comme Greffier, non comme Ajoint.

Requête du Demandeur.

SUR la Requête preſentée au Roy étant en ſon Conſeil par Antoine Jean, Sieur Deſlandes, Ajoint aux Enquêtes, aux Vicomté & Bailliage de Valogne, & Sieges en dépendans : contenant, Que ſi par l'Art. 12. du Titre 22. de l'Ordonnance du mois d'Avril 1667. Sa Majeſté a abrogé la fonction des Ajoints aux Enquêtes, même de ceux créez en titre d'Office, **Abrogation d'Ajoints par l'Ordonnance.** ſauf à être pourvû à leur rembourſement, l'intention de Sa Majeſté n'a pas été d'ôter auſdits Officiers leurs fonctions ordinaires de Greffier aux Enquêtes, de tenir la plume, rédiger les dépoſitions des témoins, délivrer aux parties les Enquêtes, demeurer chargez des minutes ; auſſi dans les Art. ſuivans de ce même Titre Sa Majeſté s'eſt en pluſieurs endroits expliquée en **Arrêts qui ont procedé.** faveur deſdits Greffiers & de leurs fonctions, & elle y a conſervé & maintenu Pierre Vigneſole, Ajoint aux Enquêtes à Riom, par Arrêt de ſon Conſeil d'Etat du 17. Décembre 1667. & Noël Havart, Ajoint aux Enquêtes à Bayeux : par autre Arrêt dudit Conſeil du 19. Mars 1668. en ſorte que le Suppliant qui dés l'année 1657. a été pourvû & reçu audit Office, & qui depuis environ douze années a fait continuellement les fonctions de Greffier aux Enquêtes, ainſi qu'il paroît par Acte judiciaire & de notorieté dud. Siege de Valogne, a en ſa faveur, non ſeulement cette conſideration, & l'eſprit de la nouvelle Ordonnance ; mais encore l'autorité de deux Arrêts du Conſeil **Concluſions que les Arrêts ſoient déclarez communs.** d'Etat donnez au rapport du ſieur Puſſort, Conſeiller ordinaire de Sa Majeſté en ſon Conſeil. A CES CAUSES, requeroit le Suppliant qu'il plût à Sa Majeſté déclarer communs avec lui leſd. Arrêts du Conſeil d'Etat des 17. Décembre 1667. & 19. Mars 1668. donnez au profit deſdits Vigneſole & Havart : ce faiſant ordonner que le Suppliant continuëra les fonctions de Greffier aux Enquêtes auſdits Vicomté & Bailliage de Valogne, & Sieges en dépendans, après les ſoûmiſſions qu'il fait de ne faire aucune fonction d'Ajoint ; & que **Vû de pieces.** l'Arrêt qui interviendra ſur la preſente Requête ſera leu & publié aux Sieges de Valogne. VEU ladite Requête ſignée Jean, & Bourſier, Avocat és Conſeils de Sa Majeſté : lettres de proviſion dudit Office obtenuës par Maître

Michel Pafquier , précedent titulaire du 14. Avril 1632. plufieurs quittances
de Finance de fommes payées par ledit Pafquier, autres quittances de Finance,
& marc d'or payées par le Suppliant réfignataire dudit Pafquier : lettre de provifion du Suppliant du dernier Aouft 1657. Sentence de reception du Suppliant audit Office au Siege de Valogne du 12. Novembre audit an : Acte judiciaire & de notorieté d'Officiers dud. Siege de Valogne, & autres pieces attachées à ladite Requête. Oüy le rapport du fieur Puffort, Confeiller ordinaire de Sa Majefté en fes Confeils, Commiffaire à ce député : Et tout confideré,
Le Roy e'tant en son Conseil, ayant aucunement égard à la-   Arrêt.
dite Requête, a ordonné & ordonne que led. Antoine-Jean Deflandes continuëra la fonction de Greffier aux Enquêtes en la Vicomté & Bailliage de Valogne, fans qu'il puiffe y faire aucune fonction d'Ajoint. Fait au Confeil
d'Etat du Roy, tenu à faint Germain en Laye le vingtiéme May 1669.
Signé, De la Vrilliere.

Pour Monfieur de Brion, Confeiller au Parlement de Paris.

Contre *les Sieurs de Langhac.*

TITRE XXII. DES ENQUETES.

*Arrêt rendu avant l'Ordonnance , portant permiffion de faire en-
quêtes fur des faits clos , confirmé.*

*Contraventions faites avant l'Arrêt du trente-un Janvier 1669.
font remifes.*

Sur les Requêtes refpectives prefentées au Roy étant en fon Confeil,
par Maître Jean Brion, Confeiller de Sadite Majefté au Parlement de Paris , & par Gilbert de Langhac , Chevalier, Comte de Dallet, & Antoine
de Langhac , Ecuyer, Sieur de Bonnebaud fon frere. Celle dud. de Brion, con-   Requête du
tenant , Qu'ayant procès contre Gilbert & Antoine de Langhac freres , pour   fieur Brion.
raifon de la reddition de compte pendant en la Grand'-Chambre de Parle-
ment de Paris ; il eft intervenu Arrêt le 3. Septembre 1667. au rapport du fieur   Premier Ar-
Tambonneau , par lequel il a été ordonné que lefdits de Langhac feroient   rêt.
preuve de l'exiftence d'un certain Regiftre dont ils demandoient la reprefentation , lequel Arrêt fut donné avec connoiffance de caufe après dix ou douze
Vacations de Commiffaires ; Mais lefdits de Langhac n'étant pas fatisfaits de
cet Arrêt , voulant embatraffer le Suppliant de beaucoup de faits qui ne font

nullement nécessaire au procès, présenterent Requête à la Chambre des Vacations au mois d'Octobre de la même année, & demanderent qu'il leur fût permis de faire preuve des faits clos & cachetez qu'ils présenterent à ladite Chambre des Vacations, sur laquelle Requête intervint Arrêt au rapport du sieur de Saveuse sans parties oüyes & sans aucune connoissance de cause, le

Deuxiéme Arrêt. 5. Octobre, par lequel le cahier clos & cacheté fut renvoyé pardevant le Sénéchal de Riom, pour être procedé ainsi qu'il aviseroit bon être. Cela obligea le Suppliant à former opposition à l'execution dudit Arrêt donné au rapport

Ce que le sieur de Brion oppoſoit à cet Arrêt.

Opposition. dud. sieur de Saveuse, pour empêcher qu'il ne fut fait preuve des faits clos & cachetez, parce que cela est absolument contraire à la nouvelle Ordonnance, au Titre des Enquêtes, art. 1. par lequel il est fait défenses de faire preuve de fait sur Interdit & Réponse, Jugement & Commission, ce sont les propres mots de l'Article. Cette opposition qui étoit dans les formes, obligea le Sénéchal d'Auvergne de n'entendre les témoins que sur les faits contenus en l'Arrêt du trois Septembre, donné au rapport dud. sieur Tambonneau. Lesdits de Langhac, n'étant pas satisfaits de l'enquête qu'ils avoient faite, se seroient avisez de présenter Requête, par laquelle ils auroient exposé, que ladite opposition les avoit empêchez de faire leur Enquête, & demanderent que le délay leur fut prorogé, & qu'il leur fut permis de faire preuve des faits clos & cachetez, avec la permission d'obtenir Monitoire pour cet effet. Quoy que cette Requête soit absolument contraire à lad. nouvelle Ordonnance, dont le premier Article des Enquêtes avoit été produit ; le sieur de Brillac Conseiller en la Grand'-Chambre, ne délaissa pas sur appointé à mettre, sans connoître le fonds du procès, & sans que les pieces d'iceluy fussent produites, de donner Arrêt le 31. Juillet 1668. par lequel il prorogea le délay de faire enquête, de six semaines, & ordonna qu'il seroit fait enquête des faits clos & cachetez, ce qui est une manifeste contravention à ladite nouvelle Ordonnance au titre des Enquêtes, Article 1. laquelle étoit lors dudit Arrêt dans une entiere execution. Une contravention si manifeste que celle-là obligeoit ledit de Brion à former opposition à l'encontre de cet Arrêt donné au rapport du sieur de Brillac, il fit signifier son opposition au Lieutenant Particulier de Clermont, & aux Officiers dudit Présidial, par laquelle il leur fait connoître que l'Arrêt donné au rapport dud. sieur de Brillac le 31. Juillet 1668.

Moyen. étoit une manifeste contravention à la nouvelle Ordonnance qui leur servoit de loy, & qui leur faisoit connoître qu'ils ne devoient pas être les ministres d'une contravention : néanmoins ledit Lieutenant Particulier de Clermont n'auroit pas laissé de faire publier Monitoire, & de faire enquête des faits clos & cachetez ; mais lesdits de Langhac n'étant pas satisfaits de cette seconde enquête, ont pris prétexte de l'opposition formée par le Suppliant à l'execution de l'Arrêt donné au rapport dudit sieur de Brillac ; ils ont pre-

L'autre Arrêt dont le sieur de Brion se plaint. senté Requête à la Grand' Chambre, par laquelle ils ont demandé qu'attendu l'opposition formée par ledit Suppliant, il leur fut donné un autre délay pour faire enquête. & sur un appointé à mettre au rapport du sieur Daurat ; ils ont obtenu Arrêt le 19. Mars 1669. par lequel il a été ordonné que l'Arrêt donné au rapport du sieur de Brillac seroit executé, quoy que l'on eût

eût

eût reprefenté que c'étoit une contravention à la nouvelle Ordonnance de Sa Majefté, & que l'on eut mis ledit fieur Dorat dans le chemin de rectifier par cette oppofition, ce qui avoit été mal ordonné par l'Arrêt du 31. Juillet 1668. donné au rapport dudit fieur de Brillac : l'Arrêt donné au rapport dudit fieur Dorat eft intervenu qui confirme ladite contravention. A CES CAUSES, re- queroit qu'il plût à Sa Majefté caffer lefdits Arrêts dés 31. Juillet 1668. & 19. Mars 1669. comme contraires à la nouvelle Ordonnance de Sa Majefté ; & attendu que le Suppliant s'eft rendu contraire à ladite Grand'Chambre par ladite Requête, il fupplioit Sadite Majefté de renvoyer la connoiffance de l'inftance de compte dont il s'agit au Grand-Confeil, ou en telle autre Chambre des Enquêtes qu'il plaira à Sadite Majefté. Et celle defdits de Lang- hac, contenant que défunt Maître Giraud de Brion, Receveur des Confi- gnations à Riom, n'a point perdu d'occafions à faire decreter dans l'Auvergne toutes les terres & biens fur lefquels il a eu prife, & pour cet effet il a recherché des ceffions & tranfports fous le nom de Pierre Alaufe fon domeftique jardinier en fa terre de Jerfac, & pour cela fous le nom du même Alaufe il a fait faifir réellement fur le défunt fieur de Montfan les terres de Blanzac, Perchonnet & autres, defquels il a pourfuivy les criées en ladite Sénéchauffée d'Auvergne, à Riom il y a eu des baux judiciaires & adjudications faites des fruits és années 1635. jufques & compris l'année 1640. defquels fruits il a fait rendre compte au Parlement par le nommé Chaumart fon Commiffionnaire particulier : ce com- pte a été arrêté à la fomme de quatorze mille neuf cens foixante & deux li- vres, ladite fomme payée audit de Brion Receveur des Confignations, l'adju- dication à l'ordre de ces terres a été faite au Parlement par un Arrêt du pre- mier Août 1643. lefdits fieurs de Langhac ont été colloquez pour la fomme. de cent douze mille trois cens livres dix fols trois deniers, le fonds a manqué fur leur collocation, ils font reftez creanciers de la fomme de trente fept mille fix cens quatre-vingt & une livre dix-huit fols, lefdits fieurs de Langhac étoient en droit de retirer dudit fieur de Brion Confeiller fils & heritier de Giraud de Brion ladite fomme de quatorze mille neuf cens foixante & deux livres ; mais parce qu'ils étoient débiteurs envers ledit fieur de Brion par une obligation particuliere de la fomme de huit mille huit cens liv. ils en deman- doient la compenfation, cela leur étoit promis, mais point d'execution ; enfin ledit fieur de Brion Confeiller a joint à cette fomme de huit mille huit cent, pour dix mille deux cens vingt livres d'interêts, & a fait faifir leurs terres & les a réduits forcement à s'engager à perte de Finance envers le fieur Poiffon Treforier des Finances à Riom, pour luy payer la fomme de dix neuf mille vingt livres en principal, interêts & fruits fuivant fa quittance du 11. May 1659. les Supplians ont demandé audit de Brion audit Parlement par Requête du 4. Février 1660. qu'il fût tenu leur payer lad. fomme de quatorze mille neuf cens foixante & deux livres, & interêts : il a dit premierement qu'il n'étoit plus Receveur des Confignations, & qu'il falloit s'adreffer à Vernezon fon Commis, ce Vernezon a été appellé, il a dit qu'il n'étoit chargé d'aucune chofe concernant ce dont il s'agit, & qu'il falloit s'adreffer audit fieur de Brion, lequel a dit qu'il falloit juftifier qu'il fût chargé defdits deniers & des

Conclufions.

Requête
contraire des
fieurs de Lan-
ghac.

Tome I.   R r r r quittances de fon pere, ou de luy : l'on a voulu compulfer les Regiftres des con-fignations, il en a dénié la reprefentation en 1663. & de repondre fut faits : il y a eu Arrêt qui ordonne qu'il fubiroit l'interrogatoire, & reprefenteroit lefdits Regiftres : on a demandé audit fieur de Brion fon interrogatoire, tout cela a été refufé, ledit fieur de Brion s'eft déclaré oppofant à l'execution dudit Arrêt du Parlement ; & pour proceder fur fon oppofition en vertu de fon Com-mittimus, il a fait affigner lefdits de Langhac aux Requêtes du Palais le 24. Juillet 1664. il y a eu un autre Arrêt au Parlement le 29. Août 1664. par le-quel fans s'arrêter à fon oppofition, il eft ordonné que le précedent Arrêt feroit executé en cet état, ledit de Brion s'eft pourvû au Confeil, où il a ex-pofé ce Conflict, entre le Parlement, & les Requêtes, & parce que cela n'étoit pas fuffifant, il prit prétexte d'une Requête civile par luy obtenuë contre ledit Arrêt de 1643. laquelle il avoit traduit en la Chambre de l'Edit au nom de Pierre Chaultre fon cocher, duquel il a depuis pris rétroceffion : cette inftance a duré au Confeil, depuis le mois de Décembre 1664. jufques au 10. Juillet 1665. que par Arrêt contradictoire les parties furent renvoyées audit Parlement pour y proceder fuivant les derniers erremens; l'on a de nou-veau retenu la caufe audit Parlement, l'on a continué la procedure, l'on a de nouveau demandé l'interrogatoire dudit fieur de Brion, il l'a refufé, l'on a de-mandé la reprefentation des Regiftres des confignations, il a fait reprefenter à Riom un faux Regiftre & fauffement fabriqué, parce qu'il ne s'eft rien trouvé fur iceluy des fruits dont il s'agit, les Supplians ont eux-mêmes rapporté & produit en l'inftance des quittances paffées par ledit défunt de Brion : l'on en a rapporté d'autres paffées par ledit fieur de Brion, Confeiller pour lefd. fruits & interêts defdits fruits, encore bien qu'un Officier public Receveur des confignations ne foit pas recevable à dire qu'il n'eft point obligé de défen-dre, ou payer par le défaut, de luy reprefenter fes quittances, parce qu'il doit reprefenter fes Regiftres en bonne forme : il y a eu Arrêt contradictoire le 7. Septembre 1666. qui a ordonné que ledit fieur de Brion rendroit compte defdits fruits, ce compte a été prefenté devant le fieur Tambonneau, Con-feiller, dans lequel ledit de Brion n'a employé en recette que les fommes de mille une livre, & trois mille huit cens quatre-vingt douze livres onze fols : ce compte a été contefté, l'on a foûtenu qu'il devoit reprefenter un veritable Regiftre des confignations. L'affaire vûë de nouveau par grands Commiffai-res, les fupplians auroient foûtenu & mis en fait qu'il y avoit un Regiftre des confignations, dans lequel étoit tranfcrite la recette faite par ledit de Brion des fruits dont il s'agit, & que ce Regiftre avoit été lu, vu & tenu par plufieurs perfonnes, ils ont demandé en cas qu'il y eût difficulté à l'adjudication de leurs conclufions être admis à la preuve, les Supplians pour la deuxiéme fois font retournez au Confeil, où ils ont demandé d'être renvoyez en la

Chambre de l'Edit par l'Arrêt du 8. Février 1667. l'on a renvoyez au Parquet du Parlement, & après plufieurs pourfuites, il y a eu Arrêt qui a de-laiffé les parties comme avant ledit Arrêt du 8. Février 1667. il y a eu un au-tre Arrêt le troifiéme Septembre 1667. qui a ordonné que les parties articu-leroient plus amplement leurs faits, fçavoir les Supplians, qu'il y a un Regiftre

Arrêt en l'execution duquel les autres font rendus.

des confignations & de la recette des baux judiciaires qui a été vu, lu & teu, & ledit de Brion au contraire informeroit defdits faits dans le lendemain de la faint Martin pardevant le Lieutenant General de Riom, fuivant lequel Arrêt lefdits de Langhac ont articulé leurs faits, & les ont faits clore, fuivant l'ancien ufage obfervé avant la nouvelle Ordonnance: ledit fieur de Brion qui avoit été forclos n'a point contefté la clôture, il eft vray qu'aprés lefdits faits clos, lefdits de Langhac ont baillé leur Requête, par laquelle ils ont reprefenté, qu'à caufe de l'autorité dudit fieur de Brion dans la Province, tant par fa Charge de Confeiller au Parlement, qu'à caufe de celle de Receveur des Confignations, par le moyen de laquelle toutes les familles d'Auvergne fe trouvent engagées envers luy, ils ne pouvoient faire la preuve s'ils n'avoient auffi la faculté de faire publier Monitoire, fur leur Requête eft intervenu Arrêt le cinquiéme Octobre 1667. par lequel ladite Requête a été renvoyée audit Lieutenant General de Riom ; mais au lieu de proceder ledit fieur de Brion y a fait réfiftance, tant par une Requête civile qu'il a obtenuë le 14. Octobre 1667. contre ledit Arrêt du 3. Septembre audit an, que par une Requête fommaire du 24. dudit mois d'Octobre, afin d'oppofition à l'execution dudit Arrêt du 5. Octobre, tellement que le Juge de Riom n'auroit ofé paffer outre, fi ce n'eft au fait de l'enquête en laquelle l'on pourroit dire que ledit fieur de Brion a luy même paffé des dépofitions de témoins qui luy étoient affectez, lefdits de Langhac ont donné leur Requête au Parlement, pour demander que ledit Arrêt du 3. Septembre fût executé, & permis de faire publier Monitoire ; il a empêché la plaidoirie de la caufe pendant plus de quatre mois ; enfin l'inftance appointée au rapport du fieur de Brillac ; il y a eu Arrêt le 29. Juillet 1668. fur productions des parties, & contredits refpectifs des parties, par lequel le délay de faire l'enquête a été renouvellé de fix femaines, pendant lequel lefdits de Langhac pourroient obtenir Monitoire des faits qui ont été clos ; à l'effet de quoy ils fe pourvoiroient pardevant le Sénéchal d'Auvergne ou fon Lieutenant à Clermont : Ledit fieur de Brion qui fçait que le fait étoit notoire dans la Province, a formé fur les lieux oppofition à l'execution dudit Arrêt, tant en fon nom que celuy du nommé Sablon à prefent fon Commis en ladite Charge de Receveur des Confignations, il a déclaré qu'il empêchoit formellement qu'il ne fût procedé, d'autant qu'il avoit recouvert des Regiftres, faifant mention des confignations des fruits dont eft queftion, qu'il vouloit bien reprefenter. Et de fait, il a reprefenté de petits Regiftres, dans lefquels s'eft trouvé une grande partie des fruits dont il s'agit ; L'on a foûtenu qu'il y avoit un autre Regiftre couvert de bazanne, ce qui fe juftifie encore par les mêmes Regiftres reprefentez, fur lefquels il y a écrit le mot Regiftre, ce qui fait connoître que ces Regiftres reprefentez n'étoient que des Regiftres broüillards. Cela fe connoiffoit encore par le compte que ledit fieur de Brion avoit reprefenté en ladite Cour, en ce qu'il a employé en recette une fomme de mille une livre : Cependant cet article ne fe trouve point fur lefdits Regiftres reprefentez, ce qui pourtant devoit avoir été pris fur un Regiftre qu'il a pardevers luy. L'on a demandé audit Sablon fon affirmation fur le fait du Regiftre, il a offert, à condition qu'elle feroit décifoire. Lefdits de Langhac qui ne demandent rien audit Sablon, qui de luy-même s'eft fait partie en ce procés, ont confenti que fon ferment fut décifoire à fon égard. Il a été fommé d'affirmer, il en a fait refus; Bien plus, ledit fieur de Brion a fait fignifier fes oppofitions & empêchemens aux Juges des lieux & aux Curez, pour empêcher la publication des Monitoires, & que l'Arrêt fut exécuté : ce qui a neceffité lefdits de Langhac de revenir au Parlement demander, que nonobftant & fans s'arrêter aufdites oppofitions les Arrêts fuffent executez, ledit fieur de Brion l'a encore empêché. Il y a eu Appointement à mettre pardevant ledit fieur de Brillac, lequel n'a pas voulu juger, parce que ledit fieur de Brion l'a été quereller dans fa maifon, enfuite dequoi le procés a été diftribué au défunt fieur Dorat, devant lequel les parties ont écrit, produit & contredit, & donné plufieurs Requêtes incidentes : Et fur ce eft intervenu Arrêt le 19. Mars 1669. portant, que les Arrêts de ladite Cour des 3. Septembre & 5. Octobre 1667. & 15. Juillet 1668. feroient executez. Pour éluder l'execution defquels Arrêts contradictoires rendus avec grande connoiffance de caufe, ledit fieur de Brion a donné fa Requête au Confeil, pleine de fuppofitions, tendante à la caffation defdits Arrêts du Parlement, prétendant qu'ils ont été rendus contre la nouvelle Ordonnance ; & dit pour tous moyens, que par le premier Article du Titre 13. des Enquêtes de ladite nouvelle Ordonnance : Défenfes font faites de faire preuve d'un fait fur Interdit & Réponfe, Jugement & Commiffion, à laquelle objection les Supplians répondent ledit Article du Titre des Enqueftes ne fait rien au fait dont il s'agit entre les parties, & n'eft point conçu dans les termes rapportez par ledit de Brion : par ces Articles, ladite Ordonnance abroge les Enquêtes d'examen à futur & par Turbes, dequoi il n'eft point queftion entre les parties, s'agiffant feulement de la preuve d'un Regiftre des Confignations, qui eft un dépôt public, que l'on ne peut cacher & retenir fans crime, dont la preuve eft toûjours reçüe. A quoi les Supplians ajoûtent ; Que ledit de Brion n'a pas fujet de fe plaindre dudit Arrêt du 31. Juillet 1668. parce qu'il ne juge que l'execution des Arrêts cy-devant rendus, & ledit de Brion ne peut pas donner d'atteinte audit Arrêt du 31. Juillet, fous prétexte de ladite nouvelle Ordonnance: Dautant que Sa Majefté par l'Arrêt de fon Confeil du 31. Janvier dernier, a remis toutes les Contraventions qui ont été faites à lad. Ordonnance jufques au jour dudit Arrêt : De forte que quand ledit Arreft auroit été rendu contre ladite nouvelle Ordonnance, que non, led. de Brion ne pourroit pas en tirer avantage pour en demander la caffation, attendu qu'il a été rendu avant ledit Arreft du Confeil. Quant audit Arreft du Parlement du 19. Mars, il n'a jugé que l'execution des précedens, d'où il fe voit que ledit de Brion n'a pas fujet de s'en plaindre, & fon procedé fait voir qu'il n'a autre deffein que d'éloigner autant qu'il luy fera poffible le jugement du procés dont eft queftion, s'étant à cette fin déja pourveu deux fois au Confeil. Et pouffé du même efprit, il demande par ladite Requête, Qu'il plaife à Sa Majefté évoquer & renvoyer l'inftance de compte dont il s'agit au Grand-Confeil, ou en telle Chambre des Enquêtes dudit Parlement qu'il plaira à Sa Majefté : ce qui fait bien connoître l'injuftice de fa Caufe, puis qu'il ne veut pas avoir fes Confreres pour Juges, & veut empefcher que fon procés foit jugé par ceux de la Compagnie. Les Supplians auroient droit de demander l'évocation dudit procés, auquel ils ont ledit sieur Brion pour partie, qui est Conseiller audit Parlement, & y a le sieur de Vassan aussi Conseiller, son beau-frere, & plusieurs autres parens & amis : Mais leur Cause est si juste, qu'ils esperent que ledit Parlement leur confirmera leur droit nonobstant les parentez, faveur & Support que ledit de Brion peut avoir en iceluy. A CES CAUSES, requeroient les Supplians, qu'il plût à Sa Majesté, débouter ledit sieur de Brion de sadite Requête, & le condamner aux dépens. Autre Requête presentée au Conseil par ledit sieur de Brion, tendante à ce qu'il plût à Sa Majesté, casser lesdits Arrêt dudit Parlement de Paris des 31. Juillet 1668. & 19. Mars 1669. comme contraires à la nouvelle Ordonnance, & attendu qu'il s'est rendu contraire, la Grand'-Chambre dudit Parlement par ladite Requête, il supplicit Sa Majesté de renvoyer la connoissance de l'instance de compte dont s'agit au Grand-Conseil, ou en telle autre Chambre des Enquêtes qu'il luy plaira. Autre Requête desdits de Langhac servant de réponse à celle dudit de Brion, tendante à ce qu'attendu qu'il appert du contenu en ladite Requête par ledit Arrêt du 3. Septembre 1667. lesdits faits, & articles clos aprés des forclusions obtenuës le 14. Octobre 1667. suivant l'ancien usage de ladite Enquête, commencée le 11. Novembre ensuivant, & de l'Arrêt du Conseil du 21. Janvier dernier, il plût à Sa Majesté débouter ledit sieur de Brion de sadite Requête. Autre Requête dudit sieur de Brion servant de réponse à celle desdits de Langhac, à ce qu'il plût à Sadite Majesté, luy adjuger les fins & conlusions de sadite Requête. Autre Requête desdits de Langhac, à ce qu'il plût à Sadite Majesté débouter ledit de Brion de ses Requêtes, & le condamner aux dépens ; & attendu que les parties procedent en la Grand'Chambre dudit Parlement en vertu d'un Arrêt de renvoy du Conseil, ordonner que les parties y procederoient suivant les derniers erremens, sauf audit sieur de Brion à récuser ledit sieur de Brillac, qui seul pourroit luy être suspect ; le sieur Dorat, au rapport duquel le dernier Arrêt dont il se plaint, a été rendu étant décedé. Vû aussi les Arrêts du Conseil & dudit Parlement cy-devant dattez & énoncez, & autres piéces attachées ausdites Requêtes. Oüy le rapport du sieur Pussort, Conseiller ordinaire de Sa Majesté en ses Conseils, Commissaire à ce député : Et tout consideré, LE ROY E'TANT EN SON CONSEIL, a débouté & déboute ledit sieur de Brion de ses Requêtes, & l'a condamné aux dépens. Fait au Conseil d'Etat du Roy, le Roy y étant, tenu à S. Germain en Laye, le 29. jour de Juillet 1669. Signé, COLBERT.

POUR Dame Françoife de Caftellane, veuve du Sieur de Joucques.

CONTRE *Antoine d'Albertas, Sieur de S. Mefmes, fon beaufrere.*

TITRE XXII. DES ENQUESTES.

L'Enquête par Turbes ordonnée en 1666. eft continuée & executée en vertu d'Arrêt de 1668.

Requête
de la Dame
de Caftella·
ne.

SUR les Requêtes refpectives prefentées au Roy étant en fon Confeil, l'une par Dame Françoife Dumas de Caftellane, veuve de Meffire Surleon d'Albertas, Seigneur de Joucques & de Roquefort : Et l'autre par Antoine d'Albertas, Seigneur de S. Mefmes & de Dauphin. Celle de ladite Dame de Joucques, contenant ; Que par Sentence du Lieutenant General d'Aix renduë contradictoirement avec ledit fieur de S. Mefmes fon beaufrere, & les creanciers dudit feu fieur de Joucques fon mary, ayant été receuë à accepter fa fucceffion par benefice d'inventaire, elle fe feroit mife en état d'y faire proceder dans le temps qui luy étoit prefcrit : Mais ledit fieur de S. Mefmes luy ayant infinué qu'il étoit plus à propos pour l'honneur de fa famille & pour le bien de fes enfans mineurs, en nombre de fept, de regler à l'amiable les prétentions defdits creanciers, que d'entrer avec eux dans une conteftation de rigueur, il l'auroit flattée de luy rendre dans cette conduite tous les bons offices qu'il en pouvoit efperer, & qu'un bon parent eft obligé de rendre à fa famille ; mais ce ne fut tout au contraire, que pour la furprendre, & faire couler le temps qui luy avoit été donné pour parachever led. inventaire, afin de la foûtenir aprés cela non recevable, comme il a fait dans la fuite, à fe porter heritiere beneficiaire dudit défunt : Et par cet artifice s'étant emparé des biens de lad. fucceffion, fur lefquels il fe fit cependant colloquer contre toutes les formes, c'eft le fujet de leur procés, qui fut d'abord porté au Parlement de Provence, & qui depuis en a été évoqué & renvoyé en celuy de Dijon, où la Suppliante ayant demandé fa réintegrande, & qu'il luy fût permis de faire proceder audit inventaire ; ledit fieur de S. Mefmes l'y foûtint non recevable, encore que fuivant l'ufage du Païs de Provence un heritier puiffe en tout temps

Arrêt qui or-
donnoit
qu'il feroit
informé par
Turbes &
de quoy.

faire proceder à l'inventaire des biens du défunt, quand une fois il a été admis, à moins que des creanciers legitimes ne l'en ayent fait décheoir : furquoy feroit intervenu Arrêt le 23. Aouft 1666. par lequel avant faire droit au principal, fut ordonné qu'il feroit informé par Turbes de l'ufage du Païs par le Confeiller Rapporteur, cependant que led. fieur de S. Mefmes joüiroit des biens de la·

dite fucceffion ; Et comme la Suppliante en fouffroit deux préjudices , l'un d'ê-
tre obligée d'avoir un Commiffaire qui luy étoit fufpeét, & que fuivant la dif_
pofition des anciennes Ordonnances & Privileges de la Province, il devoit
s'en abftenir pour en laiffer l'inftruétion aux Juges des lieux ; & l'autre
qu'elle étoit dans une impuiffance toute entiere de fournir à des frais qui fe
fuffent montez à plus de fept à huit mille livres , lors qu'elle n'avoit qu'une
provifion modique pour fes alimens & ceux de fes enfans : elle protefta de fe
pourvoir contre ledit Arrêt : Mais ayant été rendu le dernier jour du Parlement , & la Chambre des Vacations étant interdite de connoître des procez évoquez , elle fut obligée de differer jufqu'après la faint Martin fuivante :
Et par fa Requête ayant foûtenu que ledit Parlement devoit fe conformer aux
Privileges du Païs de Provence , puifque ledit procès en avoit été évoqué : &
qu'aux termes d'iceux les premiers Juges qui font fur les lieux , doivent neceffairement proceder à l'execution des Arrêts rendus par les Cours Souveraines,
ainfi que le Parlement de Dijon avoit ordonné en pareil cas ; par deux autres
Arrêts des cinquiéme Aouft 1 6 6 1. & vingt deuxiéme Mars 1666. elle fut
néanmoins déclarée non recevable en des exceptions qui font autant legales
qu'elles étoient peremptoires & décifives, ce qui la réduifit dans cette derniere
extremité d'abandonner audit fieur de S. Mefmes tous les biens de lad. fucceffion , en luy payant une penfion pour fa fubfiftance & de fes enfans, finon qu'il
fut condamné de faire les frais de la defcente : Et comme cet incident qui fut
renvoyé pardevant le fieur de Magny , Confeiller , pour y être fait droit à fon
rapport, étoit des plus juftes , & que ledit fieur de S. Mefmes avoit fujet d'en
craindre le fuccès, il foutint que l'inftruétion n'en pouvoit être faite que par le
fieur de Gouft qui avoit rendu l'Arrêt du 23. Aouft, & qui s'étoit commis
pour faire ladite enquête , mais pour porter les chofes encore bien plus loin &
gagner de fecondes vacations , ayant interjetté appel de la procedure , la Suppliante fut après la faint Martin fuivante confeillée d'obtenir des lettres en
forme de Requête civile au nom de fes enfans, contre l'Arrêt du 23. Aouft
pour exclure ledit fieur le Gouft de l'execution d'une commiffion , les frais de
laquelle euffent abforbé le peu qu'ils pouvoient efperer des biens de la fucceffion dudit feu Thomas de Joucques leur pere , ce que ledit fieur de Saint
Mefmes jugeant bien encore ne pouvoir éviter , il auroit furpris une lettre Ordonnance alleguée contre un Ar-rêt.
de cachet pour en furfeoir le jugement , fous prétexte de l'affemblée de la No-
b'effe qui fe devoit tenir en Provence, & laquelle étant finie , alors ledit fieur
de Saint Mefmes , qui par fes furfeances mendiées avoit fait couler le délay accordé à la Suppliante pour faire ladite enquête , auroit foutenu que ledit
Parlement ne pouvoit le renouveller , & que même il ne devoit plus être fait
aucune enquête par turbes & aux termes de la derniere Ordonnance ; mais la
Suppliante ayant fait voir qu'elle ne pouvoit luy être oppofée. Primò , d'au- Réponfe.
tant qu'il s'agiffoit de l'execution d'un Arrêt rendu plus de dix huit mois auparavant. Secundò , que celuy du vingt troifiéme Aouft eût été pleinement
executé fans les fuites de chicannes dudit fieur de Saint Mefmes , qui ne pouvoient être oppofées à la Suppliante , ayant de fa part fait toutes les diligences

possibles & plus que l'on ne pouvoit attendre d'une veuve & d'orphelins dé-
nuez de tout secours, au moyen dequoy le délay de faire ladite enquête n'a-
voit pû courir contre eux, non plus que la prescription ne court jamais contre ceux qui l'ont interrompuë par des actes legitimes. *Tertiò*, que la même
Ordonnance qui défend l'execution des Arrets aux Juges qui les ont rendus
étant conforme aux privileges du Païs de Provence, elle imposoit audit Parlement une loy necessaire d'y déferer, & d'enteriner par ce moyen la Requête civile desdits mineurs. *Quartò*, que c'eût été ôter à la Suppliante & à
ses enfans le moyen unique qu'ils avoient pour soûtenir la justice de leur cause, puis qu'elle consiste dans le seul usage du Païs de Provence, qui est inconnu
au Parlement de Dijon, & duquel ne pouvant avoir aucun éclaircissement que
par une enquête, il n'étoit pas possible de se dispenser de la permettre, à moins
que de vouloir les obliger à tout abandonner. *Quintò*, bien loin que les loix
ôtent les moyens de droit, elles les facilitent toûjours, sur tout en l'endroit des
veuves & des orphelins. Enfin c'eût été couronner la mauvaise foy, le dol
& la fraude dudit sieur de saint Mesmes, qui a fait couler le temps, par
une conduite artificieuse concertée dans le seul dessein de priver la Suppliante
d'un droit acquis pour s'approprier le bien d'une succession qu'il devoit avoir
déguerpie dés il y a long-temps suivant la maxime commune du droit, & c'est
par toutes ces considerations & autres qui furent plus amplement déduites,
que ledit Parlement rendit un second Arrêt du vingt troisiéme Aoust 1668.
portant que par le Sénéchal de Nismes, ou son Lieutenant non suspect, il seroit
procedé à ladite preuve dans quatre mois pour tous délais sans esperance d'aucun autre, à quoy ayant été satisfait il ne restoit plus qu'à faire droit sur les
differends des parties au principal, lors que ledit sieur de saint Mesmes a surpris le dixiéme Janvier dernier un Arrêt au Conseil sur Requête qui n'a pour
moyens que des suppositions, portant cassation du délay accordé par ledit Parlement du 23. Avril 1668. & de tout ce qui s'en est ensuivi, pour proceder
audit Parlement, ainsi qu'auparavant, c'est à dire pour y prononcer seulement
la condamnation de la Suppliante & de ses enfans mineurs, rendu au rapport
du sieur Boulenger d'Haqueville, Maître des Requêtes, bien que ledit sieur
de saint Mesmes eût auparavant déclaré qu'il l'avoit remise entre les mains du
sieur Pussort, Conseiller ordinaire du Roy en tous ses Conseils, ce qui oblige
la Suppliante d'implorer à present la Justice, & la protection de Sa Majesté,
dans une occasion si importante, & qui interesse sa fortune & celle de ses enfans, qui seroit des plus malheureuses, puisque non seulement l'usurpateur de
ses biens ne pourroit en être dépossedé; mais auroit encore une action contr'eux
aussi-bien que les autres creanciers de leur feu pere, pour les faire contraindre
au payement de ce qu'ils prétendent leur être dû, comme s'ils étoient ses héritiers purs & simples, parce qu'il a trouvé le moyen de faire couler le temps accordé pour faire l'inventaire, par des appellations interjettées, & par des surséances qu'il a obtenuës, & qui ne pouvoient avoir lieu pour retarder une instruction necessaire en tout état de Cause; le délay de laquelle n'a point encore
couru à la rigueur contre la Suppliante, ni ses enfans, puis qu'ils ont fait toutes

les

les diligences neceſſaires pour lever les obſtacles qui leur étoient oppoſez :
Si bien que les quatre mois portez par le dernier Arrêt dudit Parlement, ne
peuvent paſſer pour un renouvellement de délay, mais bien plûtôt pour une
confirmation de celuy qui avoit été accordé avant la derniere Ordonnance, à
laquelle bien loin, par ledit Parlement d'avoir contrevenu par ſon Arrêt du
23. Août dernier, il auroit tout au contraire ordonné conformément à icelle,
que ladite preuve ſeroit faite par un Commiſſaire, autre que celuy qui a rendu
l'Arrêt, & l'execution s'en étant enſuivie auparavant qu'il y ait été donné
aucune atteinte, il eſt évident que cette procedure reguliere doit ſubſiſter &
demeurer au procés, pour y avoir égard en jugeant iceluy, avec d'autant plus
de raiſon que les deux premiers Arreſts, qui ont ordonné lad. preuve, & qui
l'ont jugée abſolument neceſſaire pour la déciſion du differend des parties, ſub-
ſiſtent toûjours. Que quand l'on pourroit imaginer avec trop de ſcrupule la
moindre contravention, elle ſe trouveroit avoir été remiſe par l'Arreſt du
trente & un Janvier dernier, qui a ordonné l'execution de tous les Arreſts, Jugemens & Sentences renduës en dernier Reſſort, quelques contraventions que
l'on puiſſe oppoſer à la derniere Ordonnance, nonobſtant & ſans s'arrêter aux
Requeſtes qui avoient été preſentées en caſſation d'iceux : De ſorte que ledit
ſieur de S. Meſmes qui avoit declaré avoir mis la ſienne entre les mains dudit
ſieur Puſſort, dès le ſeiziéme Novembre precedent, en a été tacitement débouté, ſans que l'exception portée par le même Arreſt, des affaires auſquelles
Sa Majeſté avoit auparavant pourvû, puiſſe eſtre interpretée par ledit ſieur de
S. Meſmes en ſa faveur ſous pretexte qu'il en avoit obtenu un particulier au
Conſeil, le 10. Janvier precedent, n'y ayant point encor été lors prononcé ſur
une contravention à la derniere Ordonnance : Etant le ſeul & premier exemple introduit en iceluy pour prévenir la réſolution, qui avoit auparavant été
priſe au Conſeil de l'extrait de remettre toutes les contraventions à la derniere
Ordonnance, & de debouter ledit ſieur de S. Meſmes de ſa Requête, auſſi
bien que de toutes les autres qui avoient été preſentées ſur le même fondement. Requeroit à ces cauſes la Suppliante, qu'il plût à Sa Majeſté, ſans s'ar- Concluſions.
reſter à l'Arreſt dudit Conſeil rendu ſur Requeſte ledit jour 10. Janvier dernier, ni à tout ce qui pourroit s'en eſtre enſuivi : Ordonner que celuy dudit
Parlement du 23. Août 1668. & l'Enquête faite en conſéquence, ſeront executez : Enjoindre audit Parlement d'y avoir le même égard que ſi elle avoit
été faite auparavant la derniere Ordonnance : Faire trés-expreſſes inhibitions
& défenſes audit ſieur de S. Meſmes de ſe plus pourvoir au Conſeil ni ailleurs
pour raiſon de ce, à peine de tous dépens, dommages & interets, & le condamner en ceux de l'Arreſt qui interviendra ſur la preſente Requête. Celle Requête cõ-
traire.
dudit ſieur de S. Meſmes contenant, Que ſur le procez civil d'entre le Suppliant & ladite Dame de Joncques, évoqué du Parlement d'Aix & renvoyé en
celuy de Dijon, le Parlement de ladite Ville, avant rendu un Arreſt en datte Moyens op-
poſez à l'En-
du 23. Août 1668. par lequel ladite Dumas a fait ordonner une Enqueſte par queſte par
Turbes pour prouver un prétendu uſage contre la diſpoſition formelle de l'Or- Turbe de-
donnance du mois d'Avril 166-. par laquelle en l'Art. 13. les Enqueſtes par mandée.
Turbes ont été abrogées, & défenſes ont été faites à tous Juges d'y avoir

Tome I. Ssss

égard ; le Suppliant ne voulant pas executer ledit Arrêt, & contrevenir à
l'intention de Sa Majesté, pour faire une Enquête contraire a celle que ladite
Dumas prétendoit de faire, il auroit d'abord protesté de nullité dudit Arrêt & déclaré qu'il s'étoit pourvû au Conseil pour en pourfuivre la caffation ;
au préjudice dequoy & de toutes les proteftations faites de la part du Suppliant,
ladite Dame Dumas ayant continué de faire proceder à ladite Enquête par
Turbes, ledit Suppliant auroit pourfuivi Arrêt fur fa Requête, laquelle fut
rapportée en plein Conseil le 10. Janvier dernier, par le fieur le Boulanger
d'Haqueville, Conseiller de Sa Majesté en fes Confeils, Maître des Requêtes
ordinaire de fon Hôtel : par lequel, fans s'arrêter à l'Arrêt du Parlement de
Dijon dudit jour 23. Août, & à tout ce qui a été fait en conféquence d'iceluy,
les parties ont été renvoyées audit Parlement pour y proceder, comme l'on
auroit pû faire auparavant ledit Arrêt, & tout ce qui s'en feroit enfuivi. Et
quoy que ledit Arrêt rendu au Conseil foit fondé fur la difpofition formelle de la derniere Ordonnance, ladite Dumas a bien eu l'audace de fe pourvoir contre ledit Arrêt, & de prefenter une Requête, laquelle a été remife
entre les mains de plufieurs des fieurs Conseillers de Sa Majesté, Maîtres des
Requêtes, qui en ont communiqué avec ledit fieur d'Haqueville : Mais ayant
été plus particulierement informez de la juftice dudit Arrêt, la Requête de
lad. Dumas a été refufée & renduë ; & voyant bien qu'elle ne pouvoit pas donner atteinte audit Arrêt du Conseil de Sa Majesté, auquel l'affaire fut amplement difcutée, elle a fait déclarer au Suppliant qu'elle avoit remis fa Requête
entre les mains de Monfieur Puffort, Conseiller de Sa Majesté en tous fes Confeils, de laquelle Requête ayant pris communication, il a vû que ladite Dumas n'avoit rien oublié pour furprendre la religion de Sa Majesté, pour faire
paffer le Suppliant pour l'ufurpateur de fes biens, & pour perfuader contre la
verité, fauf correction, qu'aprés la mort dudit fieur d'Albertas, frere du Suppliant, & mary de ladite Dumas ; ledit Suppliant, contre le devoir d'un
bon parent fit une infidelité à ladite Dumas, ce qui oblige le Suppliant de
juftifier fa conduite, & de faire voir en même temps qu'il n'y a point de chicane & de mauvaife foy que ladite Dumas n'ait exercée, pour faire perdre une
bonne partie des droits qu'il avoit aux fucceffions de fes pere & frere : Auquel
effet, Sa Majesté eft trés-humblement fuppliée de confiderer, que ledit Suppliant étant creancier dudit feu fieur de Joucques pour une fomme de quinze
mille huit cens trente-deux livres : fçavoir, Douze mille fix cens quarante fix
livres pour refte des partages entre eux faits defdites fucceffions de leurfdits
pere & frere, defquelles fommes ledit défunt auroit payé au Suppliant pendant
fa vie partie des interêts fuivant l'Ordonnance, ayant cours en Provence, & de
trois mille cent quatre vingt fept livres pour prêt à luy fait par ledit Suppliant,
fuivant les obligations qui en furent confenties par ledit défunt, les années
1636. & 1637 le Suppliant a toûjours eu la confideration, qu'un bon frere
a dû avoir, pour ne pas incommoder fon frere tant qu'il a vêcu. Et aprés fon
décés arrivé le 12. Août 1653 ledit Suppliant a toûjours confervé la même
affection pour ladite Dumas, & pour les enfans neveux du Suppliant jufques à
ce qu'il a vû que ladite Dumas s'étoit emparée de tous les meubles & autres

effets de la succession dudit défunt, sans aucune formalité de justice ; qu'elle en
faisoit un mauvais usage & une dissipation évidente, ayant sans considerer la
memoire de son défunt mary ni les interêts de ses enfans aliené la plûpart
des meubles, & une partie des immeubles, pour employer les deniers desdites
ventes à ses folles dépenses ; ce qui donna lieu au Suppliant de s'en plaindre, &
de penser à la sûreté de sa dette : car encore que lors du décès dudit défunt,
il eût laissé des effets de valeur de plus de deux cens mille livres, ladite Dumas
prétendoit par la dissipation qu'elle avoit faite d'une partie desd. effets les plus
clairs, & dont elle avoit la facilité de disposer, ou par les grands prétendus
avantages que son mary luy avoit faits par le contrat de leur mariage, bien
qu'elle ne luy eût apporté en dot qu'une somme de vingt-quatre mille liv. dûë
par la Communauté Desguieres, dont lad. Dumas joüit encore, de se conserver ce qui restoit du bien, & de faire perdre au Suppliant & aux autres creanciers ce qui leur étoit dû legitimement : C'est dans cette pensée, qu'ayant
fait assigner le Suppliant & quelques autres creanciers devant le Sénéchal
d'Aix, elle obtint une sentence le 8. Janvier 1654. portant, Que ladite Dumas
feroit faire & parfaire l'inventaire des biens délaissez par ledit défunt dans le
temps de l'Ordonnance, sinon qu'elle en seroit déchûë. Le Suppliant a eu encore cette consideration, quoy qu'il eût été assigné à la requête de ladite
Dumas de surseoir ses poursuites, croyant que de bonne foy elle luy payeroit
tout ce qui luy étoit dû ; mais les autres creanciers n'ayans pas la même affection l'auroient poursuivie au Sénéchal de Marseille, pardevant lequel elle auroit fait évoquer la Cause, & par quatre diverses Ordonnances dudit Sénéchal,
à faute par ladite Dumas d'avoir satisfait à la presente Ordonnance dans la
multiplicité des délays qui luy auroient été accordez, étant constant que par le
Style & Reglement observé inviolablement au Sénéchal dudit Marseille, deux   Usage an-
comminations passoient en force de Cause jugée, & que les creanciers ne sont   cien de
plus obligez d'obtenir autres forclusions plus précises : elle a été déclarée dé-   Marseille.
cheüë du benefice d'inventaire, & condamnée à payer en son nom : De sorte,
qu'après cette déchéance, elle ne pouvoit plus se pourvoir, aussi-à telle incessamment procedé dans tous les actes qu'elle a passez en qualité d'heritiere testamentaire dudit défunt, ayant aliené la plûpart desdits effets en ladite qualité,
comme il résulte par plusieurs piéces, & particulierement par le prétendu état
qu'elle a produit au procez, sans avoir pris ni parlé de la qualité d'heritiere par
benefice d'inventaire. Le Suppliant s'étant enfin lassé d'attendre le payement de son dû, & voyant que ladite Dumas ne pensoit qu'à dissiper les effets
de ladite succession, il la fit assigner afin de condamnation pardevant le Sénéchal de Marseille en ladite qualité de veuve & heritiere testamentaire dudit
défunt, où lad. Dumas étant comparu, elle demeura d'accord de ladite qualité,
& trouva la dette du Suppliant si juste & si favorable, qu'elle passa condamnation, laquelle fut ordonnée du consentement de ladite Dumas par Sentence du
29. Novembre 1659. de laquelle le Suppliant ayant demandé l'execution, ladite Dumas n'eut pas la pensé de contester ladite qualité d'heritiere testamentaire : mais elle fit naître une autre contestation, ayant soûtenu qu'elle
avoit des communications à faire, c'est-à-dire, des compensations à demander

& que les parties devoient eſtre renvoyées pardevant des Arbitres, & paſſer un compromis : ſurquoy le Suppliant ayant juſtifié que ces prétenduës compenſations n'étoient que des prétextes recherchez pour éluder l'execution de la Sentence qu'il avoit obtenuë, laquelle étoit fondée ſur de bons contrats ; le Senéchal auroit par deux autres Sentences des ſixiéme & ſeptiéme Mars 1656. ordonné l'execution de la preſente Sentence, & condamné ladite Dumas au payement des ſommes dûës audit Suppliant par leſdits contrats, ſans que pendant leſdites pourſuites elle ait conteſté ladite qualité d'heritiere teſtamentaire ; & au contraire, ſous prétexte deſdits compromis, elle auroit interjetté appel deſdites Sentences du Sénécal de Marſeille, lequel appel elle auroit fait évoquer au Parlement d'Aix, Juge naturel des parties, & iceluy fait renvoyer audit Parlement de Dijon, où par Arreſt rendu contradictoirement le 7. May 16,8 l'appellation fut miſe au neant : Ordonné que ce dont étoit appel ſortiroit ſon effet par proviſion & à caution : & au principal à l'égard deſdites compenſations reſp ctives prétenduës par les parties, ordonné qu'elles ſeroient ſommairement ouyes pardevant le Commiſſaire, qui ſeroit ſur ce député, en execution duquel Arreſt ledit Suppliant ayant fait liquider ce qui luy étoit dû en principal & intereſts, il auroit fait proceder à la ſaiſie d'une partie des biens dudit défunt ſieur d'Albertas : ſçavoir d'une dette de neuf mille ſept cens vingt livres dûë par le païs de Provence, d'une rente de quarante trois charges de bled dûë par la Communauté de Joucques, & d'un jardin de cheneviers, ayant laiſſé le ſurplus des biens dudit défunt, & valeur de plus de cent cinquante mille livres à ladite Dumas & à ſes enfans, ſuivant l'état qui en a été communiqué au procez : & enſuite du propre conſentement de ladite Dumas, & aprés avoir eſſuyé pluſieurs chicanes, le Suppliant s'eſt fait colloquer ſuivant l'uſage du païs de Provence, ſur ce qu'il avoit fait ſaiſir, nonobſtant que ladite Dumas eût fait effort d'arrêter les pourſuites & contraintes du Suppliant, ſous prétexte qu'elle n'étoit heritiere dudit défunt que par benefice d'inventaire, de laquelle exception elle eût été déboutée par Arrêt dudit Parlement du 21. Janvier 1664. & leſd. collocations confirmées, & quoy qu'aprés ledit Arrêt il ne fût plus queſtion de ladite prétenduë qualité, dont lad. Dumas avoit été ſi ſouvent déboutée & déclarée déchuë, neanmoins elle ne s'eſt pas laſſée de renouveller cette même conteſtation, prétendant qu'elle doit être encore reçuë à faire un inventaire des biens dudit défunt, décedé il y a dix-ſept années, nonobſtant leſdits Arrêts & renonciation expreſſe, qu'elle a fondé ladite prétenduë qualité d'heritiere par benefice d'inventaire ſur divers actes paſſez avec des creanciers, & notamment ſur celuy du 18. Décembre 1655. en faveur deſd. Rogeoy l'un deſd. creanciers, conſervant toûjours l'intention de faire perdre les dettes dûës au Suppliant & aux créanciers, & aprés la diſſipation qu'elle a faite, de ſe maintenir ſur ce qui reſte de bien par les prétendus avantages de ſon mariage ; & pour cet effet à la veille du jugement du procés principal, elle auroit preſenté une Requête au Parlement de Dijon pour être reçuë à prouver, que par l'uſage du païs de Provence on pouvoit être reçû en tout temps à faire l'inventaire, après avoir pris la qualité d'heritiere par benefice d'inventaire, étant du devoir & de la diligence des creanciers, de les faire écheoir :

Uſage au
lieu du decret.

ce qui etoit inutile à la contestation des parties, parce que ce n'étoit pas le fait
du procés, & que d'ailleurs par les Sentences du Sénéchal de Marseille cy-
dessus mentionnées des douze Juin, troisiéme Juillet, second Octobre, & quatorziéme Septembre 1654. les creanciers dudit défunt auroient fait déchcoir
ladite Dumas du benefice dudit Inventaire, à faute par elle d'y avoir satisfait
dans les délays a elle accordez ; neanmoins ladite Dumas ayant poursuivy une
Ordonnance dudit Parlement, portant que ladite Requête seroit mise au sac
du procés, elle a le même jour de ladite Ordonnance du vingt-troisiéme Août
1666. poursuivy un Arrêt dudit Parlement, portant que ladite Dumas feroit
preuve par Turbes d'un fait tout contraire à celuy qu'elle avoit exposé par sa
Requête, ce faisant qu'elle prouveroit que l'usage du païs de Provence étoit
tel que le tems ordonné par le droit à l'heritier admis au benefice d'inventaire,
n'étoit pas observé à la lettre, en sorte que les Juges pouvoient accorder de
plus longs délais que ceux accordez par la loy, & que les creanciers devoient
faire forclore, ou déchcoir lesdits heritiers dudit inventaire, avant que de pouvoir agir contr'eux comme heritiers simples ; & ordonner que ladite preuve
feroit faite pardevant le Commissaire Rapporteur, ou en son absence pardevant le premier des Conseillers audit Parlement trouvé sur les lieux, à quoy
n'ayant pas satisfait, ni même fait aucune diligence pour satisfaire pendant le
dit tems & jusques au mois de May 1667. & pour empêcher le jugement du
procés principal poursuivy par le Suppliant, elle auroit presenté Requête audit Parlement pour faire proceder à ladite Enquête par Turbes, pardevant un
Magistrat des lieux, ce que ledit Parlement luy auroit refusé sur sa Requête,
par l'Arrêt dudit jour 17. May, parce qu'il s'agissoit de l'interpretation & de
la preuve d'une Coûtume ou d'un usage qui alloit à détruire la loy, ledit Parlement crut que cette procedure ne pouvoit être faite pardevant un Juge subalterne des lieux, qui pour leurs interêts particuliers font durer les procés contre la disposition des loix, & introduisent de mauvaises coûtumes ; mais par ledit Arrêt le délay de quatre mois fut renouvellé à ladite Dumas, laquelle ayant
continué de demeurer dans le silence sans faire aucune diligence pour faire ladite preuve, & ayant laissé passer jugement au mois de Juillet 1668. le Suppliant qui ne souhaittoit pas d'avoir toûjours un procés sur les bras, ayant appris
par la publication de la nouvelle Ordonnance du mois d'Avril de ladite année, que l'usage des Enquêtes par Turbes étoit abrogé, & que défenses
avoient été faites aux Juges d'y avoir aucun égard, que même en un autre
endroit de ladite Ordonnance les parties ne pouvoient esperer d'avoir qu'un
seul délay en matiere d'enquêtes & informations, ledit Suppliant auroit presenté sa Requête audit Parlement de Dijon, à ce que par cette consideration
ladite Dumas fut déclarée déchuë de ladite preuve & de ladite enquête par
Turbes ; mais au lieu par ledit Parlement de prononcer en conformité de ladite nouvelle Ordonnance, il auroit par l'Arrêt rendu le 23. Août 1668. ordonné que ladite Dumas feroit ladite preuve par Turbes pardevant ledit
Sénéchal de Nismes, ou son Lieutenant non suspect à ce commis dans quatre
mois, ce qui auroit obligé le Suppliant de protester de nullité dudit Arrêt,
& de faire déclarer à ladite Dumas le sixiéme Novembre 1668. que pour fai-

re réparer ladite contravention, ledit Suppliant s'étoit pourvû au Conseil, & avoit remis sa Requête & piéces entre les mains dudit sieur Paffort ; mais au lieu par ladite Dumas de déferer à la signification de nullité, & surseoir l'éxecution dudit Arrêt & de bailler sa Requête contraire ; elle auroit par un attentat amendable fait venir un Commissaire sur les lieux pour proceder à ladite enquête par Turbes abrogée par la nouvelle Ordonnance, auquel le Suppliant ayant continué de faire ses protestations de nullité les vingt & vingt-quatriéme dudit mois de Novembre, ledit Commissaire auroit ordonné qu'il seroit par luy passé outre nonobstant la prise à partie, & toutes les protestations du Suppliant ; & en effet il auroit procedé à l'interrogatoire de quelques témoins, de sorte que ladite Dumas voulant sur cette procedure attentatoire à l'Ordonnance, & qui avoit été faite sans défense de la part du Suppliant, lequel ne vouloit pas acquiescer à l'Arrêt dudit Parlement pour n'encourir pas l'indignation de Sa Majesté & les peines portées par son Ordonnance, il auroit cherché les voyes les plus promptes, par lesquelles il pouvoit faire réparer l'attentat & la surprise de ladite Dumas, & ayant remis sa Requête & ses piéces entre les mains dudit sieur d'Haqueville, il fit le rapport de l'affaire en plein Conseil, & par l'Arrêt cy dessus mentionné en datte du dix-neuviéme Janvier dernier, Sa Majesté a pourvû à la contravention qui avoit été faite à son Ordonnance, & a cassé l'Arrêt du Parlement de Dijon, au moyen dequoy Sa Majesté doit être efficacement persuadée de la bonne conduite du Suppliant, qu'il n'a rien fait que sur un juste principe pour se faire payer de ce qui luy est dû legitimement des successions de ses pere & frere, qu'il n'a obtenu ses collocations que sur les biens de son débiteur, & que ladite Dumas en joüit, ou en a disposé de la plus grande partie, que la procedure de ladite Dumas n'est qu'une chicanne évidente, qu'elle a continué depuis l'année 1653 pour avoir un pretexte de plaider, & de consommer le bien de ses creanciers & de ses enfans qu'elle dissipe tous les jours, & qu'en un mot la poursuite qu'elle fait après s'être emparée des biens de la dite succession sans aucune formalité de Justice, & en avoir joüy pendant dix sept années pour être reçûë presentement à faire proceder à un inventaire, est injuste & temeraire ; & l'Arrêt du Parlement de Dijon qu'elle a poursuivi quand il ne seroit pas contraire à la nouvelle Ordonnance, ne pourroit & ne devroit subsister, & il y auroit matiere suffisante par la lecture dudit Arrêt & de la Requête que ladite Dumas avoit presentée audit Parlement le jour dudit Arrêt, afin de parvenir à ladite preuve par Turbes, de se pourvoir au Conseil pour en faire ordonner la cassation, outre que les moyens de cassation que ladite Dumas a proposez contre ledit Arrêt rendu au Conseil, sont si foibles & si peu solides, qu'il n'y peut avoir aucune difficulté d'ordonner l'execution dudit Arrêt évocatoire, ladite Dumas n'ayant point baillé ni mis aucune Requête contraire à celle du Suppliant lors de la poursuite dudit premier Arrêt comme elle en demeure d'accord, & au contraire nonobstant les protestations du Suppliant, ayant continué l'execution de l'Arrêt du Parlement de Dijon avec beaucoup de violence & de precipitation, le Suppliant a pû se pourvoir valablement au Conseil pour le faire surseoir. *Secundò*, il n'est pas veritable, sauf correction, qu'auparavant l'Ordon-

n'ince derniere le Suppliant ait porté aucun empechement à l'execution des
deux premiers Arrêts dudit Parlement de Dijon, il a seulement toûjours
protesté de nullité de la contravention à l'Ordonnance, & de se pourvoir comme il a fait, & ladite Dumas n'a jamais fait aucunes diligences pour les faire
executer. *Tertiò*, les appellations & Requête civile dont ladite Dumas a fait
mention dans sa Requête ne font pas des contestations qui ayent aucun rapport avec ladite enquête par Turbes : ce qui est si veritable, qu'encore ladite appellation, ni la Requête civile n'ont pas été jugées, & cependant ladite
Dumas prétend avoir fait executer les Arrêts dudit Parlement de Dijon contraire aux Ordonnances de Sa Majesté, & d'avoir fait proceder à ladite enquête
par Turbes. A l'égard de la lettre de cachet, de laquelle ladite Dumas a voulu
tirer quelque avantage, le Suppliant representera à Sa Majesté qu'ayant eu
l'honneur d'être Syndic de sa Noblesse de Provence, & l'assemblée en ayant
été convoquée pendant un mois seulement, Sa Majesté ayant crû que la presence du Suppliant étoit necessaire à ladite assemblée pour les affaires de Sa
Majesté, il reçut des ordres pour se trouver à ladite assemblée, & à même tems
Sadite Majesté ordonna par ladite lettre de cachet qu'il seroit sursis au jugement dudit procés pendant un mois seulement ; mais cette surseance n'a eu
lieu qu'à l'égard du jugment dudit procés, & non pas pour l'instruction qui
n'a jamais été retardée & empêchée, outre que cette surseance n'étoit que
pour un mois, car l'assemblée de la Noblesse de la Provence ne dura pas plus
long-tems. Et quant à ce que ladite Dumas a allegué par sa Requête, que
les deux premiers Arrêts du Parlement de Dijon, par lesquels ladite enquête
par Turbes a été ordonnée, lesquels Arrêts ont été rendus auparavant la
publication de l'Ordonnance   subsistent encor, le Suppliant répond que cette proposition n'est pas veritable, parce que lesdits Arrêts ont été emportez & annullez par la disposition de
qui est survenuë depuis lesdits Arrêts, & qui a subrogé l'usage qui est des enquêtes par Turbes, sans que ladite Dumas puisse tirer aucune utilité de l'Arrêt du 31. Janvier dernier, par lequel Sa Majesté a remis les contraventions
qui avoient été faites auparavant à ladite Ordonnance, dautant que par ledit
Arrêt, Sa Majesté a expliqué que son intention étoit que ladite remise n'auroit lieu que pour les contraventions, sur lesquelles Sa Majesté n'auroit point
encore prononcé, & n'avoit été rien ordonné par les Cours & Juges en dernier
ressort, de sorte que celle dont il étoit question se trouvant décidée dés le 10.
dudit mois de Janvier par Sa Majesté en son Conseil, avec pleine connoissance
de cause, c'est une continuation de chicane de la part de la Dumas pour joüir
toûjours des fruits & des biens de ladite hoirie au préjudice des creanciers, de
se plaindre comme elle fait sans aucun sujet de l'Arrêt rendu audit Conseil pour
faire subsister si elle pouvoit une procedure nulle & attentatoire. REQUEROIT
A CES CAUSES, le Suppliant qu'il plû à Sa Majesté sans avoir égard à la Requête de ladite Dumas, ordonner que l'Arrêt du Conseil dudit jour 10.
Janvier 1669 sortira son plein & entier effet, sera executé selon sa forme &
teneur, & condamner ladite Dumas en tous les dépens, dommages & interêts
du Suppliant. Vû lesdites Requêtes ; celle de ladite Dame de Joucques, signée

Conclusions

de Rennes, & celle dudit sieur de S. Mesmes signée Pusol Avocat. L'Arrêt du Parlement de Dijon du 23. Aoust 1666 intervenu sur les contestations des parties, portant qu'avant faire droit au principal, il seroit informé par Turbes de l'usage dudit Païs de Provence par le Conseiller Rapporteur, cependant que ledit sieur de saint Mesmes joüiroit des biens de ladite succession. Requête presentée au Parlement le vingt sixieme Avril mil six cens soixante & sept par ladite Dame de Joucques, pour faire proceder à l'enquête par Turbes pardevant le Lieutenant General d'Aix, signifiée le troisieme May. Autre Requête de ladite Dame presentée audit Parlement le 10. dudit mois de May à mêmes fins. Ordonnance du sieur de Magny du 19. Aoust audit an 1667. apposée au bas de son procès verbal, portant, Que ledit sieur de Saint Mesmes defendroit sur les effies à luy faites par ladite Dame de Joucques. Commission de la petite Chancellerie du Parlement de Dijon au sixieme Septembre audit an obtenuë par ledit sieur de S Mesmes pour faire assigner en iceluy ladite Dame de Joucques pour proceder sur l'appel par luy interjetté de l'Ordonnance dudit sieur de Magny. Requête civile du 24. Septembre audit an 1667. obtenuë par ladite Dame de Joucques en la Chancellerie de Provence par laquelle ils ont été restituez contre l'Arrêt du 23. Aoust 1666. Autre Arrêt du Parlement de Dijon rendu contradictoirement entre les parties le 23. Aoust 1668. portant que ladite Dame feroit proceder à ladite preuve pardevant ledit Sénéchal de Nismes ou son Lieutenant non suspect, dans quatre mois pour toutes préfixions. Commission dudit jour adressante au Sénéchal de Nismes pour proceder à ladite preuve. Pareatis de la petite Chancellerie de Provence, pour mettre à execution lesd. Arrêts de Commission. Acte de protestation du 6 Novembre 1668. fait par led. de S. Mesmes, pour se pourvoir contre ledit Arrêt. Signification d'iceluy faite à ladite Dame, le 27. Novembre 1668. en son domicile à Aix. Enquête par Turbes du 27. Novembre 1668. faite par le Juge & Magistrat en la Sénéchaussée d'Aix, à la requête de ladite Dame de Joucques, en execution de l'Arrêt du 23. Avril 1668. Arrêt du Conseil du 10. Janvier 1669. rendu sur la Requête dudit sieur de S. Mesmes, portant cassation de celuy du Parlement de Dijon, du 23. Aoust. Lettres Patentes à observer. Patentes du 19 Juillet 1653. accordées aux gens des trois Etats du Païs de Provence, Qui enjoint au Parlement de Grenoble de juger les procez évoquez dudit Païs, & qui leur sont renvoyez, suivant l'usage, Stiles & Coûtumes de Provence, même de commettre les Juges les plus proches des lieux & de la demeure des parties pour l'execution de leurs Arrêts & Jugemens. Arrêt du Parlement de Dijon du 7. Aoust 1667. entre les y dénommez, portant, que par le Lieutenant de la Sénéchaussée d'Aix, non suspect, il seroit fait preuve par Turbes, que le Testament y énoncé est bon & valable. Autre Arrêt du Parlement de Dijon du 22. Mars 1666. rendu entre les y dénommez, portant qu'avant faire droit sur l'appel de certaine Ordonnance renduë par le Juge Criminel de Rennes, il seroit fait preuve pardevant le Juge Royal dudit Rennes de l'usage des lieux. Arrêt du Conseil d'Etat du 30. Janvier 1669 par lequel Sa Majesté a remis toutes les contraventions faites à sa nouvelle Ordonnance, jusques au jour dudit Arrêt. Trois Obligations en datte des 5. May 1656. &

12. Février

12. Février 1638. passées par ledit feu sieur d'Albertas au profit dudit sieur de S. Mesmes. Les deux premieres, pour celle des partages faits entre eux des successions de leur pere & frere : Et la derniere , pour prêt fait par ledit sieur de S. Mesmes audit sieur de Joucques. Requête presentée par ladite Dame de Joucques le 21. Août 1653. au sieur Lieutenant General d'Aix, pour estre reçûë au benefice d'inventaire. Sentence du Sénéchal d'Aix du 18. Janvier 1 6 5 4. par laquelle ladite Dame est reçûë au benefice d'inventaire. Quatre extraits d'Arrêts du Sénéchal de Marseille des 22. Juin, 3. Juillet, 2 Octobre, & 14. Décembre 1654. par lesquels il a été donné quatre délays differens à ladite Dame , pour faire lever son benefice d'inventaire. Transaction du 18. Décembre 1655. par laquelle ladite Dame de Joucques a renoncé à l'appel qu'elle avoit interjetté des Sentences du Sénéchal de Marseille , & obligée en son nom comme heritiere testamentaire , de payer les creanciers. Cahier de plusieurs pieces servans pour justifier que la Dame de Joucques a en qualité d'heritiere testamentaire aliené partie des immeubles du feu sieur de Joucques son mary. Ordonnance du 21. Novembre 1655. portant condamnation contre ladite Dame , pour payer les sommes contenuës aux Obligations cy-dessus , renduë par le Sénéchal de Marseille. Deux autres Ordonnances des 6. & 7. Mars 1656. l'une portant condamnation desdites sommes , & l'autre confirmation de la premiere. Arrêt du 7. May 1658. par lequel ladite Dame de Joucques a été déboutée de l'appel qu'elle avoit interjetté des Sentences du Sénéchal de Marseille. Arrêt du Parlement de Dijon du 21. Janvier 1664. portant confirmation des collocations du sieur de S. Mesmes, état des effets délaissez par ledit sieur de Joucques , avec état d'iceux donnez par ladite Dame. Requête par elle presentée au Parlement de Dijon , par laquelle elle expose que suivant l'usage du païs de Provence, l'on est reçû en tout tems à faire l'inventaire , après avoir pris la qualité d'heritier par benefice d'inventaire. Requête du 28. Juillet 1668. presentée au Parlement de Dijon par ledit sieur de S. Mesmes, pour faire déclarer ladite Dame déchûë de l'Enquête par Turbes. Procés verbal du sieur Jassaud , dans lequel sont les protestations du sieur de S. Mesmes de contraventions par iceluy à la nouvelle Ordonnance : & qu'il s'étoit pourvû au Conseil. Extrait d'autre procés verbal du sieur Jassaud, portant, qu'il seroit passé outre à ladite Enquête, dans lequel sont reïterées lesdites protestations. Lettre, par laquelle il appert que le dit sieur de S. Mesmes étoit Syndic de la Noblesse, en datte du 30. Décembre 1667 Reglement du Sénéchal de Marseille du 27. Avril 1669. portant qu'après une seconde communication , l'Ordonnance passe en force de Cause jugée , ce qui n'est pas besoin dans une forclusion. Certificat des Officiers de la Sénéchaussée de Marseille sur l'observation des Requestes & autres piéces justificatives desdites Requestes. Oüy le rapport du sieur Pussort, Conseiller ordinaire du Roy en tous ses Conseils, Commissaire à ce député : Et tout consideré, LE ROY E'TANT EN SON CONSEIL, faisant droit sur lesdites Requestes respectives , sans s'arrêter à l'Arrest d'iceluy du 10. Janvier dernier , & à tout ce qui s'en est ensuivy : A ordonné & ordonne, que celuy du Parlement de Dijon du 24. Août 1668. & Enqueste faite en conséquence, seront executez

Arrêt.

Tome I.Tttt

selon leur forme & teneur. Fait au Conseil d'Etat du Roy, tenu à S. Germain en Laye, le 9. Septembre 1669. Signé, DE LIONNE.

POUR Jean de Lort de Serignan, Sieur de Valras.

Requerant que Monsieur de Frezals, Conseiller au Parlement de Thoulouse, eût à s'abstenir.

SUR L'ARTICLE VI.

Le Juge qui aura été médiateur, donné conseil, ou sollicité par une partie, ne pourra demeurer Juge au procès, s'abstiendra du rapport, & son Clerc remettra les sacs.

SUR la Requête presentée au Roy étant en son Conseil, par Jean de Lort de Serignan, Sieur de Valras : Contenant qu'il a procès civil pendant & indecis au Parlement de Thoulouse, à l'encontre d'Henry de Lort, Sieur de Serignan, de Dame Claire de Lort épouse de Fulcrand d'Alleman, Sieur de Mirabel, & des Consuls dud. Serignan, dans lequel procès le sieur de Frezals Conseiller audit Parlement & en la Grand' Chambre d'iceluy, prend tant de part & d'interêt pour ledit Henry Sieur de Serignan qu'il s'est rendu le médiateur & l'entremetteur pour luy, pour le fait de la Seigneurie de Valras, qui fait le principal differend des parties ; & pour cet effet après avoir donné son avis par écrit sur la conduite de ladite affaire ; il a écrit deux lettres missives, l'une au sieur de Bride l'un des arbitres le 15. Janvier 1660. & l'autre au Suppliant le 28. Février de la même année, par laquelle il leur donne & prescrit l'ordre & le projet par luy dressé, tant pour parvenir audit accommodement, que pour les conventions qui étoient à stipuler lors d'iceluy ; mais les choses n'ayant pas réüssi, ledit sieur de Frezals qui s'est déclaré ouvertement pour les parties du Suppliant, & qui a leur interêt en affection, puis qu'il est leur appuy, leur conseil, & leur entremetteur, bien qu'il n'ait jamais été Rapporteur dudit procés, mais bien le sieur de Masnau auquel il avoit été distribué ; néanmoins pour tâcher de le devenir par son crédit & autorité, il a fait employer son nom sur le Registre du Greffe dudit Parlement, au bas de celuy dudit sieur de Masnau originaire Rapporteur, afin par ce moyen de passer & être reconnu pour le Rapporteur dudit procés. Dequoy le Suppliant ayant eu avis, il auroit aussi tôt donné Requête de récusation contre ledit sieur de Frezals, fondé particulierement sur ce qu'il s'étoit rendu médiateur & entremetteur dudit procés pour les interêts dudit sieur Henry de Serignan, & encore tant sur ce que le Suppliant a procés civil & criminel contre le sieur de la Guimerie, neveu dudit sieur de Frezals, contre lequel il a obtenu decret au Sénéchal de Beziers le dernier Février 1666. que parce que ledit sieur de Frezals de son autorité s'étoit fait écrire sur le Registre pour Rapporteur dudit procés sans aucune distribution, ni subrogation, au lieu dudit sieur de Masnau qui étoit originaire Rapporteur, au rapport de qui a été rendu Arrêt le dixiéme Septembre 1641. de l'execution duquel il est question, & sur autres moyens déduits par ladite Requête, laquelle ayant été communiquée audit sieur de Frezals, il l'auroit accordée verbalement & offert de s'abstenir, & d'effet en conséquence de ladite récusation, le sieur de Barthelemy fut commis Rapporteur. Les parties du Suppliant ayant formé quelques incidens & prétendant les faire juger par ledit sieur de Frezals, la Dame mere du Suppliant s'en étant plainte & s'y étant opposée, ladite récusation fut jugée pertinente, & ledit sieur de Barthelemy subrogé à la place du sieur de Frezals, au rapport duquel sieur de Barthelemy trois Arrêts ont été rendus du depuis entre les parties les 10. May, 28. Juin 1667. & 17. Mars 1668. Mais nonobstant tout cela, ledit sieur de Frezals, sous prétexte que le procés principal se trouve és mains de son Secretaire, qui n'a jamais voulu le remettre, veut apporter & juger ce qui reste dudit procés, au préjudice de la récusation admise de son propre consentement ; toutes lesquelles choses le Suppliant a representées par une nouvelle Requête de récusation par luy présentée audit Parlement, où en conséquence ayant demandé non seulement que ledit sieur de Frezals fût tenu de s'abstenir du rapport, mais encore d'assister au jugement dudit procés, & que son Secretaire fut condamné de le remettre entre les mains dudit sieur de Barthelemy, ledit Parlement de Thoulouse a été refusant de prononcer aucune chose sur ladite Requête, & a mis néant sur icelle, qui est un dény de Justice, par lequel le Suppliant se trouve exposé à la mercy dud. sieur de Frezals qui est l'amy, le protecteur, l'appuy & le conseil de ses parties, qui a été le médiateur & l'entremetteur de leurs interêts, dont le credit est si grand aud. Parlement de Thoulouse, qu'il n'a pas été au possible du Suppliant de lui faire signifier lad. Requête de récusation, ni aucun acte de protestation, & a été obligé de le faire aux parties en la Ville de Beziers. Ledit sieur de Frezals s'étant ainsi déclaré partie, ne peut plus demeurer Juge, moins encore le Rapporteur du procés du Suppliant, la preuve de ce que dessus a été rapportée, sur laquelle déja le Parlement a subrogé led. sieur de Barthelemy à son lieu & place, qui a donné trois Arrêts, & qui l'auroient été au rapport dudit sieur de Frezals s'il n'avoit été récusé, & la récusation contre luy proposée admise, le Parlement a refusé de prononcer sur ladite derniere récusation, parce que ledit sieur de Frezals l'a empêché par son credit, autrement ledit Parlement auroit confirmé ce qu'il a déja ordonné, parce qu'il a été de son intention en subrogeant comme il a fait ledit sieur de Barthelemy, au lieu dudit sieur de Frezals de le faire pour tout le procés, tant principal, qu'incidens, non pas pour partie ; & l'ayant ainsi empêché, ç'a été à dessein de rapporter led. procés & juger iceluy, qui est un mépris & entreprise aux Ordonnances de Sa Majesté sujet à reprehension, & contraire à la disposition de l'Art. 6. du Tit. 24. de la nouvelle Ordonnance, qui permet aux parties de récuser quand un Juge a donné conseil,

Requête pour obliger le Rapporteur de s'abstenir & remettre les sacs.

Article cité pour la contravention.

Tttt ij

ouvert fon avis , ou connu auparavant comme juge , ou comme arbitre , & par l'Article dernier du Titre premier Sa Majefté déclare tous Arrêts & Jugemens nuls qui feront donnez contre la difpofition de ladite Ordonnance. Le Suppliant fe trouve dans le cas de l'un & de l'autre defdits Articles, il a récufé & récufe encore ledit fieur de Frezals, parce qu'il l'a connu comme arbitre & comme médiateur dud. procès , fur lequel il a donné avis & confeil , fes écrits de luy en font foy, ces moyens font aux termes de l'Ordonnance, lefquels mêmes ont été admis, ledit fieur de Barthelemy ayant été fubrogé à fa place ;

Ordonnance de la caffation de laquelle il eft queftion.

Conclufions de la demande.

néanmoins led. Parlement par Ordonnance du 12. May dernier a mis néant fur la derniere Requête de récufation baillée par le Suppliant , quoi que la même & fondée fur mêmes moyens , en forte que ledit fieur de Frezals prétend demeurer Rapporteur dudit procès. A CES CAUSES , requeroit ledit Suppliant , attendu que l'Ordonnance dudit Parlement du douziéme May dernier eft une contravention à la nouvelle Ordonnance , & que le Suppliant ne peut s'en plaindre qu'au Confeil , puis qu'elle contient un refus fait par ledit Parlement de faire droit fur ladite récufation , quoy que par luy préjugée , étant de la même qualité que la premiere ; Qu'il plût à Sa Majefté caffer , révoquer & annuller l'Ordonnance dudit Parlement du fufdit jour 12. May dernier renduë fur la Requête de récufation prefentée par ledit Suppliant : ce faifant attendu la preuve rapportée comme ledit fieur de Frezals a donné confeil , ouvert fon avis par écrit , & agy comme médiateur & entremetteur dudit accommodement pour le bien & avantage des parties du Suppliant , ordonner que ledit fieur de Frezals s'abftiendra du jugement & rapport des procez du Suppliant, contre ledit fieur de Serignan & autres parties ; & luy faire défenfes d'en connoître , caffer , révoquer & annuller toutes les pourfuites & procedures faites pardevant luy , enfemble les Arrêts par luy rendus depuis & au préjudice de ladite récufation, avec tout ce qui s'en eft enfuivy, faire défenfes aux parties de s'en fervir, ni de proceder pardevant autre Rapporteur , que pardevant ledit fieur de Barthelemy , à peine de nullité, caffation de procedures, dépens, dommages & interêts ; & en conféquence ordonner que le Secretaire dudit fieur de Frezals & autres qui ont ledit procés en leur poffeffion le remettront au Greffe dudit Parlement , ou és mains dudit fieur de Barthelemy. A quoy faire ils feront contraints par corps. VEU ladite Requête & les pieces juftificatives d'icelle. Oüy le rapport du fieur Puflort, Confeiller ordidinaire de Sa Majefté en fes Confeils, Commiffaire à ce députe : Et tout confideré. LE ROY E'TANT EN SON CONSEIL, ayant égard à ladite Requête,

Arrêt qui caffe l'Ordonnance du Parlement de Thoulouze , cy-deffus.

a caffé & annullé, caffe & annulle ladite Ordonnance du Parlement de Thoulouze du 12. May dernier & tout ce qui s'en eft enfuivy comme contraire à fon Ordonnance du mois d'Avril 1667. ce faifant a ordonné & ordonne que ledit fieur de Frezals Confeiller audit Parlement de Thoulouze s'abftiendra du rapport & jugement de ladite inftance, circonftances & dépendances d'icelle , & fera le Clerc dudit fieur de Frezals, tenu de remettre inceffamment au Greffe dudit Parlement de Thouloufe les facs dudit procés pour être iceux mis és mains de celuy des Confeillers qui fera commis pour Rapporteur. Fait au Con-

feil d'Etat du Roy, tenu à faint Germain en Laye le 27. Aouft 1668.
Signé, De la Vrilliere.

POUR *le fieur Nicolas - Claude Morant, Seigneur de Courfeilles.*

SUR LES ARTICLES XIII. & XIV.

Défenfes à un Juge qui n'a même que Séance honoraire en une Cour, d'entrer en la Chambre lors de la vifitation ou jugement des caufes où il eft partie. Permis à luy pendant la Plaidorie de prendre place avec Meffieurs les Gens du Roy.

SUR la Requête prefentée au Roy en fon Confeil par Meffire Nicolas Claude Morant, Chevalier Seigneur de Courfeilles : Contenant, que par Arrêt du Confeil, Sa Majefté y étant, du fixiéme Aouft 1666. tous les procez & differends d'entre le Suppliant, & fes freres, enfans du fecond lit du feu fieur Morant Treforier de l'Epargne, & le fieur Morant cy-devant Maître des Requêtes leur frere du premier lit, qui étoient pendans aux Parlemens de Roüen, de Paris, & autres Jurifdictions, ont été renvoyez au Grand-Confeil, auquel les parties ont depuis procedé, mais toûjours à l'avantage dudit fieur Morant, tant à caufe des parentez & du crédit qu'il s'eft acquis en cette Compagnie, y ayant été Confeiller, & à prefent qu'il y a féance en qualité de Maître des Requêtes ordinaire, mais non content encore de ce, il entre dans la Chambre où l'on voit & délibere lefdits procez, il y follicite même avant les Audiences que l'on doit avoir contre luy, ce qui met entierement fes parties en défordre, & attendu qu'il y a en cela de la contravention aux termes précis des nouvelles Ordonnances, Titre 24. Article 13. qui fait défenfes aux Officiers des Cours Souveraines de folliciter les procez où ils auront interêts, qu'aux maifons des Juges ; & leur défend de les folliciter dans les lieux de la féance, de l'entrée defquels Sa Majefté veut qu'il s'abftiennent entierement pendant la vifitation & jugement defdits procez. Et en l'Article 14. du même Titre, Sa Majefté fait défenfes aufdits Officiers de demeurer en la Chambre & lieu de l'Auditoire, dans lequel le procès fera examiné & déliberé ; mais feront tenus d'en fortir fans qu'ils puiffent folliciter pour eux, ni pour autres perfonnes, fur peine d'être privez de l'entrée de la Cour, & de leurs gages pour un an, & enjoint aux Procureurs Generaux d'en donner avis à Sa Majefté : ce qui a donné fujet par diverfes fois au Suppliant de fe plaindre audit Grand-Confeil, même audit Procureur General, defdites contraventions en ce qui regarde l'entrée en ladite Chambre dudit fieur Morant, & féance qu'il prend avec Meffieurs les Gens du Roy, fans avoir pû rien obtenir d'eux : c'eft pourquoy il a recours au Roy pour fur ce luy pourvoir. A ces causes, requeroit le Suppliant qu'il plût à Sa Majefté ordonner que conformément

Requête du fieur Claude Morant.

Article 13.

Article 14.

Conclufions.

Tttt iij

aufdites Ordonnances, ledit fieur Morant s'abftiendra de l'entrée de la Chambre où fe jugent es procez des parties, devant les Audiences les jours que l'on
aura Audience contre luy, & ne fe mettra plus avec Meffieurs les Gens du
Roy ; & pour avoir contrevenu aufdites Ordonnances déclarer la peine portée par icelles encouruë contre luy, quoy faifant il fera privé de l'entrée dudit
Grand-Confeil pour un an, & qu'il fera enjoint audit Procureur General de
tenir la main à l'execution de l'Arrêt qui interviendra fur ladite Requête, &
de le faire fçavoir aux Juges qui doivent connoître defdits procez. Veu ladite
Requête fignée du Suppliant & pieces y attachées. Oüy le rapport du fieur
Puffort, Confeiller ordinaire de Sa Majefté en fes Confeils, Commiffaire à ce
Arrêt. député : Et tout confideré, Le Roy e'tant en son Conseil,
ayant aucunement égard à la Requête dudit fieur de Courfeilles, a ordonné
& ordonne que led. fieur Morant, Maître des Requêtes s'abftiendra entierement de l'entrée de la Chambre du Grand-Confeil és jours de la vifitation,
Plaidoirie, & jugement des caufes & procez qu'il a en fon nom, pourra néanmoins lors de la Plaidoirie feulement, prendre place avec les Gens du Roy. Fait
au Confeil d'Etat du Roy, tenu à Paris le 11. Février 1669. Signé, le Tellier.

POUR François Bachelier, Sieur du Boiffel, & René Baudoüin, Huiffier au Grand-Confeil.

SUR LES ARTICLES VI. ET VII.

Arrèt, qui avant faire droit, ordonne que le Lieutenant General de Gifors & le Procureur du Roy fe rendront dans quinzaine à la fuite du Confeil, pour rendre compte de leur conduite.

Sur ce qu'on fe plaignoit qu'ils avoient empêché qu'un obligé par corps dés auparavant 1667. ne fût conduit prifonnier en 1668.

Requête de Bachelier & Baudoüin. VEU par le Roy étant en fon Confeil la Requête prefentée par François Bachelier, Ecuyer, Sieur du Boiffel, & René Baudoüin Huiffier
de Sa Majefté en fon Grand-Confeil, contenant, Que ledit fieur du
Boiffel eft creancier de   Huet, Subftitut de l'Avocat General de Sa
Majefté en la Ville de Gifors, de la fomme de quatre cens liv. par Obligation
par corps paffée devant les Notaires de ladite Ville de Gifors en bonne forme,
pour argent prêté dés l'année 1664. pour en avoir payement, ayant trouvé
ledit Baudoüin Huiffier du Confeil en ladite Ville de Gifors, où les Huiffiers
ordinaires n'ofent faire aucuns Exploits, à caufe de la violence des Officiers de
ladite Ville ; il le pria de faire commandement audit Subftitut de payer ladite
fomme, & à faute de payement de le conftituer prifonnier. Ledit jour feize

du préfent mois, led. Baudoüin Huiffier rencontra prés de fa porte ledit Subftitut, & lui fit ledit commandement, & pour fon refus lui enjoignit par Sadite Majefté de le fuivre és prifons de ladite Ville : Mais au lieu d'obeïr à ce
commandement & à l'Article 6. & 7. de l'Ordonnance, que fa qualité de
Subftitut ne lui permet pas d'ignorer : il fe jetta fur ledit Baudoüin, le repouffa
avec plufieurs coups de poings, & ledit Lieutenant General & le nommé Lavernot fe jetterent auffi fur lui & fur les affiftans qu'il avoit, fe faifirent de leurs
épées & autres armes que ledit Baudoüin a droit de porter & faire porter ; &
voulant arracher l'épée de l'un d'eux, qui étoit dans le foureau, ils en bleffe-
rent avec effufion de fang l'autre des affiftans, qui la faifit entre leurs mains, &
ledit Lieutenant & Procureur de l'Election ; criant haro de toute l'étenduë de
leur voix, firent affembler toute la populace, à l'aide de laquelle ils les pouffe-
rent dans l'allée d'une maifon voifine, où ils leur donnerent encore plufieurs
coups de leurs poings fermez ; & par ces violences & autres femblables, aprés
avoir arraché & emporté les cravates defd. Huiffiers & affiftans, ils enleverent
led. prifonnier de fes mains & le firent évader par une porte de derriere ; dequoi plus amplement led. Baudoüin a dreffé fon procés verbal bien & dûëment,
attefté de fes fufdits trois affiftans, perfonnes non fufpectes. A CES CAUSES,
requeroient qu'il plût à Sa Majefté condamner ledit Lieutenant General de Gifors & Subftitut du Procureur de ladite Election folidairement avec led. Huet
Subftitut & par corps, au payement de lad. fomme de quatre cens liv. dépens,
dommages & intérêts dudit fieur Boiffet, à l'amende de trois cens liv. portée
par lefdits Articles 6. & 7. de l'Ordonnance, & ordonner que conformément
aufdits Art. lefdits Officiers demeureront interdits, & que le procés fera fait &
parfait aufdits Lieutenant & Subftitut pardevant le plus prochain Juge Royal
des lieux, autres que ceux de ladite Ville. VEU ladite Requête fignée dudit
Baudoüin. Procès verbal dud. Baudoüin du 16. Avril dernier, & autres pieces
attachées à ladite Requête. Oüy le rapport du fieur Puffort, Confeiller ordinaire de Sa Majefté en fes Confeils, Commiffaire à ce député ; Et tout confideré, LE ROY ETANT EN SON CONSEIL, avant faire droit fur ladite
Requête, a ordonné & ordonne, que Maîtres Julien Huet, Lieutenant General audit Gifors, & Lavernot Procureur de Sa Majefté en l'Election de Gifors, feront tenus de fe rendre en perfonne dans quinzaine pour tous délais à la
fuite de Sa Majefté pour y rendre compte de leur conduite au fait de lad. execution, pour ce fait fur les fins & conclufions de ladite Requête être par Sa
Majefté ordonné ce que de raifon.

Empêche-
ment allé-
gué.

Conclufions.

Contraven-
tion.

Arrêt.

POUR le Sieur Brûlard, Comte de Rouvre-fur-Aube.

CONTRE le Sieur Moriſſet.

SUR L'ARTICLE VI. TITRE XXVII.

Les Arrêts contradiČtoires feront executez, & nulles furféances permiſes.

SUR L'ARTICLE IX. TITRE XXXIV.

Le feptuagenaire condamné pour ſtellionat & empriſonné, ne pourra être élargi.

Requête du fieurBrûlard.

Sentence de 1664. contre Moriſſet, dont l'execution eſt ordonnée.

Arrêts de furféance de 1664. & 1665.

Arrêt contradiČtoire qui les leve en 1665.dont l'execution eſt ordonnée.

Empriſonnement de Moriſſet.

SUR les Requêtes refpeČtives prefentées au Roy étant en fon Confeil, par Noël Brûlard, Comte de Rouvre-fur-Aube, d'une part ; Et Philbert Moriſſet. DoČteur-Regent en la Faculté de Medecine de Paris, contenantes; fçavoir celle dud. Brûlard, que par Sentence du Prevôt de Paris du 8. Aouſt 1664. il auroit fait condamner ledit Moriſſet & par corps, comme ſtellionataire & faux vendeur, à racheter dans trois mois cinq cens cinquante-cinq livres onze fols un denier de rente conſtituée au profit du Suppliant, par contrat du 15. May 1665. rendu fur l'appel qui en auroit été interjetté par ledit Moriſſet : Et dautant que pendant le cours de l'appel ledit Moriſſet auroit furpris audit Parlement de Paris fur des fimples Requêtes deux Arrêts, le premier du 13. OČtobre 1664. & le deuxiéme du 4. Avril 1665. au Rapport du fieur le Cocq de Corbeville, Confeiller audit Parlement, portant furféance à toutes contraintes par corps, & à la faifie des meubles & chevaux fervans à fon ufage, à peine de 500 l. d'amende, & de dépens, dommages & interêts : Ledit Suppliant auroit fait lever lefdites furféances & défenfes par Arrêt contradiČtoire rendu fur produČtion des parties le 9. Juin 1665. au Rapport du fieur du Til auffi Confeiller audit Parlement de Paris ; enfuite duquel Arrêt ayant fait empriſonner led. Moriſſet, tant en vertu de la Sentence du Châtelet que defdits Arrêts, il auroit prefenté Requête audit Parlement afin d'être reçu appellant de ladite Sentence du Prevôt de Paris du 8. Aouſt 1664. & de l'empriſonnement fait de fa perfonne, fur laquelle Requête par une faveur vifible & extraordinaire, il eſt tout de nouveau reçu appellant de lad. Sentence par Arrêt du 11. du mois de Décembre 1665. contradiČtoire, quoi qu'il en eût déja interjetté appel, & qu'elle fût confirmée par Arrêt du 15. May precedent, enfemble de fon empriſonnement, à la charge de faire juger fondit appel

dans

dans six mois, & cependant led. temps, faire vendre ses biens, & du prix d'iceux payer le Suppliant jusques à ce ; qu'il demeureroit élargi à la garde d'un Huissier : au lieu de faire juger cet appel, & de payer le Suppliant, ledit Morisset voyant la surséance expirée, présenta une Requête sur laquelle il obtint encore une nouvelle surséance de six mois, par Arrêt contradictoire du 10. Juin 1666. rendu au rapport dud. sieur le Cocq, portant, Qu'il seroit élargi purement & simplement, & l'Huissier qui l'avoit en sa garde déchargé ; & de plus défenses d'attenter à sa personne pendant ledit temps de six mois, & qu'à faute de faire juger les appellations, sur lesquelles il n'y a eu jusques à présent aucune poursuites il seroit réintegré : cependant, quoy que ledit Morisset n'ait point fait de diligence, il présenta une troisiéme Requête, & obtint encore un Arrêt contradictoire au Rapport dud. sieur le Cocq, portant prorogation de la surséance pour trois mois, & cependant défenses d'attenter à la personne dudit Morisset, meubles & chevaux servans à son usage ; outre lesquelles défenses led. Morisset a obtenu plusieurs autres Arrêts de surséance au Rapport dud. sieur le Cocq, tant par défaut que contradictoirement, qui n'ont point été signifiez, lesquelles surséances étant expirées, le Suppliant auroit fait emprisonner ledit Morisset, lequel s'étant encore pourvu au Parlement pour avoir élargissement de sa personne & une surséance, Arrêt est intervenu le 14. Février 1669. sur productions des parties au Rapport dudit sieur le Cocq, par lequel la Sentence portée par un Arrêt du 18. Juin 1667. qui n'est jamais venu à la connoissance du Suppliant a été prorogée pour six mois : & pendant ce temps, défenses d'attenter à la personne dudit Morisset, ni de saisir son cheval & meubles servans à son usage, à peine de cinq cens livres d'amende, & l'Huissier qui auroit pris ledit Morisset en sa garde, déchargé, iceluy Morisset condamné aux dépens : Et d'autant que cet Arrêt est contre la nouvelle Ordonnance ; *Primò*. Parce que dans l'Art. 6. du Tit. 27. touchant l'execution des Jugemens, il est porté que tous Arrêts doivent être executez ; & qu'au cas que quelques Cours ou Sieges en empêchent l'execution, & qu'ils rendent quelques Arrêts, Jugemens ou Ordonnances, portant surséances de les executer, le Rapporteur & celuy qui les aura prononcé, seront tenus solidairement des condamnations portées par les Arrêts dont ils auront retardé ou empêché l'execution, & des dommages & interêts de la partie, & en deux cens livres d'amende : laquelle Ordonnance doit avoir lieu & être executée au fait dont est question : puis qu'on ne peut pas contrevenir plus formellement que l'on a fait par l'Arrêt, duquel le Suppliant se plaint : Car il porte défenses & surséance contre l'execution de l'Arrêt contradictoire du 15. May 1665. confirmatif de la Sentence du Prevôt de Paris, & contre l'execution de l'Arrêt contradictoire du 9 Juin qui leve les défenses que Morisset avoit surprises, & par ce moyen il retarde & empêche formellement l'execution desdits Arrêts ; c'est pourquoy il ne peut subsister, & le Rapporteur doit être tenu des condamnations portées par lesdites Sentences & Arrêt dont il a retardé & empêché l'execution, des dommages & interêts du Suppliant, suivant la disposition & l'esprit du susdit Article de la nouvelle Ordonnance, qui veut que les Arrêts du Parlement soient executez dans le Ressort d'un autre Parlement en vertu d'un Pareatis du grand Sceau, & qui

Mis à larger de d'un Huissier.

En 1666. nouvelle surséance.

Autre surséance pour trois mois.

Après lesquelles, nouvel emprisonnement de Morisset.

Arrêt du 14. Février 1669. qui est celuy qui est cassé.

Moyens de cassation.

I.

fait défenses de rendre aucun Arrêt qui en empêche ou retarde l'execution ; Et à plus forte raison dans le même Ressort du Parlement où ils ont été rendus : Mais aussi conformément à l'Article 18. Titre 35. les Requêtes civiles ne pourront empêcher l'execution des Arrêts ni des Jugemens en dernier Ressort, ni les autres Requêtes, l'execution des Sentences Présidiales en premier chef de l'Edit, & ne seront donnez défenses ni surséances en aucuns cas : Qu'ainsi l'Arrêt du 14. Février 1669. contrevient à cet Article, puis qu'on ne peut pas dire que ce n'est que contre les Arrêts contre lesquels il y a des Requêtes civiles que l'on ne peut donner de défenses & surséances ; d'autant que s'il y avoit un cas auquel il fût permis de donner des défenses, ce seroit plûtôt lors qu'il y a des Requêtes civiles, que quand il n'y en a point : Joint qu'il est précisément porté par l'Ordonnance, Que ne seront données aucunes défenses ni surséances en aucuns cas : ce qui fait voir qu'il est défendu de donner aucunes défenses & surséances contre les Arrêts, soit qu'il y ait Requête civile ou non, ce que confirme l'Art. 27. De maniére, que le sieur le Cocq ayant donné des défenses & surséances contre des Arrêts, il a formellement contrevenu à la nouvelle Ordonnance, & partant il ne se peut exempter d'être responsable envers le Suppliant, puis que par l'Art. 8. du premier Titre de lad. Ordonnance : Tous Arrêts & Jugemens qui seront donnez contre la disposition des Ordonnances, Edits & Déclarations sont déclarez nuls & de nul effet & valeur, & les Juges qui les auront rendus, responsables des dommages & interêts des parties : & ce avec d'autant plus de raison, qu'il s'agit d'un crime de stellionnat pour raison duquel la nouvelle Ordonnance, Art. 9. du Titre 34. & l'ancienne Ordonnance veut que la contrainte par corps ait lieu, sans qu'il y puisse être contrevenu, comme il est porté par l'Art. 6. du Tit. premier de la nouvelle Ordonnance A CES CAUSES, requeroit le Suppliant, qu'il plût à Sa Majesté, casser l'Arrêt du 14. Février 1669. ce faisant, ordonner que la condamnation par corps obtenuë par le Suppliant contre ledit Morisset, sera executée : & pour la contravention formelle qui a été faite à la nouvelle Ordonnance par ledit sieur le Cocq, lequel par une faveur extraordinaire, & une protection affectée, a donné depuis cinq ans, jusques à sept ou huit surséances successivement, pendant lequel temps Morisset est demeuré insolvable, nommément celle du 14. Février 1669. & fait sa propre affaire de celle dudit Morisset, ayant entrepris de le mettre à couvert des poursuites du Suppliant, & de luy faire perdre sa dette, parce qu'il est son Medecin, condamner iceluy sieur le Cocq solidairement avec ledit Morisset à racheter la rente de cinq cens cinquante livres onze sols un denier, & les arrerages dus & échus, suivant les condamnations obtenuës par ledit Suppliant contre ledit Morisset, dont ledit sieur le Cocq a empêché l'execution par une contravention formelle à la nouvelle Ordonnance, & aux dépens, dommages & interêts du Suppliant : Et pour l'execution de l'Arrêt qui interviendra sur la presente Requête, renvoyer les parties en telle autre Cour qu'il plaira à Sa Majesté. Et celle dudit Morisset : Contenant, qu'ayant eu la facilité de s'obliger solidairement avec defunt Messire Loüis le Clerc, Président en la Cour des Monnoyes, son gendre, & la Damoiselle sa femme envers quelques créanciers, & notamment envers Noël Drülard Conso de Rouvre, pour 555 liv. 11 f. 1 d. de rente, de laquelle ledit fieur le Clerc luy a paffé indemnité, & promis l'acquitter, garantir & indemnifer, tant du fort principal que des arrerages, pardevant de S. Jean & Thomas Notaires au Châtelet de Paris, le 15. May 1659. & figné le contrat de conftitution de la maniere que lefdits fieurs de Rouvre & le Clerc l'auroient dreffé, fans prendre garde que par iceluy ledit fieur le Clerc avoit déclaré fes biens francs & quittes de toutes dettes & hypoteques, dans la penfée fans doute qu'ils étoient plus que fuffifans pour payer & acquitter celles qu'il avoit auparavant créées, & qu'il créoit lors au profit dudit fieur de Rouvre: comme en effet, ils auroient fuffi, fi fon Office de Prefident en la Cour des Monnoyes n'avoit été fixé à la moitié moins de fa jufte valeur, & que leurs creanciers n'euffent par leurs faifies réelles & baux judiciaires confommé en frais la plufpart des immeubles de fa fucceffion, ledit fieur de Rouvre prenant avantage de la déclaration franc & quitte, auroit en l'année 1664. pendant l'abfence du Suppliant, qui étoit lors par ordre de Sa Majefté, prés la perfonne de défunte Madame Royale, furpris par défaut au Châtelet de Paris une Sentence, par laquelle il l'a fait condamner comme ftellionataire & faux vendeur, à racheter dans trois mois ladite rente de 555 livres 11 f. 1 d. en vertu de laquelle & d'un Arrêt confirmatif d'icelle qu'il prétend avoir obtenu au Parlement, où le Suppliant par le peu de connoiffance qu'il a des affaires du Palais, avoit omis de propofer fes meilleures défenfes. Ledit fieur de Rouvre a fait emprifonner le Suppliant, qui obtint dés-lors un premier Arrêt d'élargiffement audit Parlement de Paris, contradictoirement avec ledit fieur de Rouvre; & enfuite plufieurs autres de furféance, de prorogation de délay, de mettre à execution la contrainte par corps, même un dernier Arrêt le 14. Février 1669. tous lefquels Arrêts ont été rendus avec connoiffance de caufe, & fur des confiderations tres-juftes & équitables. La premiere, parce que le Suppliant n'eft point le principal débiteur, & n'a point profité des deniers dudit fieur de Rouvre, comme il paroît par l'indemnité cy-attachée faite à fon profit par ledit le Clerc principal obligé. La feconde, parce que le Suppliant avoit vendu audit fieur de Rouvre & autres creanciers une maifon que fa femme & luy avoient en cette Ville de Paris, en laquelle confiftoit tout leur bien, qui étoit tout ce que lefdits creanciers pouvoient dans la plus grande rigueur exiger de luy. La troifiéme, fon âge de foixante & douze ans. La quatriéme, fa profeffion, qui eft le feul moyen qui lui refte pour faire fubfifter fa famille & celle dudit le Clerc, qui autrement feroit réduite à la mendicité: Et enfin fa longue experience de plus de quarante ans, qui luy a acquis quelque réputation, par laquelle il pourroit gagner avec le temps dequoy fubvenir à ce qui defaudroit à fon bien & dudit défunt le Clerc pour le payement de leurs creanciers: Toutesfois encore que ces raifons foient les veritables motifs fur lefquels font fondez lefdits Arrêts de furféance, ledit fieur de Rouvre qui femble en vouloir plûtôt à la liberté du Suppliant, que chercher les moyens de procurer fon payement, a baillé Requête au Confeil en caffation dudit Arrêt de furféance du Parlement de Paris, du 14. Février dernier, prétendant qu'il a été rendu par contravention à l'Art. 6. du Titre 27. de la nouvelle Ordonnance; mais cet Article dans les termes qu'il eft conçu, ne peut être aucu-

V u u u ij

Comment
le défendeur
jouïffoit des
furféances.

Comment il
répondoit
aux contraventions alleguées.

1.

nement appliqué au fait dont il s'agit : Il paroit par la lecture d'iceluy qu'il a été fait pour empêcher l'abus qui se commettoit dans les Parlemens de Dijon & Grenoble & autres, où il étoit impossible d'executer un Arrêt rendu en un autre Parlement, jusques à ce que les impetrans dudit Arrêt eussent essuyé un nouveau procès, & agité de nouveau la question qui avoit été jugée ; ce qui consommoit les parties en frais, & en quoy la nouvelle Ordonnance a pourvû : Mais à l'égard des Arrêts rendus en même Parlement, dans le Ressort duquel ils doivent être executez, l'esprit de la nouvelle Ordonnance n'a pas été d'empêcher que le Parlement qui les a rendus ne puisse avec connoissance de cause & en certains cas en surseoir l'execution à l'égard de la contrainte par corps, outre la vente des meubles. Un débiteur par exemple, dont on tient la personne en prison, les immeubles saisis reellement, & les meubles executez, baille Requête pour avoir provision de sa personne & surséance à la vente de ses meubles, le Parlement ordonne que dans un temps il sera procedé à l'adjudication desdits immeubles, & cependant ledit prisonnier élargy, & défenses de vendre les meubles executez. D'ailleurs, si un débiteur allegue des payemens, & que les creanciers les connoissent, le Parlement a accoûtumé d'ordonner encore à present, que les parties viendront à compte pardevant l'un des Sieurs Conseillers, & cependant sursis à toutes contraintes. Le Suppliant

2.

n'a point receu les deniers dudit sieur de Rouvre, il luy a volontairement abandonné sa maison & tous les autres biens-meubles, à l'exception de ceux necessaires à son usage personnel ; il ne se reserve que sa profession pour gagner la subsistance de sa famille, & employer le surplus au payement dudit sieur de Rouvre, qu'il auroit déja bien avancé, s'il avoit voulu couper son deu, & le recevoir à petites portions ayant refusé de recevoir une somme de cinq cens livres, qui luy a été plusieurs fois offerte. Le Parlement de Paris étant entré dans ces considerations

Conclusions

particulieres, a par un principe d'équité rendu lesdits Arrêts, lesquels par le même principe & par les mêmes motifs, Sa Majesté aura la bonté de confirmer. A CES CAUSES, & attendu que par lesdits Arrêts du Parlement de Paris, la nouvelle Ordonnance n'a été aucunement blessée,

Âge de 72. ans allégué.

que le Suppliant est dans la bonne-foy, qu'il est âgé de soixante-douze ans, qu'il a abandonné tous ses biens, & que son employ est utile & necessaire au public ; Requeroit le Suppliant qu'il plût à Sa Majesté débouter ledit sieur de Rouvre de la Requête qu'il a presentée au Conseil en cassation desdits Arrêts, ordonner qu'ils seront executez selon leur forme & teneur, & le condamner aux dépens.

Veu des piéces,

VEU lesdites Requêtes, la Sentence du Prevôt de Paris du huitiéme Aoust 1668. portant que les défauts obtenus par ledit Brûlard, contre ledit Morisset & Catherine Girard sa femme, sont déclarez bons & valables, bien & dûement obtenus, & ajugeant le profit de par vertu d'iceux, ledit Morisset & sa femme condamnez solidairement par corps comme

Stellionnataire & faux vendeur.

stellionnataires & faux vendeurs, à racheter dans trois mois la rente de cinq cens cinquante livres onze sols un denier par eux constitué audit Brûlard, par Contrat du 15. May 1659. de payer les arrerages qui en étoient lors échus, & ceux qui écherront jusques au rachat, frais & dépens, & que la contrainte par corps à l'égard de la femme dud. Morisset surseoira pendant le mariage, sauf à eux leurs recours contre leurs coobligez, & lesdits Morisset & Girard condamnez aux dépens. Arrêt du 16. May 1665. du Parlement de Paris, portant que le congé obtenu par ledit Brûlard contre ledit Morisset a été bien & dûëment obtenu, & ajugeant le profit d'iceluy, déclaré ledit Morisset déchu de son appel, & condamné en l'amende & aux dépens. Arrêt dudit Parlement rendu le neuviéme Juin 1665 sur production des parties, par lequel ledit Brûlard auroit été receu opposant à l'execution des Arrêts, des 3. Octobre 1664. & 4. Avril 1665. ce faisant les defenses portées par iceux levées, ledit Morisset, sa femme, & veuve le Clerc condamnez aux dépens liquidez à huit livres parisis. Copies de plusieurs autres Arrêts dudit Parlement des 11. Decembre 1665. 10. Juin & 21. Decembre 1666. énoncez en la Requête dudit Brûlard, portant sursséance & défenses d'attenter à la personne dudit Morisset, meubles, chevaux à son usage. Copie d'une Requête presentée par ledit Morisset, signifiée audit Brûlard le 28. Decembre 1668. Défenses dudit Brûlard contre ladite Requête, signifiée audit Morisset le neuviéme Février 1669. Copie d'un autre Arrêt du Parlement du quatriéme Février, signifié le huitiéme dudit mois de Février, par lequel il auroit été ordonné que dans quinzaine les parties feroient diligence de faire juger l'instance d'appointé à mettre d'entre elles, & cependant ledit Morisset élargy & mis hors desdites prisons du Fort-l'Evêque à la garde de François Masson Huissier audit Parlement, à ce faire les Geoliers contraints par corps, ce faisant déchargez. Autre Arrêt du quatorziéme dudit mois de Février dernier, portant qu'ayant aucunement égard aux Requêtes dudit Morisset des 28. Décembre 1668. & 7. Février 1669. la sursséance portée par un Arrêt du 18. Juin 1667. seroit prorogée pour six mois, pendant lequel temps défenses faites d'attenter à la personne dudit Morisset, ni de saisir son cheval, ni meubles servans à son usage, à peine de cinq cens livres, & que ledit Masson Huissier sera déchargé de la garde dudit Morisset, & iceluy Morisset condamné aux dépens. L'indemnité passée par ledit défunt le Clerc audit Morisset, au sujet de ladite constitution passée pardevant de saint Jean & Thomas Notaires, en datte du quinziéme May 1659. Emprisonnement desdits Morisset & sa fille des 28. Novembre 1655. vingt-septiéme May 1666. & premier Février 1669 Arrêt du Parlement sur la Requête dudit Morisset, qui ordonne que celuy du 21. Décembre 1666. sera executé, & suivant iceluy défenses d'user d'aucunes contraintes par corps contre led. Morisset, & de saisir ses chevaux & meubles servans à son usage sur peine de cinq cens l. d'amende. Autre Arrêt qui proroge le délay porté par l'Arrêt du 21. Décembre 1666. d'un an, en datte du 18. Juin 1667. Autre Arrêt dud. Parlement sur la Requête dud. Morisset, en datte du 29. Juin 1668. qui proroge pour six mois le délay porté par l'Arrêt du 18. Juin 1667. pendant lequel temps il est fait défenses d'attenter à sa personne & son cheval, & autres meubles servans à son usage, à peine de cinq cens livres d'amende. Autre Requête dudit Morisset tendante à la cassation de ladite Sentence du Châtelet, & Arrêt confirmatif d'icelle, & à l'execution dudit Contrat de constitution, ainsi qu'il est plus amplement porté par ladi-

1. Arrêt cassé.

2. Arrêt cassé.

te Requête. Autre Requête dudit sieur de Rouvre aux fins d'évoquer par
Sa Majesté les causes & instances qu'il peut avoir au Parlement de Paris, &
celle qu'il y pourroit avoir cy-après, & les renvoyer en telle autre Cour Sou-
veraine qu'il luy plaira, & tout ce qui a été produit, tant par ledit sieur de
Rouvre, que par ledit sieur Morisset, pardevers le sieur Pussort, Conseiller ordinaire de sa Majesté en ses Conseils, après en avoir communiqué aux sieurs
de Morangis, Boucherat & Voisin, Conseillers ordinaires de Sa Majesté en ses-
dits Conseils : Et tout consideré. LE ROY E'TANT EN SON CONSEIL,
faisant droit sur lesd. Requêtes respectives, a cassé & annullé, casse & annulle
lesdits Arrêts du Parlement de Paris, des quatriéme & quatorziéme Février
dernier, & sans y avoir égard a ordonné & ordonne que ladite Sentence du
Châtelet de Paris, du huitiéme Aoust 1664. & Arrêt dudit Parlement du 9.
Juin 1665. feront executez selon leur forme & teneur ; & en conséquence permet audit sieur Brûlard de faire réintegrer ledit Morisset dans les prisons, &
en cas de contestation sur l'execution du present Arrêt, circonstances & dépendances, Sa Majesté en a renvoyé & renvoye la connoissance en son Grand
Conseil, luy en attribuant toute Cour & Jurisdiction, & icelle interdisant à
toutes ses autres Cours & Juges, & sur le surplus des Requêtes desdites parties, les a Sa Majesté mis hors de Cour & de procés. Fait au Conseil d'Etat
du Roy, Sa Majesté y étant, tenu à Paris le premier jour d'Avril 1669.
    Signé, COLBERT.

Arrêt de
l'assation. (marginal note)

TITRE XXIX.

De la Reddition des Comptes.

POUR Monsieur Dumay, Conseiller au Parlement de Dijon.

SUR L'ARTICLE V.

Défenses d'ordonner qu'un compte soit rendu devant le Rapporteur
du procés.

SUR la Requête presentée au Roy étant en son Conseil, par Pierre Dumay Conseiller de Sa Majesté en sa Cour de Parlement de Dijon : Contenant qu'ayant été élu Tuteur en l'année 1650. des enfans mineurs du
feu sieur Président Massol, il transigea en 1661. avec Antoine Bernard de Massol, Président en la Chambre des Comptes, aîné de ces enfans pour ladite Tutelle, par laquelle transaction led. sieur de Massol entre autres choses s'obligea,
de compter à la décharge du suppliant, moyennant la somme de mille livres

Requête du
sieur Dumay. (marginal note)

enfuite de quoy ledit fieur de Maffol aîné ayant été pourfuivi au Parlement de Paris par Thimoleon, & Marie Maffol fes frere & fœur, il intervint Arrêt entr'eux le 3. Septembre 1697. qui ordonna que le Suppliant feroit appellé pour rendre compte, ledit fieur Préfident de Maffol prétendant que ladite tranfaction ne le pouvoit obliger de compter pour le Suppliant, lequel pour éviter à toute conteftation offrit par fa Requête du 5. May dernier de rendre ledit compte, fuivant lefquelles offres, ladite Cour par fon Arrêt contradictoire du 13. Juillet dernier fignifié le 28. auroit ordonné que le Suppliant rendroit compte aufdits Thimoleon & Marie de Maffol dans huitaine pardevant le Confeiller-Rapporteur de fa Tutelle, & dautant que le *Committitur* dud. fieur Rapporteur eft formellement oppofé & contraire aux défenfes expreffes de la nouvelle Ordonnance, Art. 5. au Tit. de la reddition des comptes, qui veut qu'il en foit commis un autre par le Préfident, auquel la diftribution en appartient, ce qui marque l'entreprife de ladite Cour, & l'affectation que les parties adverfes ont eû de faire commettre ledit fieur Rapporteur: Le Suppliant qui doit tout refpect aux volontez de Sa Majefté, & qui en qualité de Confeiller audit Parlement de Dijon eft étroitement obligé de tenir la main à l'execution de fes Ordonnances, & empêcher qu'il n'y foit contrevenu, a eu recours à Sa Majefté, à ce qu'il luy plût caffer ledit Arrêt du Parlement de Paris du 13. Juillet dernier : ce faifant évoquer le procés dudit Parlement, & le renvoyer en tel autre Parlement non fufpect que Sa Majefté auroit agreable. VEU ladite Requête, fignée Lucas, Avocat au Confeil. Copie dudit Arrêt du Parlement de Paris du 13. Juillet dernier fignifié le 28. Oüi le rapport du fieur Puffort, Confeiller de Sa Majefté en tous fes Confeils & Commiffaire à ce députté : Et tout confideré. LE ROY ETANT EN SON CONSEIL, ayant égard à ladite Requête, a caffé & annullé, caffe & annulle ledit Arrêt du Parlement de Paris du 13. Juillet dernier comme contraire à fon Ordonnance du mois d'Avril 1669. en ce que par ledit Arrêt ledit Demay a été condamné de rendre compte pardevant le Confeiller Rapporteur, ledit Arrêt au furplus fortiffant fon plein & entier effet. A Sa Majefté évoqué & évoque dudit Parlement à fa perfonne ladite inftance de reddition de compte, circonftances & dépendances, & pour y faire droit l'a renvoyé & renvoye en fon Grand Confeil pour y être rendu ledit compte, & jugé conformément à fadite Ordonnance. Fait Sa Majefté défenfes audit Parlement de Paris, & à toutes fes autres Cours & Juges de plus contrevenir à fadite Ordonnance, ni d'ordonner que les comptes feront rendus pardevant le Rapporteur; mais veut & ordonne Sa Majefté qu'un autre que le Rapporteur foit commis par celuy à qui la diftribution appartiendra, à peine de nullité des Arrêts & Jugemens & des dommages & interêts des parties contre les Juges, ainfi qu'il fera avifé par Sa Majefté, & fera le Rapporteur dudit Arrêt adjourné à comparoir en perfonne au premier jour pardevant les Commiffaires qui feront nommez par Sa Majefté pour répondre fur les faits concernans ledit Arrêt ; & cependant l'a Sa Majefté interdit de l'exercice & fonction de fadite Charge, luy faifant défenfes de s'y immifcer jufques à ce qu'autrement par Sa Majefté en ait été ordonné. Fait au Confeil d'Etat du Roy, tenu à faint Germain en Laye le 23. Septembre 1668. Signé, PERROT.

TITRE XXIX.

De la Reddition des Comptes.

POUR René & Jeanne Melleray.

SUR L'ARTICLE V.

Pareil Arrest que dessus.

Requête du demandeur.

SUR la Requête presentée au Roy étant en son Conseil par René Melleray, Ecuyer, & Jeanne Melleray mineurs, procedant sous l'autorité de Maître Laurent Ringere leur Curateur : Contenant, que défunte Magdeleine Pinet & René Bourceau, l'une bisayeule & l'autre ayeule des Supplians, ayant compté ensemble d'une societé de Banque & Marchandise qui avoit été entr'eux, & ayant en conséquence de l'arrêté de leurs comptes passé divers actes & contrats avant le décès de ladite Magdeleine Pinet, arrivé dés l'année 1631. Etienne Tubin Sieur de la Birniere, & Damoiselle Magdeleine Simonet sa femme, & Jacques Simonet heritiers par representation de Catherine Herbaut mere de ladite Magdeleine Pinet, se seroient avisez en l'année 1663. d'obtenir des Lettres de Rescision contre lesdits arrêtez de comptes & contre les actes & contrats approbatifs d'iceux, & auroient demandé devant le Présidial de Poictiers, que lesdits Supplians fussent condamnez de venir à nouveau compte ; mais cette demande fut trouvée si déraisonnable & si pleine de vexation, que par Sentence contradictoire du 11. Aoust 1666. les parties furent mises sur lesd. Lettres & sur ladite demande hors de Cour & de procès; mais lesd. Tubin Jacques & Magdeleine Simonet & consorts, ayant interjetté & relevé appel de ladite Sentence, ledit appel auroit été retenu en la Chambre de l'Edit de Paris, où finalement lesdits Supplians n'ayant pas été bien défen-

Arrêt dont on se plaignoit.

dus seroit intervenu Arrêt le 23. Avril 1668. par lequel ladite Sentence auroit été infirmée, & sans y avoir égard, les parties remises en tel état qu'elles étoient avant ledit acte : ce faisant, que lesdites parties viendront à nouveaux comptes & partages pardevant le Conseiller-Rapporteur dudit Arrêt, des

Moyens.

effets desdites societez, ce qui est formellement contre la disposition de la nouvelle Ordonnance, Tit. 29. Art. 5. par lequel il est expressément porté. Que si le compte est ordonné par un Jugement rendu sur un appointement à mettre ou sur un procès par écrit. le Rapporteur ne pourra être commis pour ledit compte, mais qu'il en sera commis un autre par celuy à qui la distribution

appartiendra

appartiendra : au moyen de laquelle contravention, non feulement le Commiffeur dudit Rapporteur eft nul, mais auffi l'Arrêt intervenu à fon Rapport eft encore nul & de nul effet, fuivant la difpofition de la nouvelle Ordonnance, Titre 1. Article 8. par lequel Sa Majefté déclare les Arrêts rendus contre la difpofition de fes Ordonnances, nuls & de nul & de nul effet. PARTANT, requeroient lefdits Supplians qu'il plût à Sa Majefté caffer, annuller & révoquer ledit Arrêt de la Chambre de l'Edit de Paris, du 23. Avril dernier comme rendu par contravention à la dernière Ordonnance de Sa Majefté, & fans y avoir égard, ni à tout ce qui s'en eft enfuivi, ordonner qu'il fera de nouveau procédé au Jugement de l'appel interjetté par lefdits Tubin & Simonnet de la Sentence du Préfidial de Poitiers du 11. Août 1666. ainfi qu'il eût pû être fait avant ledit Arrêt du 23. Avril 1668. Vû ladite Requête fignée Adam, Avocat & confeil des Supp'lians, Gualy & Dubuys anciens Avocats du Confeil. Ledit Arrêt de la Chambre de l'Edit du Parlement de Paris, du 23. Avril 1668. Sommation faite à Maîtres Delby & Amirault, Procureurs d'Etienne Tubin fieur de la Bionière, & de Magdelaine Simonnet fon époufe, & de Jacques Simonnet fieur de la Cleffinière & de Pierre Herbaut, du 11. Septembre 1668. portant que ladite Requête a été mife entre les mains de Monfieur Puffort, Confeiller ordinaire de Sa Majefté en fes Confeils. Oüy le Rapport qu'il en a fait à Sa Majefté, Et tout confideré, LE ROY ETANT EN SON CONSEIL, ayant égard à ladite Requête, a caffé & annullé, caffe & annulle ledit Arrêt de la Chambre de l'Edit du Parlement de Paris, du 23. Avril 1668. comme contraire à fon Ordonnance du mois d'Avril 1667. en ce que par ledit Arrêt a été ordonné que les parties viendroient à nouveaux comptes & partages des effets de focietez pardevant le Confeiller-Rapporteur, & tout ce qui a été fait en conféquence, ledit Arrêt au furplus fortiffant fon plein & entier effet : A Sa Majefté évoqué & évoque de ladite Chambre de l'Edit à fa Perfonne ladite inftance de compte, circonftances & dépendances : Et pour y être fait droit, l'a renvoyé & renvoye à la Chambre de l'Edit du Parlement de Roüen, pour y être inftruite & jugée conformément à fadite Ordonnance. Fait à Majefté défenfes à ladite Chambre de l'Edit de Paris, & à toutes fes autres Cours & Juges, de plus contrevenir à fadite Ordonnance, ni d'ordonner que les parties viendront à compte pardevant le Rapporteur, mais veut & ordonne Sa Majefté qu'un autre que le Rapporteur foit commis par celuy à qui la diftribution appartiendra, à peine de nullité des Arrêts & Jugemens, & des dépens, dommages & intérêts des parties contre les Juges, ainfi qu'il fera avifé par Sa Majefté ; & fera le Rapporteur dudit Arrêt ajourné à comparoir en perfonne au premier jour pardevant les Commiffaires qui feront nommez par Sa Majefté pour répondre fur les faits concernans ledit Arrêt : & cependant, l'a Sa Majefté interdit de l'exercice & fonction de fadite Charge, Luy fait défenfes de s'y immifcer, jufques à ce qu'autrement par Sa Majefté en ait été ordonné. Fait au Confeil d'Etat du Roy, tenu à S. Germain en Laye, le 23. Septembre 1668. Signé, DE LA VRILLIERE.

Conclufions.

Arrêt de caffation.

Nota.

TITRE XXIX.

De la reddition de Comptes.

POUR René & Jeanne Malleray.

Arrêt en execution du cy-deffus.

*Par lequel 1°, Une Requête civile eft renvoyée à d'autres Juges,
qu'à ceux qui avoient rendu l'Arrêt.*

2° Le temps de fix mois pour l'obtenir eft prorogé.

Requête.

SUR la Requête prefentée au Roy étant en fon Confeil par René
Malleray Ecuyer, & Jeanne Malleray Damoifelle, mineurs procedans
fous l'autorité de Maître Laurent de Ringere leur Curateur: Contenant
que par Arrêt du Confeil d'Etat du 23. Septembre dernier, Sa Majefté a caffé
l'Arreft de la Chambre de l'Edit du Parlement de Paris, du 23. Avril 1668 comme contraire à fon Ordonnance du mois d'Avril 1667. en ce que par ledit Arreft il auroit été dit que les parties viendroient à nouveau compte & partage
des effets des focietez de 1611. & 1629. pardevant le Confeiller-Rapporteur de
l'Arrêt, & tout ce qui a été fait en confequence; l'Arrêt au furplus fortiffant
fon plein & entier effet, & Sa Majefté a evoqué à fa perfonne ce qu'il y auroit
dependant en ladite Chambre de l'Edit du Parlement de Paris; & pour y faire
droit, renvoyé les parties en la Chambre de l'Edit de Roüen : Mais comme
les Supplians ont des ouvertures de Requête civile contre le furplus dudit
Arrêt, fuivant l'avis d'anciens Avocats du Parlement de Paris, ils ne croyent
pas que l'intention de Sa Majefté ait été de les priver du benefice de droit accordé par la derniere Ordonnance, c'eft à dire, la voye de Requête civile. Ils
croyent encore que l'intention de Sa Majefté ayant été d'ôter à la Chambre de
l'Edit de Paris la connoiffance des differends d'entre les parties Elle a auffi voulu attribuer à la Chambre de l'Edit ou au Parlement de Roüen, l'entiere connoiffance defd. differends, circonftances & dépendances, & ainfi la connoiffance
de ladite Requête civile; il eft neanmoins neceffaire pour ôter les difficultez que
l'on pourroit faire aux Supplians, qu'il plaife à Sa Majefté d'expliquer fes intentions fur ce point, vû que particulierement la derniere Ordonnance veut
que les Requêtes civiles foient portées pardevant les Juges qui ont rendu les

Conclufions.

Arrêts. A CES CAUSES requeroient qu'il plût à Sa Majefté, interpretant l'Arrêt
de fon Confeil d'Etat du 23. Septembre dernier, permettre aux Supplians de fe

pourvoir par la Requête civile contre les chefs de l'Arrêt de la Chambre de
l'Edit du Parlement de Paris du 23. Avril, non caſſez, & ordonner que ladite
Requête civile, dont le model eſt attaché à la preſente Requête, avec l'Avis
des trois Avocats du Parlement de Paris, ſera expediée & ſcellée, avec attribution de Juriſdiction à ladite Chambre de l'Edit de Roüen. Vû ladite Requête, &c. Ouy le Rapport, &c. Et tout conſideré : LE ROY E'TANT EN   Arrêt.
SON CONSEIL, ayant aucunement égard à ladite Requête, en interpretant ſon Arrêt du 23. Septembre dernier, a permis & permet audit René &
Jeanne Malleray de ſe pourvoir par Requeſte civile contre les chefs de l'Arreſt
de ladite Chambre de l'Edit de Paris, du 23. Avril 1668. non caſſez par celuy
dudit jour 23. Septembre dans ſix mois, à compter du 31. Janvier dernier,
nonobſtant que les ſix mois portez par ſon Ordonnance du mois d'Avril 1667.   Nota.
ſoient écoulez, depuis la ſignification dudit Arreſt ; attribuant Sa Majeſté au
Parlement de Roüen toute Cour, Juriſdiction & connoiſſance deſdits procés
& differends, circonſtances & dépendances, & icelle interdiſant à toutes ſes
autres Cours & Juges. Fait au Conſeil d'Etat du Roy, tenu à Paris le 14.
Mars 1669. Signé, DE LA VRILLIERE.

TITRE XXIX.

De la reddition de Comptes.

POUR le ſieur de Maſcon.

SUR L'ARTICLE V.

En interpretation duquel le Roy permet en un compte preſenté &
affirmé avant l'Ordonnance, qu'il ſoit procedé à la reddition
d'iceluy devant le Rapporteur.

SUR la Requeſte preſentée au Roy étant en ſon Conſeil, par Jean-Jacques de Maſcon, Ecuyer ſieur du Chev, & heritier de défunt Gilbert de   Arrêt de
Maſcon ſon pere : Contenant que par Arreſt du Parlement de Paris du   1663.
ſeptieme Juillet 1663. rendu entre le Suppliant d'une part & François de Mon-
taigna ſieur de la Cour, & Damoiſelle Iſabeau de Royer ſa femme, auparavant
veuve de Gabriel d'Anglard, Tuteur des enfans dudit défunt d'Anglard, &
de ladite Royer d'autre, au rapport du ſieur Barentin, Conſeiller audit
Parlement, le Suppliant a été condamné de rendre compte de la tutelle
gerée par ledit Gilbert de Maſcon ſon pere des enfans de Guy d'Anglard, &
de Jeanne de Thiange. En execution de cet Arrêt le Suppliant auroit en l'an-

née 1664. presenté & affirmé son compte pardevant ledit sieur Barentin, Rapporteur, duquel compte & des piéces justificatives d'iceluy, lesdits de Montaignat & sa femme auroient pris communication, & presenté deux, ou trois Requêtes audit Parlement, pour faire ordonner que ledit compte seroit reformé, sur lesquelles seroient intervenus trois differens Arrêts, portant qu'il seroit procedé à l'examen dudit compte ; & enfin par un quatriéme Arrêt rendu au rapport dudit sieur Barentin le 31. Août 1667 sur le referé de son procés verbal, il fut ordonné qu'il seroit incessamment procedé à l'examen dudit compte pardevant ledit sieur Barentin, Rapporteur. Du depuis en conséquence de l'Ordonnance de Sa Majesté qui a abrogé l'examen des comptes, les parties furent appointées à bailler consentemens, ou débats, soûtenemens, & produire, & contredire, & joint à l'instance d'entre les parties distribuée audit sieur Barentin Rapporteur, par Arrêt du 19 Avril 1668. en execution duquel les parties ont fourny de débats, soûtenemens, produit & contredit respectivement, & d'autant que par l'Article 5 du Titre de la reddition des comptes de la derniere Ordonnance, il est dit ; Tout jugement portant condamnation de rendre compte commettra celui qui devra recevoir la presentation & affirmation du compte, & s'il est rendu sur un appointement à mettre, ou sur un procès par écrit, le Rapporteur ne pourra être commis pour le compte, mais en sera commis un autre par celuy à qui la distribution appartiendra, le Suppliant appréhende que les parties qui sont des mineurs demandent un jour la cassation de l'Arrêt diffinitif qui interviendra sur les débats dudit compte, sous prétexte que l'Arrêt du 7. Juillet 1663. portant condamnation de rendre ledit compte, a été rendu sur procés par écrit au rapport dudit sieur Barentin, quoy qu'ils ayent volontairement executé l'Arrêt du 19. Avril 1668. qui a appointé les parties sur ledit compte fourny de débats, produit & contredit, ce que le Suppliant a notable interêt de prévenir, & de faire une procedure valable, afin de sortir d'affaires, & d'autant plus que ses parties se trouveront ses débiteurs de notables sommes de deniers ; & comme par le dit cinquiéme Article dudit Titre de la reddition des comptes, il n'est point parlé des comptes presentez & affirmez avant l'Ordonnance, ni si les Rapporteurs des Arrêts qui ont donné lesdits comptes le pourront être, ou non pour le jugement des débats. Pour ces causes requeroit led. Suppliant qu'il plût à Sa Majesté pour la validité de la procedure & de l'Arrêt qui interviendra sur ledit compte de pourvoir sur la difficulté, execution ou explication de l'Article cinquiéme du Titre de la reddition des comptes de l'Ordonnance ainsi qu'il luy plaira. Vû, &c. Oüy le rapport, &c. Et tout consideré LE ROY ETANT EN SON CONSEIL, avant aucunement egard à ladite Requête, a ordonné & ordonne que le procès pendant audit Parlement, entre lesdites parties sur les débats de compte rendu par ledit Mascon sera jugé au rapport dudit sieur Barentin Conseiller en icelle. Fait au Conseil d'Etat du Roy tenu à Paris le 29. Avril 1669. Signé, COLBERT.

❦❦❦❦❦❦❦❦❦❦❦❦❦❦❦

TITRE XXXI.
Des Dépens.

REGLEMENT ENTRE LE LIEUTENANT
Géneral, & les Officiers de Bourg en Bresse.

Pour la { Taxe des dépens.
Distribution des procès.
Distribution des descentes, &c.

Ce Reglement est relatif aux Arrêts rapportez sur le Titre des Descentes.

Veu au Conseil du Roy Sa Majesté y étant, la Requête presentée en iceluy par le Lieutenant General au Bailliage & Siege Présidial de Bourg : Contenant que quoy que le vingt-unième du mois dernier de la presente année i soit intervenu Arrêt du Conseil de Sad. Majesté y étant, pour servir de Reglement entre les Lieutenans Generaux, & les autres Officiers des Presidiaux . Portant que les causes sommaires non excedantes la somme de dix liv. feront jugées par lesd. Lieutenans Generaux seuls aux petites Audiences ; qu'ils bailleront pour ce sujet à la maniere accoûtumée. Qu'ils auront seuls l'instruction des causes & procés non distribuez pour être fait suivant les formes prescrites par son Ordonnance du mois d'Avril mil six cens soixante & sept, dans les Sieges où ils sont en possession de faire seuls lesdites instructions, & juger lesd. causes. Qu'ils continuëront d'exercer dans leurs maisons tous les actes de Jurisdiction volontaire sans renvoy à l'extraordinaire, ni instruction à la barre. Que les presentations & affirmations des comptes leur appartiendront, là où ils sont en possession de recevoir & examiner seuls lesd. comptes, à l'exception de ceux qui auront été ordonnez à leur rapport, qui feront distribuez. Que la distribution des Descentes qui sont ordonnées en une même Audience ou Seance de rapport commencera toûjours par le Lieutenant General & sera continuée aux autres Officiers suivant l'ordre du Tableau & commencera toûjours par le Lieutenant General en chacune Audience ou Séance de rapport ; & au surplus que les Arrêts & Reglemens, Traitez, & Concordats faits entre les Lieutenans Generaux & Officiers desdits Sieges Présidiaux, seront en ce qui n'est point changé ni abrogé par ladite nouvelle

Xxxx iij

Requête du
Lieutenant
Géneral de
Bourg.

1.
2.

3.

4.

5.
Chefs reglez.

Demande que ce Reglement soit executé à Bourg.

Concordats.

Ordonnances caffées par l'Arrêt.

Taxe des dépens.

Conclusions du Lieutenant Géneral Demandes.

1.
2.
3.
4.
5.

Ordonnances executez felon leur forme & teneur, & quoy que ledit Reglement doive avoir lieu audit Siege de Bourg en tous fes poins & articles, puis qu'il eft géneral, même à l'égard des caufes fommaires des inftructions des procés non diftribuez, & des receptions & affirmations des comptes, etant de notorieté publique fur les lieux, & juftifie litteralement par les Concordats de mil fix cens trente & mil fix cens quarante quatre, & Reglement du Confeil de mil fix cens trois, que le Lieutenant Géneral eft en poffeffion de recevoir & examiner feul les comptes, faire les inftructions des procés non diftribuez & juger les fommaires : Neanmoins les Officiers dudit Siege qui fe font propofé de ruiner fa charge, ne laiffent pas de faire journellement des entreprifes fur fes droits, même par leurs Ordonnances des fecond & feptieme Décembre mil fix cens foixante fept, & onziéme de May de la prefente année, ils ont fait défenfes de porter & plaider aucunes caufes fommaires ailleurs qu'aux Audiences publiques pardevant eux, & de proceder aux defcentes & vûës des lieux, nominations de prud'hommes, experts, reception de leur ferment & rapport, audition des comptes, reception des cautions, liquidation d'interêt, & generalement à tous Actes & procedures ordonnées en Audience, pardevant autre que celuy defdits Officiers qui fera commis de la Chambre du Confeil fur Requête prefentée en icelle, & par les mêmes Ordonnances & Sentences fuivantes du vingt-trois Juin dernier, ils veulent faire proceder à la taxe des dépens adjugée par les Sentences & jugemens du Siég pardevant celuy qui particulierement fera par eux commis en la Chambre du Confeil fur Requête qu'ils veulent y être prefentée, & ainfi fe conferver & attribuer les taxes de dépens, quoy qu'ils fçachent bien que n'étant pas Commiffaires examinateurs, les Procureurs les doivent faire fuivant l'Article 15. du Titre 31. de l'Ordonnance : ce qui caufe un tel défordre, que les Procureurs intimidez par lefdits Officiers n'ofent pas executer l'Ordonnance de Sa Maj. fté en ce chef, en forte que depuis la faint Martin mil fix cens foixante fept jufques à prefent, il ne s'eft pas fait une feule taxe de dépens quelques diligences que ledit Lieutenant Géneral aye fçû faire, & nonobftant l'Ordonnance par luy renduë fur ce fujet le troifiéme Décembre mil fix cens foixante fept, dont les parties fouffrent de grands dommages & interêts. Requerant ledit Lieutenant Géneral que ledit Arrêt de Reglement du 21. Avril de la prefente année 1668. foit déclaré commun pour ledit Bailliage & Siége Préfidial de Bourg, & fuivant iceluy que les caufes non excedantes la fomme de dix livres foient jugées par luy feul aux petites Audiences qu'il baillera pour ce fujet. Qu'il aura feul l'inftruction des caufes & procés non diftribuez pour être faite fuivant les formes prefcrites par l'Ordonnance du mois d'Avril 1667. Qu'il continuera d'exercer dans fa maifon tous actes de Jurifdiction volontaire. Que les prefentations & affirmations des comptes luy appartiendront, à l'exception de ceux de fon rapport : Que la diftribution des actes qui feront ordonnez en une même Audience, ou Séance de rapport commencera toûjours par luy, & fera continuée aux autres Officiers fuivant l'ordre du Tableau, au cas qu'il y ait dans la même Audience, ou Séance plus que d'un de chacun defdits actes : ce qui fera obfervé dans toutes les Audiences & toutes les Séances de rapport, à commencer toûjours par

luy de chacune d'icelles : Et que l'Arrêt de Reglement pour ledit Siége donné
au Conſeil le 24. May 1603. & les Concordats arrêtez & convenus, entre ledit Lieutenant & Officiers dudit Siége le 23. Novembre 16,0. & premier Juillet 1644. feront en ce qui n'eſt point changé & abrogé par la nouvelle Ordonnance executez felon leur forme & teneur : Ordonner au ſurplus que les Procureurs dudit Siége députeront inceſſamment nombre ſuffiſant d'entre eux,
pour être faites les taxes des dépens adjugez conformément à l'Ordonnance
de Sa Majeſté, nonobſtant celles deſdits Officiers des ſecond & ſeptiéme Décembre 1667. onziéme May & vingt troifiéme Juin ſuivant, qui feront caſ-
fées & annullées, les minutes tirées des Regiſtres, & le preſent Arrêt mis en
leur place après qu'il aura été lû & publié en l'Audience dudit Siége, afin que
perſonne n'en prétende cauſe d'ignorance. A laquelle Requête ſont joints le
Reglement du Conſeil fait le quatriéme May 1603. pour l'ordre qui doit être
obſervé audit Bailliage & Siége Préſidial : le Concordat & Reglement provi-
fionnel pris entre le Lieutenant Géneral & autres Officiers en iceluy le vingt-
troifiéme Novembre 1630. Celuy du premier Juillet 1644 Ordonnance du
fecond Décembre 1667. renduë par les Officiers dudit Préſidial. Autre Ordonnance renduë par ledit Lieutenant Géneral le lendemain troifiéme dudit
mois de Décembre. Trois autres Ordonnances renduës par leſdits Préſidiaux
de Bourg les ſept Décembre 1667. onze May 1668. & vingt troifiéme Juin
ſuivant ; Requête preſentée au Conſeil de Sa Majeſté le cinquiéme May 1633.
par Decio Deodati Traitant pour lors des taxes faites ſur les Commiſſaires
Examinateurs, ou en faifant les fonctions, pour jouïr de l'attribution de quatre derniers pour livre du prix des ventes generales : Délibération de tous les
Officiers dudit ſiége du dix-neuviéme de Mars 1634. qui montre que l'Office
de Commiſſaire Examinateur eſt ſupprimé en la Province de Breſſe. Vû auſſi
le Memoire deſdits Officiers du Bailliage & Siége Préſidial de Bourg, ſervant
de réponſe à la Requête dudit Lieutenant géneral : Ledit Memoire figné
Michel, député deſdits Officiers du   Auquel Memoire eſt joint
un imprimé qui eſt la Déclaration du Roy Loüis XIII. pour l'attribution de
quatre derniers pour livre à prendre ſur le prix des ventes qui ſe font par décret
& difcuſſion generale par les Commiſſaires-Examinateurs, ou ceux qui en font
la fonction du 18. Septembre 1631. au bas de laquelle eſt l'exploit de fignification faite au Procureur de Sa Majeſté aud. Siége, à ce qu'il ait à tenir la main
à l'execution. Deux quittances du Tréforier des parties Caſuelles, fignées Garnier des 31. Décembre 1631. &   par leſquelles il reconnoît
avoir reçû payement du Lieutenant Géneral & Officiers dudit Siége des fommes y contenuës, pour jouïr du ſuſdit droit de quatre deniers pour livre. Trois
Sentences renduës par ledit Lieutenant Géneral en cauſes & matieres Sommaires les 18. Janvier 1668. quinziéme Mars & ſeiziéme Avril audit an, par leſquelles ils prétendent qu'il a contrevenu à la difpofition de l'Ordonnance de Sa
Majeſté du mois d'Avril 1667. Ordonnance dudit Siége Préſidial du onziéme May audit an, & autres pièces attachées auſdites Requêtes & memoire,
Oüy le rapport qui en a été fait par le ſieur Puſſort, Conſeiller ordinaire de Sa
Majeſté en ſes Conſeils, Commiſſaire à ce député, qui en a communiqué par

6.

7.)!

Vû des pié-
ces.

l'ordre de Sa Majesté aux sieurs de Morangis, Poncet, & Boucherat, aussi Conseillers en lesdits Conseils : Et tout consideré. LE ROY ETANT EN SON CONSEIL, a cassé & annullé, cassé & annulle les Ordonnances renduës par les Officiers du Siége Présidial de Bourg des 2. & 7. Decembre 1667. onziéme May & 23. Juin 1668. comme contraires à son Ordonnance du mois d'Avril 1667. leur fait Sa Majesté defenses d'y plus contrevenir sous les peines y contenuës, ni d'entreprendre de taxer les dépens, & de prononcer par cassation des Sentences audit Lieutenant General : enjoint Sa Majesté aux Procureurs dudit Siége de nommer incessamment & par chacun mois, ou pour tel autre temps qu'il sera par eux avisé conformément à ladite Ordonnance, nombre suffisant d'entr'eux pour regler & taxer les dépens qui seront adjugez audit Siége. Ordonne Sa Majesté que son Arrêt du 21. Avril dernier servant de Reglement entre les Lieutenans Géreraux & les Officiers des Siéges Présidiaux, sera executé audit Siége Présidial de Bourg, & se faisant ordonne Sa Majesté que les matieres sommaires non excedantes la somme de dix livres seront jugées en la petite Audience à la levée du Siége en la maniere accoûtumée par ledit Lieutenant Géneral seul, ou par ceux des autres Officiers dudit Siége qui tiendront ladite Audience en son absence, sans que sous prétexte que les affaires requierent celerité & ne puissent pas être differées, ou que ce fût entre Forains, & qu'il s'agît de main-levée de bestiaux en donnant caution, aucunes autres affaires puissent être traitées, ni jugées en lad. petite Audience, & que ledit Lieutenant General aura seul l'instruction des causes & procés non distribuez, pour être lesdites instructions faites suivant les formes prescrites par son Ordonnance du mois d'Avril 1667. & non autrement, & sera tout ce que dessus observé dans ledit Siége de Bourg, en cas que ledit Lieutenant Géneral soit en possession en vertu d'Arrêts, Concordats, ou Reglemens, de tenir seul lesdites petites Audiences, & de faire lesdites instructions ; Ordonne Sa Majesté que ledit Lieutenant Géneral continuera d'exercer dans sa maison tous les actes de Jurisdiction volontaire, sans neanmoins qu'il puisse faire aucuns renvoys à l'extraordinaire, ni instructions à la barre. Que les taxes & liquidations de dommages & interêts se feront suivant les formes prescrites par ladite Ordonnance, sans que ledit Lieutenant Géneral, ni autres puissent à cet égard faire aucunes fonctions de Commissaire ; Ordonne Sa Majesté que les présentations & affirmations de comptes appartiendront audit Lieutenant Géneral seul, en cas qu'il soit en possession de recevoir & examiner seul les comptes, à l'exception de ceux qui auront été donnez à son rapport qui seront distribuez, comme aussi les procés & instances appointées sur les débats de comptes en la maniere accoûtumée pour tous les autres procez. Que la distribution des descentes qui seront ordonnées en une même audience ou seance de rapport commencera toûjours par ledit Lieutenant General, & sera continuée aux autres Officiers suivant l'ordre du tableau, à commencer toûjours par ledit Lieutenant Géneral en chacune audience ou séance de rapport ; Seront au surplus les Arrêts & Reglemens, Traitez & Concordats faits entre ledit Lieutenant General & Officiers dudit Présidial de Bourg, en ce qui n'est point abrogé ou changé par ladite Ordonnance de 1667. executez selon leur

forme

orme & teneur ; Ordonne Sa Majesté que le present Arrêt sera lu & publié audit Siege Présidial de Bourg , l'Audience tenante. Enjoint à son Procureur audit Siege d'y tenir la main, & d'en certifier Sa Majesté. Fait au Conseil d'Etat du Roy, Sa Majesté y étant, tenu à saint Germain en Laye, le vingt - troisiéme de Septembre mil six cens soixante - huit. Signé ,
DE LA VRILLIERE.

TITRE XXXI.

Des Dépens.

POUR Alexandre Plantier, Notaire du Peage de Romans en Dauphiné.

SUR L'ARTICLE XV.

Que la Taxe des Dépens sera faite suivant icelui par un Proc. Tiers.
Taxe faite devant le Conseiller-Rapporteur, cassée.

SUR la Requête presentée au Roy étant en son Conseil, par Alexandre Plantier, Notaire du Peage de Romans en Dauphiné : Contenant , que Barthelemy du Bouchet, ayant par surprise obtenu certaine adjudication de dépens contre le Suppliant, tant pardevant le Vice-Baillif de Grisivodant qu'au Parlement de Grenoble, voulut ensuite faire proceder à la taxe d'iceux au mois de Janvier dernier, pardevant le sieur Rapporteur du procés, où se prévalant de l'indisposition de son Procureur, qui étoit dans l'impuissance de le défendre : Le Suppliant luy auroit opposé la nouvelle Ordonnance de Sa Majesté, & la forme prescrite par icelle pour la taxe & liquidation des dépens, sans qu'il y ait voulu déferer : au contraire , se prévalant du crédit & du Support qu'il a ausd. Sieges , il auroit fait passer outre à lad. taxe pardevant ledit Rapporteur, contre ce qui est précisément porté en ladite nouvelle Ordonnance, Tit. 31. Art. 15. s'étant par cette surprise fait taxer des droits excessifs , & donné lieu par cette contravention à des frais extraordinaires, sans avoir jamais voulu remettre au Procureur-Tiers sa déclaration & pieces justificatives , de laquelle entreprise le Suppliant s'étant plaint aux Procureurs dud. Buchet, ils auroient déclaré n'y prendre aucune part , & qu'ils désavoüoient tout ce qui pourroit être fait sous leur nom pour raison de lad. taxe contre la disposition & forme prescrite par lad. Ordonnance , au mépris de laquelle ledit Buchet ne laisse pas de pourfuivre le Suppliant par des executions violentes, en vertu des Executoires qu'il a fait expedier sur lesdites taxes , sans

Requête de Plantier.

Taxe de Dépens.

Contravention.

avoit même remis au Greffe les déclarations fur lefquelles elles ont été faites : De forte que le Suppliant a été obligé pour fe rédimer de cette vexation, d'avoir recours à Sa Majefté pour luy être fur ce pourvu : Requeroit à ces caufes, qu'il plût à Sa Majefté, caffer & annuller lefd. Taxes & Executoires de dépens des 27. Janvier dernier, & tout ce qui s'en eft enfuivi : & en conféquence faire main-levée des faifies qui fe trouveront avoir été faites en vertu d'iceux, fauf audit Buchet à faire de nouveau proceder à ladite taxe par les voyes prefcrites par ladite Ordonnance. VEU ladite Requête fignée Avocat au Confeil. Les fommations faites audit Buchet & à fes Procureurs. Leur défaveu des pourfuites faites contre ladite Ordonnance. Lefdits Executoires des 27. & 31. Janvier dernier, & autres pieces attachées à ladite Requête. Oüy le rapport du fieur Puffort, Confeiller ordinaire de Sa Majefté en tous fes Confeils, Commiffaire à ce député ; Et tout confideré, LE ROY ETANT EN SON CONSEIL, ayant égard à ladite Requête, a caffé & caffe lefdites deux Taxes & Executoires de dépens dudit Parlement de Grenoble & Baillif de Grifivodant des 27. & 31. Janvier 1668. & tout ce qui s'en eft enfuivy, comme contraire à fon Ordonnance du mois d'Avril 1667. Faifant Sa Majefté défenfes audit Parlement, Baillif de Grifivodant & à tous autres Juges d'y plus contrevenir, ni de faire proceder à la Taxe des dépens par autre que par le Procureur Tiers, ou autre nommé & commis par la Communauté defdits Procureurs, conformément à ladite Ordonnance, fans préjudice audit du Bouchet de faire proceder à la nouvelle Taxe en la forme & maniere prefcrite par ladite Ordonnance. Fait au Confeil d'Etat du Roy, tenu à faint Germain en Laye, le vingt-cinquiéme Juin mil fix cens foixante-huit. Signé, LE TELLIER.

Deux Executoires, dont la caffation eft demandée.

Arrêt de caffation d'iceux.

TITRE XXXI.

Des Dépens.

POUR Françoise Huideleine.

SUR L'ARTICLE I.

Arrêt du Conseil du Roy, qui ordonne que sans avoir égard à un Arrêt contradictoire qui prononçoit condamnation des dépens de la Cause principale, & sans dépens de la Cause d'appel, les dépens de la Cause d'appel seroient taxez en vertu de l'Article, contre celuy qui avoit succombé.

SUR la Requête presentée au Roy étant en son Conseil, par Damoiselle Françoise Huideleine, veuve de feu Nicolas Marcet, vivant Docteur en Medecine, demeurant à Roye : Contenant, qu'ayant été assignée pardevant le Prevôt de Mondidier à la Requête de Maître Jacques de S. Fuslien Avocat en Parlement, par exploit du 15. Septembre 1656. pour quelque prétention qu'il avoit contre-elle : Ladite Huideleine auroit décliné & requis son renvoy pardevant son Juge naturel, qui étoit le Lieutenant General de ladite Ville de Roye, duquel ayant été déboutée par Sentence dudit Juge Prevôt de Mondidier, du 19. dudit mois de Septembre, elle en auroit interjetté appel nonobstant & au préjudice duquel ledit Juge Prevôt ayant rendu condamnation contre-elle, le 23. Novembre ensuivant ; elle en auroit interjetté appel en adherant, relevé pardevant le Lieutenant de Mondidier, lequel app. l ledit sieur de S. Fuslien ayant prétendu qu'il étoit demeuré péry, auroit fait assigner ladite Huideleine pardevant ledit Lieutenant General de Mondidier en peremption d'iceluy ; Et quoy qu'elle ait fait voir qu'il n'y avoit aucune peremption, néanmoins ledit Lieutenant General a déclaré ledit appel péry par Jugement du 3. Octobre 1663. duquel ladite Huideleine ayant interjetté appel, & relevé au Parlement de Paris, & sur iceluy les parties appointées à écrire & produire & contredire, & l'instance respectivement instruite, Arrêt contradictoire seroit intervenu le 21. Avril dernier, par lequel ladite Cour met l'appellation & la Sentence du Lieutenant General de Mondidier au néant, en émendant & corrigeant, déboute ledit de S. Fuslien de sa demande & peremption d'instance, & le condamne aux dépens de la Cause principale, & sans dépens de la Cause d'appel, en quoy il y a contravention manifeste à la disposi-

Requête de Huideleine.

1. Appel.

2. Appel.

3. Appel.

Arrêt du 21. Avril 1668.

Aux dépens de la Cause

Y y y y ij

principale
fans dépens
de la Caufe
d'appel.
Contraven-
tion.

tion du dernier Reglement general qui veut, Titre 31. Art. 1. que tous ceux qui fuccomberont foient condamnez aux dépens : De maniere, que la Sentence obtenuë par ledit de S. Fuflien ayant été infirmée, il eft indubitable qu'il a dû être condamné aux dépens de lad. Caufe d'appel, & n'y a nulle raifon d'avoir prononcé par ledit Arrêt fans dépens de la Caufe d'appel, defquels ledit de S. Fuflien eft tenu bien plus juftement encore que de ceux de la Caufe principale.

Conclufions. A CES CAUSES, requeroit lad. Huideleine, qu'il plût à Sa Majefté condamner ledit de S. Fuflien vers ladite Huideleine aux dépens de la Caufe d'appel, jugée par ledit Arrêt dudit jour 21. Avril dernier, nonobftant l'abfolution d'iceux prononcée par iceluy, lequel au furplus fortira fon plein & entier effet. VEu ladite Requête fignée Moifet, Avocat au Confeil, & de lad. Suppliante. Ledit Arrêt de lad. Cour du Parlement de Paris dudit jour 21. Avril dernier, & autres pieces attachées à ladite Requête. Oüy le rapport du fieur Puflort, Confeiller ordinaire du Roy en fes Confeils, Commiffaire à ce députe : Et tout

Arrêt. confideré. LE ROY E'TANT EN SON CONSEIL, fans avoir égard audit Arrêt du Parlement de Paris du 21. Avril dernier, en ce que par iceluy a été prononcé fans dépens de la Caufe d'appel, a ordonné & ordonne, que conformément à fon Ordonnance du mois d'Avril 1667. les dépens de la Caufe d'appel feront taxez au profit de ladite Huideleine en vertu de ladite Ordonnance & du prefent Arrêt. Fait au Confeil d'Etat du Roy, tenu à S. Germain en Laye, le vingt-huitiéme May mil fix cens foixante-huit. Signé, DE GUENEGAUD.

TITRE XXXI.

Des Dépens.

SUR L'ARTICLE XIII.

Arrêt, par lequel le Roy ordonne, Que ledit Article à l'égard des Voyages neceffaires & autres dudit Titre, en Taxe de dépens feront obfervez indiftinctement en Bretagne, tant dans les procez évoquez & renvoyez, qu'autres.

Nota.

L E ROY E'TANT EN SON CONSEIL, S'ETANT fait reprefenter l'Arrêt du Parlement de Bretagne du 18. Septembre 1668. portant Reglement & falaire de toutes les procedures civiles & criminelles qui feront pourfuivies, tant en lad. Cour qu'aux Juftices Royales Subalternes du Reffort d'icelle, par lequel Arrêt ledit Parlement auroit ordonne entr'autres chofes, que pour les Voyages & Séjours des parties aux procez

évoquez des autres Parlemens, le Tiers-Examinateur suivra la derniere Ordonnance aux Articles 13. & 14. du Titre des Dépens ; Et pour ceux de la
Province , que le Roy sera tres-humblement supplié d'avoir agreable pour le
bien de ses Sujets, qu'il en soit usé comme au passé , & qu'il soit alloüé trois
Voyages à la partie : Sçavoir , Un pour la presentation , suivant la distance des
lieux , à raison de huit lieües, depuis la Toussaints jusques à Pâques, & de dix
lieües depuis Pâques jusques à la Toussaints par chaque jour, & trois jours de
retardement au dessus de vingt lieües, de huit jours aussi de retardement
pour l'Arrêt, cinq jours de retardement pour la Taxe, & pour le plus ; & le
Séjour au dessous de vingt lieües, qu'il soit reglé par le Tiers Examinateur :
Et ayant Sa Majesté consideré que si lad. restriction avoit lieu , elle anéantiroit
le principal fruit qui doit revenir à ses Sujets de la réformation de la Justice &
de l'execution de son Ordonnance, à quoy étant necessaire de pourvoir : SA
MAJESTE' E'TANT EN SON CONSEIL, a ordonné & ordonne,
que son Ordonnance du mois d'Avril 1667. sera executée selon sa forme &
teneur & conformément à icelle : Enjoint aux Commissaires Examinateurs &
Procureurs-Tiers du Parlement de Bretagne & tous autres, en procedant à la
Taxe des Dépens, de taxer indistinctement , tant aux procez evoquez des autres Parlemens qu'en ceux de la Province , les Voyages & Séjours qui doivent
entrer en taxe, & qui auront été veritablement faits & dus être faits , & pour
lesquels celui qui demandera la Taxe, fera apparoir d'un acte fait au Greffe de
la Jurisdiction en laquelle le procès sera pendant, contenant son affirmation
qu'il a fait exprès le Voyage pour le fait du procés , lequel Séjour ne pourra
être compté que du jour de la signification dudit acte : Enjoint Sa Majesté à
son Procureur General dudit Parlement de Bretagne, de tenir la main à l'observation entiere de son Ordonnance & à l'execution du present Arrêt , d'avertir
Sa Majesté des contraventions qui y seront faites. Fait au Conseil d'Etat du
Roy, tenu à Paris le premier Avril 1669. Signé, DE LIONNE.

TITRE XXXI.

Des Dépens.

POUR le Lieutenant General de Provins, pourveu de la Charge de Commiſſaire-Enquêteur & Examinateur.

SUR L'ARTICLE XXXII.

Le Lieutenant, & tous autres Officiers pourveus des Offices de Commiſſaire-Enquêteur & Examinateur, exerceront comme auparavant l'Ordonnance, ſans que les Procureurs-Tiers alleguant l'Article 15. ayent droit de les troubler en la Taxe des Dépens.

Sa Requête.

SUR la Requête preſentée au Roy étant en ſon Conſeil, par Loüis du Sauſſay, Conſeiller de Sa Majeſté, Lieutenant General au Bailliage & Siege Préſidial de Provins, ſeul Commiſſaire-Enquêteur-Examinateur audit Siege : Contenant, que par les Edits de creation des Charges de Commiſſaires-Examinateurs, Arrêts du Parlement & du Conſeil, la Taxe des Dé-

Droit attribué aux Commiſſaires Examinateurs.

pens eſt donnée pour fonction auſdits Commiſſaires-Examinateurs, leſquels les ont toûjours taxez ſans trouble de la part des Procureurs-Tiers-Referendaires, qui ne l'ont jamais prétendu, notamment dans led. Siege de Provins, où les autres Officiers, & non leſdits Procureurs-Tiers-Referendaires ayant eu quelque difficulté avec le ſieur Boiſſard Lieutenant General & Commiſſaire-

Droit confirmé depuis leur creation.

Examinateur audit Siege ; ils auroient fait rendre un Arrêt de Reglement au Parlement de Paris, le 27. Juin 1632. par lequel ladite Taxe de Dépens eſt laiſſée audit Lieutenant General Commiſſaire-Examinateur, & depuis ledit Boiſſard & ceux qui ont été pourveus de ſes Offices ; même le Suppliant depuis ſa reception en iceux ont taxé leſdits Dépens ſans trouble quelconque, de la part des Procureurs-Tiers-Referendaires dudit Siege : Cette poſſeſſion paiſible eſt bien & dûëment juſtifiée par le Suppliant, ſuivant laquelle Sa Majeſté ayant voulu réformer la Juſtice & faire un nouveau Reglement par ſon Edit du

L'Article 15. & ſa limitation.

mois d'Avril 1667. Elle auroit au Titre des Dépens, Article 15. voulu que ladite Taxe des Dépens ſoit faite par les Procureurs-Tiers s'il y en a, ſinon par la Communauté des Procureurs ; mais avec cette reſtriction & en ces termes, Si ce n'eſt dans les Sieges où il y a des Commiſſaires-Examinateurs, leſquels par ce moyen ſont confirmez en leurs fonction & poſſeſſion de taxer leſdits

Dépens. Et par l'Art. 32. il eſt encore dit, Que les Dépens ſeront taxez par leſdits Commiſſaires - Examinateurs créez & établis à cet effet, auſquels il eſt fait défenſes de prendre plus grands droits que ceux reglez : Et quoy qu'au moyen deſdits deux Articles l'intention de Sa Majeſté ſoit tres-bien expliquée, quelques Procureurs Tiers-Referendaires audit Siege de Provins. par une avi-dité qui leur eſt familiere, auroient voulu interpreter leſdits Articles à leur profit, & prétendu de faire ladite taxe de Dépens : Ce qui auroit obligé le Sup-pliant de ſe pourvoir au Parlement de Paris, même ſur quelques autres chefs concernans les autres Officiers dudit Siege, & ſur les Concluſions du ſieur Procureur General, il auroit été rendu Arrêt le 27. Avril dernier, portant pluſieurs chefs : Entr'autres, que la Taxe des Dépens appartiendroit au Sup-pliant comme Commiſſaire-Examinateur, ſuivant leſdits 15. & 32. Articles au Titre des Dépens de la derniere Ordonnance : Et quoy que contre ledit Ar-rêt il n'y eût que la voye d'oppoſition audit Parlement dans les regles de la Juſtice, leſdits Procureurs n'oſant l'entreprendre, parce qu'ils s'y trouvent mal-fondez, ils ont par une induſtrie de chicane puniſſable, pris prétexte que depuis ledit Arrêt il avoit été rendu trois Sentences audit Siege Préſidial de Provins, les 27. Avril. 28. May & 15. Juin dernier, portant, Que les dépens y énoncez ſeroient taxez par le Suppliant Commiſſaire-Examinateur, ſuivant ledit Arrêt du Parlement. Ils ont preſenté une Requête en iceluy pour être reçûs appellans deſdites Sentences, ſans avoir expoſé ni fait mention dudit Ar-rêt du 27. Avril dernier ; ils ont par une Requête conclû d'être reçûs appel-lans deſd. trois Sentences, & par un attentat puniſſable, ils ont demandé que la Taxe des Dépens leur fût donnée, nonobſtant ce qui eſt porté par ledit Ar-ticle 15. du Titre des Dépens de ladite derniere Ordonnance ; & ſur ladite Requête il y a eu Arrêt le 27. Juillet dernier, qui reçoit appellans leſdits Pro-cureurs Tiers deſd. Sentences, défenſes de les executer, que le Suppliant ſera aſſigné aud Parlement ; défenſes à luy de ſe pourvoir ailleurs, à peine de mille liv. d'amende, & de les troubler en l'exercice & fonction de leurs Charges de Tiers Referendaires, qu'ils exerceront ſuivant l'Ordonnance, en vertu duquel Arrêt le Suppliant a été aſſigné au Parlement le 11. Aouſt dernier, & par ce moyen leſdits Procureurs prétendent faire juger en iceluy la caſſation dudit Article 15. de ladite nouvelle Ordonnance, contre laquelle ils conclüent par une temerité & entrepriſe puniſſable demandant ladite taxe de dépens nonobſ-tant ce qui eſt porté par ledit Article, qui ne ſe peut, diſent-ils, entendre que pour eux. Et dautant que Sa Majeſté a eu la bonté de déclarer qu'il faloit venir à Elle ſur les difficultez qui ſe pourroient rencontrer dans l'execution de quelques Articles de ladite Ordonnance : Et qu'au fait preſent la choſe eſt tres-nettement & ſi bien expliquée, que leſdits Procureurs Tiers ne demandent au-cune explication, mais conclüent directement contre ledit Article, contre l'uſa-ge & la poſſeſſion, & qu'ils ont ſurpris ledit Arrêt du Parlement du 27. Juillet dernier, par une contrarieté, & diſſimulant celuy qui avoit été auparavant rendu aud. Parlement le 27. Avril 1668. à eux ſignifié le 19. May, contre lequel ils ne pouvoient venir par aucune action que par la voye d'oppoſition, ce qu'ils n'ont pas fait pour tâcher de ſaiſir ledit Parlement de leur demande,

L'Article 32. confirme les droits deſd. Commiſſai-res.

Arrêt du Parlement

On vouloit porter au Parlement l'interpreta-tion de l'Ar-ticle 15.

afin de caſſation du 15. Article, au Titre des Dépens de l'Ordonnance du Roy, bien qu'il n'en puiſſe être le Juge après même l'Arrêt du Conſeil du 9. Juillet dernier, qui a maintenu le Lieutenant General de Meaux, Commiſſaire-Examinateur en ſes fonctions pour le fait deſdits dépens ; comme de toutes les autres de ces Charges, que le Suppliant poſſede aud. Siege de Provins. Requeroit

Concluſions. A CES CAUSES, qu'il plût à Sa Majeſté, conformément aux 15. & 31. Articles du Titre des Dépens de l'Ordonnance du mois d'Avril 1667. & à l'Arrêt du Conſeil d'Etat du 11. Juillet 1668. ſans s'arrêter à l'Arrêt ſur Requête du Parlement de Paris du 27. Juillet dernier, comme contraire à ladite Ordonnance & à l'Arrêt auparavant rendu par ledit Parlement, le 27. Avril dernier, décharger le Suppliant de l'aſſignation à luy donnée audit Parlement le 11. Aouſt dernier ; & faire défenſes auſd. Procureurs-Tiers de troubler ledit Suppliant, Commiſſaire Examinateur en ſa poſſeſſion & joüiſſance de la fonction de taxer les dépens, & condamner leſdits Procureurs-Tiers aux dépens. VEU ladite Requête ſignée Charlot, Avocat au Conſeil. Copie des Lettres de Proviſion & Reception des Offices du Suppliant. L'Edit du mois d'Avril 1667. Pluſieurs Certificats de l'uſage & de la poſſeſſion du Suppliant. Leſdites Sentences & deux Arrêts dudit Parlement cy-devant dattez. L'Exploit d'aſſignation donnée au Suppliant au Parlement, le 11. Aouſt dernier, & autres pieces attachées à ladite Requête. Oüy le rapport du ſieur Puſſort, Conſeiller ordinaire de Sa Majeſté en ſes Conſeils : Et tout conſideré,

Arrêt. LE ROY ETANT EN SON CONSEIL, ayant égard à ladite Requête, ſans s'arrêter audit Arrêt du Parlement de Paris du 27. Juillet 1668. & à tout ce qui s'en eſt enſuivi : A ordonné & ordonne que ledit Lieutenant General au Bailliage & Siege Préſidial de Provins, & tous autres Officiers qui ſont pourvus deſdits Offices de Commiſſaire - Enquêteur & Examinateur, continuëront d'en exercer les fonctions qui leur ſont attribuées par les Edits de creation d'iceux, Arreſts & Reglemens, comme ils auroient pû faire auparavant ſon Ordonnance du mois d'Avril 1667. en ce qui n'eſt point abrogé par icelle : Fait Sa Majeſté défenſes aux Procureurs - Tiers dudit Provins, & autres perſonnes de les y troubler ni empêcher, à peine de tous dépens, dommages & interêts. Fait au Conſeil d'Etat du Roy, tenu à Paris le 11. Février mil ſix cens ſoixante-neuf. Signé, DE LIONNE.

TITRE XXXI.

Des Dépens.

POUR le Commandeur de Mandols.

SUR L'ARTICLE XIV.

Ordonné, que tous les Voyages faits, & qui ont dû être faits seront taxez.

Voyez l'Arrêt sur la modification, qu'on avoit voulu apporter à l'execution de cet Article.

SUR ce qui a été representé au Roy étant en son Conseil, par Frere Baltazar de Mandols Chevalier, Baillif de l'Ordre de S. Jean de Jerusalem, Commandeur de la Commanderie de Saliers ; contenant, Que depuis 27. années les Consuls & Communauté de la ville d'Arles le tiennent en procés au Parlement de Provence ; prétendans imposer sur lad. Commanderie une servitude, appellée Despleche, c'est à-dire une faculté de pêcher, chasser, couper du bois, & de faire paître leurs bestiaux dans les terres de cette Commanderie, quoy que le reste du Terroir appartenant à des particuliers, soit exempt de telle servitude, & que la même Communauté ait déclaré par un acte solemnel du 4. May de l'an 1246. que les terres de lad. Commanderie étoient franches & exemptes de toute servitude ; ce qui ayant obligé le Suppliant de se pourvoir au Parlement d'Aix pour obtenir des défenses de continuer ladite prétenduë Despleche : aprés cinq années de procedures continuelles, lad. Commanderie fut déclarée exempte de cette servitude par un Arrêt contradictoire & solemnel du 28. Juin 1647. contre lequel ladite Communauté s'étant pourvûë par Requête civile, il n'y a sorte de fuites & d'incidens qu'elle n'ait formé pour en éluder le jugement par diverses appellations & cédules évocatoires qu'elle auroit fait signifier, qui ont donné lieu à plusieurs instances au Conseil, dont le Suppliant a toûjours fait débouter ladite Communauté : Et ce qui les a fait d'autant plus opiniâtrer à plaider contre leur propre fait, est l'impunité de la mauvaise contestation, tantôt par la compensation des depens, remise, ou moderation d'iceux, jusques-là qu'en procedant à la taxe des dépens adjugez au Suppliant contre ladite Communauté d'Arles par deux differens Arrêts dudit Parlement d'Aix ; quand il a été question de taxer son séjour sur les actes d'affirmation par luy representez qui étoient de trois cens quatre-vingt treize jours, conformément

Requête du sieur de Mandols.

*Tome I.*Zzz

à l'Article 14. du Titre 31. de la nouvelle Ordonnance ; ledit Parlement d'Aix contrevenant à la volonté de Sa Majesté portée par cet Article, ne luy a taxé que trois voyages, & le tiers enfus, faitans en tout cinquante jours, quoy qu'il eût verifié ladite Ordonnance sans modification ni restriction par son Arrêt du 3. Octobre 1667. Cela fous pretexte d'un Arrêt posterieur dudit Parlement du 12. Juillet 1668. rendu sans la réquisition du sieur Procureur General, portant, Qu'il ne feroit taxe que le tiers enfus de ce que les voyages ordinaires auroient pû monter, & aux procés évoquez, outre le voyage ordinaire ; que le séjour feroit taxé du jour de l'affirmation, quoy que Sa Majesté n'eût point fait de Déclaration contraire à la nouvelle Ordonnance, & qu'elle en eût ordonné l'execution par Arrêt de son Conseil du dernier Janvier dernier : Avec trés-expresses inhibitions & deffenses à toutes ses Cours & Juges, Officiers & Ministres d'y plus contrevenir : S'étant refervé Sa Majesté à sa personne, la connoissance des contraventions qui y pourroient être faites par lefd. Cours & Juges en dernier Reffort, & d'y pouroir felon l'exigence des cas : Et dautant qu'il ne feroit pas raifonnable qu'une Communauté puiffante comme celle d'Arles, qui fait des dépenfes inutiles en voyages, & députations pour retenir le Suppliant en procés, l'engageât en de grands frais de féjour en la ville d'Aix, avec train & équipage, abandonnant fa maifon & fes affaires, fans être fujet à la Loy, & que pour tous dépens, il ne fût taxé au Suppliant que trois voyages, à raifon de neuf jours chacun, qui eft le feul motif pour lequel ladite Communauté continuë fes vexations, fçachant bien que le Suppliant ne peut pas foûtenir cette pourfuite, s'il n'en retire les avantages qu'il a droit d'efperer de la bonté de fa Caufe, & que par ledit Arrêt du Conseil du dernier Janvier 1669. Sa Majesté ayant remis les contraventions faites à fon Ordonnance, a caffé ledit Arrêt du Parlement d'Aix du 12. Juillet 1668. & s'eft refervé la connoiffance de celles qui feroient faites à l'avenir. A CES CAUSES, requeroit ledit Suppliant, qu'il plût à Sa Majesté ordonner, que fans s'arrêter audit Arrêt du Parlement de Provence du 12. Juillet 1668. ni à la taxe faite defd. dépens en conformité d'iceluy ; le féjour du Suppliant en la ville d'Aix fera taxé & paffé entierement dans les déclarations de dépens des trois & quatre Juillet dernier, fuivant l'acte d'affirmation conformément à l'Article 14. du Titre 31. de la nouvelle Ordonnance : Faire défenfes au fieur Commiffaire Rapporteur & aux Procureurs d'y contrevenir : Et pour avoir par lefdits Confuls & Communauté d'Arles infifté au contraire, les condamner aux dépens. Vû ladite Requête fignée Joüet, Avocat du Suppliant. L'Article 14. du Titre 31. de la nouvelle Ordonnance. Arrêt de verification d'icelle au Parlement de Provence du 3. Octobre 1667. Actes d'affirmations de féjour du Suppliant, du 18. Janvier, & autres jours fuivans 1668. Ledit Arrêt de la Chambre des Vacations du Parlement d'Aix, du 12. Juillet audit an. Arrêt de verification audit Parlement, de l'Edit de creation de l'Office de Greffier des affirmations, du 7. Décembre de la même année. Arrêt du Conseil du 31. Janvier 1669. Acte de fommation faite à la requête du Suppliant aux Procureurs des parties & au Tiers, de proceder à la taxe de fon féjour conformément à l'Ordonnance, finon qu'il fe pourvoiroit au Conseil de Sa Majesté, des 25. & 26.

Juin derniers. Les deux Declarations de depens obtenuës par le Suppliant alencontre defdits Confuls & communauté d'Arles : contenant la radiation faite de fon féjour , pour lequel il ne luy a été taxé que trois voyages, & le Tiers enfus. Oüy le Rapport du fieur Puffort, Confeiller ordinaire de Sa Majefté en fes Confeils, Commiffaire à ce député : SA MAJESTE' ETANT Arrêt nota-
EN SON CONSEIL, ayant egard à ladite Requête, a caffé & annullé, caffé ble.
& annulle ledit Arrêt du Parlement de Provence du 12. Juillet 1668. comme contraire à fon Ordonnance du mois d'Avril 1667. & fans y avoir égard, ni à la taxe des dépens faite audit fieur de Mandols en conformité d'iceluy : A or-donné & ordonne, que les voyages & féjours dudit fieur de Mandols qui doi-vent entrer en taxe , & qui auront été veritablement faits & dûs être faits, fe-ront taxez du jour de la fignification faite au Procureur des Confuls & Com-munauté de la ville d'Arles, de l'acte d'affirmation faite par ledit fieur de Man-dols au Greffe dudit Parlement : Ce que Sa Majefté veut être obfervé en toute forte de procés, foit qu'ils foient évoquez ou non : Fait Sa Majefté défenfes audit Parlement de Provence & à toutes fes autres Cours en ordonnant , que trés-humbles Rémontrances feront faites à Sa Majefté , de prononcer que ce-pendant l'Arrêt fera executé fous fon bon plaifir : N'entendant toutesfois Sa Majefté, que fi par la fuite du temps , ufage , & experience, aucuns Articles de fadite Ordonnance , fe trouvoient contre l'utilité ou commodité publique, ou être fujets à interpretation , déclaration ou moderation, fes Cours ne puiffent en tout temps luy reprefenter ce qu'elles jugeront à propos, fans que fous ce prétexte l'execution en puiffe être furfife ; Veut & ordonne Sa Majefté , que les Articles du Titre des Dépens. & toutes les autres difpofitions de fadite Or-donnance , foient ponctuellement obfervées, tant és Jugemens des procés qu'autrement, fans y contrevenir, ni que fous prétexte de retrancher & épar-gner les frais qui fe font fur la taxe des dépens, pourvoir aux plaintes des par-ties ni fous couleur d'équité, bien public, acceleration de ladite Juftice, ou de ce que lefd. Cours auront à luy reprefenter, Elles, ni les autres Juges s'en puiffent difpenfer, ou en moderer les difpofitions, en quelque cas, ou pour quelque caufe que ce foit : Ordonne Sa Majefté, que celuy des Officiers de fondit Parlement Nota.
de Provence, qui a préfidé en la Chambre ordonnée durant les Vacations dud. Parlement , lors dudit Arrêt du 12. Juillet 1668. fera tenu de fe rendre à la fuite de Sa Majefté dans deux mois pour tous délais de la fignification du pre-fent Arrêt , pour luy rendre compte de fa conduite : & cependant , l'a Sa Ma-jefté interdit de l'exercice & fonction de fa Charge , luy fait défenfes de s'y immifcer jufqu'à ce qu'autrement par Sa Majefté en ait été ordonné : Et fera le prefent Arrêt lû & publié à la Barre dudit Parlement : Enjoint Sa Majefté à fon Procureur General de tenir la main à l'execution entiere d'iceluy, & d'en certifier Sa Majefté au mois. Fait au Confeil d'Etat du Roy, tenu à S. Germain en Laye, le 25. Novembre 1669. Signé, DE LIONNE.

TITRE XXXIII.

Des saisies & executions, ventes des meubles, &c.

POUR René le Marié, Sergent Royal du Maine.

SUR L'ARTICLE IV.

Interdiction d'un Sergent qui avoit saisi des meubles sans garder les formalitez, levée de grace par Sa Majesté en payant l'amende.

<table>
<tr><td>

Requête de le Marié.

</td><td>

SUR la Requête presentée au Roy étant en son Conseil par René le Marié, Sergent Royal en la Senechaussée du Maine résidant à la Chapelle Gaugain : Contenant que le 17. Novembre dernier, le cinquiéme jour que l'on commençoit à executer la nouvelle Ordonnance, le Suppliant ayant été chargé d'une obligation par Jacques Belot, pour contraindre un nommé le Clerc au payement d'une somme de quarante livres, faute de payement

</td></tr>
<tr><td>

Saisie de meubles.

</td><td>

de ladite somme, il fit une execution dans sa maison de vingt livres de vaisselle d'étain qui n'étoient pas de valeur de dix francs, qu'il laissa en garde à un de ses voisins ; mais comme il étoit encore dans l'ignorance des formalitez que les Sergens sont obligez d'observer aux exploits d'execution par ladite Ordon-

</td></tr>
<tr><td>

Formalitez omises.

</td><td>

nance, qui à peine étoit venüe à la connoissance des particuliers dans les Provinces : le Suppliant fut si mal-heureux que d'omettre par ledit exploit d'execution quelques-unes des formalitez qu'il doit observer, dont le Juge du Marquisat de Courtanvaut, dans le ressort duquel il l'avoit fait, ayant pris connoissance par un premier jugement du vingt-huitieme Novembre dernier

</td></tr>
<tr><td>

Jugement qui casse l'execution.

</td><td>

sur le requisitoire du Procureur de sa Seigneurie, il auroit déclaré son exploit d'execution nul, & l'auroit condamné en vingt livres d'amende, & en vingt sols de dommages & interêts envers la partie ; & comme le Juge même n'étoit pas encore bien instruit de la nouvelle Ordonnance, non plus que le Suppliant, par un second jugement rendu sur le requisitoire dudit Procureur de Seigneurie s'étant avisé que la contravention par luy faite contre la disposition de

</td></tr>
<tr><td>

Autre jugement qui condamnoit à cent livres d'amende.

Et interdiction du 12. Novembre 1667.

</td><td>

ladite Ordonnance meritoit plus grande peine ; il le condamna en une amende de cent livres, moitié à Sa Majesté & moitié à la partie, à acquiter l'executant vers l'executé des vingt sols de dommages & interêts qu'il luy avoit adjugez par le susdit premier jugement, & en pareille somme de vingt sols pour ses dommages & interêts, & interdit de la fonction de sa Charge, ce qui le réduit & toute sa famille dans la derniere necessité, n'ayant pour tout bien que cette Charge, du peu qu'il retire des émolumens de laquelle il la fait subsister : ce qui l'oblige d'avoir recours à la bonté & clemence de Sa Majesté pour luy

</td></tr>
</table>

demander grace & mifericorde. A CES CAUSES, & que le Suppliant n'a jamais **Conclufions.**
eu intention de contrevenir à la nouvelle Ordonnance de Sa Majefté : ce qu'il
en a fait ayant été par ignorance aux premiers jours de fon execution dans un
tems où les Juges même n'en étoient pas encore bien inftruits, & qu'il feroit bien rude au Suppliant qui a toûjours fait fa charge avec honneur & fans
reproche, qu'il en demeurât interdit pour avoir omis quelques formalitez
dans un exploit d'execution ; Requeroit le Suppliant qu'il plût à Sa Majefté
lever & ôter l'interdiction portée par ledit jugement du douzieme Décembre
dernier, & le decharger des condamnations portées par iceluy. Vû au Confeil,
du Roy ladite Requête fignée du Suppliant, & Deouls Avocat audit Confeil,
ledit exploit d'execution du 17 Novembre dernier, lefdits jugemens du Bailly
de Courtanvaut des 28. Novembre & 12 Décembre derniers, & autres piéces attachées à ladite Requête. Oüy le rapport du fieur Puffort, Confeiller de
Sa Majefté en fes Confeils, Commiffaire à ce député : Et tout confideré. LE
ROY ETANT EN SON CONSEIL, ayant aucunement égard à ladite Requête, **Arrêt.**
a par grace levé & leve l'interdiction prononcée par ledit jugement du 12.
Décembre 1667. contre ledit Suppliant : ce faifant l'a rétably en l'exercice
& fonction de fondit Office de Sergent Royal au Maine, aprés neanmoins
qu'il aura fatisfait aux autres condamnations portées par ledit jugement,
voulant Sa Majefté que jufques à ce, il demeure interdit : Luy fait Sa Majefté
défenfes, & à tous autres de plus contrevenir à fon Ordonnance fous plus
grandes peines. Fait au Confeil d'Etat du Roy, tenu à faint Germain en Laye, le
huitiéme May 1668. Signé DE LA VRILLIERE.

TITRE XXXIII.

Des faifies & executions, &c.

POUR le Fermier des Aydes de Thoucy.

CONTRE Simon Carrouge.

SUR L'ARTICLE XVI.

*En interprétant iceluy, ordonné que des chevaux de charrette faifis
feront vendus.*

SUR la Requête prefentée au Roy étant en fon Confeil par Jean Robert
Sieur de Villiers, Receveur des Aydes, appartenantes à la Dame Maréchale
de la Motte, en la Ville de Thoucy : Contenant que Simon Carrouge, Fermier des Regrats du grenier à fel d'Auxerre, s'étant temerairement porté à former

une accusation capitale de falsification & exposition de fausse Monnoye contre le Suppliant, il a été obligé de s'en justifier pardevant le Bailly de ladite

Jugement.

Ville d'Auxerre, Juge étably en dernier ressort par Arrêt du Grand Conseil,
qui l'a déchargé de ladite accusation avec dommages & interêts, & dépens
contre ledit Carrouge par Sentence du 28. Janvier dernier, en execution de

Executoire.

laquelle Sentence il auroit été délivré audit Suppliant un executoire de deux
cens vingt-huit livres pour frais d'instruction dudit procès criminel contre ledit Carrouge le vingt-quatrième Janvier dernier, par vertu duquel executoire

Saisie des chevaux & charrette.

ledit Suppliant ayant fait saisir sur ledit Carrouge deux chevaux & une charrette, dont il en a poursuivy la vente, à laquelle ledit Carrouge s'est opposé,
soûtenant que lesdites choses saisies luy devoient être renduës suivant la disposition de l'Article 16. du Titre 33. de la nouvelle Ordonnance, sur laquelle contestation les parties ayant plaidé audit Présidial d'Auxerre, elles ont été ren-

Renvoy au Conseil du Roy sur l'Article 16. du Titre 33.

voyées au Conseil sur l'interpretation de cet Article par Sentence contradictoire du huitiéme Fevrier dernier. Or le Suppliant a lieu d'esperer qu'en interpretant ledit Article il sera dit que lesd. chevaux & charrette seront vendus, parce
qu'il n'est parlé dans ledit Article que de chevaux, charrettes & ustancilles servans à labourer les terres, vignes & prez, de sorte que ledit Carrouge n'étant
point Fermier de terres, de vignes & prez, lesd. chevaux saisis ne servant pas à
cet usage, il n'y a point d'apparence d'etendre la disposition de cet Article en sa
faveur, sous pretexte qu'il se sert desdits chevaux pour voiturer son sel dudit
grenier d'Auxerre en sa maison pour son negoce & marchandise ordinaire :
c'est une prohibition établie par l'Ordonnance en faveur des Laboureurs, &
Fermiers de terres, à cause du labourage qui est de necessité, dont la continuation interrompuë cause un abandonnement, & ruïne des Fermiers & des
heritages qu'il faudroit rétablir, avec peine & longueur de temps quand ils
sont desaisonnez ; mais il n'y a pas une de ces considerations qui milite pour
ledit Carrouge en l'espece dont il s'agit : car s'il veut continuer son negoce, il
doit acheter d'autres chevaux, ou payer sans prétendre un privilege, en con-

Conclusions.

féquence de la nouvelle Ordonnance qui ne parle que du labourage : A ces
causes, requeroit ledit Suppliant qu'il plût à Sa Majesté en interpretant
ledit Article 16. du Chapitre 33. de ladite Ordonnance, déclarer la saisie des
deux chevaux & charrette dudit Carrouge bonne & valable ; & en conféquence ordonner qu'il sera passé outre à la vente d'iceux, pour les deniers en provenans être délivrez au Suppliant jusques à la concurrence de ladite somme
de deux cens vingt-huit livres contenuë audit executoire du 24 Janvier dernier, & qu'à cet effet ledit Carrouge & Maître Claude Miette sa caution, aufquels le tout a été rendu, seront solidairement contraints de representer les
choses saisies, sinon payer ladite somme de deux cens vingt-huit livres, quoy
faisant ils en seront bien & valablement déchargez, condamner led. Carrouge
aux dépens de ladite contestation, pour la taxe desquels les parties seront renvoyées pardevant ledit Bailly d'Auxerre ; & encore condamner ledit Carrouge de payer la somme de soixante livres pour les frais de l'Arrêt qui interviendra sur la presente Requête. Vû ladite Requête & autres piéces y attachées. Oüy le rapport du sieur Pussort, Conseiller du Roy en ses Conseils

Commissaire à ce député : Et tout consideré, LE ROY ÉTANT EN SON Arrêt.
CONSEIL, ayant égard à ladite Requête, & sans avoir égard à l'opposition
dudit Carrouge, a ordonné & ordonne qu'il sera passé outre à la vente &
adjudication des chevaux & charrette saisis sur ledit Carrouge, pour être les
deniers qui en proviendront délivrez audit de Villiers, jusques à la concurrence de son dû ; & pour cet effet seront lesdits Carrouge & Miotte, sa caution, tenus de les representer trois jours après la signification qui leur sera faite
du present Arrêt, à personne, ou domicile, à ce faire seront contraints comme
dépositaires de biens de Justice : quoy faisant en demeureront bien & valablement déchargez. Fait au Conseil d'Etat du Roy, tenu à saint Germain en
Laye le 28. May 1668. Signé, DE LA VRILLIERE.

TITRE XXXIV.

De la décharge des contraintes par corps.

POUR Leonard Pirot, Bourgeois d'Avalon, âgé de
septante & deux ans.

CONTRE les Officiers de l'Election de Bourgogne.

SUR L'ARTICLE I. & IX.

*Arrêt notable en faveur des Septuagenaires emprisonnez avant
l'Ordonnance, & qui depuis l'emprisonnement atteindront
les 70. ans dans la prison.*

SUR la Requête presentée au Roy étant en son Conseil, par Maître Requête
Leonard Pirot, Bourgeois d'Avalon, âgé de soixante-douze ans : Conte- de Pirot.
nant, que feu Simon Pirot son fils, ayant en l'année 1665. été emprisonné dans les prisons Royales de la ville de Dijon, à la requête des Officiers
de l'Election de Bourgogne, faute de payement de quelques sommes de deniers à eux dûës par ledit Pirot ; le Suppliant touché des instantes supplications
dudit Pirot son fils & de sa tendresse paternelle, ne luy pût refuser de se rendre
sa Caution envers lesd. sieurs Officiers, qui moyennant cette nouvelle sûreté de Pourquoy
cautionnement, donnerent les mains à l'élargissement provisionnel de sondit Pirot devoit.
fils, qui se vit à peine en liberté & hors desdites prisons qu'il prit la fuite, & par
une ingratitude sans exemple, abandonna par son évasion ledit Suppliant à la
rigueur des contraintes ausquelles l'exposoit ce cautionnement. Tellement que
ce mal-heureux & cet ingrat étant decedé quelque temps après, ledit Suppliant

Pirot mis en prifon.

fut à la requête defdits Officiers conftitué prifonnier dans lefdites prifons aux termes de ce cautionnement, faute de payement des fommes pour lefquelles ledit Pirot fon fils avoit été emprifonné, & ce par l'exploit du 8. Août de l'année fuivante 1656. dequoy Damoifelle Marie Valot, fa creanciere de la fomme de fept mille livres en principal, ayant été avertie, elle le fit à l'inftant

Recomman-dé.

arrêter & recommander dans lefdites prifons faute de payement de ladite fomme, & ce par acte du lendemain 9. dudit mois & an : Mais comme cet emprifonnement ainfi fait dudit Suppliant à la requête defdits Elûs, & cette recommandation de ladite Valot étoient également infoûtenables & contraires aux Ordonnances du Royaume, quand même ledit Suppliant n'auroit eu en cela pour luy que la faveur & le privilege de fon âge plus que feptuagenaire : Lefdits Elûs n'ont pas eu peine de donner les mains à fon élargiffement dés la premiere réquifition qui leur en a été faite par ledit Suppliant : de forte que ladite Valot reftant feule de fes creanciers dans l'opiniâtreté de fa détention dans lefdites prifons, elle a par cette dureté réduit ledit Suppliant à la neceffité

Requête au Parlement de Dijon

d'en porter fa plainte au Parlement de Dijon par fa Requête expofitive, non feulement de cette premiere nullité de fadite recommandation, mais encore de celles qui refultent des termes formels de fon obligation, qui n'en contient aucune par corps : Comme encore de ce que cette recommandation de ladite Valot avoit été ainfi par elle faite de fon autorité privée, fans aucun commandement préalable, & même fans aucune forte de pouvoir ni Commiffion : En forte que bien que ledit Suppliant eût encore en cela pour luy l'autorité des nouvelles Ordonnances & Reglemens de Sa Majefté fur le fait de ces fortes de contraintes perfonnelles pour dettes civiles, & que celle de ladite Valot n'eût rien de particulier ni de privilegié ; neanmoins elle a trouvé moyen de faire

Arrêt qui le débouta.

rendre Arrêt en lad. Cour, qui déboutant ledit Suppliant de ladite Requête à fin de fon élargiffement, a ordonné qu'il tiendroit prifon jufques à l'actuel & entier payement de la fomme pour laquelle il auroit été recommandé à la requête de ladite Valot. A CES CAUSES, & que comme il vient d'être obfervé, ledit Suppliant n'eft point obligé par corps envers ladite Valot : Que quand il le feroit ce que non, la qualité & le privilege de fon âge feroit aux termes de l'Ordonnance de 1629. Article 156. feuls capables de luy ouvrir les portes defdites prifons ; & cela d'autant mieux que les nouvelles Ordonnances de Sa Majefté l'ont encore plus formellement ordonné & décide la juftice de fon élargiffement, par les Articles 1. & 9. Tit. 34. Que d'ailleurs, l'obftina-

Demande en caffation.

tion & la dureté de lad. Valot eft en cela tant plus digne de la fevere correction du Confeil : Qu'outre qu'elle n'a aucune forte de droit pour cette rigoureufe & injufte détention dudit Suppliant dans lefdites prifons ; il y a cela de remarquable qu'elle eft feule de tous les creanciers qui ne confente & ne donne volontairement les mains à fa liberté au defir defd. Ordonnances, pendant que d'ailleurs elle a deux de fes fils pour cooblizez au payement de ladite fomme, & qu'elle leur tient faifi tout ce qu'ils ont de biens en évidence de valeur de plus de trois fois autant que fe monte fa dette ; & qu'enfin cet Arrêt dudit Parlement ne peut être confideré que comme un pur attentat, & une formelle contravention aufd. Reglemens, qui ont neceffité ledit Suppliant de recourir à la Juftice de

Sa Majesté. Requeroit le Suppliant, qu'il plût à Sa Majesté, sans s'arrêter aud.   **Conclusions.**
Arrêt dudit Parlement de Dijon dudit jour 27 Janvier dernier, qui sera cassé
& annullé, ensemble tout ce qui s'en est ensuivi, Ordonner que led. Suppliant
sera & demeurera élargi desdites prisons, à quoy faire le Geolier & tous autres
détenteurs de sa personne seront contraints par toutes voyes & par corps; avec
défenses à lad. Valor & tous autres d'user à l'avenir d'aucunes contraintes en
la personne dudit Suppliant, à peine de nullité, de quinze cens liv. d'amende,
& de tous dépens, dommages & interêts dudit Suppliant. V e u ladite Requête
signée Cabord, Avocat audit Conseil. Ledit Arrêt dudit Parlement dudit
jour 27. Janvier dernier, & autres pieces attachées à ladite Requête. Oüy le
Rapport du sieur Pussort, Conseiller ordinaire de Sa Majesté, Commissaire à ce
député: Et tout consideré, L e R o y e'tant en son Conseil,   **Arrêt qui**
ayant égard à ladite Requête, a cassé & annullé, cassé & annulle ledit Arrêt **casse celuy**
du Parlement de Dijon du 27. Janvier 1668. comme contraire à son Ordon- **de Dijon.**
nance du mois d'Avril 1667. & sans avoir égard audit Arrêt ni à la recommandation faite par ledit Champagne de la personne dudit Pirot dans les prisons où il est détenu: A ordonné & ordonne que ledit Pirot sera élargi purement & simplement desdites prisons, à ce faire & souffrir le Geolier contraint:
Fait Sa Majesté défenses conformément à sadite Ordonnance d'emprisonner   **Nota.**
aucuns septuagenaires, ni de les retenir pour dettes purement civiles: Mais
veut qu'incontinent qu'ils auront atteint l'âge de 70 ans, ils soient mis hors
desd. prisons, encore que l'Edit des quatre mois leur eût été signifié, ou qu'ils
eussent été emprisonnez avant la publication de lad. Ordonnance du mois d'A-
vril 1667. & avant qu'ils fussent parvenus audit âge de 70 ans, si ce n'est que
lesd. septuagenaires ayent été condamnez pour stellionat, recelé, ou pour dépens en matiere criminelle, & que les condamnations soient par corps. Fait au
Conseil d'Etat du Roy, tenu à S. Germain en Laye, le 8. May 1668.

    Signé, D e l a V r i l l i e r e.

TITRE XXXIV.

De la décharge des contraintes par corps.

POUR Jean de la Riviere, Sieur de Vair, demandeur.

CONTRE *Marie Berthelot, femme de Bouvier, Notaire au Mans.*

Ledit la Riviere, quoyque septuagenaire, déclaré bien condamné par corps, & débouté de sa Requête en cassation, sur les circonstances exprimées par la seconde Requête, qui est celle de la Berthelot.

Requête du demandeur.

Age septuagenaire.

Ordonnance par luy alleguée.

Arrêt qui déboute le demandeur de sa Requête.

SUR les Requêtes respectives presentées au Roy étant en son Conseil, par Jean de la Riviere, Ecuyer, Sieur de Vair, Conseiller au Siege Presidial du Mans; Et Marie Berthelot, femme d'Ambroise Bouvier, Notaire Royal au Mans: Contenant, sçavoir celle dud. sieur de Vair, Qu'étant né le 26. Décembre 1597. il n'y a pas de doute qu'il a été septuagenaire dès le 26. Décembre 1667. au préjudice dequoy, ayant le 23. Février de la presente année 1668. été emprisonné és prisons de la Conciergerie du Palais en vertu d'Arrêt d'iceluy à la requête de Maître Ambroise Bouvier, Notaire au Mans & sa femme, pour des condamnations purement civiles, portées par quelques Arrêts & Executoires de ladite Cour, attendu que le Suppliant est dans le cas de l'Ordonnance du mois d'Avril audit an 1667. verifiée audit Parlement, Article 9. au Tit. de la décharge des condamnations par corps, ne s'agissant de stellionat, recellé, ou condamnations par corps pour dépens en matiere criminelle, qui sont les trois cas observez par lad. Ordonnance; Il auroit baillé sa Requête audit Parlement afin d'être élargi, sur laquelle ayant été ordonné que les parties viendront plaider, & cependant qu'il seroit élargi à caution : L'Avocat dudit Bouvier ayant pour tous moyens dit, que la condamnation étoit intervenuë avant l'Ordonnance, & partant que c'étoit un droit acquis; ce qui étoit fort inutile en la Cause, parce que le privilege de septuagenaire ne se pouvant acquerir que par le temps, & l'Ordonnance n'étant pas seulement pour ceux qui étoient septuagenaires lors d'icelle, mais pour ceux qui le seroient à l'avenir, il est certain que le Suppliant devoit joüir du benefice de ladite Ordonnance : Néanmoins par Arrêt du deux du present mois, led. Parlement a prononcé de cette sorte, La Cour a débouté le demandeur de l'intervention &

Requête, ce faifant, la Caution du prifonnier contraint par corps de le réintegrer dans un mois, par laquelle prononciation l'on voit que les parties adverfes du Suppliant ont embaraffé l'affaire par leurs déguifemens, car le Suppliant n'étoit point demandeur en intervention; cela fe voit par les qualitez de l'Arrêt, & que le Suppliant étoit partie principale. A CES CAUSES, & que ladite Ordonnance du mois d'Avril eft indéfinie pour les feptuagenaires, & ne peut s'entendre pour ceux qui avoient lors acquis cet âge feulement, mais auffi pour ceux qui l'acquereront à l'avenir: Et partant que l'allegation faite par les parties adverfes du Suppliant, étoit inutile de dire que le droit de la condamnation par corps étoit acquis lors de la publication de ladite Ordonnance; que quand il y auroit quelque difficulté dans les termes de l'Article, que non, ce privilege devroit plûtôt être étendu que reftraint en faveur de ceux qui fe trouvent par un âge fi décrepit hors d'état de plus rien faire par leur travail & induftrie; Que d'ailleurs, le Suppliant fe foûmet à la peine du quadruple, ou à telle autre qu'il plaira à Sa Majefté, en cas qu'il fe trouve qu'il foit queftion en la Caufe, de ftellionat, recellé, ou dépens en matiere criminelle, qui font les feuls cas exceptez par lad. Ordonnance: Il requeroit, qu'il plût à Sa Majefté, fans s'arrêter audit Arrêt du Parlement du deux du prefent mois, ordonner qu'il demeurera élargi purement & fimplement defdites prifons de la Conciergerie du Palais, ce faifant, fa Caution déchargée de le reprefenter: Et faire défenfes aud. Bouvier & tous autres d'attenter à l'avenir à la perfonne du Suppliant pour dettes non privilegiées & exceptées par lad. Ordonnance. Et celle de ladite Marie Berthelot, contenant, Que par la mort de Loüis Berthelot fon pere, arrivée en 1631. étant demeurée mineure ainfi que fes coheritiers, & leur tutelle ayant été ôtée à Renée Crofneau leur mere, tant à caufe de fon fecond mariage, que pour la diffipation par elle faite des biens de fes mineurs; Et enfuite le décès de Maître Honorat le Breton leur Tuteur, étant pareillement arrivé, & ayant la Suppliante atteint fon âge, elle fut obligée de pourfuivre Maître Jean de la Riviere, Sieur de Vair, Confeiller au Siege Prefidial de lad. Ville, pour rendre & reftituer toutes les fommes de den. qu'il avoit indûëment reçûës des biens de fes pere & mere, fous les noms de François le Gendre, Julien Launay, & Damoifelle Renée de la Riviere fa fœur, veuve de Jacques Bellocier, en conféquence des ceffions & tranfports qu'il s'étoit fait faire en l'année 1641. fans les avoir fait fignifier ni en avoir donné aucune connoiffance à la Suppliante, jufques au dernier procès jugé au Rapport du fieur de Brillac, Confeiller au Parlement de Paris, où par Arrêt contradictoire du 14. Juin 1664. led. de Vair fut condamné de rendre & reftituer à la Suppliante & fes coheritiers les fommes qu'il avoit touchées, tant du Receveur des Confignations que autres particuliers leurs débiteurs. Il n'y a eu artifice dont ledit de Vair ne fe foit fervi pendant le cours de ce procès, qui a duré plus de 30 ans, pour tâcher d'ôter à la Juftice la connoiffance de fes mauvaifes pratiques, ce qui paroît particulierement, en ce que la Suppliante & fes coheritiers, ayant été chez les Notaires qui avoient paffé lefdites ceffions & tranfports pour en avoir des copies; ledit de Vair par le credit que fa Charge luy donnoit en la-

---

Marginal notes:

Conclufions.

Requête de la defenderefe.

Caufes de la condamnation prononcée contre la Riviere.

Officier du lieu.

En 1664. Arrêt de côdamnation contre la Riviere.

Ville du Mans, les auroit empêchez de reprefenter leurs minutes, & d'y en délivrer aucunes expeditions, lefquels mêmes il a obligez de fouffrir divers Monitoires fulminez pour cet effet, fans avoir fait aucune revelation. Sa mauvaife
foy a paffé plus outre, puis qu'il s'eft chargé du fait & de la Caufe du nommé
Bonju, qui étoit auffi partie audit procès, auquel il a donné telle indemnité
qu'il a voulu pour l'obliger par ce moyen à dénier les faits fur lefquels il a été
interrogé ; en forte que la connoiffance en eût toûjours été cachée fans le décès
arrivé de Maître Jacques Bondonnet, Avocat audit Siege Préfidial, lequel par

Conduite de la Riviere, découverte. fon teftament ordonna à fa femme d'avertir la Suppliante & fes coheritiers,
qu'il étoit dépofitaire de certaines indemnitez baillées par ledit de Vair audit
Bonju qui luy avoient été remifes és mains, comme pieces fecrettes par ledit
deVair; en conféquence de laquelle déclaration le Lieutenant General duMans
fe tranfporta en la maifon dudit Bondonnet, pour y proceder au compulfoire
de diverfes pieces & papiers, parmi lefquels il fut trouvé des memoires écrits
de la main dudit deVair pour faire répondre led. Bonju fur les faits fur lefquels
il devoit être & avoit été interrogé : en telle maniere qu'on peut dire qu'il a
fait faire audit Bonju autant de faux fermens qu'il y a d'articles audit interrogatoire. La Suppliante & fes coheritiers ont pareillement fait interroger ladite
Damoifelle Renée de la Riviere, fœur dud. de Vair, & du nom de laquelle il fe
fervoit pareillement, dont il ne peut pas difconvenir, puifque lors de fon interrogatoire elle déclara de bonne-foy qu'elle ne fçavoit aucune chofe de cette
affaire : Si bien que ledit Parlement étant pleinement informé du mauvais procedé dudit de Vair, le condamna en fon nom par l'Arrêt dudit jour quatorziéme Juin 1664. à rendre & reftituer à la Suppliante & fes coheritiers ce
qu'il avoit touché fous le nom de ladite la Riviere fa fœur, Delaunay & Bonju
fes cedans ; lefquels deniers furent liquidez par autre Arrêt du 15. Octobre enfuivant, & fe font trouvez monter à la fomme de onze mille huit cens livres :
Et quoy que cet Arrêt eût été rendu par une entiere connoiffance de caufe, &
après 30 années de procedures, & plus de quarante Arrêts obtenus pour parvenir au diffinitif, ledit de Vair fe feroit neanmoins encore pourvu par Lettres en forme de Requête civile au mois d'Octobre 1664. fans autre efperance
d'un meilleur fuccès ; mais feulement pour trouver quelque nouveau moyen
pour traverfer la Suppliante, ainfi qu'il fit par un prétendu reglement de Juges
d'entre le Parlement de Paris & le Grand-Confeil, au moyen duquel il engagea
la Suppliante dans une nouvelle inftance, fur laquelle par Arrêt du 9. Avril
1666. les parties furent renvoyées au Parlement de Paris pour y proceder fur
ladite Requête civile, où la Caufe ayant été retenuë & appointée au Confeil,

Arrêt contre le fieur de la Riviere. Arrêt contradictoire y feroit intervenu le 16. Juillet 1666. par lequel ledit de
Vair auroit été débouté defdites Lettres de Requête civile & condamné aux
dépens. Pendant le cours de cette inftance de Requête civile, la Suppliante
ayant été avertie du divertiffement fait par ledit de Vair de fes biens & effets ;
que même auparavant il avoit pourveu fon fils de la Charge de Juge Prevôt
du Mans, qui eft de quarante à cinquante mille livres, & marié fa fille avanta-
geufement à un Confeiller dudit Siege Préfidial, fe voit obligée de chercher
les fûretez pour l'execution des Arrêts rendus à fon profit, & de luy faire faire

un commandement d'y satisfaire, avec une protestation des quatre mois suivant l'Ordonnance ; attendu que son Procureur avoit omis à conclure à la condamnation par corps, ce qu'il auroit pû faire, attendu qu'il s'agissoit de la restitution de deniers tirez de la recette des Consignations, qui est un dépôt de Justice, & dont par conséquent la restitution emportoit la contrainte par corps ; Ensuite dequoy la Suppliante dés le 15. Juillet 1667. obtint Arrêt audit Parlement, portant que ledit de Vair sera contraint par corps à la restitution desdites sommes, en execution dequoy il auroit été constitué prisonnier le 15. Septembre ensuivant en la Conciergerie du Palais, d'où il auroit sorti en vertu d'autre Arrêt dudit Parlement, surpris sur Requête contre toutes les maximes ordinaires ; dequoy la Suppliante & ses coheritiers s'étant plaints, Arrêt contradictoire seroit intervenu le 22. Septembre dernier, portant que les condamnations renduës au profit de la Suppliante seroient executées selon leur forme & teneur, & ledit de Vair réintegré & condamné aux dépens : En conséquence duquel ledit de Vair auroit été réintegré és prisons de la Conciergerie, d'où néanmoins il seroit encore sorti une seconde fois en vertu d'autre Arrêt sur Requête, à la Caution de Maître François de la Riviere son frere ; contre lequel Arrêt la Suppliante s'étant derechef pourvûë audit Parlement, & la Cause portée à l'Audience de la Grand'-Chambre, nonobstant & sans avoir égard aux moyens alleguez par ledit de Vair, fondez sur son prétendu âge de septuagenaire & Ordre Ecclesiastique ; Arrêt auroit été rendu aprés trois heures de plaidoirie, & ledit de Vair débouté de la Requête par luy presentée aux fins d'être déchargé de la contrainte par corps, & ledit de la Riviere sa Caution condamné à le réintegrer & aux dépens. Quoy que la Suppliante pût avec justice être persuadée que le dernier Arrêt mettroit fin à toutes les suites & à tous les artifices dud. de Vair, elle a néanmoins appris qu'il a presenté Requête au Conseil, prétendant que cette condamnation a été renduë contre les termes de la nouvelle Ordonnance, sur les raisons cy dessus alleguées de son âge septuagenaire & son prétendu état Ecclesiastique, desquels néanmoins jusques à present il n'a rapporté aucune preuve : Mais quand même il en rapporteroit, il est certain qu'il ne peut tirer aucun avantage de ladite Ordonnance, ainsi qu'il a été jugé par le dernier Arrêt rendu entre les parties : Premierement, parce qu'il s'agit de biens de mineurs, dont la Cause est toûjours favorable & privilegiée. En second lieu, c'est que ledit de Vair, ou quoy que ce soit ses cedans, aux droits desquels il est, se sont soûmis à rendre compte à la Suppliante & ses coheritiers de leur tutelle, au lieu de ladite Crosnean leur mere, dont ils avoient envahi les biens sous prétexte des dettes imaginaires. En troisiéme lieu, c'est que les deniers, de la restitution desquels il est question ont été tirez des mains du Receveur des Consignations, contre lequel la Suppliante auroit eu la contrainte par corps, comme dépositaire de biens de Justice : Et enfin l'on peut dire & soûtenir que ledit de Vair est indigne d'aucune grace pour la prévarication commise en sa Charge & contravention faire aux Ordonnances, qui défendent aux Officiers de prendre aucune cession de droits litigieux, particulierement en leur Siege & Jurisdiction, ainsi qu'a fait ledit de

Aaaaa iij

Vair, ce qui le doit rendre d'autant plus odieux & blâmable, que par une voye
si honteuse & si interessée, il a réduit la Suppliante & ses coheritiers dans la derniere necessité, leur retenant depuis trente ans & plus, tout le bien qu'ils peuvent esperer des successions de leur pere & mere. A ces causes, requeroit ladite Suppliante, qu'il plût à Sa Majesté ordonner, que lesdits Arrêts du
Parlement de Paris desd. jours quatorze Juin 1664. seize Juillet & vingt-deux
Septembre 1667. deux Mars 1668. & autres rendus au profit de la Suppliante,
seront executez selon leur forme & teneur, & en consequence ledit de Vair
reintegré és prisons de la Conciergerie du Palais, à ce faire led. de la Riviere
sa Caution contraint par corps, & en tous les dépens, dommages & interêts.
Veu lesdites Requêtes signées, sçavoir celle dudit sieur de Vair, Poudreau,
& celle de ladite Marie Berthelot, Blau, leurs Avocats & conseils, & les pieces
justificatives d'icelles y jointes. Oüy le rapport du sieur Pussort, Commissaire
à ce député : Et tout consideré, Le Roy e'tant en son Conseil,
sans avoir égard à la Requête dudit de la Riviere, a ordonné & ordonne,
que les Arrêts du Parlement de Paris desdits jours 14. Juin 1664. 16. & 22.
Septembre 1667. & 2. Mars 1668. obtenus par ladite Marie Berthelot, seront
executez selon leur forme & teneur. Fait au Conseil d'Etat du Roy, tenu à
S. Germain en Laye, le 14. May 1668. Signé, De Guenegaud.

Conclusions.

Arrêt.

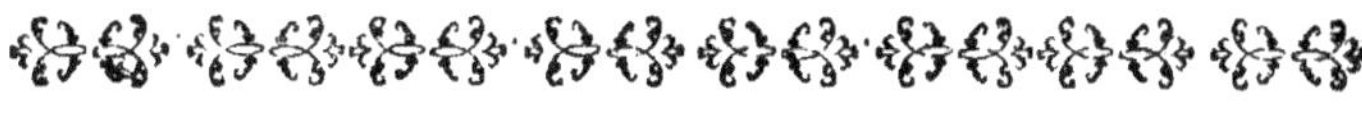

TITRE XXXIV.

De la Décharge des contraintes par corps.

POUR Loüis Maignant, Charpentier.

SUR L'ARTICLE IX.

Sur la demande en cassation de deux Arrêts rendus par le Parle-
ment de Rennes, qui n'ordonnoient l'élargissement d'un septuage-
genaire qu'en baillant Caution ; ordonné qu'avant faire droit,
celuy qui les avoit obtenus seroit assigné pour venir répondre aux
fins de la Requête.

SUR la Requête presentée au Roy étant en son Conseil, par Loüis Maignant, Maître Charpentier de la Ville de Rennes, âgé de plus de soixante dix ans : Contenant, que le nommé Goüary Masson de lad. Ville &
luy auroient passé un acte de marché le 21. Avril 1662. avec Charles Fourel,
Marchand de ladite Ville de Rennes, pour rebâtir un logis situé en lad. Ville,
moyennant la somme de trois mille cinq cens livres, lequel marché il n'auroit

Requête de
Maignant.

Marché fait.

pû entierement executer, à cause que le sieur de la Bintinaire & les heritiers de
François Rillet auroient formé des oppositions audit bâtiment, & que ledit
Fourel n'auroit pas donné ses allignemens, ni fait contraindre ledit Goüary,
suivant un autre marché qu'il avoit passé avec luy, de faire les demolitions des
vieilles murailles de ladite maison, pour raison dequoy il auroit formé son
action au Présidial de Rennes, afin d'avoir ses dommages & interêts, tant contre ledit Fourel que contre ledit Goüary, attendu qu'il avoit plusieurs mate-
riaux qui déperissoient faute d'être employez audit bâtiment, & que même
plusieurs Ouvriers & Artisans prétendoient des dommages & interêts contre
luy ; sur laquelle instance ledit Présidial auroit donné Sentence le 29. Avril
1667. par laquelle ledit de Goüary & luy sont condamnez à payer audit Fourel la somme de douze cens livres pour les dommages & interêts qu'il prétendoit contre eux, & de l'acquitter des sommes de 600 livres. & de 150 livres
que ledit Fourel étoit condamné payer audit sieur de la Bintinaire, & aux
heritiers de ladite Rillet au sujet desdites oppositions qu'ils avoient faites à son
bâtiment, & en outre auroient été condamnez de continuer ledit bâtiment,
suivant les allignemens & termes dudit marché ; de laquelle Sentence ledit
Fourel s'étant porté appellant au Parlement de Rennes, le 10. Aoust 1667. le
Suppliant n'auroit encore pû travailler aud. logis ; & depuis ayant été conseillé
de se porter aussi appellant de ladite Sentence, il auroit relevé son appel le 25.
Juin dernier, sur lesquelles appellations ladite Cour a rendu Arrêt qui confirme ladite Sentence, & encore que ledit Arrêt non plus que ladite Sentence ne
portent point de contrainte par corps, & qu'il soit de la Jurisprudence univer-
selle du Royaume, de n'emprisonner jamais les septuagenaires pour dettes civiles. Et deplus, que par l'Art. 9. de la nouvelle Ordonnance de Sa Majesté,
Titre de la décharge des contraintes par corps, les septuagenaires ne puissent
être emprisonnez pour le civil, ledit Fourel n'auroit pas laissé de faire emprisonner aux prisons de la Conciergerie du Palais à Rennes, le Suppliant qui a
près de 71 ans le 7. du mois de Septembre dernier, pour lesdites sommes de
1200 liv. 600 liv. & 150 liv. duquel emprisonnement s'étant plaint au Parlement de Rennes, ledit Parlement au lieu de suivre la Jurisprudence univer-
selle du Royaume, & obéir à l'Article de ladite Ordonnance, auroit rendu
Arrêt le 26. Septembre dernier, par lequel il a ordonné, Que le Suppliant sera
élargi des prisons en donnant bonne & suffisante Caution desdites sommes &
de l'execution dudit marché. Depuis, aux dernieres visites des prisons, le Suppliant s'étant plaint dudit emprisonnement, attendu son grand âge, lad. Cour
auroit ordonné par un second Arrêt du 23 Novembre dernier, que le premier seroit executé, ce qui est une pure illusion faite à l'Ordonnance, laquelle
est sans restriction ; & c'est mettre le Suppliant dans l'impossibilité de jamais
sortir desdites prisons, parce qu'il n'a pas assez de crédit pour trouver des personnes qui voulussent le cautionner, ledit Fourel l'ayant consommé & ruiné en
frais par ses chicanes ; c'est pourquoy le Suppliant est obligé de recourir à Sa
Majesté pour luy être faire pourvû. A CES CAUSES, requeroit le suppliant
qu'il plût à Sa Majesté casser lesdits Arrêts du Parlement de Rennes des 26.
Septembre & 23. Novembre derniers, comme rendus au préjudice de ladite

Ordonnance : Ordonner que les prifons de ladite Ville de Rennes luy feront ouvertes ; avec défenfes audit Fourel & tous autres de s'y oppofer : Et attendu que ledit Fourel a contrevenu à ladite Ordonnance, le condamner en mille livres de dommages & interêts envers le Suppliant, en trois cens liv. d'amende & aux dépens de l'Arrêt qui interviendra. Veu au Confeil du Roy la Requête du Suppliant, fignée Meneuft fon Avocat. L'extrait de l'âge du Suppliant en datte du 4. Novembre 1597. Ecroüe de fa perfonne aux prifons de la Ville de Rennes à la Requête dudit Fourel. La Requête que le Suppliant a prefentée au Parlement de Rennes, du 13. dudit mois de Septembre, pour demander fon élargiffement. Les pourfuites & procedures qui ont été faites en conféquence. Lefdits Arrêts du Parlement des 26. Septembre & 23. Novembre derniers, & autres pieces juftifiant le contenu en ladite Requête. Oüy le Rapport du fieur Puffort, Confeiller ordinaire du Roy en tous fes Confeils, Commiffaire à ce député : Et tout confideré, LE ROY E'TANT EN SON CONSEIL, ayant aucunement égard à ladite Requête, a ordonné & ordonne que ledit Fourel fera affigné au Confeil pour répondre aux fins d'icelle. Fait au Confeil d'Etat du Roy, tenu à faint Germain en Laye, le vingtiéme May 1669. Signé, COLBERT.

Veu des pieces.

Extrait Baptiftaire.

TITRE XXXIV.

De la décharge des contraintes par corps.

POUR Damoifelle Eleonore du Frefne.

SUR L'ARTICLE VIII.

Demande d'être déchargée d'une contrainte par corps, prononcée par Sentence, & confirmée par Arrêt ; pour condamnations d'une folle enchere. Arrêt du Confeil qui l'en décharge.

Requête.

SUR la Requête prefentée au Roy étant en fon Confeil, par Damoifelle Eleonore du Frefne, fille majeure : Contenant, Que les Terres & Seigneuries de Lignieres & autres, ayant été faifies réellement fur Meffire Philippes de Girar, fon beaufrere ; Led. fieur de Girar auroit exigé de la Suppliante fa procuration pour encherir en fon nom le bail judiciaire defd. Terres, en conféquence de laquelle il l'auroit mis à fi haut prix, qu'il a été procedé fur fa folle enchere à une feconde adjudication dudit Bail, qui s'étant trouvée plus foible que la précedente, la Suppliante a été condamnée par Sentence des Requêtes du Palais à Paris, du 20. Février dernier, confirmée par Arrêt du 9. Mars enfuivant, de payer annuellement & par corps la fomme de deux mille trois cens tant de liv. de folle enchere pendant led. Bail judiciaire. Tellement

que

que la Suppliante se voit exposée à la necessité d'abandonner les poursuites d'une instance qu'elle a pendante au Parlement de Paris, pour raison de ses droits successifs, ou à la honte de se voir traînée dans une prison, contre l'honneur de sa condition & de son sexe pour ladite folle enchere, dont elle n'a aucunement profité, & qui n'a fait tort à personne, n'ayant rien touché des fruits desd. Terres, s'il ne luy estoit sur ce pourvû par Sa Majesté de sa grace speciale, entant que besoin seroit, pour la surseance de ladite contrainte par corps seulement, après la declaration que fait la Suppliante qu'elle consent que la dite folle enchere soit prise en l'ordre & distribution des deniers qui proviendront de la vente desdites Terres saisies, les sommes à elle dûës par ledit sieur de Girar son beaufrere, duquel elle est notoirement premiere creanciere, & generalement sur tous les autres biens de la Suppliante. Requeroit à ces causes, & attendu que par les nouvelles Ordonnances de Sa Majesté, il est défendu d'emprisonner les femmes & filles pour dettes civiles, si elle ne sont Marchandes publiques, ou pour cause de stellionat procedant de leur fait, sans que par lesdites Ordonnances il soit permis de les emprisonner pour raison desdites folles encheres : Mais au contraire, Sa Majesté n'ayant excepté de ladite défense generale que les Marchandes publiques & les Stellionnataires, a abrogé toutes Ordonnances, Coûtumes, Loix, Réglemens & Usages differens ou contraires à ladite disposition il plût à Sa Majesté, en interpretant l'Art. 8. du Titre 34. desdites Ordonnances ou en tout cas de sa grace speciale, & sans tirer à consequence, décharger la Suppliante de ladite contrainte par corps seulement, aux conditions susd. jusques à ce que parties ouyes audit Conseil, autrement en ait été ordonné aprés l'ordre & distribution des deniers qui proviendront dudit Decret : Et faire défenses à tous Huissiers & Sergens de la mettre à execution, à peine d'interdiction de leurs Charges, quinze cens livres d'amende, depens, dommages & interêts. Vû ladite Requête signée de ladite du Fresne & Valens son Avocat audit Conseil, signification d'icelle à Maître François Forcadel, Commissaire General aux saisies Réelles, & à Charles Roger, Morand, & Claude Baron, parties dénommées ausdites Sentence & Arrêt, aux domiciles des nommez Roy le jeune, & Chevalier, Procureurs en Parlement, les 10. & 11. du present mois, avec la réponse dudit Forcadel au bas de ladite signification, portant que ledit Arrêt ne le regarde point. Lesdites Sentence & Arrêt des 26. Février & neuf Mars 1669. Oüy le Rapport du sieur Pussort, Conseiller ordinaire de Sa Majesté en ses Conseils, Commissaire à ce deputé : Et tout consideré, LE ROY E'TANT EN SON CONSEIL, avant égard à ladite Requête, & sans s'arréter audit Arrêt du Parlement de Paris du 9. Mars 1669. & Sentence des Requêtes du Palais dudit Parlement, du 20. Février audit an, en ce qui concerne la contrainte par corps, ordonnée par icelle contre ladite Damoiselle du Fresne, l'en a déchargée & décharge, Fait au Conseil d'Etat du Roy, tenu à S. Germain en Laye, le 20. May 1669.
Signé, COLBERT.

Demande qu'il fut ordon-né la con-trainte par corps.

Conclusions.

Moyens.

Art. 8. Titre 34.

Arrêt qui dé-charge de la contrainte par corps.

TITRE XXXIV.

De la décharge des contraintes par corps.

POUR un Juge Subalterne, emprifonné pour des contraventions.

Elargiffement , vû fon âge de foixante & huit ans.

SUR la Requête prefentée au Roy étant en Confeil, par Maître Pierre Brecheu , plus ancien Confeiller au Prefidial d'Angers : Contenant , Qu'en conféquence d'Arrêt du Confeil. Sa Majefté y étant, du huitieme du prefent mois, il auroit été conftitué prifonnier aux prifons du Fort-l'Evêque, pour raifon de quelques contraventions à la nouvelle Ordonnance : Et d'autant que le Suppliant eft âgé de foixante & huit ans, & à peine rétably d'une grande maladie dont il eft attaqué, Il plût à Sa Majefté luy accorder la liberté de fa perfonne. Vû ladite Requête. Ouy le Rapport du fieur Puffort, Confeiller ordinaire du Roy en tous fes Confeils, Commiffaire à ce deputé : Et tout confideré, LE ROY F'TANT EN SON CONSEIL, A ordonné & ordonne , que ledit Brecheu fera elargy des prifons du Fort l'Evêque où il eft détenu, s'il ne l'eft pour autre caufe, à ce faire le Geolier contraint par toutes voyes, à la charge par ledit Brecheu de demeurer à la fuite dudit Confeil, & interdit de l'exercice & fonction de fa Charge , jufques à ce qu'autrement par Sa Majefté en ait été ordonné. Fait au Confeil d'Etat du Roy, tenu à S. Germain en Laye , le 15. Juillet 1668. Signé , DE LA VRILLIERE.

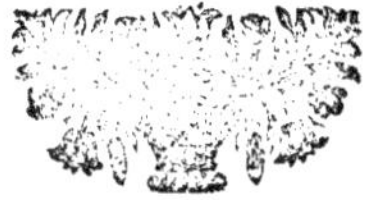

TITRE XXXIV.

POUR Mathieu Noyer, cy-devant Préſident & Lieutenant General au Bailliage de Foreſt.

CONTRE *Paul Motet, Procureur au Parlement de Paris.*

Et encore contre Pierre le Bel, Marchand.

ARTICLE IX.

Le ſieur Noyer élargy comme ſeptuagenaire, quoy qu'obligé par corps avant l'Ordonnance ; & les defendeurs condamnez aux depens.

SUR les Requêtes reſpectives preſentées au Roy étant en ſon Conſeil par Mathieu Noyer, Conſeiller de Sa Majeſté, cy devant Preſident & Lieutenant General au Bailliage de Foreſt, Paul Motet Procureur en la Cour de Parlement de Paris ; & Pierre Lebel, Marchand, Bourgeois de Paris : Contenans, ſçavoir celle du ſit Noyer, qu'il a été aſſez mal heureux que d'avoir conſommé tout ſon bien à payer les dettes d'une ſeconde femme & de divers particuliers, en ſorte qu'il ſe trouve dans l'impoſſibilité de continuer à les payer, ne luy reſtant pas dequoy vivre, que neanmoins il a été empriſonné à la Requête du ſit Motet pour une ſomme de quatre cens livres dûë par ſadite femme, & ce nonobſtant qu'il ait plus de ſoixante onze années, & au préjudice de la nouvelle Ordonnance Article 9. au Titre de la décharge des contraintes par corps, portant que les ſeptuagenaires ne pourront être empriſonnez pour dettes purement civiles comme eſt celle du Suppliant, le Suppliant ayant demandé l'execution d'icelle audit Parlement de Paris, au moyen de ce qu'il faiſoit apparoir de ſon extrait Baptiſtaire en datte du 21. Février 1599. mentionné par l'Arrêt de ladite Cour de Parlement rendu à la Requête du Procureur General en icelle le 19. Juillet 1629 portant ſa reception en ladite charge : ladite Cour de Parlement ſans avoir égard à ladite Ordonnance auroit débouté le Suppliant de ſa demande & condamné aux dépens : ce qui l'oblige d'avoir recours à l'autorité de Sa Majeſté pour luy être par elle pourvû. A CES CAUSES, attendu qu'il s'agit de l'execution de l'Ordonnance de Sadite Majeſté, il luy plût ordonner, ledit Suppliant ayant ſuffiſamment juſtifié qu'il eſt ſeptuagenaire par l'Arrêt cy-attaché, que ladite Or-

Requête de Noyer.

Son empriſonnement.

Aage de 71 an.

Extrait Baptiſtaire.

Requére pour être élagi.
Arrêt qui le déboute.
Demande que l'Ordonnance ſoit executée.

Bbbbb ij

donnance fera exécutée de point en point felon la forme & teneur, & en conféquence que led. Suppliant fera mis hors des prifons de la Conciergerie du Palais, fans faudit Moeer & autres créanciers de fe pourvoir fur fes biens & effets ainfi qu'ils aviferont bon être. La Requête dudit Moeer, contenant qu'il auroit ci-devant été chargé de plufieurs affaires, tant en ladite Cour de Parlement qu'aux Requêtes du Palais par ledit Noyer de fon chef, & comme mary d'une feconde femme, efquels procés ledit Suppliant auroit fait plufieurs avances & fourny fon argent, tant pour les falaires de plaidoieries & écritures des Avocats, que pour des épices & coûts d'Arrêts, en forte que ledit Suppliant après avoir été ce pendant fix ou fept années, fe feroit trouvé créancier defdits Noyer & fa femme de plufieurs fommes fans avoir reçû aucune chofe, & enfin après plufieurs remifes, il auroit fait affigner lefdits Noyer & fa femme en condamnation de frais & falaires, & pour être rembourfé defdits frais & avances par luy faites & perdues en faveur defdits Noyer & fa femme, ledit Suppliant fe feroit accordé à peu près de fes créances qui auroit été liquidé & qui reftoit dûes par le Procureur defdits Noyer & fa femme, & dont ils font convenus, fur l'Arrêt de condamnation le feptiéme Septembre 1663, & par lequel temps ledit Suppliant voyant que lefdits Noyer & fa femme n'avoient pas le moyen de le payer, il auroit obtenu Arrêt des quatre mois à l'encontre dudit Noyer, en exécution duquel il feroit fait emprifonner, ledit Noyer voulant fortir fans payer, auroit baillé fa Requête au Parlement par laquelle fur ce qu'il auroit rapporté un Arrêt de 1649 qui le reçut en une charge de judicature, dans lequel il énonce un extrait Baptiftaire du 21. Février 1599. il auroit conclu à fon élargiffement, fur quoy les parties ayant plaidé contradictoirement, & le Suppliant ayant foûtenu que cet énoncé dans un Arrêt ne pouvoit être de confidération, Arrêt feroit intervenu contradictoirement en la Grand Chambre dudit Parlement par lequel il auroit été débouté tant de ladite Requête, afin d'élargiffement, que des lettres de refcifion par luy obtenues contre ledit Arrêt de 1663. & conféquemment donnez à la condamnation portée par iceluy; & bien plus ce qui doit faire ceffer tout fujet de plainte audit Noyer, c'eft que le Suppliant luy paye provifion dans la prifon, tellement que le prétexte qu'il prend aujourd'huy de demander fon élargiffement fur le fondement de la nouvelle Ordonnance, qui a pourvû à la décharge des contraints par corps en faveur des feptuagénaires, n'eft confidérable à fon égard, car outre qu'il ne rapporte point fon extrait Baptiftaire, & que l'on n'eft pas obligé de le croire, c'eft que le véritable eft que ledit Noyer n'a que foixante-trois ans, fuivant même fa déclaration portée par un certificat de mariage d'une fienne niepce faite en l'églife S. Nicol. ainfi fait hommes, où il étoit préfent & a figné; De forte que l'on voit que c'eft un débiteur qui veut abufer de l'Ordonnance fur un faux énoncé, & qui veut payer fes créanciers d'un faux prétexte de fon âge, qu'il fuppofe fe purgeroit être Requéroit à ces caufes, qu'il plût à Sa Majefté ordonner, que conformément à l'Arrêt de ladite Cour de Parlement contradictoirement rendu avec ledit Noyer, iceluy Noyer fera débouté de fa Requête fi mieux n'aime bailler bonne & fuffifante Caution, de payer le dû du Suppliant dans le temps qu'il plaira à fad. Majefté, en tous cas renvoyer les parties au Parlement. Et la Requête audit le Bel, contenant, Que dès l'année 1664. il prêta six cens livres à Mathieu Noyer sieur de Montluc, & Marie de Richer la femme, pour laquelle somme ils luy passerent obligation par corps avec hypoteque speciale sur une maison size en cette ville de Paris ; & comme ils virent le Suppliant persuadé de leur bonne foy, ils acheterent de luy pour six cens livres de marchandise, pour lesquelles & pour les premieres six cens ils luy passerent une seconde obligation par corps le sixiéme Avril 1665. dans laquelle ils deleguerent en payement ce qu'ils recevroient en l'ordre & distribution d'une somme de quarante mille livres qu'ils presuppposoient être entre les mains de Maître le Tellier, Receveur des Consignations, laquelle delegation n'a pas eu un trel heureux succez, à cause que ledit le Tellier s'est absenté du Royaume : Et d'autant qu'il étoit stipulé que ladite delegation ne pourroit empêcher l'execution directe de ladite obligation, le Suppliant ayant cedé ses droits à Pierre Loiseau bourgeois de Paris, ledit Loiseau a fait recommander ledit Noyer és prisons de la Conciergerie du Palais, par exploit du 27 Août 1669. où il a trouvé qu'il étoit emprisonné ; Et bien que ladite recommandation étant faite en vertu d'une obligation passée sous le scel du Châtelet, ledit Noyer dût se pourvoir pardevant le Lieutenant Civil, néanmoins il s'est pourvu directement au Conseil de Sa Majesté pour avoir prevision de sa personne sur ce qu'il suppose avoir plus de soix antedix ans, & que l'ordonnance du mois d'Avril 1667. defendant d'emprisonner les septuagenaires, ledit Loiseau y a contrevenu, à quoy le Suppliant répond ; Que ledit Noyer devoit s'adresser au Lieutenant Civil, suivant l'Arrêt du Conseil du mois de Janvier dernier, & en cas qu'on ne luy eût pas rendu Justice, se pourvoir par appel au Parlement, & se plaindre de la pretenduë contravention à l'Ordonnance, & non pas s'adresser directement au Conseil. Secondement il y a d'autant moins lieu de se plaindre au Conseil, qu'un emprisonnement fait en vertu d'une obligation passée pardevant un Notaire au Châtelet, que la procedure étant ordinaire, le divertissement en est la Jurisdiction naturelle est prohibé par les Ordonnances qui veulent que l'on plaide devant les Juges qui en doivent connoître. En troisiéme lieu, ledit Noyer n'a point communiqué la preuve de son âge, par un extrait baptistaire duëment collationné avec partie legitime, & il résulte d'un contrat de mariage du 29 Mars dernier, qu'il n'a que 61 an. En quatriéme lieu, c'est un debiteur qui a mis tous ses biens à couvert sous le nom de ses enfans & d'autres personnes, en sorte qu'il ne luy paroît pas un seul moyen, en ce que lesdites obligations il a hypoqueué specialement ladite maison, qui se trouve récemment chargée de plusieurs autres dettes, ainsi qu'il paroît par un arrêt du Parlement obtenu par Alexandre Marsollier le 21 Août 1668. Concluant sur ses raisons à ce qu'il plaise à Sadite Majesté débouter ledit Noyer de sa demande, & cependant permettre au Suppliant, de payer la creance du Suppliant de telle somme qu'il plaira à Sadite Majesté ordonner. Vû lesdites Requêtes, Arrêt du Parlement du 19 Juillet 1629. portant que ledit Noyer sera reçû en ladite Charge de Lieutenant General, après toutesfois information de ses vie & mœurs. Arrêt du Parlement qui condamne ledit Noyer au payement de quatre cens livres pour frais pour

Bbbb iij

Autre Requête contraire à la premiere encore.

Noyer étoit obligé par corps dès 1665. à le Bel.

Recommandation par le Bel.

Moyens.

1.

2.

3.

4.

Conclusions.

Vû de pieces.

luy faits & avancez par ledit Moret en datte du 16. Septembre 1663 Autre
Arrêt sur Requête, qui le condamne de payer lesdites quatre cens livres , autrement qu'il y sera contraint par corps. Requête dudit Noyer presentée au
Parlement aux fins d'être reçû oppolant à l'emprilonnement fait de sa personne , comme Moret luy sournira les alimens suivant l'Ordonnance, & qu'il
est âgé de plus de soixante-dix ans, au bas de laquelle est, Viennent les parties,
en datte du 7. Août 1669. & signisié ledit jour. Recommandation faite par
ledit le Bel de sa personne pour ce qu'il luy doit. Offres dudit Motet audit
Noyer de luy payer six livres par mois pour sa pension & quittance d'un
mois, des 21 & 23. Août 1669. Arrêt contradictoire dudit Parlement, qui
déboutte ledit Noyer de ladite Requête du 7. Août, & le condamner aux
dépens, en datte du 27. Août 1669. Copie collationnée pardevant Notaires
d'un extrait des Registres des mariages de l'Eglise Paroissiale de S. Nicolas
des Champs de Paris , du 19. Mars 1669. dans lequel ledit Noyer a déclaré
n'avoir que soixante-un an. Acte signisié ausdits Loiseau & Motet à la requête dud. du Noyer, comme il a mis sa Requête & piéces en cassation dud.
Arrêt du 27. Août dernier. Extrait du Registre des actes Baptistaires de l'E-
glise de la Paroisse de la Rajasse délivré par Deschamps Curé d'icelle, le 20.
Septembre dernier. Autre extrait Baptistaire tiré du Registre des Baptêmes de
ladite Eglise, par Maître Jean-Jacques Gayot sieur de la Rajasse , Garde des
Sceaux & Magistrat en la Sénéchaussée & Siége Présidial de Lyon , sur la
Requête presentée par le Procureur dudit Noyer , par lequel appert ledit Li-
vre ou Registre luy avoir été représenté par ledit Deschamps Curé de ladite
Paroisse , en conséquence de l'assignation qui luy a été donnée pour cet effet,
dans lequel au Rôle de l'année 1599. Mathieu , fils, à Maître Jean Noyer 21.
Février an susd. son Parain Matthieu Thevenet Curé dudit lieu. & sa Maraine
Bonne Valentine ledit extrait en datte du 7 Octobre 1669. signisication d'i-
celuy du 7. du present mois ausdits Motet & Loiseau , ayant droit par transf-
port dudit Lebel , lequel Motet a fait réponse que ledit extrait n'est en forme
n'étant fait avec partie presente ou dûement appellée , ainsi qu'il est acoûtu-
mé en matiere de compulsoire, & luy donnant le temps competant , suivant la
distance des lieux au desir de l'Ordonnance, ce qui n'ayant point été fait , ledit
extrait ne peut faire foy en Justice , & proteste de nullité d'iceluy. Défenses
dudit Lebel contre ledit extrait Baptistaire dudit jour 7. Octobre. Signification à la Requête desdits Motet & le Bel du 22. Novembre , qu'au cas que le
sieur Noyer fils , veuille s'obliger de payer leur dû , s'il se trouve que ledit
extrait Baptistaire ne soit pas veritable , ils consentiront comme ils font dés à
present l'élargissement dudit Mathieu Noyer hors des prisons, sauf à eux à se
pourvoir sur les biens, ainsi qu'ils aviseront. Acte passé pardevant de Troyes
& Gregoire Notaires au Châtelet de Paris, le 6. Décembre present mois , par
Jacques Noyer Procureur de Sa Majesté en l'Amirauté de France Loüis Noyer
Avocat en Parlement , & Guillaume Noyer fils dudit Jacques Noyer , par
lequel ils certifient ledit extrait Baptistaire veritable, promettent & s'obligent
solidairement , en cas qu'il ne le soit pas , de les payer des sommes à eux dûës
par ledit Noyer leur pere, ainsi qu'il est plus au long porté par ledit acte signisié

aufaits Morer & le Bel ledit jour fixiéme du prefent mois, & tout ce qui a été produit par lefdites parties par devers le fieur Puffort, Confeiller ordinaire de Sa Majefté en fes Confeils, Commiffaire à ce deputé. Oüy le rapport qu'il en a fait à la perfonne de Sa Majefté, Et tout confideré : LE ROY E'TANT EN SON CONSEIL, faifant droit fur lefdites Requêtes refpectives, fans avoir egard audit Arrêt du Parlement de Paris du 27. Août dernier, A ordonné & ordonne que ledit Noyer fera élargy des prifons de la Conciergerie du Palais où il eft détenu, condamne lefdits Moret & le Bel aux dépens. Fait au Confeil d'Etat du Roy, tenu à S. Germain en Laye, le onziéme Février mil fix cens foixante-neuf. Signé, COLBERT.

Arrée d'é-
largiffement.

<hr>

TITRE XXXV.

Des Requeftes civiles.

POUR Henry Trenart, Juge de Romans.

Art. 16. *Les Lettres en forme de Requête civile ne feront plaidées que la confignation de l'amende n'ait été faite, & la confultation jointe.*

Art. 18. *L'execution de l'Arrêt ne fera furfife pour les Lettres.*

Art. 40. *Le refcindant fera jugé feul & feparément.*

SUR la Requête prefentée au Roy étant en fon Confeil, par Henry Trenart, Confeiller de Sa Majefté, Juge Royal & Ducal, civil & criminel du Duché de Valentinois au Siege Royal de la Ville de Romans, Contenant, Qu'ayant été obligé pour l'interêt de Sa Majefté & le dû de fa Charge de fe plaindre au Confeil des ufurpations & entreprifes du Chapitre de S. Bernard de ladite Ville & de fes Officiers, & particulierement de Maître Arnoul de Loule, Juge commis par ledit Chapitre à l'exercice de la Juftice ordinaire en partage d'icelle fur tous les droits de Sa Majefté dans ladite Ville, & de fes Magiftrats, même fur ceux qui dépendent purement & effentiellement de la Jurifdiction-Royale, & de la fouveraineté ; ledit de Loule apprehendant que fa conduite ne fût blâmée au Confeil, s'affurant d'ailleurs du credit que luy & ledit Chapitre ont au Parlement de Grenoble, trouva moyen aprés une longue procedure au Confeil, de faire renvoyer le differend des parties audit Parlement de Grenoble ; où enfin, aprés une difcuffion exacte pendant feize féances, & les parties ouyes par leurs bouches diverfes fois fur tous les

Requête
d'Henry
Trenart.

dits rends au procès, intervint Arrêt de Reglement contradictoire le dernier Août 1666. par lequel les Officiers du Siege Royal dudit Romans, sont differemment maintenus au droit de preseance & de connoissance de tous cas Royaux & autres matieres dependantes de la ditte Jurisdiction Royale, à l'exclusion des Officiers dudit Chapitre : Mais comme elles sont sans limite, ce même de Loule presenta sa Requête au Conseil le 16. Septembre 1666. en cassation dudit Arrêt sur les mêmes moyens que ceux par luy alleguez au Parlement de Grenoble : Et comme elle ne fut écoutée d'aucun des sieurs Maîtres des Requêtes auquels elle fut presentée, il eut l'artifice de la mettre és mains du sieur Marin, auquel ayant fait entendre que Sa Majesté y avoit quelque sorte d'interêt, il surprit sa religion, en sorte qu'il obtint un Arrêt à son Rapport, portant renvoy de ladite Requête au sieur Dugue, Commissaire départi pour l'execution des ordres de Sa Majesté en la Province de Dauphiné, pour donner son avis sur icelle & iceluy vû au Conseil être ordonné ce que de raison : suivant ledit Arrêt, ledit sieur Dugué a renvoyé son avis, ou plûtôt au lieu d'en y envoir donner de contraire avant Arrêt au Parlement de Grenoble après avoir travaillé pendant cinq semaines entieres a revoir le procés les parties presentes : Si bien que par Arrêt du Conseil d'Etat du 7. Décembre 1665. Sa Majesté a converti les moyens de cassation preposez contre ledit Arrêt du Parlement de Grenoble dudit jour dernier Août 1666. en moyens de Requête civile : & pour y faire droit renvoyé les parties en la deuxieme Chambre dudit Parlement de Grenoble. Aux termes de cet Arrêt, & de la nouvelle Ordonnance, il étoit indispensable auxdits au Chapitre S. Bernard & de Loule leur Juge, pour lequel ils ont pris le fait & cause de faire deux choses : La premiere, d'obtenir Requête civile, & de la rapporter avec une consultation de deux anciens Avocats contenant les moyens. La seconde de consigner la somme de quatre cens livres, sans parler du parfournissement dudit Arrêt contradictoire du dernier Août 1666. suivant l'usage dudit Parlement de Grenoble : cependant sans observer aucune desdites choses, lesdits du Chapitre & de Loule ont fait assigner ledit suppliant audit Parlement de Grenoble, par exploit non hibelé ou

Sur cette assignation, le Suppliant s'est presenté pour éviter à surprise, a soûtenu d'abord lesd. du Chapitre & de Loule non recevables, jusques a ce qu'ils eussent rapporté lesdites consultation & Requête civile en la forme desirée par la nouvelle Ordonnance, & fait la consignation de lad. somme de quatre cens cinquante livres, surquoy la contestation portée à l'Audience, seroit intervenû Arrêt le 24. Mars 1668. par lequel sans s'arrêter aux moyens proposez par le Suppliant resultant de la nouvelle Ordonnance, les parties sont appointées sur le tout ; ce qui est une contravention manifeste à ladite Ordonnance, qui rend ledit Arrêt nul de toute nullité. Et en effet, lesd. du Chapitre & de Loule sont reçûs contre un Arrêt contradictoire, sans avoir obtenu aucune Requête civile : Quoy que par l'Article premier, au Titre des Requêtes civiles, il soit expressément statué, Que les Arrêts & Jugemens en dernier Ressort ne pourront être retractez que par Lettres en forme de Requête civile, & par ce moyen lesdits du Chapitre & de Loule sont dispensez de la consultation &

consignation

confignation contre la difpofition des 4. & 6. Articles du Titre des Requêtes civiles, & l'Avis des Gens, qui auroient conclû à ladite confignation. En fecond lieu, les exceptions peremptoires & fins de non recevoir propofées par le Suppliant, on a dû y faire droit préferablement, fuivant l'Art. 5. Tit. des Congez & Défauts, & non pas ordonner que les parties produiroient fur le tout. En troifiéme lieu, les prétendus moyens refcindans font appointez par ledit Arrêt, fans qu'il ait été plaidé ni contefté fur iceux, le Suppliant ayant toûjours foûtenu, comme il paroît par ledit Arrêt, que toute Audience devoit être dénié aufdits du Chapitre & de Loule, jufques à ce qu'ils euffent fatisfait à l'Ordonnance, & protefté même de ne point défendre, ni au refcindant ni au refcifoire, fans qu'il ait été plaidé ni fur l'un ni fur l'autre : ce qui refifte à l'Article 35. du même Titre des Requêtes civiles. En quatriéme lieu, par cet appointement fur le tout, on a joint & accumulé le refcindant avec le refcifoire, au mépris du même Article 35. & du 40. du même Titre. Et il y a encore une autre contravention, laquelle, quoy que faite indirectement, n'eft pas moins formelle que celles cy-deffus expliquées, qui eft que lefdits du Chapitre ayant fait prefenter Requête le 23. Mars 1668. fous le nom des Confuls, pour faire commettre un des Confeillers de ladite Cour à l'effet de proceder à la nomination prochaine des Confuls & Officiers municipaux; ledit Parlement auroit commis le fieur de Reine du Paget, Confeiller en ladite Cour, par Ordonnance du 25. Mars 1668. en execution de laquelle il s'eft tranfporté fur les lieux aux fins de fadite Commiffion; en quoy le Parlement a en quelque façon furfis l'execution de fon Arrêt dudit jour 31. Aouft 1666. par lequel il eft entre autres ordonné, que le Suppliant en ladite qualité de Juge Royal préfidera à la nomination des Confuls & autres Officiers municipaux, & recevra leurs fermens; ce qui eft encore contraire à l'Article 18. du Tit. des Requêtes civiles, qui veut, Que l'execution des Arrêts ne foit furfife, fous prétexte de Requête civile, & que ne feront données aucunes défenfes ni furféances en aucuns cas : Tellement qu'aux termes de l'Article 8. de ladite Ordonnance, du premier Tit. de l'obfervation des Ordonnances, ledit Arrêt du Parlement de Grenoble eft nul & de nul effet & valeur, & ne pouvoit pas être executé fur ce que lefdits du Chapitre & de Loule ont prétendu que l'Arrêt du Confeil du   convertiffant leurs moyens de caffation contre l'Arrêt du Parlement de Grenoble dud. jour dernier Aouft 1666. en moyens de Requête civile, n'étoit pas neceffaire d'en obtenir une : Car outre que cette propofition eft une pure illufion, c'eft que fuivant l'Article 5. du même Titre de l'obfervation des Ordonnances, le doute fur ce fujet procedant dudit Arrêt du Confeil, & dire que le premier Article du Titre 55. des Requêtes civiles n'avoit point pourvû à ce cas, au contraire vouloit qu'aucuns Arrêts ne fuffent retractez que par forme de Requête civile fans faire aucune difference: Ledit Parlement devoit fur la difficulté, s'il y en trouvoit aucune, fe retirer pardevers Sa Majefté, pour apprendre ce qui feroit fur cela de fon intention auparavant que de juger aucune chofe. Mais on ne trouvera la caufe de cet Arrêt d'appointé, ailleurs que dans le fupport & crédit, que lefdits du Chapitre ont rencontré dans ladite feconde Chambre,

2.
3.

4.
5.

Ordonnance
caffée.

Article 18.

étant certain que les parties du Suppliant y ont quatre cousins germains : sçavoir les Sieurs Presidens de Chevreuse, & de Beauchesne, & les Sieurs de Rabot, & de Pisenson Conseillers, le dernier desquels est ennemi juré du Suppliant & a procés avec luy au même Parlement, nonobstant quoy, il n'a pas laissé d'assister à l'Audience contre la disposition de l'Article 15. Tit. 24. des Récusations ; avec cette autre circonstance, que l'on ne pouvoit compter que six voix, lorsque ledit Appointement fut prononcé, quoy qu'ils fussent sept en nombre, d'autant que les voix des sieurs de Poncet, & du sieur de Pins son gendre, ne pouvoient être comptées que pour une ; Et comme le Suppliant est considerablement blessé de cet Arrêt, en ce qu'il donne lieu ausdits du Chapitre de renouveller leurs procez contre toutes les regles & maximes de la Justice & de l'Ordonnance, & que s'il subsistoit de la sorte qu'il a été rendu, il n'y auroit plus de seureté aux choses jugées ; & le Suppliant qui est épuisé par la longueur de la dépense d'un procés, lequel a duré sept ans, & porté en toutes sortes de Jurisdictions, se trouveroit engagé dans la malheureuse necessité d'abandonner ses interêts au credit & à l'autorité de ses parties : Et qu'enfin, Sa Majesté ayant par sa nouvelle Ordonnance empêché le progrès des chicannes, Elle ne souffrira pas qu'elles soient continuées à l'encontre du Suppliant en execution de cet Arrêt d'appointé, rendu au préjudice de l'Ordonnance, au moyen duquel s'il subsistoit, lesd. du Chapitre trouveroient lieu de remettre en question une chose solemnellement jugée. A ces causes, requeroit ledit Sup-

Conclusions.

pliant qu'il plût à Sa Majesté, conformément à l'Ordonnance, déclarer nul & de nul effet & valeur ledit Arrêt du Parlement de Grenoble dudit jour 24. Mars 1668. comme contraire à l'Ordonnance, ensemble l'Ordonnance dudit Parlement dudit jour vingt-quatriéme Mars 1668. & tout ce qui peut s'en être ensuivy. Au surplus, attendu que ledit Suppliant ne peut proceder en la Seconde Chambre dudit Parlement où ledit Arrêt a été rendu, comme luy étant absolument suspecte, attendu les supports, alliances & parens, que ses parties ont en ladite Chambre, & que la troisiéme Chambre a été par elles exceptée, renvoyer le differend des parties en la premiere Chambre dudit Parlement pour y proceder ainsi qu'il appartiendra par raison, suivant & aux termes de ladite nouvelle Ordonnance. Veu ladite Requête signée Baudoüin, Avocat du Suppliant, & de luy & de deux anciens Avocats audit Conseil, & pieces justificatives de ladite Requête. Oüy le Rapport du sieur Pussort, Conseiller ordinaire de Sa Majesté en ses Conseils, Commissaire à ce député :

Arrêt.

Et tout consideré, LE ROY ETANT EN SON CONSEIL, a cassé & annullé lesdits Arrêt & Ordonnance du Parlement de Grenoble des 23. & 24. Mars 1668. comme contraires à son Ordonnance du mois d'Avril 1667. Fait Sa Majesté défenses aud. Parlement de Grenoble & à tous autres Juges d'y contrevenir, aux peines portées par icelle, & de recevoir aucune Requête presentée par les demandeurs en Requête civile contre les Arrêts contradictoires afin d'enterinement d'icelles, qu'ils n'ayent auparavant consigné la somme de 300 livres pour l'amende envers Sa Majesté, & de 150 livres envers la partie : Comme aussi fait Sa Majesté défenses audit Parlement, en procedant au jugement des Requêtes civiles, d'ordonner que les parties remettront sur le tout, ni de prononcer qu'il fera fait droit fur lefdites Requêtes civiles, tant par fins de non recevoir qu'autrement ; Enjoignant Sa Majefté audit Parlement, de faire plaider les ouvertures des Requêtes civiles, & y faire droit, fans entrer aux moyens du fonds, & fans que lefdites Requêtes civiles puiffent empêcher l'execution des Arrêts, le tout conformément à ladite Ordonnance : A Sa Majefté évoqué & évoque à foy & à fa perfonne les procez & differends pendans audit Parlement de Grenoble entre lefd. parties, & iceux avec leurs circonftances & dépendances, a renvoyé & renvoye en fon Grand-Confeil pour y plaider fur la Requête civile après la confignation de ladite amende de 450 l. & à la charge de plaider les ouvertures & moyens dans la forme, & d'y faire droit avant d'entrer dans les moyens du fonds, & jufques à ce que ladite Requête civile ait été entherinée, A Sa Majefté ordonné & ordonne, que ledit Arrêt du Parlement de Grenoble du dernier Aouft 1666. fera executé felon fa forme & teneur. Fait au Confeil d'Etat du Roy, tenu à faint Germain en Laye, le   May 1668. Signé, DE GUENEGAUD.

TITRE XXXV.

Des Requeftes Civiles.

POUR Pierre Bernard de Salavone, Confeiller au Siege Royal du Puy.

ARTICLES I. XXXII. & XLII.

Défenfes de recevoir une partie qui a été déboutée de fa Requête civile, en Requête afin d'interpretation du même Arrêt.

SUR la Requête préfentée au Roy étant en fon Confeil, par Maître Pierre Bernard de Salavone, Confeiller au Sénéchal du Puy, & Damoifelle Marie de Pouchon mariez : Contenant, que la bonté du Roy & fes foins, pour abreger la chicanne des plaideurs par le moyen de fa derniere Ordonnance, fe trouvent tout à fait inutiles au Suppliant, à caufe de la faveur & fupport que Damoifelle Catherine Pouchon, femme féparée de bien de M. Guillaume Segaud, trouve au Parlement de Toloze, qui tâche de rendre le procés qu'ils ont pendant en iceluy, éternel, & que le Suppliant n'en puiffe voir jamais la fin. Il eft certain que par Arrêt contradictoire du 26. Avril 1659. rendu avec Claude Pouchon, pere de ladite Pouchon, les Supplians furent maintenus en tous les biens de Jacques Pouchon leur bifayeul, en conféquence de la fubftitution appofée dans fon teftament du 25. Novembre 1589. & en la moitié

Requête du fieur de Salavone.

Arrêt de 1659. dont l'execution eft ordonnée.

C cccc ij

des biens de François Pouchon leur ayeul, duquel Arrêt contradictoire ledit Claude Pouchon ayant demandé la caffation au Confeil fur un faux exploit qu'il prétendoit avoir été fait auparavant ledit Arrêt en vertu d'une Commiffion du grand Sceau prétenduë obtenuë par les Habitans du Puy : Lefdits Suppplians s'étant pourvus audit Confeil, ils y auroient obtenu Arrêt portant renvoi dudit procès audit Parlement de Toloze. Du depuis ledit Claude Pouchon étant decedé, Damoifelle Bonne Ranquet fa veuve & fon héritiere, fe pourvut derechef au Confeil fur de nouveaux exploits faux, & après longues pourfuites, il y intervint un Arrêt le 9. Juillet 1660. qui auroit renvoyé les parties audit Parlement de Toloze pour y proceder en execution dudit Arrêt du 27. Avril 1659. fauf à lad. Ranquet à fe pourvoir par les voyes de droit en execution de cet Arrêt. Ladite Ranquet ayant délaiffé l'heredité à lad. Claude Pouchon fa fille, qui eft à prefent la partie des Supplians; elle fe feroit pourvuë par Requête en interpretation contre led. Arrêt du 26. Avril 1659. qu'elle convertit depuis en Requête civile, après laquelle lad. Catherine Pouchon auroit porté pour une troifiéme fois l'inftance au Confeil : De forte, que les Supplians furent obligez d'y pourfuivre derechef divers Arrêts de renvoi audit Parlement de Toloze, où ayant par un furcroît de chicanne fait intervenir Maître Jacques Pouchon, Chanoine du Puy, elle fe pourvût en fon nom contre ledit Arrêt par Lettres en oppofition envers le même Arrêt du 26. Avril 1659. lequel ayant enlevé à main armée les fruits des biens fubftituez, les Supplians ayant été obligez de le pourfuivre criminellement, obtinrent un Arrêt de condamnation aux Galeres par défaut contre lui; Et depuis ayant fait fabriquer un faux Codicile dudit Jacques Pouchon, les Supplians en ayant fait informer, il fut contraint d'y renoncer; & pour fe mettre à couvert de ce crime nouveau, il brûla lui même ledit Codicile en prefence des parens, & enfuite ladite Requête civile obtenuë par la partie des Supplians, ayant été plaidée, elle en fut déboutée par Arrêt contradictoire du 18. Novembre 1662. avec dépens & l'amende. Après tout ce cahos de chicannes, les Supplians auroient paffé une Tranfaction avec lad. Ranquet, & les Arrêts entierement executez. Dans cet état les Supplians avoient toute forte de fujet d'efperer de vivre en repos; mais par un coup de malice inoüy, ladite Pouchon ou ledit Segaud fon mary, fe feroit porté à cette extremité d'accufer ledit Bernard, un des Supplians, à la Cour des Grands-Jours du Puy, de divers crimes fuppofez; & entre-autres d'avoir fait brûler ledit Codicile; Mais l'Arrêt qui intervint ne leur ayant point été favorable, elle a obtenu une feconde Requête civile fur les mêmes moyens que la premiere : fur quoy les Supplians ayant infifté par une Requête, que par l'Art. 41. de la nouvelle Ordonnance, au Titre des Requêtes civiles, on n'étoit plus recevable à fe pourvoir par la même voye, lad. Pouchon ne pouvant répondre à cette objection, elle a fait pis & a obtenu des Lettres, par lefquelles elle demande d'être reçuë à fe défifter de ladite Requête civile : Et néanmoins, qu'en interpretant, en tant que befoin feroit lefd. Arrêts, déclarer en ajugeant aux Supplians les biens dudit Jacques Pouchon, n'avoir entendu leur accorder que le tiers d'iceux, & que fur ces Lettres, enfemble fur d'autres demandes par elles faites les parties fuffent reglées : Mais comme c'eft une pure illufion à la Juftice, les Supplians auroient infifté audit Parlement qu'elle n'y devoit point être reçuë. *Primò*, parce que ladite interpretation tendoit à renverfer lefdits Arrêts ; que c'étoit la même chofe qu'elle avoit demandée par fes Requêtes civiles, de la premiere defquelles elle avoit été déboutée, & qu'elle s'étoit départie de la feconde. *Secundò*, Qu'elle fe pourvut en l'année 1660. en interpretation, & la convertit en Requête civile. *Tertiò*, Que par la nouvelle Ordonnance, Art. 1. les Arrêts & Jugemens en dernier Reffort ne peuvent être retractez que par Lettres en forme de Requête civile, la voye de l'interpretation étant abfolument défenduë par l'Art. 32. Les parties ne fe peuvent pourvoir contre des Arrêts fous prétexte du mal jugé au fonds : Et par l'Art. 42. les propofitions d'erreur font abrogées, avec défenfes aux parties de les obtenir, & aux Juges de les permettre, à peine de nullité, & de tous dépens, dommages & interêts : Néanmoins au mépris de ladite Ordonnance, & quoy que les chicannes de ladite Pouchon paruffent fort clairement, qu'elle ne peut être reçuë à une feconde Requête civile, moins encore à l'interpretation & propofition d'erreur, il feroit intervenu Arrêt le 9. Décembre dernier, qui auroit reglé les parties à écrire & produire, en execution duquel ladite Pouchon a continué fes pourfuites audit Parlement : Ce qui oblige les Supplians à fe pourvoir vers Sa Majefté, à ce qu'il lui plaife en conféquence de fon Ordonnance, fans avoir égard à lad. feconde Requête civile, en interpretation defquelles ladite Pouchon fera déboutée, caffer ledit Arrêt dud. Parlement dud. jour neuf Décembre dernier, & tout ce qu'en conféquence d'iceluy s'en eft enfuivi : Ce faifant, que lefdits Arrêts rendus audit Parlement de Toloze, les 26. Avril 1659. & 18. Novembre 1662. feront executez felon leur forme & teneur ; avec très expreffes défenfes à ladite Pouchon & tous autres de fe pourvoir contre iceux, à peine de nullité, caffation de procedures, trois mille liv. d'amende, & de tous dépens, dommages & interêts: Et à tous Juges de l'y recevoir, à peine d'interdiction de leurs Charges, & condamner ladite Pouchon aux dépens. VEU ladite Requête fignée de Segonzac, Avocat des Suppliant, & les pieces attachées à icelle. Oüy le rapport du fieur Puffort, Confeiller ordinaire du Roy en fes Confeils : Et tout confideré, LE ROY E'TANT EN SON CONSEIL, ayant égard à ladite Requête, a caffé & annullé, caffé & annulle ledit Arrêt du Parlement de Toloze du 9 Décembre dernier, comme contraire à fon Ordonnance du mois d'Avril 1667. & fans y avoir égard ni aux Lettres de Requêtes civiles & d'interpretation obtenuës par ladite Pouchon ; A ordonné & ordonne, que les Arrêts dudit Parlement des 26. Avril 1659. & 18. Novembre 1662. feront executez felon leur forme & teneur ; Fait défenfes audit Parlement de Toloze & à tous autres Juges de contrevenir à ladite Ordonnance, aux peines portées par icelle, ni de recevoir les parties à fe pourvoir contre les Arrêts à l'égard de ceux qui auront été parties ou dûëment appellez, & de leurs heritiers, fucceffeurs, ou ayans caufe, autrement que par Lettres en forme de Requête civile. Fait au Confeil d'Etat du Roy, tenu à S. Germain en Laye, le May 1668. Signé, DE LA VRILLIERE.

Cccc iij

TITRE XXXV.

Des Requeſtes civiles.

P O U R Madame Doujat.

S U R L'A R T I C L E XL.

*Défenſes de faire plaider ſur une Requête civile le reſcindant
& le reſciſoire, & en y prononçant, défenſes de juger le fonds.*

[illegible] & dont
[illegible]ation
[illegible] ordonée.

SUR la Requête preſentée au Roy étant en ſon Conſeil, par Dame
Marie-Magdeleine Tiraqueau, épouſe de Meſſire François Doujat, Conſeiller & Maître-d'Hôtel ordinaire de Sa Majeſté, de luy ſéparée quant
aux biens, tant en ſon nom que comme Tutrice de leurs enfans : Et Maître
François du Rideau, Avocat en Parlement, Curateur créé audit ſieur François
Doujat, à cauſe de ſon interdiction : Contenant, que par Sentence renduë au
Châtelet de Paris le 29. Décembre 1659. ledit ſieur Doujat ayant été interdit
de l'adminiſtration de tous ſes biens & de la conduite de ſes affaires par l'avis de
ſes plus proches parens paternels & maternels ; elle fut ſignifiée au Syndic des
Notaires du Châtelet, dés le 14 Javier 1660. à la pourſuite & diligence du
ſieur Doujat ſon pere, vivant Conſeiller en la Grand'Chambre, qui avoit été
créé ſon Curateur, & qui en cette qualité a fait caſſer toutes les promeſſes &
obligations paſſées par ledit ſieur Doujat ſon fils, comme nulles, vicieuſes &
abuſives, par les motifs qui avoient donné lieu à ladite interdiction ; Et bien
que Maître Martin Anceau, lors Notaire audit Châtelet ; & à preſent Secretaire du Roy, en eût une parfaite connoiſſance, puiſque le nom dudit ſieur
Doujat étoit inſcrit dans le Tableau des Interdits, qui étoit dans ſon étude,
que même il ne puiſſe s'excuſer du changement du nom propre de Jean, au
lieu de celuy de François, pris apparemment à ſa ſuggeſtion, puis qu'il le con-
noiſſoit, & qu'il avoit paſſé des actes pour la Dame ſon épouſe, comme Tutrice de leurs enfans, à cauſe de ſon interdiction, ledit Anceau n'avoit pas
laiſſé pour profiter d'un contrat de conſtitution de dix mille livres en principal, qui étoit échû audit ſieur Doujat par le lot des ſucceſſions de ſes pere &
mere, d'en accepter la ceſſion & tranſport qu'il s'en fit faire ſous le nom de
Marthe Dheſves ſa mere, dont les clauſes & les conditions même aux termes qu'elles ſont rapportées par ledit Anceau, découvrent une prévarication
évidente dans les fonctions de ſa Charge, puis qu'il reconnoît avoir accepté
le dépôt qu'il dit luy avoir été fait par ladite Dheſves ſa mere, de 4408 livres
pour le ſurplus du rachat de ladite rente, lors que ledit ſieur Doujat étoit

interdit, dont la plainte ayant été portée au Parlement, cette conduite de la part d'un Officier public, qui est dépositaire du secret des familles, & qui au lieu de s'approprier leurs biens par des voyes illicites, est obligé de veiller pour en empêcher la dissipation, y fut trouvée si odieuse, que par Arrêt contradictoire du 11. May 1666. ledit Anceau fut condamné remettre és mains de Maître Claude Robert, Greffier en la Cour, la grosse du contrat de constitution, ensemble les deniers s'il en étoit fait aucun rachat, autrement & à faute d'y satisfaire dans trois jours, qu'il y seroit contraint par corps : Mais comme les parties furent par ce même Arrêt interloquées sur le principal, ledit Anceau pour éviter de plus fâcheuses suites, se feroit dans le même temps pourvu au Conseil en évocation, sur les parentez & alliances de la Suppliante, à quoy elle donna les mains, croyant par cet aveu de bonne foy sortir aussi promptement de cette affaire, que ledit Anceau affecte d'en éloigner le jugement : Cependant comme il avoit quelques jours auparavant la signification de ses Lettres d'évocation, surpris audit Parlement une Ordonnance de surséance à toutes contraintes sur des faits faux & supposez : Les Supplians furent obligez d'en poursuivre la mainlevée au Conseil, qui leur fut accordée par Arrêt du 25. Juin 1666. & ordonné que celuy du Parlement du 11. May précedent, seroit exécuté : Mais ledit Anceau qui ne se rend pas facilement, ayant pour suspendre l'effet de l'un & de l'autre, fait un incident de cassation d'iceux, & sur le tout, les parties ayant écrit & produit, enfin seroit intervenu un dernier Arrêt audit Conseil le 6. Octobre 1666. de renvoy de leurs differends au Parlement de Dijon, sans s'arrêter à lad. demande en cassation, sauf à se pourvoir contre celuy dudit Parlement du 11. May par les voyes de droit, après quoy les Supplians auroient sujet d'esperer un succès heureux d'une cause si favorable : Mais il en est arrivé tout autrement, & avec tant d'abus, qu'au mépris des Ordonnances, particulierement de la derniere, qui ont été violées contre tout ordre & justice, ledit Anceau ayant sous le nom de ladite Dhesves fait signifier des Lettres en forme de Requête civile, au lieu par ledit Parlement de déferer aux Remontrances qui luy furent faites en l'Audience par l'Avocat des Supplians, qu'il étoit préalable d'examiner l'ouverture en la forme, avant que d'entrer dans les moyens du fonds : ce qui est expressément porté par l'Article 40. de la dite Ordonnance, Titre 35. des Requêtes civiles : l'on auroit tout au contraire ordonné par un premier Arrêt du 13. Mars 1666. que fors s'y arrêter, les parties plaideroient non seulement sur la Requête civile mais encore sur le principal pour juger le rescindant & le rescisoire par un même Arrêt, comme l'on a fait par celuy du 20. du même mois, qui en entérinant lesdites Lettres, a ordonné que le contrat en question seroit mis entre les mains de ladite Dhesves, pour en recevoir les arrerages échus & à échoir : Mais pour consommer l'ouvrage avec plus de plenitude & autant de précipitation que d'injustice, il auroit encore été ordonné par un autre, rendu deux jours après, qu'en cas de rachat de ladite rente les deniers seroient receus par ladite Dhesves ; Et par un dernier du 24. du même mois, l'execution du précédent a pareillement été prononcée ; si bien qu'en douze jours, voila quatre arrêts interlocutoires sur une Requête civile, qui tous donnent également atteinte

Arrêt, dont cependant l'execution est ordonée.

Article 40.

1. Arrêt cassé.

20. Mars.
2. Arrêt cassé.

au principal, avant qu'il ait été inftruit, puis que par iceux on a confirmé la ceflion & tranfport fait dudit contrat par ledit fieur Doujat, quoy qu'interdit, au préjudice de la fubftitution qui en a été faite au profit de fes enfans par les teftamens de fes pere & mere, aux termes defquels il n'a droit d'en joüir que feulement par ufufruit, dont la claufe prohibitive d'aliener ne peut être éludée par un cautionnement illufoire, pour faire paffer en des mains étrangeres des biens fubftituez qui font neceffairement attachez à la famille, & qui le doivent être, fur tout lors que c'eft pour les rendre mobiliers par des mutations qui ne pourroient être réparées en diffinitive, & à quoy il auroit été fi fagement pourvu par les Arrêts du Parlement de Paris & du Confeil en faveur des mineurs & d'une femme qui feroient ruinez fans aucune reffource, fi des ceffions nulles faites de leurs biens par un interdit de fait & de droit étoient néanmoins executées par provifion, lors que par d'autres Arrêts contradictoires rendus au Parlement de Paris avec grande connoiffance de caufe, tous les actes & contrats par luy paffez ont été caffez & annullez ; ce qui même produit une

Conclufions. efpece de contrarieté d'Arrêts avec ceux du Parlement de Dijon. Requeroient à ces caufes les Supplians, qu'il plût à Sa Majefté, fans s'arrêter aux Arrêts dudit Parlement de Dijon des 13. 20. 22. & 24. Mars dernier, qui feront caffez & annullez, comme formellement contraires à la nouvelle Ordonnance : Ordonner que fans préjudice des parties au principal, celuy dudit Parlement de Paris du 11. May 1666. confirmé par celuy dudit Confeil du 25. Juin audit an fera executé felon fa forme & teneur. Veu lad. Requête, les pieces juftificatives d'icelle. Oüy le rapport du fieur Puffort, Confeiller ordinaire de Sa Majefté en fes Confeils, Commiffaire à ce député : Et tout confideré, Le Roy e'tant

Arrêt de caf- en son Conseil, ayant égard à lad. Requête, A caffé & annullé, caffe
fation. & annulle lefdits Arrêts du Parlement de Dijon des 13. & 20. Mars 1668. & tout ce qui s'en eft enfuivi, comme contraire à fon Ordonnance du mois d'Avril 1667. Fait Sadite Majefté défenfes audit Parlement de Dijon d'y contrevenir, ni d'ordonner aux parties de plaider conjointement, tant fur la Requête civile qu'au principal, ni de juger par un même Arrêt la Requête civile & le fonds : Ce faifant, a Sa Majefté évoqué & évoque à foy & à fa perfonne les procez & differends pendans aud. Parlement de Dijon entre lefd. parties, & iceux avec leurs circonftances & dépendances, a renvoyé & renvoye en un autre Parlement, dont les parties conviendront pardevant le Rapporteur du procès dans quinzaine pour tous délais : Et cependant ordonne Sa Majefté, que l'Arrêt dudit Parlement de Paris du 11. May 1 6 6 6. fera executé felon fa forme & teneur. Fait au Confeil d'Etat du Roy, Sa Majefté y étant, tenu à S. Germain en Laye, le douziéme jour de May 1668. Signé, De Guenegaud.

TITRE XXXV.

Des Requeftes civiles.

POUR les Religieux de fainte Magdeleine de faint Maximin en Provence.

CONTRE *Monfieur de Gaillard , Confeiller au Parlement d'Aix.*

SUR L'ARTICLE XVI.

Qui eft débouté de Requête civile obtenuë avant l'année 1667. plaidée aprés l'Ordonnance , doit l'amende des 450 livres.

VEU par le Roy étant en fon Confeil, l'Arrêt rendu en fon Grand-Confeil le 4. Juin 1668. entre Cefar de Gaillard, Confeiller au Parlement de Provence , demandeur en Requête civile du 27. Juillet 1667. & Requête d'ampliation du 10. Mars dernier, d'une part ; Et les Religieux & Prieur du Convent Royal de fainte Magdeleine, de l'Ordre des Freres Prêcheurs réformez de la ville S. Maximin, d'autre : Par lequel, ledit fieur de Gaillard ayant été débouté defdites Lettres avec dépens & amende , ledit Grand-Confeil fe feroit abftenu de fixer ladite amende, jufques à ce qu'il en ait été donné avis à Sa Majefté , attendu que lefdites Lettres ont été obtenuës auparavant ladite Ordonnance. Oüy le Rapport du fieur Puffort , Confeiller ordinaire de Sa Majefté en fes Confeils : Et tout confideré, LE ROY E'TANT EN SON CONSEIL, a ordonné & ordonne , que conformément à fon Ordonnance du mois d'Avril 1667. ledit fieur de Gaillard demeurera condamné en 300 livres d'amende envers Sa Majefté , & 150 envers lefdits Religieux & Prieur du Convent Royal de fainte Magdeleine , de l'Ordre des Freres Prêcheurs reformez de ladite ville de S. Maximin , de laquelle amende de 300 livres , Sa Majefté néanmoins par grace , a déchargé & décharge ledit fieur de Gaillard. Fait au Confeil d'Etat du Roy , tenu à S. Germain en Laye , le 25. Juin 1668. Signé, DE LIONNE.

TITRE XXXV.

Des Requeftes civiles.

Pour Monfieur le Vayer , Préfident au Parlement
de Mets.

SUR L'ARTICLE XVIII.

*Défendu de furfeoir à l'execution d'un Arrêt , fous prétexte de
Requête civile obtenuë.*

Article 16. *Défenfes de plaider avant que l'amende de quatre
cens cinquante livres foit confignée.*

Requête.

SUR la Requête prefentée au Roy étant en fon Confeil , par Meffire
Charles le Vayer, Confeiller de Sa Majefté en fes Confeils , Préfident
au Parlement de Mets : Contenant , que ne pouvant tirer payement
d'une fomme de trois cens livres à luy dûë , par Meffire Gafpard de Ligueville
Comte de Tumejus, heritier du feu fieur Comte de Ligueville fon oncle ; il fut
obligé de faire proceder par voye de faifie fur des meubles à luy appartenans, &
dépofez entre les mains du nommé Rechez, Bourgeois de Toul , & enfuite in-

**Arrêt de
1662.**

tervint Arrêt au Parlement de Mets au mois de Janvier 1662. contradictoirement entre luy & plufieurs autres creanciers oppofans & par défaut contre ledit fieur de Tumejus : Portant , que les meubles faifis feroient vendus, & les
deniers en provenans diftribuez aux creanciers. Contre cet Arrêt ledit fieur
Comte de Tumejus s'étant pourvû par oppofition , les parties auroient été
appointées nonobftant la demande du Suppliant , à ce que fuivant la difpofition des anciennes Ordonnances & l'ufage inviolablement obfervé, il fût tenu
de bailler caution du jugé, comme étant Lorrain & Etranger ; Et enfin par autre Arrêt dudit Parlement du   Octobre 16 6 ledit fieur Comte de
Tumejus auroit été débouté de fon oppofition , & ordonné qu'il feroit paffé
outre à la vente defdits meubles faifis , & le dépofitaire contraint de les repre-

Requête.

fenter . avec dépens. Requête civile prife contre ledit Arrêt par ledit fieur de
Tumejus au mois de May 1667. & fignifiée au Supliant le jour de l'écheance
de fix mois : Mais quoy que ladite Requête civile ne pût & ne dût empefcher l'execution dudit Arrêt contradictoire aux termes des anciennes Ordon-

Article 18.

nances & de la nouvelle , Art. 18 Titre 35. des Requêtes civiles ; néan-

moins par Arrêt du 21. Janvier 1668. ledit Parlement de Mets auroit ordonné, Que les parties viendroient plaider à la premiere Audience du Semestre
de Février, sur la Requête civile dudit sieur de Tumejus, & cependant surfis
à la vente des pierreries saisies, & à toutes contraintes. Cet Arrêt est d'autant
plus extraordinaire & préjudiciable au Suppliant & autres creanciers du sieur
de Tumejus que celuy-cy s'en est prévalu pour faire évader ledit Rechez, qui
en est le depositaire, & luy a fait quitter la ville de Toul pour se retirer dans
Nancy, qui est la capitale de Lorraine : Mais ledit Parlement de Mets par une
suite d'entreprise & d'attentat sur l'autorité de Sa Majesté, qui n'est pas sup-
portable, a encore débouté le Suppliant par Arrêt du 23. Février dernier de sa
Requête, tendante à ce qu'avant plaider sur la Requête civile dudit sieur de Tumejus, il fût tenu de consigner la somme de 450 livres, suivant & conformément à l'Art. 16. du même Titre 35. de la nouvelle Ordonnance : Ce qui
a obligé le Suppliant de recourir à l'autorité de Sa Majesté pour luy être sur
ce pourvû. A CES CAUSES, requeroit qu'il plût à Sadite Majesté, sans
s'arrêter ausdits Arrêts du Parlement de Mets des 21. Janvier & 23. Février
derniers, qui seront cassez, révoquez & annullez, avec tous dépens, dommages
& interêts ; ensemble tout ce qui se peut s'en être ensuivi, comme nuls & donnez par attentat & contre la disposition de l'Ordonnance, Art. 16. & 18. du
Titre 35. des Requêtes civiles, évoquer dudit Parlement de Mets les procés &
differends des parties, & iceux avec leurs circonstances & dépendances, renvoyer au plus prochain Parlement, pour y être procedé comme auparavant
lesdits Arrêts des 21. Janvier & 23. Février derniers ; avec défenses audit
Parlement de Mets de plus prendre aucune connoissance des procés & differends des parties, & à elles d'y faire aucunes poursuites, à peine de trois mille
livres d'amende, & de tous dépens, dommages & interêts. Vû ladite Requête signée de Grandmaison, Avocat és Conseils du Roy. Lesd. Arrêts des 21.
Janvier & 23. Février 1668. contraires à l'Ordonnance, & autres piéces justificatives de ladite Requête y attachées. Ouy le rapport du sieur Pussort,
Conseiller ordinaire de Sa Majesté en tous ses Conseils, Commissaire à ce
député : Et tout consideré, LE ROY ETANT EN SON CONSEIL, ayant égard
à ladite Requête, a cassé & cassé ledit Arrêt du Parlement de Mets du 21.
Janvier 1668. & tout ce qui s'en est ensuivi, comme contraire à son Ordonnance du mois d'Avril 1667. Fait défenses audit Parlement de Mets & à tous autres Juges, de donner aucunes défenses ni surséances en aucun cas d'executer
les Arrêts, sur lesquels les Requêtes civiles ont été obtenuës, ni de contrevenir
à son Ordonnance, sous les peines y contenuës. Fait au Conseil d'Etat du
Roy, tenu à S. Germain en Laye, le vingt-cinquiéme Juin mil six cens
soixante-huit. Signé, DE LIONNE.

TITRE XXXV.

Des Requêtes civiles.

POUR le General & Chanoines Reguliers de la ville de Mets.
CONTRE les Religieuses de la Congregation de N. Dame de Mets.
Article 33. *Ne sera prononcé que sur le Resci dant.*
Article 37. *Ne seront plaidées que les ouvertures dans la forme.*
Arrêt contraire cassé.

Requête

SUR la Requête presentée au Roy étant en son Conseil, par le General & Congrégation des Chanoines Reguliers de l'Ordre de S. Augustin de la Province des Trois Evêchez de Mets, Toul, & Verdun : Contenant, Qu'ayant obtenu permission du feu Roy Loüis XIII. d'heureuse memoire, de s'établir en la Ville de Mets : Le Pere de Mataincourt, Reformateur de ladite Congrégation, lors General, Personnage qui a édifié toute l'Eglise par la sainteté de sa Vie, auroit entremis les Religieuses de la Congregation de Nôtre-Dame de la même Ville, desquelles il étoit l'Instituteur, pour acheter

Achapt.

une maison à cet effet, ce que lesdites Religieuses executerent, & acheterent pour ledit Pere de Mataincourt en qualité de General de sa Congrégation par contrat du premier Avril 1634. la maison de la Dame de Ridezel, moyennant la somme de quatorze mille francs Messeins, à la charge du decret, comme il paroît par la déclaration passée par lesdites Religieuses le quatorziéme ensuivant, au pied du contrat d'achat de ladite maison, qui fait mention expresse du payement de ladite somme de quatorze mil francs fait ausdites Religieuses, &

**Quittance.
Criées.**

porte quittance audit General & Congrégation, en conséquence dequoy les criées ayant été parachevées, l'adjudication en auroit été faite au Siége de la Justice ordinaire de Mets, au nommé Burlureau, Bourgeois de Mets, au nom dudit General & Congrégation, la quittance de consignation du prix, expediée à leur profit, ensemble la quittance generale de ladite Dame de Ridezel, le 16. Février 1636. passée pardevant Notaires ; Ledit General & sa Congre-

**Joüissance
de 23. ans.**

gation s'y feroient établis, & en auroient joüy paisiblement pendant 23. années, & jusques en l'année 1657. que les anciennes Religieuses de la Congrégation étant décedées, celles qui leur succederent n'ayant point voulu recevoir les Constitutions dudit Pere de Mataincourt, les Supplians cesserent de leur donner les assistances spirituelles qu'ils leur rendoient ; Dequoy lesdites Religieuses offensées, pour se venger des Supplians, elles résolurent de leur faire un procés, & leur disputer la proprieté de ladite maison, supposant que jamais ledit Pere de Mataincourt ni la Congrégation ne leur en avoit fourni le prix : A cet effet, elles obtinrent Commission le 28. Novembre 1657. qu'elles firent signifier

aux Supplians , avec assignation au Parlement de Mets : Depuis elles se pour- **Procés.**
vûrent par Lettres de Relation le 13. Avril , contre le contrat de subrogation
fait au profit dudit Pere de Mataincourt General de la Congrégation des Supplians , lesquelles Lettres & Commission ayant eté reglées , & toutes les parties
écrit , produit & contredit , le Pere Terrel même , qui lors dudit contrat avoit
fourni l'argent au nom dudit Pere de Mataincourt , entendu sur faits & articles , l'ayant positivement déclaré , Arrêt contradictoire seroit intervenu le **Arrêt du 19.**
19. du même mois de Juin de l'année 1658. par lequel sur les demandes & **Juin 1658.**
lettres desd. Religieuses , les parties furent mises hors de Cour & de procés :
lequel Arrêt comme très-juridique auroit été executé par lesd. Religieuses
pendant dix ans entiers , jusqu'à ce que Maître Jean Urbain , Religieux autrefois de ladite Congrégation , de laquelle il s'est soustrait , & à present Curé de
sainte Segolene de ladite ville de Mets , d'où il est originaire , & où il a par sa
famille beaucoup d'habitudes , picqué de ce qu'on luy demandoit le compte
des loyers de ladite maison qu'il avoit reçû pour les Supplians , & se les vouloit
approprier ; que même le General de ladite Congrégation avoit obtenu Sentence au Bailliage dudit Mets , le 26. Juin 1664. qui en ordonnoit le Sequestre
pour empêcher qu'il n'en continuât la perception ; & qu'ayant prié les Supplians de s'accommoder , avec menaces d'exciter les Religieuses à faire un procés
ausd. Supplians , s'il ne le faisoient pas , par une lettre écrite de sa main au Pere
Georges , l'un d'iceux , & reconnuë en Justice ; Les Supplians ne l'ayant point
voulu faire , ledit Urbain interjetta appel de ladite Sentence du Bailliage de
Mets , & sollicita lesd. Religieuses à intervenir , lesquelles étant intervenuës ,
ayant pris incidemment Lettres en forme de Requête civile , la cause plaidée à **Requête ci-**
l'Audience , où il n'y avoit que dix Juges , neuf seulement du Semestre , entre **vile.**
lesquels étoit le sieur Foyes , Doyen , cousin Germain dudit Urbain partie , &
le sieur Geoffroy , Conseiller , beaufrere dudit sieur Foyes au même degré par
alliance ; Meinhule Substitut , portant la parole pour Sa Majesté en l'absence
des Avocats & Procureur General , lequel Meinhule étoit frere d'une des Religieuses parties adverses des Supplians , & cousin germain d'une autre , appellée Sœur Magnan , sans qu'il y eût aucune ouverture de Requête civile en la
forme , ni aucuns moyens au fond , autres que ceux sur lesquels étoit intervenu
ledit Arrêt contradictoire du 19. Juin 1658. il fut donné Arrêt en l'Audien- **Arrêt contre**
ce le 22. du même mois de Décembre dernier , par lequel non seulement **lequel.**
on juge le rescindant , mais encore le rescisoire : Car on ne se contente pas de
remettre les parties en l'état qu'elles étoient auparavant ledit Arrêt du 19.
Juin de 1658. mais on casse le contrat passé par lesdites Religieuses au profit
des Supplians , l'adjudication faite en conséquence de ladite maison , une quittance generale du prix à eux passée devant Notaires , par la proprietaire de ladite maison , cela nonobstant 23. années de possession , temps plus que suffisant
pour prescrire par la Coûtume de Mets , qui ne demande que 20. ans & 20.
jours , nonobstant l'audition dudit Pere Terrel , General qui déclare avoir fourni l'argent , on condamne les Supplians à délaisser aux Religieuses ladite
maison , & d'en payer les loyers avec dépens , & cela à l'Audience , sans voir
aucunes piéces , quoy que ledit Arrêt du 19. Juin contre lequel étoit la Re-

Ddddd ij.

Contraven-
tion.

que c'eust esté rendu sur pieces vûës : lequel Arrest estant donné contre les Ordonnances, tant anciennes que nouvelles, & Sa Majesté par l'Article
8. au Titre 1. sur l'observation d'icelles, s'estant reservé d'y pourvoir, les Supplians ont presenté leur Requête en son Conseil : Mais afin que Sa Majesté
connût combien ils sont éloignez de tous desseins de surprise, ils ont fait signifier par un acte du 26. May dernier auxdites Religieuses que l'un d'eux estoit à
la suite de son Conseil pour en poursuivre l'entherinement, & que Maître Louis
Gualy estoit leur Avocat, afin que lesdites Religieuses en vinssent prendre
communication pour y répondre, ou en fournir une contraire, si bon leur semble, déclarant qu'ils n'en solliciteront point le rapport pendant quinzaine, à
compter du jour de ladite signification pour leur en donner le temps, ce qu'elles
n'ont tenu compte de faire jusques à present, quoy que ladite quinzaine soit
expirée : ce qui oblige les Supplians à demander à Sa Majesté l'entherinement
de ladite Requête, laquelle, sauf correction, ne peut recevoir difficulté ; d'au-

Moyens.

tant en premier lieu, que la Requête civile desdites Religieuses, sur laquelle il
est intervenu, a été prise seulement le 28. May 1667 hors les six mois accordez
par les Ordonnances anciennes confirmées par l'Article 5. de la nouvelle Ordonnance de Sa Majesté au Titre des Requêtes civiles : Et par l'Article 14.
qui ne permet pas même d'en dispenser les parties : ce qui pouvoit avoir d'autant moins de lieu en ce rencontre, que ledit terme de six mois estoit passé prés
de vingt fois. En second lieu, que lesdites Lettres en forme de Requête ci-

2. Moyen.

vile n'avoient été obtenuës qu'au petit Sceau de la Chancellerie, qui est auprés
dudit Parlement de Mets, qui ne pouvoit en aucune maniere relever du laps
desdits six mois ; à plus forte raison, aprés plus de neuf ans. En troisiéme lieu,

3. Moyen.

que le Parlement a souffert que l'Avocat des Religieuses ait plaidé & conclû au
fonds contre la disposition expresse de l'Article 37. de ladite nouvelle Ordonnance, au Titre des Requêtes civiles, par lequel il est prescrit, Qu'il ne soit
plaidé que les ouvertures de Requête civile & les Reponses du défendeur, sans
entrer au moyen du fonds : Et ce qui marque un dessein d'infraction plus ouverte de ladite Ordonnance, est que non seulement l'Avocat desdites Religieuses a plaidé & conclu au fonds ; mais même le Substitut qui a porté la parole en l'Audience en l'absence des Avocats & Procureur General de Sa Majesté, quoy que par le dû de sa Charge il fût obligé plus étroitement à garder

4. Moyen.

lesdites Ordonnances, & d'en promouvoir l'execution. En quatriéme lieu,
que le Parlement a prononcé sur les moyens du fonds, & jugé le rescindant &
le rescisoire contre ledit Article 37. qui ne permettant pas qu'on plaide sur le
fonds, défend au même tems aux Juges d'y prononcer ; Et contre l'Article
33. de ladite Ordonnance, au même Titre, qui enjoint aux Juges, en cas
d'ouvertures de Requête civile en la forme, de remettre les parties en l'état
qu'elles étoient avant les Arrêts contre lesquels les Requêtes civiles sont obtenuës, mais borne en cela leur pouvoir, de sorte qu'elle ne leur permet pas
d'aller plus avant ; ce que néanmoins ledit Parlement a fait, en remettant non
seulement lesdites Religieuses en l'état qu'elles étoient avant ledit Arrêt du
19. Juin 1658. mais même avant deux contrats, une adjudication, & une

5. Moyen.

prescription acquise par la Coûtume. En cinquiéme lieu, & ce moyen fait voir

le motif qui a donné lieu à une infraction si ouverte de ladite Ordonnance
nouvelle, d'autant que ledit Arrêt du 22. Décembre dernier 1667. a été rendu
par deux Juges, coûsins germains dudit Urbain, partie adverse des Supplians,
& liez d'interêt avec lesdites Religieuses de dix Juges seulement qui étoient en
l'Audience : sçavoir, le sieur Foyes & le sieur Geoffroy son beaufrere, sur les
Conclusions dudit Mainhule Substitut, frere d'une desdites Religieuses, partie
adverse, & coûsin germain d'une autre, appellée la Sœur Magnan, lesquels
non seulement ne pouvoient connoître du differend des parties, aux termes
des Ordonnances anciennes & nouvelles, mais étoient obligez de déclarer leurs
parentez par l'Article 117. de l'Ordonnance de Blois, à peine de privation de
leurs Offices : & par l'Article 17. de la nouvelle Ordonnance, ce que ni les uns
ni les autres, n'ont fait, & c'est cette parentée qui a fait ainsi précipiter le Jugement du fonds contre lesdites Ordonnances, étant certain que si on l'eût refervé, tombant dans l'autre Semestre où le premier Arrêt étoit intervenu, du
19 Juin 1658. on auroit rendu justice aux Supplians, & confirmé ledit Arrêt.

A CES CAUSES, & que ni les Juges ni ledit Substitut ne peuvent avoir eu Conclusions.
aucun prétexte pour se dispenser de l'execution de lad. Ordonnance nouvelle,
d'autant qu'elle avoit été publiée & regiftrée audit Parlement dès le 12. du
mois de Novembre 1667. six semaines avant ledit Arrêt qui n'est que du 22.
de Décembre suivant, que ladite Ordonnance s'observoit audit Parlement, &
que même lesdites Religieuses leurs Avocat & Procureur l'executoient, en ce
qu'ils firent recevoir des nouveaux moyens de Requête civile, qui n'étoient
pas énoncez dans lesdites Lettres desdites Religieuses, par Requête du 21.
Novembre 1667. conformément auſdits Articles 29. & 31. de ladite Ordonnance, au Titre des Requêtes civiles : il n'y avoit pas ni ouverture de Requête civile valable en la forme ; & qu'aux fonds, il n'y avoit point d'autres
moyens que ceux qui furent amplement alleguez par lesdites Religieuses dans
leurs écritures, production & contredits : Et que par l'Article 8. de ladite Ordonnance, au Titre premier, touchant l'observation d'icelle : Sa Majesté déclare tous arrêts & Jugemens contre la disposition de ladite Ordonnance
nuls & de nul effet, declare les Juges qui les auront rendus, responsables des
dommages & interêts des parties, & se reserve d'y prononcer. Requeroient
les Suppliants qu'il plût à Sa Majesté, casser, révoquer & annuller ledit Arrêt
du 22. Décembre 1667. comme rendu contre la disposition formelle de ladite
Ordonnance de Sa Majesté du mois d'Avril 1667. ensemble ceux des dix Mars, Arrêts contre
seize May & deuxiéme Juin ensuivant, rendus pour l'execution du précedent, lesquels.
& tout ce qui se trouvera avoir été fait en conséquence ; avec défenses auſdites
Religieuses de s'en aider & servir, & entiere main-levée auſd. Suppliants des
saisies qui se trouveront avoir été faites sur les fruits & revenus de la maison
de S. Leon de Toul, appartenante à ladite Congregation, & autres en conséquence desdits mêmes Arrêts, & condamner lesdites Religieuses & ledit Urbain solidairement en tous les dépens, dommages & interêts. Vû ladite Requête signée Pierre des Feves, l'un desdits Chanoines réguliers, & député de
ladite Congrégation Candy Avocat desdits Suppliants, de Creilly & Ricard,
Anciens Avocats du Conseil. Le contrat d'achat de ladite maison du premier

Avril 1632. L'Acte de rétrocession passé par lesdites Religieuses ausdits Supplians, étant ensuite dudit contrat ensuivant. Extrait d'adjudication par decret de ladite maison du 15. Février 1636. La Quittance du Payement fait en conséquence de lad. somme de quatorze mil francs Messeins du même jour, ensemble l'acte de consignation de la somme de douze cens livres sur le prix de ladite adjudication, pour raison d'une opposition faite à icelle. La Commission obtenuë par lesdites Religieuses le 28. Novembre 1657. Les Lettres de rescision obtenuës par icelle contre lesdits contrats, & acte de rétrocession du 13. Avril 1658. Interrogatoire du Pere Jean Terrel du 17. Juin 1658. Ledit Arrêt du 19. Juin de ladite année 1658. La Sentence du Baillif de Mets du 26. Juin 1664. L'acte d'appel interjetté par ledit Urbain de ladite Sentence du 9. Février 1667. Lettres en forme de Requête civile obtenuës par lesdites Religieuses le 28. May de ladite année 1667. contre ledit Arrêt du 19. Juin 1658. La Requête desdites Religieuses afin de reception de nouveaux moyens, du 21. Novembre 1667. Lettre missive dudit Urbain, & l'acte fait pour la reconnoissance d'icelle, du 19. Décembre ensuivant. Lesdits trois Arrêts obtenus par lesdites Religieuses, les 10. Mars, 16. May & 2. Juin 1668. ensemble l'acte de sommation faite ausdites Religieuses de la part desd Supplians, de prendre communication de ladite Requête des Supplians. Oüy le rapport du sieur Pussort, Conseiller ordinaire du Roy en tous ses Conseils, & Commissaire à ce député : Et tout cosideré, LE ROY E'TANT EN SON CONSEIL, ayant aucunement égard à ladite Requête, A cassé & casse ledit Arrêt du Parlement de Mets du 22. Décembre 1667. & tout ce qui s'en est ensuivi, comme contraire à son Ordonnance du mois d'Avril audit an : ce faisant, Ordonne Sa Majesté, que les parties procederont sur ladite Requête civile audit Parlement de Mets, comme elles auroient pû faire avant ledit Arrest : Fait défenses audit Parlement & à tous autres Juges, de plus contrevenir à ladite Ordonnance, ni de juger ensemblement les ouvertures de Requeste civile & le fonds. Fait au Conseil d'Etat du Roy tenu à S. Germain en Laye, le 25. Juin 1668. Signé, DE LIONNE.

TITRE

TITRE XXXV.

Des Requeftes Civiles.

Pour Denis Goberelle.

SUR L'ARTICLE I.

Arrêt, qui avoit receu l'oppofition formée à un autre Arrêt contradictoire, caffé.

SUR la Requefte prefentée au Roy étant en fon Confeil par Denis Goberelle, Vigneron demeurant à Bordeaux fur Monjay : Contenant, qu'il est proprietaire aud. Village de Bordeaux, d'une maifon & jardin fermé d'une haye vive, laquelle il est en poffeffion, luy & fes auteurs, de faire émonder & élaguer de tout temps immemorial & fans aucun trouble ; Néanmoins un nommé Ribot, qu'il ne connoît point, & qui ne poffede rien audit Bordeaux, s'eft avifé de le faire affigner en la Prevôté de l'Hôtel, pour fe voir condamner en fes dommages & interêts pour une prétenduë coupe de ladite haye ; Et par une fuite de furprife, il a fait retenir la Caufe en ladite Prevôté, fans y faire voir fon privilege, prononcer une enquête pour fçavoir ce qui étoit de ladite coupe, fans juftifier de fa proprieté : Et enfin par une derniere Sentence du 22. Novembre 1667. condamner le Suppliant à luy payer le prix du bois de ladite coupe, & fes dommages & interêts, fuivant l'eftimation : defquelles Sentences le Suppliant a interjetté appel au Grand Confeil : Ledit Ribot y a pourfuivi l'Audienee de la Caufe, & par un Arreft d'Audience contradictoire & diffinitif du 5. Janvier 1668. l'appellation & ce dont a été appellé a été mis au neant ; en émendant, le Suppliant a été déchargé de la demande dudit Ribot avec dépens, tant de la Caufe principale que d'appel. Contre un Arreft fi folennel, ledit Ribot & Marie Pajart fa femme, fe font avifez de fe pourvoir par oppofition à fon execution, fuppofant par leur Requefte que cette voye leur étoit ouverte par la nouvelle Ordonnance, & que leur Avocat n'avoit été oüy : En forte, que malgré les remontrances & exceptions du Suppliant, lefdits Ribot & fa femme ont par un Arreft dudit Grand Confeil, du 8. Juin dernier, fait recevoir leur prétenduë oppofition, & ordonner une enquefte, pour fçavoir s'il a été ufité de faire aucun partage de bois, lors de la coupe de ladite haye, ce qui (fans entrer au fonds) ne peut paffer que pour un attentat formel à l'Art. premier du Tit. 35. de ladite Ordonnance de Sa Majefté du mois d'Avril 1667. qui porte en termes exprès, Que les Arrefts & Jugemens en dernier reffort

Requête.

Seutence.

Arrêt contradictoire.

Oppofition à l'Arrêt.

Arrêt qui reçoit l'oppofition.

Contraventions.

Tome I.   Eeee

ne pourront eftre retractez que par Lettres en forme de Requefte civile, à l'égard de ceux qui auront été parties , & ledit Ribot & fa femme ne peuvent pas fe fervir de l'Art. 3. du même Titre , qui permet de fe pourvoir par fimple Requefte contre les Arrefts rendus à l'Audience faute de plaider , puifque la lecture dud. Arreft d'Audience du 5. Janv. 1668. juftifie qu'il eft contradictoire & folennel ; & que d'un côté le Févre , Avocat du Suppliant, affifté de Gamache fon Procureur , & de l'autre , Petitpas, pour ledit Ribot, affifté de Bordas fon Procureur, ont été oüis. A C E S   C A U S E S, & qu'il eft de l'autorité de Sa Majefté de reprimer cette furprife , & un attentat fi formel à fa nouvelle Ordonnance : Requeroit le Suppliant, qu'il plût à Sa Majefté, fans avoir égard audit Arreft dudit Grand   Confeil du 8. Juin dernier 1 6 6 8. & tout ce qui feroit enfuivi , qui fera caffé & annullé, comme donné au préjudice de l'Art. premier du Titre 35. de lad. Ordonnance du mois d'Avril 1667. Ordonner que celuy dudit Grand-Confeil contradictoire & diffinitif du 5. Janvier 1668. fera executé felon fa forme & teneur , fauf aufd. Ribot & fa femme à fe pourvoir contre iceluy par Requefte civile, & aux termes portez par ladite Ordonnance de Sa Majefté : Et pour la furprife par eux faite, les condamner aux dépens, dommages & interêts du Suppliant , & en telle autre peine qu'il plaira à Sadite Majefté ordonner. V E u lad. Requefte fignée Bourfier, Avocat és Confeils de Sa Majefté & du Suppliant. Copie fignifiée le 22. Décembre d'un Avenir pour plaider à la Requefte de Bordas, Procureur dud. Ribot à celui du Suppliant. Autre copie fignifiée au Procureur du Suppliant dudit Arreft du Grand - Confeil contradictoirement donné à l'Audience le 5. Janvier 1668. Autre copie fignifiée , tant de la Requefte dud. Ribot & fa femme, afin d'oppofition à l'execution dudit Arreft , que dudit Arreft furpris le 8. Juin dernier, & autres pieces attachées à ladite Requefte. Oüy le Rapport dudit fieur Puffort, Confeiller ordinaire de Sa Majefté en fes Confeils, Commiffaire à ce députté : Et tout confideré, L E   R O Y   E'T A N T   E N   S O N   C O N S E I L, a caffé & caffe ledit Arreft du Grand Confeil du 8. Juin dernier, & tout ce qui s'en eft enfuivi , comme contraire à fon Ordonnance du mois d'Avril 1667. Ce faifant, Ordonne Sa Majefté , que celuy du 5. Janvier dernier fera executé felon fa forme & teneur , fans préjudice aufdits Ribot & fa femme de fe pourvoir par Requefte civile contre ledit Arreft aux termes de ladite Ordonnance : Fait Sa Majefté défenfes audit Grand Confeil & à tous autres Juges , de recevoir les parties à fe pourvoir autrement que par Lettres en forme de Requefte civile contre les Arrefts dans lefquels ils auront été parties ou deuëment appellez, ni de plus contrevenir à ladite Ordonnance , fur les peines y contenuës. Fait au Confeil d'Etat du Roy, tenu à faint Germain en Laye, le 25. Juin 1668.

Signé, D E   G U E N E G A U D.

TITRE XXXV.

Des Requestes civiles.

P o u r Monsieur le Duc de Nevers.

SUR LES ARTICLES XXVII. XXXVII. ET XL.

*Ne sera pris Appointement sur Requête civile, qu'aprés la Plaidoirie
des Avocats , & le rescindant jugé séparément.*

S U R ce qui a été representé au Roy étant en son Conseil, par Messire **Requête.**
Phillppes Mazarini-Mancini , Duc de Nivernois & Donziois , Pair de
France , Chevalier Commandeur des Ordres de Sa Majesté : Contenant,
que défunt Monsieur le Cardinal Mazarini son oncle , ayant acquis de feu
Monsieur le Duc de Mantoüe le Duché de Nivernois & Donziois , par con- **Achat de**
trat passé pardevant le Vasseur & le Foüin , Notaires , le 11. Juillet 1659. ledit **Nevers.**
sieur Cardinal s'obligea entre autres choses au payement des pensions valablement créées sur ledit Duché , sous prétexte de laquelle clause plusieurs pension-
naires particuliers dudit sieur Duc de Mantoüe ont prétendu indistinctement **Charges.**
que ledit sieur Cardinal s'étoit chargé de toutes les pensions deües par la
Maison de Nevers , sans entrer en consideration si elles avoient été specialement créées sur ledit Duché , ou indéfiniment sur tous les biens dudit sieur
Duc de Mantoüe sis en France , ce qui a causé plusieurs procez , & audit défunt
sieur Cardinal & au Suppliant , par le jugement desquels la plûpart desd. pen-
sionnaires ont été déboutez de leurs demandes ; & d'autres s'en sont départis
volontairement , après avoir reconnu qu'ils n'y étoient pas bien fondez , du
nombre desquels a été le nommé Sylvain des Bridieres , Sieur du Solier , qui
avoit obtenu une pension de six cens liv. par chacun an des Dames Princesses **Pension dont**
Marie de Gonzague , depuis Reine de Pologne , & Anne de Gonzague sa **il s'agissoit.**
sœur , depuis Princesse Palatine , dont elles l'avoient gratifié par acte passé pardevant de Troyes & de S. Vaast, Notaires au Châtelet , dés le deuxiéme Juillet
1638. car ayant prétendu d'abord s'en faire payer sur la Châtellenie de Desize ,
membre dudit Duché de Nivernois , sur laquelle il l'avoit fait assigner par un
brevet du 12. Aoust ensuivant ; & ayant reconnu ensuite qu'il n'y étoit pas
bien fondé , parce que lesdites Dames Princesses n'étoient point proprietaires
dudit Duché , & n'en joüissoient alors que par provision , il dirigea luy même **Demande à**
son action au Parlement de Paris en la Chambre de l'Edit contre lesdites Da- **l'Edit de Pa-**
mes Princesses & Monsieur le Prince Palatin , comme étant ses veritables **ris.**

E e e e ij

Arrêt con-tradictoire.

Autre Arrêt.

Cessionnaire renouvelle l'action.

Requête civile par luy prise.

débiteurs, où il obtint Arrest contradictoire le 7. Aoust 1660 par lequel il fut ordonné, que sur les deniers revenans bons à ladite Dame Reine de Pologne audit sieur Prince Palatin, & à ladite Dame Princesse Palatine son épouse, du prix de la vente dudit Duché de Nivernois, ledit de Bridieres seroit payé des arrerages à luy dus de ladite pension, desquels deniers il seroit aussi pris la somme de douze mille liv. qui seroit mise entre les mains d'un notable Bourgeois de cette Ville de Paris, dont les parties conviendroient dans la huitaine pardevant le Conseiller-Rapporteur, autrement nommé d'Office, pour en faire l'interêt au denier vingt pour le payement de ladite pension par chacun an pendant la vie dudit de Bridieres, lequel Arrest a été suivi & fortifié d'un autre du 7. Septembre 1661. qui est l'Arrest d'ordre du prix restant dudit Duché de Nivernois, par lequel il a été aussi ordonné, que ladite somme de douze mille livres seroit mise entre les mains du nommé Prédeseigle, Marchand, Bourgeois de Paris, pour en faire ledit interêt, & acquitter les arrerages de ladite pension, en conséquence dequoy le 20. Septembre 1661. Maître François le Fouin & son Collegue, Notaires au Châtelet, se transporterent en la maison dudit sieur Prince Palatin, & Dame Princesse Palatine pour les sommer à déclarer s'ils avoient quelque chose à dire & proposer pour empêcher l'execution dud. Arrest d'ordre, à laquelle sommation ils ne pûrent que répondre sur une affaire ainsi jugée avec pleine connoissance de cause, & par eux depuis executée. Cependant Maître Leonard Maunory, cy devant Président en la Chambre des Comptes de Nevers, & à present Intendant des Maison & Affaires de ladite Dame Princesse Palatine, s'étant fait faire une donation par ladite Dame du principal des douze mille liv. consignées entre les mains dudit Prédeseigle, a voulu remettre en question, ce qui avoit été si solennellement jugé contre sa cedante : Car il a prétendu que le Suppliant en qualité de proprietaire & possesseur du Duché de Nevers, étoit obligé de luy payer ou faire rendre lad. somme de douze mille l. avec tous les interêts qui en ont été payez depuis ladite consignation, & de luy rembourser la somme de quinze cens livres payées audit de Bridieres pour lesdites deux années & demie d'arrerages de ladite pension sur les deniers du prix dudit Duché ; Et quoy qu'en ladite qualité de cessionnaire il n'eût pas plus de droit que ladite Dame Princesse Palatine sa cedante, qui avoit été condamnée par lesdits Arrests, & dont bien loin de se plaindre, elle a non seulement souffert l'execution, mais encore les a executez elle-même : Néanmoins ledit de Maunoury n'a pas laissé de poursuivre le Suppliant en ladite Chambre de l'Edit, où lesdits Arrests ayant été opposez audit de Maunoury, il s'est pourvu contre iceux par Lettres en forme de Requête civile ; Et comme il prévoyoit bien qu'il succomberoit avec confusion dans une Audience, si la Cause y étoit plaidée, il fit signifier un Appointement, portant, Que la Requête civile demeureroit appointée au Conseil, & jointe à une prétenduë instance d'ordre, dans laquelle le Suppliant n'étoit point partie, & n'avoit aucun interêt, après la déclaration que faisoit led. Maunoury, & dont il demanda acte, d'employer pour tous moyens de lad. Requête civile, ses écritures & production sur l'opposition par luy formée à l'ordre des Terres & Seigneuries de Montcornet & de Châteauporcien, surquoi les Avocrts des parties ayant communiqué au Parquet des Gens du Roy, l'Appointement y fut abfolument rejetté, au préjudice dequoy ledit de Maunoury en ayant pourfuivi la reception en l'Audience : Monfieur Talon qui y portoit la parole, reprefenta que cet Appointement étoit directement contre les Art. 17. & 27. de la nouvelle Ordonnance, qui ne permettoit pas qu'une Requefte civile pût être appointée qu'elle ne fût plaidée : Mais nonobftant toutes les raifons qui furent alleguées contre cet Appointement, il fut receu par Arreft du 22. Février dernier : Et ce qui eft de plus étrange, on a par un autre Arreft du 28. May rendu fur défaut, jugé le refcindant & le refcifoire tout enfemble, & renverfé lefdits Arrefts des 7. Aouft 1660. & 7. Septembre 1661. bien que ladite Dame ne s'en plaignît point, en condamnant le Suppliant de payer lefdites fommes de 1500 livres d'une part, & 12000 liv. d'autre, avec les interêts ; ce qui eft une feconde contravention à l'Ordonnance, encore plus formelle que la premiere, & qui fait que lefdits Arrefts ne peuvent aucunement fe foûtenir. A CES CAUSES, requeroit ledit fieur Duc de Nevers, qu'il plût à Sa Majefté, conformément à l'Article 8. du Titre premier de ladite nouvelle Ordonnance, déclarer lefdits Arrefts des 22. Février & 28. May derniers, nuls & de nul effet & valeur, attendu qu'ils font directement contraires aux Articles 27. 37. & 40. de la derniere Ordonnance, & en confequence faire défenfes audit de Maunoury de s'en aïder, & à lad. Chambre de l'Edit d'en plus prendre connoiffance, à peine de nullité, caffation de procedures, dix mille livres d'amende contre ledit Maunoury, & de tous dépens, dommages & interêts, & à tous Huiffiers & Sergens de les mettre à execution : & pour faire droit aux parties, les renvoyer en telle autre Chambre de l'Edit du Royaume qu'il plaira à Sa Majefté, pour proceder fur lad. Requefte civile & leurs differends, circonftances & dépendances, comme avant lefdits Arrefts des 22. Février & 28. May 1668. VEU ladite Requefte fignée Gaaly, Avocat & confeil dudit fieur Duc de Nevers. Ledit Arreft du 7. Septembre 1661. Requefte civile obtenuë par ledit Maunoury le cinquiéme Aouft 1667. Arreft d'Appointement fur ladite Requefte civile, du 22. Février 1668. Autre Arreft dudit Parlement du 28. May dernier, & autres pieces attachées à ladite Requefte. Oüy le rapport du fieur Puffort, Confeiller ordinaire de Sa Majefté en fes Confeils, Commiffaire à ce député : Et tout confideré, LE ROY ETANT EN SON CONSEIL, ayant égard à ladite Requefte, a caffé & annullé ledit Arreft du Parlement de Paris du 28. May dernier, comme contraire à fon Ordonnance du mois d'Avril 1667. en ce que par ledit Arreft après avoir enteriné les Lettres en forme de Requefte civile dudit de Maunoury, & remis les parties en tel état qu'elles étoient avant les Arrefts des 7. Aouft 1660. & 7. Septembre 1661. contre lefquels ladite Requefte civile avoit été obtenuë ; ledit fieur Duc de Nevers a été condamné par le même Arreft de rembourfer audit de Maunoury comme ceffionnaire de la Dame Princeffe Palatine, la fomme de 1500 livres payée audit de Bridieres pour les caufes y contenuës, luy payer ou faire rendre la fomme de douze mille livres confignée és mains dudit Prédefeigle, & la fomme de 4471 livres 17 f. 6 d. pour les interêts defdits 1500. livres, & 12000 livres ; comme auffi de payer & continuer audit de Bridieres

E e e e iij

Art. 17. &
27.

Arrêt fur le
refcindant &
le refcifoire.

Nullité de
l'Arrêt.

Arrêt.

pension de 600 liv. & y auroit été ledit sieur Duc de Nevers condamné
aux dépens : Fait Sa Majesté défenses audit Parlement & à tous autres Juges
de plus contrevenir à son Ordonnance, & de juger par un même Arrest le
rescindant & le rescisoire : Leur enjoint conformément à sadite Ordonnance
de juger les Requestes civiles qui auront été appointées en plaidant, ou du consentement commun des parties, comme elles eussent pû estre à l'Audience, sans
entrer dans les moyens du fonds : A Sa Majesté évoqué & évoque du Parlement de Paris ladite Requeste civile, & pour y faire droit, A ordonné & ordonne, que dans quinzaine pour tous delais pardevant le Rapporteur du procés, les parties conviendront d'un autre Parlement pour y proceder sur ladite
Requeste civile, circonstances & dépendances, conformément à sadite Ordonnance, & comme elles auroient pû faire avant lesdits Arrests des 22. Février & 28. May derniers. Fait au Conseil d'Etat du Roy, tenu à S. Germain
en Laye, le 5. Aoust 1668. Signé, DE GUENEGAUD.

TITRE XXXV.

Des Requestes civiles.

P o u r Jean de Brunel, Chevalier, Sieur de S. Maurice.

Arrêt qui casse une Requête civile.

SUR LES ARTICLES XXVIII. ET XXX.

Il y avoit eu une consultation d'Avocats étrangers.

Article 14. *Il y avoit eu restitution contre les six mois.*

*Elle étoit expediée en la Chancellerie de Grenoble contre un
Arrest rendu à Paris.*

SUR la Requeste presentée au Roy étant en son Conseil, par Jean de
Brunel, Chevalier, Seigneur de S. Maurice & de Rhodets : Contenant,
que François Vulson & Lucrece Olivier sa femme, se son avisez pour
perpetuer leurs chicanes, dont ils ont vexé le Suppliant durant 25 ans, qu'ils
luy ont détenu son bien, de luy faire signifier le 2. du mois de May dernier une
Requeste civile contre un Arrest du Parlement de Paris, du 14. Aoust 1666.
en vertu duquel il a été mis en possession d'une maison dans la Ville de Grenoble : Mais comme cette Requeste civile est nulle de toute nullité, ayant été

scellée contre la disposition formelle de l'Ordonnance, elle doit estre cassée avec amende : Car en premier lieu, ledit Vulson voyant bien que s'ils s'adressoit à la Grande Chancellerie, ou à celle du Parlement de Paris, ausquelles seules il pourroit lever des Lettres de Requeste civile contre un Arrest rendu au Parlement de Paris, il n'y pourroit pas surprendre la religion & l'exactitude de Monsieur le Chancelier & de Messieurs les Maîtres des Requestes, à faire observer les Ordonnances vieilles & nouvelles, qui n'accordent ce remede que dans les six mois après la signification des Arrests entre majeurs ; il a fait sceller lesdites Lettres de Requeste civile en la Chancellerie du Parlement de Grenoble, sous la clause, portant dispense & restitution de temps contre l'expresse disposition du 14. Article du Titre 35. de la nouvelle Ordonnance, Qui défend, pour quelque cause que ce soit, d'accorder aucunes Lettres de Requeste civile sous cette clause. En second lieu, ce qui rend cet abus & cet attentat plus criminel, est que la prévarication des gens tenant le Sceau audit Parlement de Grenoble en cette rencontre, & des Avocats qui ont signé la consultation, qui est inserée ausdites Lettres est manifeste, en ce qu'ils ont même violé l'Ordonnance d'Abbeville de l'an 1540 qui est locale pour ce Païs là, & les Ordonnances dudit Parlement de Grenoble de 1547. Car par le 113. Article de ladite Ordonnance d'Abbeville, il est expressément porté, Que les Requestes civiles ne pourront estre accordées que les Arrests ne soient au préalable executez : ce qui n'est pas icy, puisque ledit Vulson n'a ni rendu le compte ordonné par ledit Arrest, ni restitué les papiers, ni payé les fruits, dépens & autres sommes ausquelles il est condamné. Et par les Ordonnances dudit Parlement de 1547. aux Articles 70. 71. & 72. il est porté, Qu'après la mise en possession d'un immeuble, celuy sur lequel il aura été saisi ne pourra le racheter, ni revenir contre la vente que dans les quatre mois, aprés lesquels délais l'acheteur ou dernier encherisseur aura & tiendra lesdits immeubles à perpetuité. Or est-il, que par l'Arrest, contre lequel a été accordé la Requeste civile, est ordonnée la mise en possession d'une maison dans Grenoble en faveur dudit encherisseur : Et il y a près de deux ans qu'en vertu de cedit Arrest, le dernier en cherisseur en est en possession. En troisiéme lieu, la consultation des Avocats d'un autre Parlement que de celuy du Parlement où a été rendu l'Arrest, est contre l'intention de l'Ordonnance, exprimée aux Articles 13. 28. & 30 du Titre de la nouvelle Ordonnance : car cette consultation étant subrogée à l'assistance desdits Avocats en l'Audience, & devant estre signée de deux d'iceux, ils doivent estre Avocats au Parlement, où se doit plaider la Requeste civile, afin que par l'estime de leur probité & capacité, on soit persuadé qu'il y a quelque lieu à ce remede extraordinaire, auquel on n'a le plus souvent recours que par une pure chicane. C'est pourquoy il est ordonné par l'Article 30. que l'Avocat du demandeur les nommera avant que de plaider, au lieu qu'icy la consultation est signée d'Avocats inconnus en ce Parlement, dont le seing peut estre supposé, dont l'âge & le nom sont inconnus, & dont la foy est si suspecte, que par leur consultation même on voit que ce sont personnes mal habiles & passionnées, qui s'acquittent mal de leur métier, en soûtenant par de mauvais moyens qu'une Requeste civile nulle par les Ordonnances sera en-

Nullitez contre la Requête civile.

1.
Arrêt rendu à Paris.

Requête presentée à Grenoble.

2.
Hors de six mois, avec clause de restitution du temps,

Ordonnance locale pour le Dauphiné.

3. Nullité.

Articles 13. 28. 30.

4. Nullité.

therinée, & qu'elle se peut prendre avec la clause de la restitution du laps de temps prohibée par la nouvelle Ordonnance. En quatriéme lieu, la clause de Dauphiné, de Viennois & Comté de Valantinois dans une Requeste civile adressée au Parlement de Paris, la rend nulle; puisque c'est pour le seul Parlement de Dauphiné que se met cette clause, & que jamais on n'adresse des Lettres au Parlement de Paris sous ce Titre. A CES CAUSES, requeroit le Suppliant, qu'il plût à Sa Majesté, attendu la formelle contravention à ses Ordonnances anciennes & modernes, sans l'observation desquelles il n'y auroit rien de fixe, déclarer lesdites Lettres de Requeste civile du 23. Avril dernier, nulles; avec défenses ausdits Vulson & l'Olivier de s'en servir, & à tous Avocats de signer des consultations pour des Arrests rendus en d'autres Parlemens qu'en ceux où ils sont postulans, & pour regler les Chancelleries & obvier aux abus contraires à la nouvelle Ordonnance, inhiber aux Chancelleries où les Arrests n'ont pas été rendus, de sceller aucunes Lettres de Requeste civile contre lesdits Arrests, le tout à peine de mille livres d'amende, qui sera executoire en vertu du present Arrest contre les contrevenans. V E u ladite Requeste signée Loüat, Avocat du Suppliant. Lettres de Requeste civile du 23. Avril dernier. Oüy le Rapport du sieur Pussort, Conseiller ordinaire de Sa Majesté,

Cassation.

Commissaire à ce député: LE ROY ETANT EN SON CONSEIL, A cassé & annullé, cassé & annulle lesdites Lettres de Requeste civile du 23. Avril 1668. & tout ce qui a été fait en conséquence: Fait Sa Majesté défenses aux parties de s'en aider, & au Garde-Scel de la Chancellerie du Parlement de Grenoble & tous autres de plus sceller aucunes Lettres en forme de Requeste civile que dans les temps & aux conditions portées par son Ordonnance du mois d'Avril 1667. sans qu'il y puisse avoir clause portant dispense ou restitution de temps pour quelque cause & prétexte que ce soit, ni qu'elles puissent estre adressées à d'autres Cours que celles auprés desquelles sont établies lesd. Chancelleries, sous les peines contenuës esdites Ordonnances: Enjoint Sa Majesté aud. Garde-Scel de se rendre à la suite de sa personne dans deux mois pour tous délais, pour y rendre compte de sa conduite en ce qui concerne le sceau desd. Lettres. Fait au Conseil d'Etat du Roy, tenu à S. Germain en Laye, le 27. Aoust 1668. Signé, LE TELLIER.

TITRE XXXV.

Des Requestes civiles.

POUR les sieurs Marcadé & Sigouville.

SUR L'ARTICLE XVI.

En toute Requête civile, il faut consigner quatre cens cinquante livres.

Article 24. Requête civile doit être communiquée aux Gens du Roy.

Article 32. Requête civile appointée, doit être jugée, comme on l'auroit jugée en l'Audience, sans entrer dans le fonds.

Arrêt contraire cassé, 781 livres de rapport, & 921 livres d'épices, & le coût de l'expedition de l'Arrêt rendus aux parties, le Rapporteur adjourné au Conseil du Roy.

SUR la Requête presentée au Roy étant en son Conseil, par Jacques Richer, Chevalier, Seigneur de Colombiers, tant en son nom que comme mary de Dame Loüise Boisseler d'Asperen son Epouse; Leonard Antoine de S. Simon, Chevalier Marquis de Courtaurier, Paul Antoine Marcadé Ecuyer, sieur de Sigouville, Estienne Ofber Tuteur de ses enfans, heritiers de feu Jacques Ofber Ecuyer, Curé d'Audeville, Michel Gaillard & Jeanne Artur, sœur & heritiere de Laurens Artur, Commissaire étably par Justice à la regie des biens saisis sur ledit Jacques Ofber: Contenant, qu'Alexandre le Jollis Ecuyer, sieur du Joncquay, ayant eu procés contre ledit Jacques Ofber Curé d'Audeville, pour le payement d'une année d'arrerages d'une rente de deux boisseaux de bled, que ledit le Jollis, lors Tresorier de la Paroisse de Brucheville soûtenoit être dûë au tresor de la dite Eglise par ledit Ofber; ce procés, quoy que de peu de consequence, donna pourtant lieu audit le Jollis d'entreprendre la ruine entiere dudit Ofber, & ayant obtenu contre luy soixante-dix sols de dépens en l'année 1638. cette affaire, qui de civile devint criminelle, fut portée ensuite dans les Jurisdictions ordinaires des lieux, au Parlement de Roüen par appel, depuis au Conseil, & enfin au grand Con-

Requête de Richer & conforts.

Procés.

Tome I. Fffff

feil : Et finalement en l'année 1640. ledit le Jollis fit faifir en decret toutes les
biens dudit Jacques Ofber, pour des dépens qu'il avoit obtenus contre luy ;
& parce que ledit le Jollis, quoyque Gentil homme, s'eft attaché aux procés,
étant Juge de la Haute Juftice de Mezy, il s'eft rendu la terreur de tout fon
Païs par les procés qu'il fait à tout le monde, parce qu'il achete des droits litigieux, & fait enfuite décreter les biens : Les Supplians creanciers legitimes
dudit Ofber, decreté, la plûpart fes parens & amis, tâcherent à le fauver de cette oppreffion, & pour le tirer d'affaire d'avec led. le Jollis, Paul-Antoine Marcadé
Ecuyer, fieur de Sigouville, l'un des Supplians, paya audit le Jollis la fomme de
fix mille trois cens livres, à quoy il avoit réduit toutes fes pretentions, dont
ledit le Jollis fit un tranfport audit fieur de Marcadé le 25. May 1648. pardevant les Tabellions de Carentan, fans aucune garentie néanmoins, mais avec
une renonciation de jamais rien prétendre fur les biens dudit Ofber, & de Damoifelle Anne le Tilly fa mere, & outre lefdites fix mille trois cens livres, il fe
juftifie que ledit le Jollis avoit déja touché quatorze mille livres de dépens de
ladite affaire ; Et quoyque par le moyen des payemens faits audit le Jollis il dût
être entierement fatisfait, néanmoins ce mauvais homme fe feroit encore tout
de nouveau engagé dans cette affaire, & par une malice affectée, pour troubler,
les créanciers, & le decreté qui étoient d'accord entre eux, & qui fe payoient
fans frais de Juftice de ce qui leur étoit dû pour conferver les biens au decreté
& à fa famille, led. le Jollis auroit en l'année 1660. fous le nom de Jean le Coûturier lors fon valet domeftique, furpris François Ofber, frere dudit Jacques
decreté, & auroit acheté de luy une prétenduë dette litigieufe entre les freres,
& ledit François ayant été averti de la furprife qui luy avoit été faite par ledit
le Jollis il auroit trois femaines après déclaré en Juftice qu'il renonçoit à ladite
dette & qu'il ne luy étoit rien dû d'icelle : Cependant ledit le Jollis n'auroit pas
laiffé en dépit de ladite déclaration, de faire une infinité de procedures, tant en
fon nom que fous celuy dud. le Coûturier fon valet, avec luy joint pardevant le
Juge de S. Côme du Mont, Juge du Decret, le tout afin de confommer les parties en frais de Juftice & en profiter, & ayant fait diverfes faifies & executions,
& fur les diverfes oppofitions qui étoient formées il auroit trouvé le moyen de
porter cette affaire en cinq ou fix Jurifdictions differentes, afin de multiplier
par là les frais : Mais pour fe liberer de ces cruelles vexations, Eftienne Ofber
neveu & tuteur de fes enfans heritiers du décreté, & les Supplians fes crean-
Offres. ciers firent offre aud. le Jollis en quatre Jurifdictions differentes, argent décou-
vert, de payer ce qui luy feroit legitimement dû, & à tous créanciers s'il y en
avoit, quoy qu'avant lefd. offres ils euffent déja donné des Cautions en execution d'Arréts du Confeil : Mais s'étant moqué de toutes ces offres, n'auroit pas
laiffé de continuer fes pourfuites, & de faire des faifies & executions rigoureu-
fes de beftiaux, & emprifonnemens de plufieurs perfonnes, & fur le moindre incident de faire des procés nouveaux en toutes les Jurifdictions : Finalement l'affaire qui depuis long-tems étoit dévoluë au Parlement de Roüen, qui dés l'année 1656. avoit été portée au Confeil par le nommé le Richer, où l'inftance étoit
demeurée fans aucune pourfuite, parce que lefd. créanciers s'étoient reglez
entre eux de la maniere dont ils devoient s'acquitter, led. Richer fut obligé de

faire appeller au Conſeil leſdits le Jollis & le Coûturier ſon valet, où enſuite ſe
forma une inſtance de conſéquence par les divers artifices de le Jollis, & même
ayant commis des rebellions inſignes à l'execution d'un Arrêt du Conſeil obtenu par ledit Richer, luy, ſes enfans & ſes domeſtiques, ayant battu les Huiſſiers, & les ayant bleſſez de coups de mouſquetons & de fuzils, & ledit Richer
en ayant rendu ſa plainte au Conſeil, il y eut Arrêt du Conſeil le 3. Septembre 1666. par lequel le ſieur Chamillard, Intendant de Juſtice en la Genera-
lité de Caën, fut commis pour informer des faits énoncez en ladite plainte, en
conſéquence dequoy ayant commencé ladite Information, & ayant été tra-
verſée par ledit le Jollis, qui s'étoit pourvû au Parlement de Roüen, il y eut
autre Arrêt du Conſeil du 5. Novembre 1666. qui ordonna que ledit ſieur
Chamillard continuëroit ladite Information; avec défenſes aux parties de proceder ailleurs que pardevant luy, toutes leſquelles Informations furent depuis
apportées au Conſeil : Et depuis, dans la pourſuite & inſtruction de ladite
inſtance, comme ledit le Jollis alleguoit que les offres à luy faites de luy payer
ce qui luy étoit legitimement dû, avoient été capricuſement faites, tous leſdits Suppliants les reïtererent tout de nouveau au Conſeil, afin qu'il ne pût
douter de la ſincerité d'icelles : Enfin, après une pourſuite qui a duré plus de
deux années, Arrêt contradiĉtoire intervint au Conſeil le 6. May 1667. par lequel les parties auroient été renvoyées au Parlement de Roüen pour y être jugées, tant ſur les inſtances civiles que ſur les criminelles, en execution duquel
Arrêt les parties ayant volontairement procedé audit Parlement de Roüen,
Arrêt contradiĉtoire y ſeroit intervenu le 8. Août 1667. par lequel led. le Jollis
auroit été débouté de toutes ſes fins, demandes & concluſions, & condamné
aux dépens, mêmes en ceux reſervez par le Conſeil, & en trois cens livres d'interêts envers les parties : Et quoy que ledit Arrêt eût été rendu dans toutes les
formes, & même à la pourſuite & ſollicitation dudit le Jollis, preſent en perſonne, qui avoit fait appointer & diſtribuer le procés en l'abſence des parties, & a-
prés que l'affaire eût été vûë & examinée en ſix ſeances differentes, neanmoins
il n'auroit pas laiſſé de ſe pourvoir contre iceluy par Lettres en forme de Requête civile évidemment ſurpriſes & ſur de faux énoncez, & enſuite pourſui-
vies par ledit le Jollis, ſans qu'il ait conſigné l'amende : laquelle Requête civile
ayant été portée à l'Audience, & portée en partie en la Chambre de l'Edit
dudit Parlement de Roüen, Arrêt intervint le Mercredy avant la Semaine
ſainte 21. Mars dernier, par lequel la Cauſe & les Parties furent renvoyées au
lendemain aprés midy, en la preſence du Procureur General du Roy : Mais
comme c'étoit le dernier jour du Parlement, & les Juges & les Gens du Roy
ne s'étant pas trouvez, l'on ne pût pas plaider la Cauſe : cependant, cinq Conſeillers s'étant trouvez le lendemain aprés midy en la Chambre du Conſeil, l'un
d'eux y preſidant, y auroient contre tout ordre, & par un complot fait entre
eux, mandé à la Chambre les Procureurs des parties, & ſans que les Avocats
fuſſent preſens, & en l'abſence des Gens du Roy, auroient appointé la Cauſe
au Conſeil ſur ladite Requête civile, ſans la participation deſdits Procureurs;
ce qui s'étant ainſi paſſé, l'on a affeĉté dans la ſuite de faire toutes choſes contre
l'ordre. En effet, le Conſeiller qui pour l'abſence du Préſident avoit préſidé

Renvoy à
Roüen.

Arrêt.

Requête
civile.

Appointée
au Conſeil.

Fffff ij

à l'Audience & plaidoirie de la Cause, le 21 Mars, & qui par conséquent n'a-
voit pû ignorer que ladite plaidoirie avoit été remise pour être continuée en
présence des Gens du Roy, fut le même qui présida à la Chambre du Conseil
le Vendredy suivant, & qui avec quatre Conseillers appointa au Conseil ladite
Cause, de laquelle ensuite il a été Rapporteur, & sans que l'on ait observé aucunes des formalitez necessaires, sans qu'il y ait eu des Conclusions des Gens
du Roy : & par une affectation toute visible de contrevenir à la nouvelle Ordonnance ladite Chambre a rendu Arrêt le 24 Juillet de la présente année
1668. par lequel on a jugé le rescindant & le rescisoire, & l'on a entierement
cassé tout ce qui avoit été jugé par celuy du 8. Août 1667. Et d'autant que
ledit Arrêt rendu contient plusieurs contraventions faites à la nouvelle Ordonnance : *Primò*, parce que par l'Article 16. du Titre des Requêtes civiles ,
il est ordonné que les demandeurs en Requête civile consigneront la somme
de 450 livres , ce que neanmoins ledit le Jollis n'a pas fait , quoy que sa Requête civile n'ait été signifiée que le 28. Novembre 1667. *Secundò*, Les
Gens du Roy n'ont point été oüys à l'Audience , quoy que les parties eussent
conferé au Parquet & qu'il ne soit pas de l'ordre de juger une Requête civile
sans leurs Conclusions, sur tout quand il y a du crime , comme au fait dont il
s'agit. *Tertiò*, C'est que la cause a été appointée clandestinement & par surprise à la Chambre du Conseil par cinq Conseillers, le Vendredy 23. Mars aprés
midy, lors que le Palais est entierement fini, quoy que la cause par Arrêt du
Mercredi precedent 21. eût été remise pour être plaidée en presence des
Gens du Roy : & cependant ledit jour Vendredy 23. Mars aprés midy, en
l'absence des parties , de leurs Avocats, & des Gens du Roy , le Parlement
étant entierement finy, l'on fit monter à la Chambre les Procureurs , sans
qu'ils sçussent ce qu'on leur vouloit, & l'on appointa la cause, bien qu'il n'y
eût que cinq Juges, & qu'il soit de l'ordre qu'ils ne peuvent juger qu'au nombre
de douze, sur tout en la Chambre de l'Edit : Et que même par l'Article 24.
de la nouvelle Ordonnance , au Titre des Requêtes civiles, toutes Requêtes
civiles, tant principales qu'incidentes , doivent être communiquées aux Avocats & Procureurs Generaux & portées à l'Audience, sans qu'elles puissent être
appointées , qu'on plaidant , ou du consentement commun des parties ,
Quart. Par ledit Arrêt du 24 Juillet dernier l'on a jugé le rescindant avec
le rescisoire, ce qui est directement contraire à ladite nouvelle Ordonnance ,
parce que suivant l'article 32. du Titre des Requêtes civiles , il est expressément porté, Que les Arrêts & Jugemens rendus en dernier Ressort, ne seront
point retractez sous prétexte du mal jugé au fonds, s'il n'y a ouverture de
Requête civile : Et ainsi , suivant la disposition dudit Article , il faloit premierement & seulement juger s'il y avoit ouverture à ladite Requête civile , &
rien davantage, ce que l'on n'a pas fait ; mais au lieu de cela, l'on a affecté de
l'appointer contre toutes les formes , & ensuite l'on a jugé le fonds contre la
disposition de ladite Nouvelle Ordonnance. En aprés , il semble que ladite
Chambre de l'Edit a pris plaisir à casser les Informations qui avoient été faites
par l'autorité du Conseil par le du sieur Chamillard, qui avoit été expressément
commis par Arrêt du Conseil pour les faire ; & l'on a affecté de préferer des

*Arrêt dont
on se plai-
gnoit*

*Contraven-
tion.*

1.

2.

3.

*Nombre de
Juges requis
à l'Edit.*

4.

Informations faites par un Avocat de la Haute Justice de Mezy, de laquelle
ledit le Jollis est Juge, quoy que le fait dont est question & les violences qui
ont été commises fussent arrivées dans le détroit du Bailage de Costentin,
Vicomté de Carentan, & que ladite Haute Justice de Mezy soit du Bailliage de
Caën, Vicomté de Bayeux. Et de plus, les Juges du Siége de Carentan,
ayant été récusez, & n'ayans pû ni voulu connoître dudit fait, un Avocat
dudit Siége, parent dudit le Jollis en ayant pris connoissance, auroit subdelegué
ledit Avocat en la Haute Justice de Mezy, ce qui est une nullité essentielle : &
néanmoins ce sont ces Informations-là que l'on a préférées à celle dudit sieur
Chamillard, Intendant de Justice, & commis par deux Arrêts du Conseil pour
informer. Finalement, c'est une chose qui surpasse toute créance, que par
l'Arrêt du 24 Juillet 1668. l'on ait directement jugé contre celuy du 8.   **5.**
Août 1667. en tous les chefs, n'y en ayant aucun que l'on ait epargné, n'é-
tant pas imaginable que sur les mêmes faits, les mêmes piéces, & sans que l'on
ait rien ajoûté de nouveau, deux Arrêts se puissent rencontrer si directement
opposez l'un à l'autre : Toute laquelle procédure étant vicieuse & directement
contraire à la disposition de la nouvelle Ordonnance, & même s'y rencon-
trant plusieurs autres contrarietez, ledit dernier Arrêt ne peut & ne doit subsister. A CES CAUSES, & attendu que ledit Arrêt de la Chambre de l'Edit
de Roüen du 24. Juillet 1668. est directement contraire aux Articles 16. 27.
& 32. de ladite nouvelle Ordonnance, au Titre des Requêtes civiles : Et que
par l'Article 8. du Titre premier d'icelle : Tous Arrêts & Jugemens qui sont
donnez contre la disposition de ladite nouvelle Ordonnance sont déclarez nuls
& de nul effet & valeur, Requeroient les Supplians, qu'il plût à Sa Majesté
casser, révoquer & annuller ledit Arrêt avec tout ce qui pourroit s'en être
ensuivi, même que la somme de dix-sept cens trente quatre livres payée pour   *Nota.*
lever ledit Arrêt, sera renduë & restituée par ledit le Jollis audit sieur Marcadé,
sieur de Sigouville l'un des Supplians qu'il a payée, ou en tout cas ordonner,
que pour faire droit sur les fins de la presente Requête, lesdits le Jolis & Coû-
turiers seront assignez au Conseil : Et cependant, qu'il plût à Sa Majesté surseoir l'Execution dudit Arrêt, même les saisies & executions qui pourroient
avoir été faites en vertu d'iceluy, dont les Supplians auront mainlevée en baillant par eux bonne & suffisante caution pardevant tels Juges qu'il plaira a Sa
Majesté, autres que ceux de Carentan récusez : ce faisant, les dépositaires des
choses saisies ou deniers touchez & consignez, seront contraints à les rendre
& restituer aux Supplians par toutes voyes dûës & raisonnables, même par
corps, ce faisant déchargez. Vû ladite Requête signée du Val, Avocat au
Conseil & du Suppliant. Ledit Arrêt du Conseil du 6 May 1667. Arrêt de   Conclusions.
ladite Chambre de l'Edit du Parlement de Roüen du 8 Août audit an. Autre Arrêt de ladite Chambre du 21 Mars 1668. ordonnant la remise de la
cause. Autre Arrêt de ladite Chambre du 24. Juillet 1668. au bas duquel est
énoncé l'Arrêt d'appointé du 23 Mars audit an. Les Articles de la nouvelle
Ordonnance, ausquels ledit Arrêt est contraire. Oüy le rapport du sieur
Pussort, Conseiller ordinaire de Sa Majesté en ses Conseils, qui en a communiqué
par l'ordre de Sa Majesté aux sieurs de Morangis Poncet & Bouchrat, aussi

Arrêt.

Confeillers ordinaires de S. M. en lefdits Confeus : Et tout confideré, Le Roy
E'TANT EN SON CONSEIL, ayant égard à ladite Requête, A caffé & annullé,
caffé & annulle ledit Arrêt de la Chambre de l'Edit du Parlement de Roüen,
du 24. Juillet 1668. & tout ce qui a été fait en conféquence, comme contraire
à fon Ordonnance du mois d'Avril 1667. & fans y avoir égard, Ordonne Sa
Majefté, que celuy de ladite Chambre du 8. Août audit an fera executé felon
fa forme & teneur : A Sa Majefté évoqué & évoque de ladite Chambre de
l'Edit à fa Perfonne ladite inftance de Requête civile, circonftances & dépendances ; Et pour y faire droit, l'a renvoyée & renvoye en la Chambre de
l'Edit de Paris, luy attribuant toute Cour, Jurifdiction, & connoiffance, &
icelle interdifant à toutes fes autres Cours & Juges, pour y être ladite Requête
civile jugée conformément à ladite Ordonnance : Fait Sa Majefté défenfes à
ladite Chambre de l'Edit du Parlement de Roüen & à toutes fes autres Cours
& Juges d'y plus contrevenir, ni de prononcer fur le fonds en jugeant les
Requêtes civiles ; Mais veut & ordonne Sa Majefté, que conformément à
ladite Ordonnance, les feules ouvertures de Requête civile foient plaidées, &
les Réponfes du défendeur, fans entrer aux moyens du fonds, & que la Requête civile qui aura été appointée foit jugée, comme elle eut pû être à
l'Audience fans entrer pareillement dans les moyens du fonds, à peine de nullité des Arrêts & Jugemens, & des dommages & interêts des parties contre les

Nota.

Juges, ainfi qu'il fera avifé par Sa Majefté : & feront tenus les nommez Bourré
& le Jongleur, Greffiers dudit Parlement de Roüen, de reftituer audit fieur
Marcadé de Sigouville, trois jours après la fignification qui leur fera faite du
prefent Arrêt : fçavoir, ledit Bourré la fomme de 781 livre pour le rapport
dudit Arrêt à luy payée par ledit Marcadé, fuivant fa quittance du 4. Août
1668. & ledit Jongleur celle de 928 l. à luy pareillement payée par ledit
Marcadé, fuivant fa quittance du 24. Juillet audit an, fauf leur recours contre ceux qui ont perçû lefdits rapports, épices, & vacations, pour lefquels lefdites fommes ont été payées : Comme auffi fera tenu celuy qui a reçû les
frais de l'expedition dudit Arrêt, de les rendre & reftituer audit Marcadé, à ce
faire feront contraints par toutes voyes, même par corps : A Sa Majefté or-

Nota.

donné & ordonne, que le Rapporteur dudit Arrêt fera adjourné à comparoir
en perfonne au mois pardevant les Commiffaires qui feront nommez par Sa
Majefté, pour répondre fur les faits concernans ledit Arrêt : & cependant l'a Sa Majefté interdit de l'exercice & fonction de fa Charge, Luy
fait défenfes de s'y immifcer, jufques à ce qu'autrement par Sa Majefté en
ait été ordonné. Fait au Confeil d'Etat du Roy, tenu à faint Germain en
Laye, le 23. Septembre 1668.

TITRE XXXV.

Des Requeſtes civiles.

Pour Monſieur Gombaud, Conſeiller au Parlement de Bordeaux.

CONTRE le Sieur & Dame de Saint Oreins.

Articles 37. & 40. *En les interpretant, permis de juger le principal differend, & des Requêtes civiles incidentes, appointées & jointes avant l'Ordonnance de 1667. & cela par même Arrêt.*

SUR les Requêtes reſpectives preſentées au Roy étant en ſon Conſeil par le ſieur de Gombaud Conſeiller au Parlement de Bordeaux, Et par le Sieur & Dame de S. Oreins : Sçavoir celle dudit ſieur de Gombaud, contenant, Qu'au procés qu'il a pendant contre leſd. Sieur & Dame de S. Oreins, il eſt juſtifié que Marguerite de Navailles ſa mere, avoit pris une Requête civile incidente le 16 Juin 1661. contre un Arrêt dont on ſe vouloit ſervir contre elle le 30. Juin 1646. & depuis il s'eſt encore pourvû par lettres en forme de Requête civile & d'ampliation, les 25. May, & 2. Août 1667. contre le même Arrêt du 30. Juin 1646. deux Août 1664. & 26. Mars 1667. leſquelles Requêtes civiles ont été appointées & jointes à l'inſtance principale : ſçavoir celle de ladite de Navailles dés le 26. Août 1661 & celle dudit de Gombaud par Arrêt rendu à l'Audience le 31. Août 1667. ſur les Conclusions du ſieur Tallon, Avocat General de Sa Majeſté : & parce que les inſtances étoient en état, les parties auroient reſpectivement employé pour écritures & productions tout ce qu'elles avoient écrit & produit, aprés quoy il y auroit eu des Conclusions du Procureur General : Et ſur le rapport de tout le procés & le vû deſdites inſtances de Requête civile, eſt intervenu Arrêt interlocutoire à la Chambre de l'Edit, au rapport du ſieur de Creil, aprés quarante-deux vacations de Grands Commiſſaires qui a déclaré les moyens de faux pertinens & admiſſibles avant faire droit ſur le tout, en execution duquel le faux auroit été inſtruit duquel les Sieur & Dame de S. Oreins s'étant départis, le procés auroit été mis ſur le Bureau, & vû pendant 16. Vacations ſans être jugé : Et comme dépuis la ſuppreſſion de la Chambre de l'Edit le procés a été diſtribué à la cinquiéme des Enquêtes il a été vû de Grands Commiſſaires ; & s'étant trouvez empêchez ſur la maniere de le juger, à cauſe des Requêtes civiles incidentes, appointées & jointes à une inſtance principale, la Chambre auroit dreſſé des Memoires Generaux aux termes deſquels il ſemble qu'il faudroit disjoindre une partie des Requêtes civiles & les porter à l'Audience pour y être plaidées une feconde fois, ce qui ne peut avoir été l'intention de Sa Majefté fur le fujet du different particulier d'entre ledit fieur de Gombaud, & lefdits fieur & Dame de S. Oreins, puifque déja lefdites Requêtes civiles ont été portées à l'Audience, & qu'il y a une Claufe d'ampliation de la premiere Requête civile de l'année 1661. qu'on ne pourroit pas disjoindre, & que Sa Majefté a déclaré pouvoir être jugée avec le procés principal. Pour ces caufes,

Conclufions. & attendu que lad. Chambre a renvoyé les parties vers Sa Majefté, pour fçavoir fa volonté fur le fujet de leur different particulier : Requeroit qu'il plût à Sa Majefté déclarer fi fon intention eft, que la premiere Requête obtenuë en 1661. & appointée & jointe en la même année, avec l'ampliation de la même Requête civile obtenuë depuis la publication de fa nouvelle Ordonnance, appointée avant fon execution, demeure toûjours appointée & jointe, pour être jugée avec le principal : Et fi les autres Requêtes civiles obtenuës depuis la publication de fadite nouvelle Ordonnance appointées à l'Audience fur les Conclufions dudit fieur Talon, Avocat General, fur lefquelles pour écritures & productions les parties ont employé, obtenu des Conclufions du fieur Procureur General, & y a eu Arrêt interlocutoire rendu le 24. Mars 1668. doivent être disjointes & portées de nouveau à l'Audience, où elles ont déja été appointées & jointes par Arrêt rendu à l'Audience avant l'execution de ladite Ordonnance, & fi en execution des appointemens il fera procedé au jugement defdites Requêtes civiles incidentes, conformément à ladite Ordonnance ; & en cas de réünion à l'Audience, en quel lieu elles feront plaidées :

Requête
contraire. Si à la Grand'-Chambre ou à la Cinquiéme des Enquêtes où le procés principal eft pendant. Et celle defd. fieur & Dame de S. Oreins, contenant, que ledit fieur de Gombaud évite l'Audience, & craint que l'on reconnoiffe en public la vexation d'un Confeiller qui prend Requête civile contre fept Arrêts, dont le premier eft rendu en l'année 1664. & les autres fucceffivement, jufqu'en l'année 1667. qu'il n'avoit pas pris ces Requêtes civiles pour être plaidées : Auffi il n'eût point trouvé d'Avocats pour les foûtenir ; elles étoient fcellées dés le mois de May 1667. & cependant il ne les fit fignifier que le 27. Août enfuivant qu'il ne luy fut pas difficile de les faire appointer, aprés qu'il eût déclaré qu'il confentoit que le Confeiller qui avoit rendu l'un des Arrêts demeurât Rapporteur. Six jours aprés pour la derniere chicanne, il leur fit fignifier des Lettres en reglement de Juges qu'il avoit obtenuës dés le 25. Août 1667. Requerant lefdits Sieur & Dame de S. Oreins l'execution de la volonté de Sa Majefté. & que les Requêtes civiles, jointes depuis la publication de l'Ordonnance foient disjointes & plaidées, & qu'il leur eft indifferent de plaider à la Grand'-Chambre ou à la cinquiéme des Enquêtes, Vû lefdites Requêtes. L'Arrêt de la Chambre de l'Edit du Parlement de Paris du 31. Août 1667. celuy dudit jour 24. Mars 1668. & autres piéces jointes aufdites Requêtes. Oüy le rap-

Arrêt d'in-
terpretation. port du fieur Puffort. Confeiller ordinaire de Sa Majefté en fes Confeils, Commiffaire à ce député : Et tout confideré, LE ROY ETANT EN SON CONSEIL, faifant droit fur lefdites Requêtes, & interprétant les Articles 37. & 40. du Titre des Requêtes civiles de fon Ordonnance du mois d'Avril 1667. A ordonné & ordonne, Qu'en jugeant les Requêtes civiles incidentes

qui

qui ont été appointées & jointes, avant le 12. Novembre 1667. au procés principal d'entre lesdites parties, le principal differend d'icelles pourra être jugé en même tems que lesdites Requêtes civiles incidentes. Fait au Conseil d'Etat du Roy, tenu à S. Germain en Laye, le 1. Juillet 1669. Signé, COLBERT.

TITRE XXXV.

Des Requétes civiles.

POUR la veuve de Monsieur de Chastelnau, vivant Conseiller au Parlement de Bordeaux.

CONTRE Maître Antoine d'Aydie.

SUR L'ARTICLE XXXVII. ET XL.

Interpretez comme en l'Arrêt cy-dessus, & permis de juger en les Requêtes civiles avec le fonds.

SUR la Requête presentée au Roy étant en son Conseil par Luce de Tarneau, veuve du sieur de Castelnau, vivant Conseiller au Parlement de Bordeaux : Contenant, qu'il y a douze ans passez qu'elle plaide au Grand Conseil alencontre de Maître Antoine d'Aydie, cy-devant Conseiller en la Cour des Aydes de Guyenne, heritier de feu Jacques d'Aydie Receveur des rentes constituées en Guyenne ; Et de Damoiselle Antoinette Vallet ses pere & mere, sans que la Suppliante ait pû finir & terminer led. procés, par les chicannes inconcevables dudit d'Aydie, & par le grand nombre des fausletez qu'il a faites dans ledit procés, pour exiger de la Suppliante la somme de cinq mille cent septante huit livres cinq sols contenuë dans un billet en forme d'arrêté de compte du 7. Février 1639. que ledit d'Aydie n'a fait paroître qu'en l'année 1658. long-tems aprés la mort dudit feu sieur de Castelnau, pere du mary de la Suppliante : laquelle pour voir la fin de ce procés a dépensé plus de soixante mille livres, & aprés une infinité de procedures faites sur les lieux & au Grand Conseil, & aprés plusieurs informations, seroit intervenu Arrest contradictoire entre les parties le 30. Septembre 1661. par lequel ledit Billet d'arrêté de compte a été déclaré faux, la Suppliante déchargée de l'amende dudit d'Aydie avec dépens ; & ordonné qu'il seroit assigné pour être oüy par sa bouche, & ses complices assignez à comparoir en personne : En execution duquel Arrest ledit d'Aydie ayant été interrogé, il a obtenu Requête civile le 6. Avril 1663. & a pris des Lettres d'ampliation le

Tome I.

Ggggg

Requête.

Arrêt en 1661.

Requéte civile.

contre ledit Arreſt, & autres Arreſts d'inſtruction, dans leſquelles Lettres de Requeſte civile & d'ampliation, il a inferé une clauſe, contenant appel de la procedure faite ſur la verification & comparaiſon des écritures ; Et pour ſoûtenir ladite Requeſte civile & leſdites Lettres d'ampliation, il a prétendu que le faux jugée par ledit Arreſt n'avoit pas été parfaitement inſtruit, & a produit pluſieurs piéces, deſquelles il y en a vingt-quatre principales, qui ſont vingt-quatre fauſſetez pour ſoûtenir celle dudit billet ; ce qui a donné lieu à un autre Arreſt du mois de Mars 1664. par lequel les moyens de faux ont été déclarez pertinens, ordonné qu'il en ſeroit informé, & que les complices comparoîtroient en perſonne pour être ouys, & les autres ſeroient pris au corps : ce qui ayant été executé, il eſt intervenu un troiſiéme Arreſt le 30 Juin 1665. par lequel il eſt ordonné, qu'auparavant faire droit ſur le tout, ledit d'Aydie comparoîtra en perſonne, que les décretez vivans & non ouys & apprehendez ſeront conduits dans les priſons dudit Grand-Conſeil, à la diligence de la Suppliante ; ſinon qu'elle conſigneroit au Greffe dudit Grand Conſeil la ſomme de mille livres, pour à la diligence dudit d'Aydie, & les frais pris ſur leſdites mille liv. eſtre ledit Arreſt executé dans un mois : ſinon & à faute de ce faire & ledit tems paſſé, qu'il ſeroit paſſé outre au jugement du procés ſur ce qui ſe trouveroit pardevers le Conſeil, à laquelle conſignation deſdites mille livres, la Suppliante a ſatisfait. Ledit d'Aydie a ſubi l'interrogatoire dans les priſons du Fort-l'Evêque où il eſt détenu à la Requeſte du nommé Faiſan, pour condamnation d'autre fauſſetez, & pluſieurs de ſes complices ont été conduits dans leſdites priſons, où ayant été ſemblablement ouys, le Grand-Conſeil pour l'éclairciſſement de tant de fauſſetez, qui n'ont pour objet que de faire valoir & ſubſiſter celle dudit Arreſt, a rendu un quatriéme Arreſt le 25. Septembre 1668. par lequel avant de faire droit ſur le tout il eſt encore ordonné que les témoins ouïs, & ceux que la Suppliante voudra faire ouïr de nouveau ſeront recollez ſi beſoin eſt, & confrontez audit d'Aydie, & aux nommez Reiglat & Monteils ſes complices, & leſd. accuſez les uns aux autres, & qu'à la requeſte du ſieur Procureur General, ceux qu'il voudra faire ouïr de nouveau ſeront recollez & confrontez aux nommez Deſclans & Ferrand priſonniers, & tous audit d'Aydie ; & ſur ce que ledit d'Aydie a voulu empêcher l'execution dudit Arreſt du 28. Septembre 1668 par de nouvelles demandes qu'il a formées, en interprétation deſdits Arreſts, il eſt encore intervenu un cinquiéme Arreſt dudit Grand Conſeil au mois de Novembre 1668. par lequel il a été ordonné, que toutes les piéces ſeroient miſes ſur le Bureau. Et depuis par un ſixiéme Arreſt du 19. du même mois, ledit d'Aydie a été débouté de ſadite Requeſte en interprétation avec dépens : Tellement qu'aux termes de tant d'Arreſts, toutes les conteſtations principales & incidentes, & qui n'ont toutes pour objet que la verité ou fauſſeté dudit billet ſont en état d'eſtre jugées. & le tout a été joint avec tant de neceſſité, qu'il eſt impoſſible de juger tant de divers incidens que ledit d'Aydie a formez, ſans connoître & juger tout le procés avec toutes ſes circonſtances, le tout ayant été inſtruit en même tems, & par les mêmes Arreſts : en ſorte que les preuves d'une fauſſeté ſont connexes & ſervent à la juſtification des autres fauſſetez, le tout procedant d'un même principe, & d'une même cause, qui est la fausseté dudit billet : en sorte qu'il n'est pas possible de séparer & disjoindre ladite Requête civile, & lesdites Lettres d'ampliation contre ledit Arrêt de 1661. sans juger en même temps tout ce qui a été fait depuis & auparavant ledit Arrêt, les mêmes piéces d'un fait servant à juger les autres, & par un seul Arrêt, ce procés qui est devenu un monstre par les chicannes dudit d'Aydie, pouvant être terminé par un seul & même Arrest : cependant ledit d'Aydie qui ne veut que rendre immortel ledit *Prétentions au contraire.* procés & engager la Suppliante dans de nouveaux embarras, qui durent depuis si long-tems, prétend que ladite Requête civile & lesdites Lettres d'ampliation, quoy qu'incidentes & obtenuës dés l'année 1664. & jointes au procés *Art. 37. & 40.* principal par divers Arrêts rendus auparavant la nouvelle Ordonnance doivent être jugez séparément, aux termes des Articles 37. & 40. de ladite nouvelle Ordonnance, par lesquels Sa Majesté n'a pû prévoir le cas singulier du procés de la Suppliante, laquelle pour ne tomber pas dans l'inconvenient d'une contravention à ladite nouvelle Ordonnance, & asûrer la validité de l'Arrêt qui interviendra entre les parties, est obligée d'avoir recours à la Justice & autorité de Sa Majesté. A CES CAUSES, Requeroit ladite Suppliante, qu'il plût à Sa Majesté, vû qu'Elle a rendu un semblable Arrêt le premier Juillet 1669. en interpretant les Articles 37. & 40. de sa nouvelle Ordonnance du mois d'Avril 1667. ordonner qu'en jugeant la Requête civile & Lettres d'ampliation dudit d'Aydie, qui ont été appointées & jointes au procés principal auparavant la nouvelle Ordonnance, tous les differends des parties pourront être jugez en même tems que lesdites Requête civile & Lettres d'ampliation. Vû ladite Requête, & autres piéces y attachées. Ouy le rapport du sieur Pussort, Conseiller du Roy en ses Conseil d'Etat, Commissaire à ce député : Et tout consideré. LE ROY ETANT EN SON CONSEIL, ayant égard à ladite Requête, en interpretant les Articles 37. & 40. de son Ordonnance du mois d'Avril 1667. a permis & permet à son Grand-Conseil en jugeant les Requêtes civiles & d'ampliation dudit d'Aydie, de juger par un même Arrest tous les autres procès & differends pendans entre les parties. Fait au Conseil d'Etat du Roy, tenu à S. Germain en Laye, le cinquiéme Août 1669. Signé, COLBERT.

TITRE XXXV.

Des Requeftes civiles.

POUR Meffire Amanieu d'Albret.

CONTRE le fieur Comte de Lonzal.

SUR L'ARTICLE XXXV.

Mineur, qui demandoit qu'en plaidant la Requête civile on plaidâs le fonds.

Que la Requête civile contre un Arrêt d'homologation rendu en la Grand' Chambre, fût portée aux Enquêtes, & jointe au princi-pal qui y étoit pendant.

Arrêt, qui ordonne, qu'elle fera jugée fuivant l'Ordonnance.

SUR les Requeftes refpectives prefentées au Roy étant en fon Confeil, La premiere du 14. Décembre 1669. par Meffire Charles Amanieu d'Albret, fils unique de Meffire François Alexandre d'Albret, qui étoit fils aîné de feu Meffire Henry d'Albret Sieur de Pons, & de Dame Anne de Gondrin de Pardaillan : Contenant, qu'il avoit un procés en la Chambre de l'Edit, contre les fieurs de Lonzal, dans lequel la proprieté de la Terre de Scandillac étoit conteftée au Suppliant. Dans ce procés il étoit appellant d'une Sentence arbitrale du 18. Avril 1647. qui adjugeoit la Terre de Scandillac à Dame Antoinette d'Albret, Dame de Lonzal incidemment. Dans ce procés on a objecté au Suppliant, que par Tranfaction paffée avec fon Tuteur le 26. Novembre 1651. cette même Terre de Scandillac avoit été délaiffée à ladite Dame de Lonzal ce qui a obligé le Suppliant à obtenir des Lettres de Refcifion, du 3. Avril 1664. contre cette Tranfaction, lefquelles Lettres on été reglées & jointes au procés principal : Mais la Chambre de l'Edit du Parlement de Paris ayant été fupprimée, le procès a été renvoyé en la premiere Chambre des Enquêtes, & diftribué au fieur Briçonnet ; Et le Suppliant a vû que dans ce procès, on luy objectoit, que par Arreft rendu en la Grand' Chambre dudit Parlement, la Sentence arbitrale avoit été confirmée, & la Tranfac-tion homologuée, il a été obligé pour faire ceffer la fin de non recevoir qu'on luy oppofoit incidemment, & entant que befoin feroit, obtenir Lettres en

Requête de Mr. d'Albret.

Tranfaction.

Arrêt objec-té.

forme de Requête civile contre les Arrêts, lesquelles Lettres sont fondées sur
ce qu'il étoit mineur, & qu'il n'a point été défendu : Mais comme ses parties
adverses ne veulent point sortir d'affaires, ils ont prétendu que suivant la
derniere Ordonnance, la Requeste civile devoit être plaidée à la Grand'-
Chambre, parce que les Arrests d'homologation y étoient intervenus. Le
Suppliant de sa part a soûtenu que la Requeste civile étant incidemment, & en
tant que besoin est ou seroit, obtenuë contre des Arrests d'homologation produits au procés pendant en la premiere des Enquêtes, il étoit raisonnable que
sa Requeste civile y fût introduite, & ce d'autant plus que le procés y avoit
été redistribué par la suppression de la Chambre de l'Edit, & que d'ailleurs
il étoit absolument necessaire que la Requeste civile fût jugée dans la même
Chambre où étoit pendant le procés ; dautant que l'ouverture de la Requeste civile étoit de dire qu'il étoit mineur, non défendu : laquelle ouverture de Requeste civile dépend toûjours des moyens du fonds : Car pour voir
si les mineurs n'ont pas été bien défendus, il faut entrer dans la connoissance
du mérite du fonds, par le moyen dequoy il étoit necessaire que la Requeste
civile qui devoit estre plaidée sur les moyens du fonds, fût introduite dans la
même Chambre où le fonds étoit pendant ; autrement il arriveroit en cet affaire des inconveniens, ausquels il n'y auroit pas de remede : Car si à la Grand'-
Chambre on jugeoit que le Suppliant n'eût pas été valablement défendu, &
que sa Cause fût bonne au fonds, l'on remettroit les parties en tel état qu'elles
étoient auparavant les Arrests, ce qui seroit jugé par le mérite du fonds ; &
cependant le même fonds du procés demeureroit encore indécis en la premiere
Chambre des Enquêtes, qui pourroit être d'autre sentiment que la Grand'-
Chambre, & ce faisant juger, que la Cause du Suppliant ne seroit pas bien bonne au fonds, par le moyen dequoy le même fonds seroit jugé deux fois, & ces
differends Arrêts pourroient être contraires, il pourroit même arriver que la
Requeste civile du Suppliant seroit appointée à la Grand'-Chambre ; & comme les Arrests y auroient été rendus, l'appointement au Conseil sur la Requeste civile demeureroit à la Grand' Chambre, laquelle Requeste civile,
comme dit est, seroit jugée par le merite du fonds, & ce même fonds seroit
pendant en la premiere des Enquestes. Il y a plus, car comme la Requeste civile n'empêcheroit pas le Jugement du procés des Enquêtes, il faudroit ou
qu'à la premiere des Enquêtes on fît perdre la Cause au Suppliant par la fin de
non recevoir, à cause des Arrests intervenus contre luy, ou qu'on la décidât
par le mérite du fonds ; & si elle étoit décidée par le mérite du fonds aux Enquêtes, il se trouveroit qu'ils auroient éfectivement jugé la Requeste civile,
dont toutefois ils ne seroient pas Juges ; c'est la raison pour laquelle la Requeste civile du Suppliant a été reglée & jointe au procés par Arrest rendu sur
les Conclusions des Avocats & Procureur Generaux de Sa Majesté, en laquelle
premiere Chambre elle seroit toutefois jugée suivant l'Ordonnance, qui est
à dire qu'après une entiere connoissance de l'affaire, la Requeste civile sera jugée par un premier Arrest, & le fonds du procés par un autre Arrest : Neanmoins les parties adverses du Suppliant se plaignent de cette jonction, prétendant qu'elle est contre l'esprit de la nouvelle Ordonnance, depuis laquelle

jonction il est à remarquer qu'il a fait appeller le sieur Marechal d'Albret en l'instance de Cadre pour les garantir de la Requeste civile : ce qui pourroit même causer un conflit entre ladite Grand' Chambre, & la premiere des Enquêtes : C'est pourquoy il requeroit qu'il plût à Sa Majesté, pour abreger les procedures & éviter la contrarieté des Arrests qui pourroient intervenir, de renvoyer la Requeste civile par luy obtenuë en la premiere des Enquestes, où le procès principal est pendant pour y être jugé suivant l'Ordonnance. La seconde presentée par Henry-Louïs de Gruel, Chevalier Comte de Lonzac, & René de Gruel, Chevalier Comte de Feuiller : Contenant, que la Terre de Scandillac ayant été donnée en mariage à Dame Antoinette d'Albret leur mere, pour en joüir jusques à ce qu'elle fût payée de la somme de cent mille l. à elle constituée en dot par Messire Henry d'Albret, & Dame Anne de Condrin ses pere & mere, elle en a joüy paisiblement jusques en l'année 1647. que Dame Anne Poussart, veuve de feu Messire François Alexandre d'Albret, Tutrice de Messire Charles d'Albret son fils, auroit prétendu que ladite Terre devoit appartenir à son fils : surquoy y ayant eu compromis entre les parties, le differend fut jugé par sept fameux Avocats du Parlement de Paris, qui rendirent leur Sentence Arbitrale le 18. Avril 1647. portant, Que ladite Dame Antoinette d'Albret, Dame de Lonzac ne pourroit estre depossedée de ladite Terre de Scandillac, jusques à l'actuel payement de ladite somme de cent mille livres : Et bien qu'il n'y eût pas lieu de se plaindre d'une Sentence de cette qualité, qui avoit pour fondement un contrat de mariage, & qui avoit été renduë en trés grande connoissance de cause par des personnes trés-habiles : Neanmoins ladite Dame Poussart ne laissa pas d'en interjetter appel, sur lequel les parties ayant plaidé contradictoirement à l'Audience, & expliqué trés-amplement tous les moyens, ladite Sentence arbitrale fut confirmée par Arrest contradictoire rendu à la Grand' Chambre du Parlement de Paris, le troisiéme Août 1667. En execution de cet Arrêt, ladite Dame de Lonzac a passé une Transaction avec le Tuteur dudit sieur Charles d'Albret, le 27. Septembre 1651. homologuée par autre Arrest de ladite Grand' Chambre du 22. Février 1653. par laquelle entre autres choses, la proprieté de ladite Terre de Scandillac a été délaissée à ladite Dame de Lonzac, en payement de ladite dot de cent mille livres : Les Supplians fondez sur tant de Titres autentiques ont baillé ladite Terre de Scandillac à la Dame Vicomtesse de Riberac leur sœur, laquelle ayant été troublée en la possession d'icelle par ledit sieur d'Albret, elle a appellé les Supplians en garantie, en sorte que la contestation s'est encore renouvellée, & a été portée en la premiere Chambre des Enquestes par la suppression de la Chambre de l'Edit ; Et d'autant que les Supplians se sont servis en l'instance desdits Arrests des troisiéme Août 1647. & 22. Février 1653. ledit sieur d'Albret s'est avisé d'obtenir Lettres en forme de Requeste civile, dans lesquelles il est manifestement non recevable : C'est pourquoy au lieu de plaider sur icelles en ladite Grand' Chambre du Parlement de Paris, où lesdits Arrests ont été rendus, il a par une contravention formelle à la derniere Ordonnance surpris par défaut en ladite premiere Chambre des Enquêtes un Appointement, par lequel ladite Requête civile a été appointée au Con-

feil, & joint à l'inſtance pendaîte en ladite premiere Chambre des Enquêtes ;
ce qui a obligé les Supplians de former oppoſition audit Appointement, qui eſt
contraire à la diſpoſition de ladite Ordonnance : Car il eſt certain que les Requeſtes civiles doivent eſtre plaidées, & qu'elles ne peuvent eſtre appointées
qu'en plaidant, ſuivant l'Article 27. des Requêtes civiles. En ſecond lieu,
l'Ordonnance veut, és Articles 20. 21. & 26. que les Requeſtes civiles ſoient
plaidées & jugées dans la même Chambre où les Arreſts ont été rendus ;
c'eſt pourquoy ladite Requeſte civile n'a pû être plaidée ni appointée qu'en
ladite Grand'Chambre, qui a prononcé les Arreſts dont il s'agit : Enfin, il
eſt même expreſſément porté par l'Article 21. Qu'és Parlemens où il y a des
Grandes Chambres, les Requeſtes civiles y ſeront plaidées ; c'eſt pourquoy
ſuppoſé qu'il y euſt lieu d'appointer ladite Requeſte civile, cela devoit être fait
en ladite Grand' Chambre, & non en la premiere des Enqueſtes, les parties
ayant plaidé contradictoirement ſur ladite oppoſition en ladite premiere
Chambre des Enqueſtes, dont les moyens ont été expliquez : Il y a eu Appointement à mettre, dont ledit ſieur d'Albret apprehendant le jugement, qui
ne peut être qu'à ſon deſavantage ; il s'eſt adviſé de ſe pourvoir pardevers ſa
Majeſté, & de demander que ladite Requête civile ſoit renvoyée en ladite
premiere Chambre des Enqueſtes, laquelle demande ne ſe peut ſoûtenir,
étant contraire à l'Ordonnance, fondée ſur des conſiderations publiques &
tres-puiſſantes, & dont l'execution ne doit point être éludée pour l'intereſt
particulier dudit ſieur d'Albret, dont la prétention ne peut paſſer que pour une
perſecution trés-juſte : Il y a 25. ans que les Supplians & leur mere conteſtent
pour raiſon de ladite Terre ; ils ont pour eux un contrat de mariage ; ils ont
la faveur de la dot, dont le payement ne doit point être differé ; ils ont une
Sentence Arbitrale, une Tranſaction & des Arreſts contradictoires ; c'eſt
pourquoy il eſt étrange qu'on veüille encore leur diſputer un Terre, dont la
proprieté & la poſſeſſion leur eſt aſſûré par tant de Titres favorables : Ledit
ſieur d'Albret inſinuë dans ſa Requeſte, que les Arreſts contre leſquels il s'eſt
pourvû, n'ont fait qu'homologuer une Sentence arbitrale & une Tranſaction :
cependant le premier Arreſt du 3. Aouſt 1647. a été rendu contradictoirement à l'Audience & ont confirmé ladite Sentence arbitrale dont il y avoit
appel. Ledit ſieur d'Albret dit, que ſon ouverture de Requeſte civile dépend
du fonds, parce qu'il prétend avoir été mal défendu pendant ſa minorité ; &
que par cette raiſon il eſt neceſſaire que ſa Requeſte civile ſoit jugée dans la
premiere des Enqueſtes où l'inſtance qui concerne le fonds eſt pendante : Les
Supplians ſoûtiennent au contraire, qu'il n'eſt point neceſſaire d'entrer dans
l'examen du fonds, & que les fins de non recevoir ſuffiſent ſeulement pour
faire debouter ledit ſieur d'Albret, qui n'allegue & n'a d'autres moyens que
ceux qui ont été d'duits devant les Arbitres, & ceux qui furent plaidez en
l'Audience en l'an 1647. & qui ont été tranſcrits dans ledit Arreſt du 3. Aoû
audit an : D'ailleurs, comme l'Ordonnance ne veut point qu'on conſidere
le fonds en matiere de Requeſte civile, quoy qu'elle ait mis l'obmiſſion de
défenſe pour un moyen de Requeſte civile à l'égard des mineurs, il eſt indubitable qu'on ne doit point traiter le fonds de la queſtion : Enfin, comme

l'Ordonnance qui a prevû ce moyen de Requête civile, Veut que les Requeftes civiles foient plaidées & jugées dans les Chambres où les Arrefts ont été rendus, fans diftinguer en ce point celles qui font obtenuës par les mineurs de celles qui font obtenuës par les majeurs, il faut abfolument executer l'Ordonnance. Au refte, il n'eft pas jufte que le privilege des mineurs, qui n'a été introduit que pour la confervation de leurs droits, foit un prétexte de vexation, fi le mineur qui a été debouté d'une Requefte civile, ne peut pas revenir contre l'Arreft qui l'en a debouté, nonobftant le privilege de fon âge, & la faveur de fa minorité, fuivant l'Article 41. au Titre des Requeftes civiles; il n'eft pas jufte qu'un mineur foit reçû à réclamer aprés une Sentence arbitrale, un Arreft confirmatif d'icelle, une Tranfaction faite en conféquence, & un Arreft qui homologue ladite Tranfaction. Ledit fieur d'Albret propofe un

Réponfes.

inconvenient qui ne peut être qu'un prétexte pour violer l'Ordonnance, puis qu'elle l'a expreffément prévû & condamné : il dit que fi on jugeoit à la Grand' Chambre que fa Caufe fût bonne, l'Arreft feroit rendu fur le merite du fonds, & à caufe qu'il auroit été mal défendu, & cependant le même fonds demeureroit indécis en la premiere Chambre des Enquêtes : mais il a déja été obfervé, que l'Ordonnance ne veut point qu'on confidere le fonds en matiere de Requefte civile, mais que le refcindant doit être jugée par la feule confidération de la forme : Quand la chofe reüffiroit à la maniere que ledit fieur d'Albret fe le perfuade, ce feroit un avantage pour luy, il ne doit point craindre multiplicité des Arrefts, puis qu'il faudroit un Arreft féparément pour le refcindant, & un autre pour le refcifoire ; fuppofé que la Requefte civile fe terminât en la premiere des Enquêtes, & que fa Caufe y fût jugée foûtenable : il ne faut point que ledit fieur d'Albret apprehende que le refcindant fe jugeant dans la Grand'-Chambre, & le refcifoire en la premiere Chambre des Enquêtes, il intervienne des Arrefts contraires : Car outre que le refcifoire qui eft l'appel de ladite Sentence arbitrale, doit être jugé en ladite Grand'-Chambre, fuivant l'Article 22. au Titre des Requeftes civiles, il eft certain que l'Arreft qui eft rendu fur le Refcindant ne fait jamais de préjugé dans le Refcifoire : Ledit fieur d'Albret dit, qu'il y a un grand danger pour luy de féparer la Requefte civile du fonds, parce que la Requefte civile n'empêchant point le jugement du procés en la premiere des Enquêtes, on luy feroit perdre fa caufe, parce qu'il y a des Arrefts contre luy : mais cet inconvenient a été prévû par l'Ordonnance en l'Article 26. des Requeftes civiles, portant que la Requefte civile étant obtenuë incidemment contre des Arrefts produits en une inftance, doit être portée devant les mêmes Juges qui ont rendu l'Arreft, fans que les Juges pardevant lefquels ils font produits en puiffent prendre connoiffance, & qu'ils procederont au jugement de ce qui fera pendant devant eux nonobftant ladite Requefte, fans y préjudicier, fi ce n'eft que les parties confentent refpectivement qu'il fera procedé fur la Requefte civile, où fera produit l'Arreft, ou qu'il foit furfis au jugement de ladite Requefte civile. Voilà le cas prévû, & le remede qu'y apporte l'Ordonnance. Il dépend du défendeur en Requefte civile de juger fon procés, ou de confentir qu'il n'y foit furfis, ou que la Requefte civile foit plaidée en la Jurifdiction où l'Arreft a

été

été produit. Les Supplians defirent que le procés foit jugé en la premiere Chambre des Enquêtes, & la Requête civile en la Grand'Chambre, ils ont intérêt de le vouloir, & de se rédimer de vexation, pour obvier à la longueur du procès qu'on leur fait en ladite premiere Chambre des Enquêtes, & afin de n'avoir point deux Arrêts par épices ; ainsi il s'en faut tenir aux termes de la loy, dont il faut considerer le motif qui est plein de Justice : Car si les prétentions dudit sieur d'Albret avoient lieu, & qu'il fut permis à un homme qui a perdu sa cause par Arrêt, de renouveller le même differend en une autre Jurisdiction, & obtenir incidemment Requête civile, il pourroit par ce moyen oblique se souftraire de la Jurisdiction des Juges qui ont rendu l'Arrêt, & qui doivent juger la Requête civile, comme étant instruits des moyens sur lesquels ils ont rendu leur Arrêt ; ce seroit rendre les procez immortels contre l'esprit de l'Ordonnance. Ledit sieur d'Albret ajoûte pour derniere consideration, que depuis l'appointement, portant jonction de ladite Requête civile, les Supplians ont fait appeller le sieur Maréchal d'Albret pour les garantir de ladite Requête civile, que cette demande est jointe à l'instance pendante en la premiere Chambre des Enquêtes ; & que si la Requête civile étoit disjointe, cela pourroit donner lieu à un Conflit de Jurisdiction : Mais dans le fait il n'est pas vray que ledit sieur Maréchal ait été assigné pour faire cesser ladite Requête civile depuis ladite jonction, qui est du mois d'Aoust dernier. Il est vray qu'il y a eu demande contre luy en 1667. dans laquelle on prend d'autres conclusions contre luy ; & afin qu'on ne prenne point prétexte de cette instance pour faire un Conflit, dont l'on menace les Supplians, ils consentent volontiers qu'il soit sursis au Jugement d'icelle, jusques à ce que ladite Requête civile soit jugée. A CES CAUSES, requeroient les Supplians, qu'il plût à Sa Majesté debouter ledit sieur d'Albret de ses Requêtes, & en conséquence ordonner qu'il sera incessamment procedé en ladite premiere Chambre des Enquêtes, à l'opposition formée par les Supplians à l'execution dudit appointement au Conseil & joint, suivant les derniers erremens, & aux termes de la nouvelle Ordonnance, & condamner ledit sieur d'Albret aux dépens, dommages & interêts des Supplians. La troisiéme Requête presentée par ledit sieur d'Albret employée pour réponse à celle desdits sieurs de Gruels, de Lonzac cy-dessus énoncée : Contenant, que la moitié de la Terre de Scandillac luy appartenant en vertu d'une donation faite au profit de feu son pere, par son ayeul, dés l'année 1611. les sieurs de Gruels sous prétexte d'une donation posterieure de 26. ans, par laquelle la même Terre de Scandillac a été baillée en nantissement pour seureté d'une somme donnée, ont jusques à present empêché que ledit sieur d'Albret ne se soit mis en possession de la moitié de ladite Terre, de laquelle il est proprietaire en vertu d'un Titre solemnel, qui précede le leur de long-temps : Et quoi que lesdits sieurs de Gruels n'ayent aucun prétexte raisonnable pour empêcher l'execution de la premiere donation ; Néanmoins ils ont pris avantage de la minorité dudit Suppliant, & de ce qu'ils n'ont eu à faire qu'à des Tuteurs qui n'étoient pas suffisamment instruits de ses droits ; & quoi que ce soit qu'ils se sont laissez surprendre pour pratiquer quelques actes en conséquence, desquels ils ont continué jusques à

Tome I. Hhhhh

Conclusions.

Autre Requête de M. d'Albret pour réponse à la seconde.

preſent leur uſurpation, ce qui a donné lieu à une inſtance cy-devant pendante à la Chambre de l'Edit du Parlement de Paris , en laquelle le Suppliant a incidemment obtenu des Lettres pour être reſtitué contre les Actes ſurpris de ſes Tuteurs , & dans la ſuppreſſion que Sa Majeſté a faite de la Chambre de l'Edit , la connoiſſance des inſtances qui y étoient pendantes, ayant été attribuée aux Enquêtes du même Parlement, celle dont il s'agit a été diſtribuée aux Enquêtes en la premiere Chambre, où le Suppliant a été conſeillé d'obtenir incidemment une Requête civile contre deux Arrêts , par leſquels les ſieurs de Gruels prétendent avoir fait homologuer les Actes dont ils ſe prévalent contre luy : Et dautant que le principal moyen de cette Requête civile conſiſte en ce que les interêts du Suppliant n'ont pas été défendus , la cauſe ayant été communiquée au Parquet des Avocats & Procureur Generaux de Sa Majeſté, il eſt intervenu par leur Avis un Appointement ſur leſdites Lettres en forme de Requête civile & joint à l'inſtance principale, qui eſt la ſeule

On dit que la Requête civile dépend du fonds.

voye par laquelle cette Requête civile peut être jugée , puis qu'elle dépend du merite du fonds, ne pouvant pas être révoqué en doute que le Suppliant durant la minorité duquel les Arrêts ont été rendus , & qui eſt encore actuellement mineur, ne ſoit reſtituable de ſon chef, s'il paroît lors que le fonds ſera jugé, qu'il a été mal défendu , lors que les Arrêts ont été rendus : de ſorte qu'il y a une neceſſité abſoluë d'examiner l'une & l'autre conjointement , ce qui ne ſe peut faire qu'en la Chambre, en laquelle le principal eſt pendant , & où les pieces concernantes le fonds ſont produites ; neanmoins les ſieurs de Gruels qui poſſedent la Terre , & qui ont interêt par cette conſideration de ne jamais ſortir d'affaires, attendu que l'évenement ne leur en peut pas être favorable , ſe ſont oppoſez à l'execution de cet appointement pour ſoûtenir que la Requête civile devoit être plaidée ſéparément en l'Audience de la Grand'-Chambre du même Parlement de Paris, tant en conſequence de ce que les Arrêts contre leſquels elle eſt obtenuë y ont été rendus , que par la conſideration de ce que par l'Ordonnance le reſcindant des Requêtes civiles qui ſont obtenuës contre les Arrêts rendus , même aux Chambres des Enquêtes, y doivent être plaidées , & prétendent que ce qui eſt allegué par le Suppliant de la principale ouverture de Requête civile par lui propoſée dépend du fonds, eſt entierement inutile par le moïen de ce que la même Ordonnance veut que lors qu'il s'agit de Requête civile , on ne plaide que ce qui concerne la forme , & que l'on n'entre en façon quelconque dans le merite du fonds : de ſorte que la reſiſtance que les ſieurs de Gruels ont apportée à l'execution de l'appointement , a obligé le Suppliant de ſe pourvoir pardevers Sa Majeſté pour être reglé entre la Grand'-Chambre , & la premiere Chambre des Enquêtes , pour raiſon de quoi ayant preſenté ſa Requête , les Sieurs de Gruels ont donné une Requête contraire, à laquelle il échet de ſatisfaire :

Réponſes.

Premierement , ils tirent avantage des Actes qu'ils ont fait conſentir à leur profit par les Tuteurs du Suppliant des Arrêts dont ils s'agit , qu'ils ont fait rendre pour les faire homologuer , en tâchant d'inſinuer que la nouvelle inſtance qui eſt à juger eſt une vexation de la part du Suppliant , eu égard aux Actes qui ont été paſſez par ſes Tuteurs ; mais il ſe donnent bien de garde

d'entrer dans la difcuffion du fonds , parce qu'ils n'en fçauroient parler qu'ils
ne faffent connoître en même temps que les Actes & Arrêts dont ils veulent
prendre avantage, ne peuvent être autre chofe que des effets de la furprife qui
a été exercée contre les Tuteurs qui n'ont pas valablement deffendu le mineur
qu'ils avoient en leur adminiftration; puis qu'en un mot il fe voit que le droit
du Suppliant eft fondé fur une donation qui ne peut pas être conteftée, fe
voyant faite par un contrat folennel, qui eft l'acte le plus favorable de tous
ceux qui peuvent être propofez ; Et les Sieurs de Gruels de leur part ne répe-
tent leur droit que d'une donation pofterieure de plufieurs années, & qui
n'a pû faire aucun préjudice à la premiere : Si bien que l'on ne peut point prétendre que les Actes & Arrêts dont il s'agit ayent détruit le droit d'un
mineur qui n'a pas été fuffifamment deffendu ; ce qui paroîtra par le Jugement de l'inftance, à laquelle il y a eu neceffité de joindre la Requête civile,
puis qu'elle dépend du fonds nonobftant les raifons propofées au contraire par
les fieurs de Gruels, étant abfurde, fauf le refpect de Sa Majefté, de prétendre
par eux que l'on ne doit examiner que la forme pour le Jugement de la Requête civile, fans que les Juges puiffent entrer en façon quelconque dans la
difcuffion du fonds, fous prétexte de ce que l'Ordonnance à l'égard des Requêtes civiles qui font obtenuës par les Majeurs, lefquelles ne peuvent être
fondées que fur les deffauts qui fe rencontrent dans l'inftruction, a voulu que
l'on s'arrête abfolument à la forme, fans y mêler les moyens qui concernent
le fonds ; ce qui ne peut être allegué à l'égard des Requêtes civiles, qui font
obtenuës par les mineurs en conféquence de ce qu'ils prétendent avoir été mal
deffendus, y ayant dans l'Ordonnance un Article particulier qui les concerne : fçavoir le 35. qui porte fpecialemant en leur faveur, qu'ils feront encore reçus à fe pourvoir par Requête civile s'ils n'ont été deffendus, ou s'ils
ne l'ont été valablement : Tellement que pour faire valoir ce moyen , il eft
d'une neceffité abfoluë d'entrer dans l'examen du fonds, & ç'a été la raifon
pour laquelle au fait particulier les Sieurs Avocats & Procureur Generaux de
Sa Majefté ont été d'avis d'appointer les Lettres en forme de Requête civile
dont eft queftion,& de les joindre à l'inftance principale,& ne font pas les fieurs
de Gruels recevables à réclamer contre cet appointement, fous prétexte de ce
que l'Article 27. de l'Ordonnance porte, que l'on ne pourra prendre des appointemens fur des Requêtes civiles, & qu'elles feront portées à l'Audience ;
dautant que cet Article n'a voulu autre chofe, finon que les Requêtes civiles ne puffent être appointées fans connoiffance de caufe, ce qui ne peut
pas être objecté au fait qui fe prefente, puifque l'appointement duquel ils fe
plaignent a été prononcé en l'Audience, aprés que la caufe a été pleinement
difcutée au Parquet defdits fieurs Avocats & Procureur Generaux par leur
Avis, & fi la penfée des fieurs de Gruels avoit lieu, bien loin que l'on pût attendre de l'Ordonnance le fecours qu'on en reçoit tous les jours pour l'expedition des affaires, que ce feroit un veritable moyen pour les rendre immor-
telles , tant pour la difficulté des Audiences, que par ce que ce feroit les mul-
tip'ier & les charger de plaidoiries inutiles, fi paroiffant par la communication
faite au Parquet des Requêtes civiles, que l'ouverture n'en peut pas recevoir

Appointe-
ment fur Re-
quête civile.

Hhhhh ij

de difficulté, comme au cas particulier, auquel il s'agit des droits d'un mineur non défendu, on n'avoit point la liberté de pourfuivre l'appointement en l'Audience fur l'avis des fieurs Avocats & Procureur Generaux : C'eft encore avec moins de raifon que les fieurs de Gruels foûtiennent, que la reception de l'appointement n'a pas dû être pourfuivie en l'Audience de la premiere Chambre des Enquêtes, & que les parties ont dû fe pourvoir en l'Audience de la Grand'Chambre, fous prétexte du contenu en l'Article 21. de la même Ordonnance, qui porte, que dans les Cours de Parlemens, où il y aura une Grand'Chambre ou Chambre de plaidoyé, les Requêtes civiles y feront plaidées, encore que les Arrêts ayent été rendus aux Chambres des Enquêtes ; dautant que cet Article ne concerne que ce qui regarde la Jurifdiction ordinaire du Parlement, qui eft diftribuée fuivant la nature differente des affaires entre la Grand'Chambre & les Enquêtes, & non pas celles qui font particulierement attribuées par Sa Majefté à une des Chambres, comme font les affaires de la qualité de celles dont il s'agit, qui étoient cy-devant pendantes en la Chambre de l'Edit qui étoit deftinée pour les plaidoïers, auffi bien que la Grand'Chambre, & que Sa Majefté a renvoyées aux Chambres des Enquêtes pour y être jugées de la même maniere qu'elles avoient été faites en la Chambre de l'Edit auparavant fa fuppreffion, au moyen dequoy les Chambres des Enquêtes ont en cette occafion les mêmes droits que les Grand'-Chambres ou Chambre de plaidoïers defquelles il eft parlé dans l'Article 1. La difpofition des Articles 20. & 26. de cette Ordonnnance, en vertu defquels les fieurs de Gruels prétendent que la Requête civile dont il s'agit dû être portée en la Grand'Chambre, en conféquence de ce que les Arrêts contre lefquels elle a été obtenuë y ont été rendus, ne leur eft pas plus favorable non feulement parce qu'il ne s'agit que de fimples Arrêts d'homologation, de Sentences Arbitrales, & de Tranfaction qui fe rendent fans connoiffance de caufe, & dont l'Ordonnance n'a pas eu intention de parler, mais encore parce que ces deux Articles ne défirent pas que les Requêtes civiles foient jugées dans les mêmes Chambres où les Arrêts font intervenus ; & s'ils étoient entendus de la forte, ils fe trouveroient contraires aux autres qui veulent qu'elles foient plaidées dans les Chambres des plaidoïers, quoy que les Arrêts foient intervenus aux autres Chambres : de forte que ce que ces deux Articles ont voulu, a feulement été que les Requêtes civiles obtenuës contre des Arrêts contradictoires qui fe trouveront produits en d'autres Cours que celles où ils ont été rendus ; ce qui ne fert qu'à regler les difficultez qui pouvoient fe rencontrer en pareilles occafions entre differentes Cours & non pas entre les Chambres d'un même Parlement : tellement qu'au fait particulier la Requête civile dont il s'agit, étant de qualité à être portée en la premiere Chambre des Enquêtes du Parlement de Paris, & l'appointement qui y eft intervenu, ayant été prononcé dans les Regles, après que l'affaire a été pleinement examinée au Parquet des Avocats & Procureur Generaux audit Parlement : La conteftation que les fieurs de Gruels ont formée à ce fujet eft fans aucun fondement : C'eft pourquoy le Suppliant requeroit, qu'il plût à Sa Majefté, fans avoir égard à la Requête defdits fieurs de Gruels, adjuger audit

Suppliant les fins & conclusions de celle qu'il luy a presentée. Autre Requête desdits sieurs de Gruels servant de Repliques à la Requête dudit sieur d'Albret : Contenant, que le sieur d'Albret ayant donné Requête à Sa Majesté, à ce qu'il luy plût renvoyer en la premiere des Enquêtes du Parlement de Paris la Requête civile par luy obtenuë contre des Arrêts contradictoires rendus en la Grand'Chambre dudit Parlement, au profit desdits sieurs de Gruels, ils ont donné leur Requête contraire, par laquelle ils ont clairement fait voir, qu'il doit être débouté de sadite Requête : Néanmoins ledit sieur d'Albret a presenté une autre Requête à Sa Majesté, par laquelle il soûtient en premier lieu, que ladite premiere Chambre des Enquêtes étant saisie du fonds, ladite Requête y doit être renvoyée pour y être fait droit, à laquelle objection les Supplians répondent, comme ils ont cy-devant fait par leur Requête, que suivant les Articles 20. & 21. de la nouvelle Ordonnance, au Titre 35. les Lettres en forme de Requête civile doivent être plaidées aux mêmes Compagnies où les Arrêts ont été rendus, & qu'aux Cours de Parlemens où il y aura Grand'Chambre, les Requêtes civiles y seront plaidées, encore que les Arrêts ayent été donnez aux Chambres des Enquêtes ou aux autres Chambres, & ledit sieur d'Albret prétend faire renvoyer en la premiere Chambre des Enquêtes ladite Requête civile par luy obtenuë contre des Arrêts rendus à son préjudice en la Grand'Chambre, ce qui est directement contraire à ladite Ordonnance & à l'intention de Sa Majesté. En second lieu les Supplians répondent, que suivant les Articles 32. & 37. de ladite Ordonnance au Titre 35. desdites Requêtes civiles, les Arrêts ne doivent être retractez sous prétexte du mal jugé au fonds, & que les ouvertures des Requêtes civiles doivent être plaidées sans entrer au moyen du fonds, d'où se voit que n'étant pas question du fonds entre les parties, ledit sieur d'Albret n'y doit pas insister. En second lieu, ledit sieur d'Albret soûtient que la cause ayant été communiquée au Parquet des Avocats & Procureur Generaux de Sa Majesté par leur Avis, ladite Requête civile auroit été appointée & jointe au principal pendant en ladite Chambre des Enquêtes, d'où ledit sieur d'Albret infere que c'est une necessité de renvoyer ladite Requête civile en ladite premiere Chambre des Enquêtes pour examiner l'un & l'autre, & y être fait droit conjointement : A quoy les Supplians répondent, qu'ils se plaignent avec raison dudit appointement & jonction pour deux raisons : La premiere, qu'il a été obtenu par défaut & surprise manifeste, & sans que leur Avocat ait été oüy audit Parquet. Et en dernier lieu, parce que ledit appointement a été rendu au préjudice de l'Article 27. de ladite Ordonnance au même Titre : par lequel, défenses sont faites d'appointer les Requêtes civiles qu'en plaidant, ou du consentement commun des parties : Or ladite Requête civile a été appointée au Parquet, sans qu'elle ait été plaidée, & que l'Avocat des Supplians ait été oüy, & ait consenti ledit appointement, duquel les Supplians s'étant plaints pour en empêcher l'execution, est intervenu Arrêt contradictoire entre les parties en ladite premiere Chambre des Enquêtes, le 27. Aoust 1669. par lequel elles ont été appointées à mettre ; Et ledit sieur d'Albret prévoyant bien que le Jugement dudit appointé à mettre luy seroit dé-

4. Requê & derniere.

On prétend que la Requête civile doit aller aux Enquêtes.
Réponses,
1.

2.

Réponses à l'appointement.
1.

2.

avantageux, il s'eſt aviſé de donner ſa Requête à Sa Majeſté aux fins cy-deſſus déduites; mais comme ladite Requête eſt ſans fondement, les Supplians
eſperent qu'il en ſera débouté avec dépens. En troiſiéme lieu, ledit ſieur d'Albret ſoûtient que ladite Requête civile n'a été obtenuë que contre de ſimples
Arrêts d'homologation de Sentences Arbitrales & de Tranſaction, qui ont
été rendus ſans connoiſſance de cauſe, & dont l'Ordonnance n'a pas eu intention de parler, à quoi les Supplians répondent; Que ladite Requête civile a
été obtenuë contre des Arrêts contradictoirement rendus entre les parties en
ladite Grand'-Chambre, comme il ſe voit par la lecture deſdits Arrêts produits par les Supplians, à quoi ils ajoûtent que l'Ordonnance ne faiſant aucune diſtinction d'Arrêts, ledit ſieur d'Albret n'en peut & n'en doit point
faire : Et pour dernier moyen, ledit ſieur d'Albret dit qu'il étoit mineur lors
que leſdits Arrêts ont été rendus, & qu'il n'a pas été valablement défendu;
& que ſuivant l'Article 35. de ladite Ordonnance au même Titre, il eſt receu
à ſe pourvoir par Requête civile : de ſorte, que pour faire valoir ce moyen, il
eſt d'une neceſſité abſoluë d'entrer dans l'examen du fonds pendant en ladite
premiere Chambre des Enquêtes ; & partant que ladite Requête civile y
doit être renvoïée, à quoi les Supplians répondent : Qu'encore que par ledit
Article les mineurs ſoient reçus à ſe pourvoir par Requête civile : Neanmoins
Sa Majeſté par ſon Ordonnance ne les a pas diſpenſez d'obſerver les formalitez preſcrites pour l'enterinement des Requêtes civiles, comme prétend
ledit ſieur d'Albret, de ce que deſſus ſe voit la foibleſſe des moïens & raiſons
dudit ſieur d'Albret, & que ſa Requête n'eſt pas ſoûtenable. A CES CAUSES
requeroient leſdits Supplians, qu'il plût à Sa Majeſté, ſans s'arrêter à tout ce
qui a été écrit & remis par ledit ſieur d'Albret pardevers Sa Majeſté, adjuger
aux Supplians leurs fins & concluſions: Et ce faiſant, débouter ledit ſieur d'Albret de ſeſdites Requêtes, & le condamner aux dépens. VEU leſdites Requêtes ſignées Prieur, pour ledit ſieur d'Albret, & Vallend, Avocat, & conſeil deſdits ſieurs Gruels, & autres pieces juſtificatives d'icelles. Ouy le
rapport du ſieur Puſſort, Conſeiller ordinaire de Sa Majeſté en ſes Conſeils
d'Etat, Commiſſaire à ce député : Et tout conſideré, LE ROY ETANT
EN SON CONSEIL, faiſant droit ſur leſdites Requêtes reſpectives, &
ayant égard à celle dudit ſieur d'Albret : a ordonné & ordonne que ladite
Requête civile ſera jugée, ſuivant l'Ordonnance, en la premiere Chambre
des Enquêtes du Parlement de Paris, à laquelle pour cet effet Sa Majeſté en a
attribué toute Cour, Juriſdiction & connoiſſance. Fait au Conſeil d'Etat du
Roy, tenu à S. Germain en Laye, le dixiéme Février mil ſix cens ſoixante dix,

 Signé, COLBERT.

TITRE VI.

*Que les heritiers sous benefice d'inventaire ne font pas
recevables à se fervir de Lettres de Répy.*

SUR la Requête prefentée au Roy en fon Confeil, par Meffire Jean-
François de Cahideuc, Marquis du Bois de la Motte, contenant qu'il
auroit eu la foibleffe avec quelques particuliers de fe conftituer caution
pour des fommes fort confiderables pour défunt Jean Trouffier, Vicomte
de la Gabetiere, pendant la vie duquel le Suppliant & autres cautions ont
été fouvent perfecutez, faute à lui d'avoir payé le principal defdites obligations, ni les arrerages ; ce qui auroit même obligé le feu fieur de la Gabetiere d'obtenir le 25. Novembre 1698. des Lettres de Répy, tant contre fes
autres creanciers, que contre le Suppliant, lefquelles il trouva le fecret de
faire enteriner par Sentence fur défaut du 2. Aouft 1680. qui lui accorda cinq
années de délai pour payer fes creanciers, mais abufant de la grace qu'il
avoit reçûë de Sa Majefté, il eft décedé en l'année 1683. fans avoir pendant tant de temps payé aucuns interêts, ni fait aucunes diligences pour fatisfaire fes creanciers, ni pour mettre fes cautions à couvert des pourfuites
qu'on faifoit contre eux ; ce qui faifoit attendre avec empreffement à fes
creanciers & caution l'expirement dudit délai, pour reprendre leurs procedures. Mais Jofeph Trouffier, Sieur de la Gabetiere, qui fuccede aux bon-
nes intentions de fon pere, ne cherchant qu'à joüir comme lui des biens que
ledit feu fieur fon pere poffedoit, fans faire juftice à ceux qui l'ont affifté &
fecouru dans fon befoin, a accepté la fucceffion de fon pere fous benefice
d'inventaire, & fous des vains prétextes obtenu par Sentence du 13. Novembre 1683. une prolongation du délai de deux mois pour proceder à l'inventaire, pendant lequel temps, & dans l'efprit de réduire les creanciers de fon
pere, dans l'impoffibilité de pourfuivre leurs droits, il a furpris le 26. Janvier dernier, des Lettres de Répy, dans lefquelles il a même compris, fans
avoir eu aucun ordre, le Suppliant & quelques autres des creanciers, en
qualité d'impétrans, conjointement avec lui, efperant que comme lui ils ne
demanderoient pas mieux que de trouver une occafion d faire languir ceux
à qui ils pourroient devoir quelque chofe, & les a cependant fait fignifier au
Suppliant par Exploit du 24. May 1684. avec affignation pour les voir enteriner. Mais comme le Suppliant qui eft de bonne foi, n'a point de creanciers
qui le puiffent obliger à fe fervir d'un moyen de cette qualité & qu'il a même interêt que fon nom ne paroiffe point dans des Lettres de cette forte,
qui lui font injurieufes, il eft obligé d'en demander le rapport : premierement
parce qu'elles font furprifes ; deuxiémement, parce qu'elles font injuftes. Dans

Arrêt du 17,
Octobre
1684.

la forme elles font furprifes, en ce que ledit fieur de la Gabetiere n'a point énoncé dans lefdites Lettres de Répy du 26. Janvier 1684. qu'il en avoit précedemment été obtenu de premieres par fon pere pour les mêmes dettes, & contre les mêmes creanciers ; ce qui eft défendu par l'Article 13. de l'Ordonnance de 1669. au Titre des Répis. Deuxiémement, en ce que le fieur de la Gabetiere les a obtenus pour le Suppliant qui n'en a jamais demandé, & n'a point eu befoin d'en demander, quoi qu'expofé depuis plus de vingt ans à des contraintes & à des violences extraordinaires, qui pourtant ne font pas capables de le faire penfer à faire vexation à des creanciers de bonne foi, & qui attendent leur payement depuis tant d'années. Au fonds elles font injuftes & de qualité à pouvoir & devoir même être caffées par Arrêt du Confeil : 1°. En ce que ledit fieur de la Gabetiere étant un fimple héritier fous benefice d'Inventaire, Procureur né des creanciers pour faire les diligences neceffaires pour la confervation de leurs interêts, il n'a point de qualité pour demander des Lettres de Répy : car ce n'eft point lui que les creanciers pourfuivent, mais feulement une fucceffion qui leur eft redevable. 2°. Parce qu'il abufe du benefice de la Loi, en obtenant un délai fur les lieux pour faire inventaire ; & qu'au bout de ce délai, au lieu de faire un inventaire pour la confervation des interêts des creanciers, il furprend des Lettres de Répy par le moyen defquelles il joüit comme proprietaire du bien qui ne luy appartient pas. 3°. Parce qu'en France l'héritier fous benefice n'eft qu'un depofitaire obligé de reprefenter les biens, & d'en tenir compte : & par confequent incapable d'obtenir des Lettres de Répy. 4°. Parce qu'il eft dû aux creanciers douze, quinze & même vingt années d'arrerages & interêts. Enfin la Terre dont eft queftion eft faifie réellement il y a plus de vingt ans, & les creanciers qui fe font épuifez contre le fieur de la Gabetiere pere, ont été obligez de fe pourvoir contre les cautions qui font depuis tout ce temps-là dans une perpetuelle agitation qui cauferoit leur ruine, pendant que le principal débiteur pilleroit en repos la fucceffion de fon pere, dont il n'eft que le dépofitaire, & pendant qu'il fe ferviroit des deniers de fes creanciers pour les perfecuter : ce qui feroit non feulement contraire à l'efprit des Ordonnances & des Loix qui n'ont accordé le fecours du Répy qu'aux débiteurs de bonne foi, mais même à l'équité qui ne permet pas qu'on favorife ceux qui fous prétexte du benefice de la Loi, affectent par un efprit d'ingratitude inexcufable de laiffer ruïner ceux qui en qualité de leurs cautions les ont fecourus en leurs preffans befoins. A CES CAUSES, & attendu que tout autant de fois que des heritiers beneficiaires ont furpris des Lettres de Répy, & qu'on s'en eft plaint, le Confeil a ordonné le rapport defdites Lettres : Requeroit le Suppliant qu'il plût à Sa Majefté, ayant égard à Sa Requête, ordonner que les Lettres de Répy, furprifes par ledit fieur de la Gabetiere le 26. Janvier 1684. fous fon nom & fous celui du Suppliant, feront rapportées pour ce qui regarde le Suppliant activement & paffivement ; faire défenfes audit fieur de la Gabetiere de s'en fervir ; décharger le Suppliant de l'affignation à lui donnée le 17. May dernier, devant le Sénéchal de Ploërmel, & lui permettre

de

de reprendre & continuer les pourfuites pour parvenir à la vente des biens
faifis fur le défunt fieur de la Gabetiere, comme auparavant la fignification des Lettres de Répy dudit jour 26. Janvier dernier, & tout ce qui s'en
eft enfuivy ; & ordonner que les frais de l'Arrêt qui interviendra fur ladite Requête, feront employez par le Suppliant en frais extraordinaires de
criées. Vû ladite Requête fignée Guillard, Avocat & confeil du Suppliant,
la Sentence d'enterinement defdites Lettres de Répy, en datte du 2. Août
1680. la Sentence d'acceptation par le fieur de la Gabetiere de la fucceffion de fon pere fous benefice d'inventaire en la Jurifdiction de Ploermel
du 15. Octobre 1683. les fecondes Lettres de Répy du 16. Janvier dernier,
& autres pieces attachées à ladite Requête. Oüy le Rapport du fieur de
Fortia, Confeiller du Roy en fes Confeil, Maître des Requêtes ordinaire
de fon Hôtel, Commiffaire à ce député : Et tout confideré, LE ROY EN
SON CONSEIL, ayant égard à ladite Requête, a ordonné & ordonne
que les Lettres de Répy obtenuës par ledit fieur de la Gabetiere, le 26.
Janvier dernier, fous le nom du Suppliant, & autres, feront rapportées :
lui faifant Sa Majefté défenfes de s'en aider ; en conféquence a déchargé
le Suppliant de l'affignation à lui donnée pardevant le Juge de Ploermel,
& en conféquence permet Sa Majefté de continuer les pourfuites comme
auparavant lefdites Lettres. Fait au Confeil Privé du Roy, tenu à Paris le
dix-feptiéme jour d'Octobre 1684. Collationné. Signé, PECQUOT.

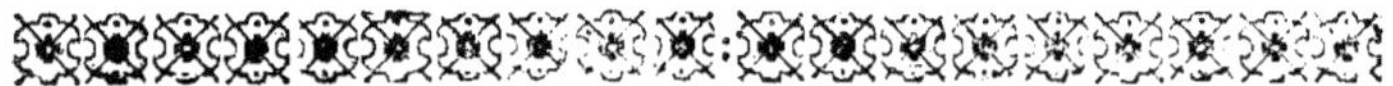

Titre 5. de l'Ordonnance de 1669.

*Qu'une Tutrice ne peut fe fervir des Lettres d'Etat de fon
fecond mary, avec qui elle n'a point de communauté.*

*Main-levée de Lettres d'Etat, en conféquence de la déclaration
& du confentement que l'Arrêt qui interviendra, ne pourra
nuire ni préjudicier à l'impétrant.*

SUR les Requêtes refpectivement prefentées au Roy en fon Confeil,
par François Hannibal de Bethune, Comte dudit lieu, Chef d'Efca-
dre des Armées Navales de Sa Majefté, & par Jeanne du Boüilly,
veuve de Meffire René du Loüet, Chevalier, Seigneur du Piruit : celle dudit
fieur de Bethune, contenant, que Dame Renée le Porgne de Lefquifiou,
fon époufe, auparavant veuve de Meffire Robert du Loüet, Chevalier,
Marquis de Coetjenval, en qualité de commune en biens avec ledit défunt, & de Tutrice, fous l'autorité du fieur Suppliant, des enfans mineurs
dudit fieur Marquis de Coetjenval & d'elle, ayant procès au Parlement de

Arrêt du 25.
May 1660.

Bretagne contre Dame Jeanne du Bouilly, veuve de défunt Meſſire René du Loüet, tant pour ſon interêt particulier, que celui de ſes enfans, le Suppliant étant intereſſé audit procès pour la conſervation des droits de ladite Dame ſa femme & de ſes enfans, tant à cauſe de la communauté de biens, que de ce qu'elle ne peut agir dans cette tutelle, que ſous l'autorité du Suppliant; & ne pouvant y vacquer, il auroit le 28. Mars dernier, fait ſignifier à ladite Dame du Bouilly des Lettres d'Etat que Sa Majeſté lui a accordées le 6. Février précedent, à l'effet de tenir en ſurféance ledit procès, au préjudice de quoi ladite du Bouilly ne laiſſe pas de continuer ſes pourſuites pour faire juger ce procés au Parlement de Bretagne, comme il ſe voit par les écritures & pieces qu'elle a fait ſignifier le 7. Avril dernier, & prétend faire juger ledit procés ſous prétexte de ce qu'elle dit que le Suppliant n'y a pas d'interêt; ce qui n'eſt pas veritable, ſauf correction, puiſque la Dame ſon épouſe ne procede & ne peut proceder en toutes les affaires de ladite tutelle, que comme autoriſée par luy & non par Juſtice: ce qui rend le Suppliant comme principal Tuteur, & tenu de répondre en ſon privé nom de tous les évenemens de cette tutelle, leſquels ſont toûjours très grands & frequents dans la Coutume de Bretagne; joint encore que la compagne du Suppliant étant intereſſée en ſon nom dans ladite Inſtance, cela regarde le Suppliant perſonnellement; d'où il s'enſuit que les Lettres d'Etat doivent avoir leur effet. A ces causes, requeroit le Suppliant qu'il plût à Sa Majeſté ſur ce lui pourvoir, & en ce faiſant, caſſer les ſignifications & procedures que ladite Dame du Bouilly a faites audit Parlement de Bretagne, au préjudice de la ſignification faite ledit jour 28. Mars dernier deſdites Lettres d'Etat du 6. Février précedent, avec tout ce qui s'en pourroit s'être enſuivi & enſuivre, même l'Arrêt, ſi aucun eſt intervenu, comme étant le tout fait par attentat à l'autorité de Sa Majeſté, avec iteratives défenſes à ladite du Bouilly de faire aucunes pourſuites audit Parlement, & à icelui Parlement d'en connoître, ni de mettre aucuns Arrêts attentatoires à execution, à peine de nullité, caſſation de procedures, mille livres d'amende, & de tous dépens, dommages & interêts. Et celle de ladite Dame du Bouilly, contenant que ſon mari déclara par ſon Teſtament peu de temps avant ſon decés qui arriva ſans enfans, que l'acquiſition qu'il avoit fait pendant ſon mariage, ſous le nom de ſa mere, de la Terre de Villehelyo pour le prix d'environ 70000 livres, étoit un veritable acquêt de la communauté d'entre lui & la Suppliante, & chargea même le ſieur de Coetjenval ſon heritier collateral, de ſe conformer là-deſſus à ſa déclaration: ce qui porta la Suppliante à déclarer qu'elle acceptoit la donation qui avoit été faite mutuellement entr'elle & ſon défunt mari, aux termes de la Coutume de Bretagne. Mais le ſieur de Coetjenval heritier collateral ayant depuis fait juger par Arrêt contradictoire du Parlement de Bretagne, que cette Terre de la Villehelyo, eſt un propre du défunt mari de la Suppliante, & qu'elle lui doit par conſéquent appartenir: ce qui fait que la communauté deviendroit extrêmement onereuſe & ruineuſe à la Suppliante; elle a été contrainte pour ſe mettre à couvert des contraintes des

creanciers de fon défunt mari, vers lefquels elle étoit obligée par l'acceptation de cette donation pour toutes les dettes mobiliaires de ladite communauté, de fe pourvoir au Parlement de Bretagne, qui avoit jugé que ladite Terre de Villehelyo, eft un propre du défunt mari de la Suppliante,
& d'obtenir des Lettres de Reftitution en la Chancellerie contre l'acceptation par elle faite de ladite donation de communauté, où elle fit rendre
Arrêt contradictoire le 20. Juillet 1683. par lequel ayant égard à fes Lettres de Reftitution, elle a été reçuë à renoncer à la communauté & donation d'entr'elle & fon mari, depuis lequel Arrêt elle étoit demeurée en paix,
jufqu'au decès dudit fieur de Coetjenval, qui ne fut pas plûtôt arrivé, que
Dame Renée le Borgne fa veuve, qui n'étoit point commune en biens avec
fon défunt mari, & qui eft fimplement tutrice de fes enfans, s'avifa de fe
pourvoir contre cet Arrêt contradictoire par Requête civile, dans le feul
deffein de fatiguer la Suppliante, & la confommer en frais. En effet, lorf-
qu'elle a vû cette Inftance de Requête civile en état d'être jugée au Parlement de Bretagne où elle a été appointée fur la plaidoirie des Avocats, &
qu'il lui étoit impoffible de fe garantir d'un déboutement, avec amende &
dépens, elle a fait fignifier des Lettres d'Etat qui ont été accordées au fieur
Comte de Bethune fon fecond mari ; & quoique cette fignification-là ne
puiffe furfeoir l'inftruction & jugement des procez, qui, comme celui d'entre les Parties, ne concernent point ledit Comte de Bethune, & qui ne re-
gardent que les enfans dudit défunt fieur de Coetjenval, qui n'ont point
obtenu lefdites Lettres d'Etat, & n'en peuvent obtenir ; la Suppliante a été
confeillée de fe pourvoir au Confeil, parce que le Parlement pourroit faire
quelque diffi ulté de paffer outre, & pour ôter auffi tout fujet à ladite Dame
le Borgne de renouveller fes chicanes; ce que la Suppliante a d'autant plus
lieu d'efperer de Sa Majefté, qu'il n'eft pas poffible d'appliquer les Lettres
d'Etat dudit fieur Comte de Bethune à l'efpece d'entre les Parties, à moins
de renverfer tout ce qu'il y a de plus conftant & de plus certain dans la Jurifprudence du Royaume, & d'ouvrir une porte à la chicanne & à l'opiniâtreté des débiteurs de mauvaife foi. 1°. La Suppliante n'a aucun différend à
démêler avec le fieur Comte de Bethune; elle ne plaide point contre lui : il
n'eft point dans les qualitez de l'inftance de Requête civile, & il n'y peut
pas même être fous quelque prétexte que ce foit, puifqu'elle ne regarde que
les enfans dudit fieur de Coetjenval, dont il a feulement époufé la veuve ; &
que ladite le Borgne leur mere n'y eft même partie qu'en qualité de tutrice. 2°. Le fieur de Bethune n'a aucune communauté avec la Dame fon
époufe : il n'a été fait aucune confufion de leurs biens ; & leur contrat de
mariage porte pofitivement qu'il n'y aura point de communauté entr'eux.
Enfin, s'il eft inouy qu'un tuteur ou une tutrice fe puiffent fervir de leurs
Lettres d'Etat pour arrêter l'inftruction & le jugement des procez qu'ont
leurs mineurs : il eft bien plus conftant que les Lettres d'Etat du mari de la
tutrice, avec laquelle il n'eft pas même commun en biens, ne doivent pas
furfeoir les pourfuites qui font faites contre les mineurs pour raifon des
biens qui proviennent de l'eftoc de leur défunt pere, auquel leur mere

même ne peut jamais avoir aucune part fous quelque prétexte que ce foit.
A CES CAUSES, requéroit la Suppliante qu'il plût à Sa Majefté, en conféquence de la déclaration qu'elle fait, & du confentement qu'elle donne,
que l'Arrêt qui interviendra au Parlement de Bretagne, ne pourra nuire
ni préjudicier audit fieur de Bethune : ordonner qu'il fera paffé outre au
Parlement de Bretagne, au jugement de l'Inftance de Requête civile, pendante entre la Suppliante, d'une part, & ladite Dame le Borgne, en qualité de tutrice de fes enfans, d'autre, circonftances & dépendances comme
auparavant les Lettres d'Etat dudit fieur Comte de Bethune du 6. Février
1685. & condamner ladite Dame le Borgne aux dépens de l'Arrêt qui interviendra. Vû lefdites Requêtes fignées le Pouper, Avocat au Confeil
defdites Parties, lefdites Lettres d'Etat du 6. Février dernier, Exploit de
fignification d'icelles à ladite Dame du Bouilly, du 28. Mars auffi dernier,
Acte paffé entre ladite Dame de Bethune le 9. Juillet 1683. & autres pièces attachées à chacune defdites Requêtes : Oüy le Rapport des Sieurs
Lavocat & Foydeau de Brou, Maîtres des Requêtes, Commiffaires à ce députez, & tout confideré : LE ROY EN SON CONSEIL, fans s'arrêter
à la Requête dudit fieur de Bethune, & ayant égard à celle de ladite Dame
du Bouilly, en conféquence de la déclaration par elle faite & du confentement qu'elle donne, que l'Arrêt qui interviendra au Parlement de Bretagne, ne pourra nuire ni préjudicier audit fieur de Bethune, a ordonné &
ordonne qu'il fera paffé outre audit Parlement de Bretagne, au Jugement
de l'Inftance de Requête civile, pendante entre ladite du Bouilly, d'une
part, & ladite le Borgne au nom de tutrice de fes enfans, d'autre, circonftances & dépendances comme auparavant les Lettres d'Etat dudit fieur
de Bethune du 6. Février 1685. fans préjudice d'icelles en autre caufe. Fait
au Confeil Privé du Roy, tenu à Verfailles le 29. May 1685. Collationné.
Signé, BRUNET.

Titre 2. de l'Ordonnance de 1667. & Titre 17. de l'Ordonnance de 1670.

En quel lieu feront données les Affignations aux perfonnes qui font établies aux Ifles de l'Amerique.

Arrêt du 25.
Aouft 1692

SUR la Requête prefentée au Roy étant en fon Confeil par Dame
Marie le Clerc du Tremblay, veuve de Meffire Loüis d'Angennes,
Chevalier, Marquis de Maintenon, contenant que pour avoir payement du reftant de fes dot, conventions, reprifes & arrerages de fon doüai-
re, elle a été obligée de faire faifir réellement, tant au Châtelet qu'aux
Requêtes de l'Hôtel, par Exploits des 31. May 1683. & 15. Septembre 1690.
les Terres de la Villeneuve, d'Aujeul & dépendances, fur les Sieur & Da-

me Charles-François d'Angennes, Marquis de Maintenon, cy-devant Gouverneur des Isles de Marie Gallande, Marie d'Angennes, épouse de Meffire Odette de Rians, Marquis de Villeraye, & Loüise d'Angennes, épouse
de Messire Charles Oger, cy-devant Gouverneur esdites Isles, qui étoient
les quatre enfans du feu sieur de Maintenon ; mais d'un côté ledit sieur de
Maintenon, qui depuis est décedé, ayant aussi laissé ausdites Isles Marie
Gallande Dame Catherine du Poyer sa veuve avec un même nombre d'enfans ; & d'un autre côté lesdits Sieur & Dame Oger ayant été s'y établir,
ces divers changemens ont interrompu ses poursuites ; parce qu'avant toutes choses, il est des regles de reprendre les derniers erremens avec lesdites veuve, enfans, héritiers, ou biens tenans dudit feu sieur de Maintenon
fils ; & à cet effet de leur faire créer un Tuteur, comme aussi de faire toute
l'instruction du decret, tant avec eux qu'avec lesdits Sieur & Dame Oger
& autres interessez. Et comme par les Ordonnances de 1667. & 1670. Titres 2. & 17. la forme de donner les ajournemens a été réduite seulement
à trois manieres, sçavoir pour les Etrangers hors le Royaume, aux Hôtels
des sieurs Procureurs Generaux ; pour les absens qui sont en voyages de
longs cours, ou hors le Royaume, à leur dernier domicile ; & pour ceux
qui n'en ont eu aucun de connu, par un seul cry public, en faisant parapher l'Exploit par le Juge des lieux, & que la Suppliante se trouve en un
autre cas qui n'a pas été prévû par lesdites Ordonnances, puisque ses parties ne sont ni étrangeres, ni absentes du Royaume, ni hors d'un domicile connu ; mais qu'elles sont nées & établies en des Colonies Françoises
distantes de la Jurisdiction, où le decret se poursuit de plus de deux mille
lieües, elle se trouve tout-à-fait arrêtée, faute de trouver dans lesdites
Ordonnances les formalitez qu'on doit garder en pareil cas, pour donner
les Assignations qui sont necessaires ; & d'autant que par l'Article 3. du Titre
premier de ladite Ordonnance de 1667. Sa Majesté a permis de lui representer ce qui sera jugé à propos pour l'utilité ou la commodité publique, qu'Elle s'est reservée d'interpreter, moderer ou ajoûter ausdites Ordonnances, soit par Arrêt de son Conseil d'Etat, soit par une Déclaration,
la Suppliante s'est déterminée à lui faire ses très humbles remontrances pour
lui être pourvû. A CES CAUSES, requeroit la Suppliante, attendu que
l'espece qui se presente approche davantage de celle contenuë en l'Article
9. du Titre des Ajournemens, ordonner par provision . & en attendant un
Reglement general, que les Assignations & autres Significations quelconques, necessaires pour la continuation dudit decret, circonstances & dépendances, qui seront données & faites ausdites veuve, enfans, heritiers,
biens tenans ou ayans cause dudit sieur Maintenon fils ; ensemble ausdits
Sieur & Dame Oger qui sont établis & demeurant ausdites Isles de l'Amerique, même pour l'Election d'un Tuteur ausdits mineurs, par un seul cry
public aux Halles de cette Ville de Paris, & dont les Exploits seront paraphez par le premier des Sieurs Maîtres des Requêtes ou autres Juges
sur ce requis, seront aussi valables que s'ils l'avoient été en leurs veritables domiciles ausdites Isles ; si mieux n'aime Sa Majesté prescrire à la Sup-

plian e une autre forme pour faire lefdits ajournemens & fignifications ; &
qu'en conféquence il pourra être procedé à l'élection dudit Tuteur, & enfuite à la vente & adjudication defdits biens faifis en la maniere accoûtumée, fans que pour raifon du défaut defdites Affignations ou Significations
à domicile, il puiffe être donné aucune atteinte audit decret après lefdites formalitez obfervées. Vû ladite Requête fignée Garanger, Avocat de
la Suppliante ; vû auffi lefdits Exploits des faifies réelles des 31. May 1685.
& 15. Septembre 1690. regiftrées au Requêtes du Palais & de l'Hôtel les
9. Septembre 1685. & 20. Octobre audit an 1690. & autres pieces attachées
à la Requête ; Oüy le rapport du fieur Phelypeaux de Pontchartrain,
Controlleur des Finances ; & tout confideré ; LE ROY ETANT EN
SON CONSEIL, a ordonné & ordonne par provifion, & en attendant
qu'il y foit pourvû par un Reglement general, que les Affignations & autres Significations qui feront à faire aufdites veuve, enfans, heritiers ou
ayans caufe du dit fieur de Maintenon fils, enfemble aux Sieur & Dame
Oger qui font établis & demeurans aux Ifles de l'Amerique, feront données
ès Hôtels des Procureurs Generaux où reffortent les appellations des Juges
devant lefquels ils feront affignez. Fait au Confeil d'Etat du Roy, Sa Majefté y étant tenu à Verfailles le vingt cinquiéme jour d'Aouft mil fix cens
quatre-vingt-douze. Signé, PHELYPEAUX.

SOMMAIRE

*Si les Lettres de Garde-Gardienne accordées par l'Edit de
1656. aux Greffier, Officiers & Domeftiques de l'Hôpital de la Salpêtriere, comprennent les Chapelains de cet
Hôpital.*

*Si en vertu des Lettres de Garde-Gardienne, on peut tra-
duire au Châtelet un Evêque & un Curé de la Province
de Bretagne.*

Si le changement de demeure fuffit pour changer le domicile.

<table><tr><td>Arrêt du 8.
Mars 1702.</td><td>YVES Jofeph de Querret, Preftre du Diocefe de Quimper, obtint
le 22. Janvier 1699. des Provifions de Cour de Rome, pour caufe
de dévolut de la Cure de Pleiben au même Diocefe.</td></tr></table>

Ces Provifions font certifiées par les Banquiers Expeditionnaires de Paris, le 16. Février fuivant : elles font infinuées le 13. Juin ; & en vertu du

Vifa de l'Official de Tours du 29. Juillet, obtenu fur le refus de l'Evcf-que Diocefain, le Dévolutaire prend fur les lieux poffeffion, par Procu-reur, de la Cure en queftion.

M. Yves Coquet, Curé ou Vicaire Perpetuel de la Paroiffe, s'oppofe à cette prife de poffeffion; & foûtient qu'avant toutes chofes, le Dévolu-taire doit configner l'amende de 500 livres.

Le 3. Octobre de la même année, le fieur de Querret Dévolutaire pre-nant pour la premiere fois la qualité de Preftre Habitué à l'Hôpital Gene-ral de la Salpétriere, fait donner au fieur Coquet copie des Lettres de Garde-Gardienne par lui obtenuës en cette qualité le 4. Aouft précedent, & le fait affigner au Châtelet de Paris à deux mois, pour déduire fes moyens d'oppofitions, & en conféquence voir dire que lui de Querret fera main-tenu en la pleine poffeffion & joüiffance de la Cure de Pleiben, avec dé-fenfes, &c.

Le fieur Coquet fe fait décharger de cette affignation par Arrêt du Par-lement de Bretagne du 16. Octobre 1699.

Le 4. Novembre fuivant, le fieur de Querret fit affigner au Châtelet à deux mois le fieur Evefque de Quimper, pour rapporter les titres, en vertu defquels il joüit des gros fruits de la Cure de Pleiben, ou en défaut, luy en abandonner la joüiffance.

Le fieur Evefque de Quimper fe fait auffi décharger de cette affignation par Arrêt du Parlement de Bretagne du 12. du même mois; & fur ce que depuis la fignification de ces deux Arrêts du Parlement de Bretagne, le fieur de Querret obtint le 31. Décembre fuivant, un Arrêt du Parlement de Paris, qui caffa ceux de Bretagne: le fieur Evefque de Quimper fit fceler le 14. Février 1700. des Lettres en Reglement de Juges, en vertu defquel-les il fit affigner au Confeil à deux mois le fieur de Querret, pour fe voir regler de Juges, & voir ordonner le renvoi des differends d'entre les Par-ties, au Préfidial de Quimper, & par appel au Parlement de Bretagne.

Le fieur Coquet intervint en l'inftance, & prit les mêmes conclufions que fon Evefque. La queftion fe réduifoit donc à fçavoir fi le fieur de Querret avoit qualité & titre, pour faire affigner au Châtelet de Paris des perfonnes domiciliées en Bretagne. Le fieur Evefque de Quimper & le fieur Coquet foûtenoient qu'il n'avoit ni l'un ni l'autre.

Le fieur de Querret difoit que par l'Edit d'Etabliffement de l'Hôpital General de la Salpétriere, du mois d'Avril 1656. il avoit en qualité de Cha-pelain dudit Hôpital, le privilege de Garde-Gardienne au Châtelet, tant & fi long-temps qu'il ferviroit audit Hôpital; il rapportoit des certificats de ce qu'il y demeuroit actuellement depuis le mois d'Avril 1699.

Le fieur Evefque de Quimper & le fieur Coquet au contraire foûtenoient que le fieur de Querret étoit fils de Famille, né dans la Paroiffe de Plei-ben en Baffe-Bretagne, où il avoit encore pere & mere; qu'il n'avoit au-cune dignité ni employ qui l'eût affranchi de ce domicile; que la qualité de Preftre Habitué en l'Hôpital, ne luy donnoit aucun droit de joüir du privi-lege de Garde-Gardienne, accordé par l'Edit de 1656. puifqu'il n'y étoit pas dit un seul mot ni de Prestre Habitué, ni de Chapelain dudit Hôpital ; qu'à la verité cet Edit accordoit un Privilege de *Committimus* au grand Sceau aux Directeurs & Receveurs dudit Hôpital durant le temps de leur administration, & aprés vingt années de service. Mais qu'il ne parloit point dans cet art. des Chapelains ou Prestres Habituez aud. Hôpital, non plus que dans l'article suivant conçu seulement en ces termes ; *Et pour le regard du Greffier, Officiers & Domestiques, nous leur accordons pour le même motif le Privilege de Garde-Gardienne pardevant notre Prevôt de Paris, sans qu'ils puissent être distraits ailleurs, soit en demandant ou défendant, ou en cas d'intervention, tant & si longuement qu'ils serviront audit Hôpital ou aprés vingt ans de services.*

Ils ajoûtoient que le sieur de Querret ne prétendant pas joüir du Privilege de *Committimus* au grand ni au petit Sceau, il convenoit qu'il n'étoit pas compris dans le premier article ; aussi n'y avoit-on énoncé que les Directeurs & les Receveurs ; qu'il ne pouvoit pas non plus se prétendre compris dans le second. 1°. Parce que le Chapelain ou Prestre Habitué n'y étoit pas dénommé ; & que les Privileges étant de Droit étroit, ne souffrent par d'extension. 2°. Parce qu'il ne pouvoit pas être compris sous les noms de Greffier, Officiers & Domestiques, par l'impossibilité de lui choisir une place convenable à un Ecclesiastique, qui n'auroit pu, ayant quelque dignité audit Hôpital, être placé aprés le Greffier, les Officiers subalternes & les Domestiques : car les Directeurs & les Receveurs sont les premiers Officiers dudit Hôpital.

Ils disoient de plus, que quand par une supposition dont ils ne convenoient pas, les Prestres habituez audit Hôpital pourroient être compris au nombre des Officiers inferieurs & domestiques, le sieur de Querret ne pourroit pas joüir de ce privilege qui n'auroit tout au plus été donné qu'à ceux qui entreroient dans l'Hôpital General, avec dessein de s'y établir, dans la vûë prochaine de soulager & de servir les Pauvres : *Nam ad domicilium constituendum requiritur animus consistendi, ut sedem ibi fixam quis constituat, non si ad tempus quis ibi commoretur ;* & qu'au contraire le sieur de Querret n'y étoit entré que depuis qu'il avoit formé le dessein de faire ce Procés à son Evesque & au sieur Coquet, *judicii mutandi causâ*, & pour se faire un prétexte au transport de Jurisdiction qu'il méditoit.

Qu'en effet, lorsqu'il obtint ses Provisions de Cour de Rome le 22. Janvier 1699. il ne pouvoit avoir aucune intention de s'établir dans l'Hôpital General, puisque ces mêmes Provisions le devoient forcer à une résidence actuelle dans la Paroisse de Pleiben, qui est celle du domicile de son pere & de sa mere, & celle de sa naissance : *Clericum habere domicilium volunt (Doctores) in loco ubi beneficium requirit residentiam.* Donc, dés ce moment il détermina si absolument son domicile dans cette Paroisse, qu'il n'a pu varier, tant qu'il a perseveré dans l'intention d'être Curé de Pleiben.

Dés le 16. du mois de Février 1699. il fit certifier ses Provisions de Cour

de

de Rome : le 13. Juin fuivant il les fit infinuer : il demanda le *Vifa* de fon Evefque, & fur fon refus il obtint le 29. Juillet fuivant, celui du Grand Vicaire de Tours ; enfin le 20. Septembre de la même année, il prit poffef-fion par Procureur, fans avoir pris dans aucun de tous ces Actes, aucune autre qualité que celle de Preftre du Diocefe de Quimper, parce qu'il n'a-voit point effectivement d'autre domicile ; d'où l'on tiroit cette conféquence qu'il n'étoit pas même en ce temps-là dans l'Hôpital General, ou tout au moins, qu'il n'y étoit pas entré dans l'efprit ni dans le deffein de joüir des privileges accordez aux Officiers & Domeftiques de cette Maifon ; mais feu-lement pour être logé d'une maniere plus convenable à un Ecclefiaftique & à moindres frais : qu'il n'y étoit entré que pour en fortir le plûtôt qu'il pourroit, afin de remplir la Cure dont il avoit obtenu les Provifions dés le mois de Janvier précedent ; & que la nature de l'affaire faifoit perpe-tuellement connoître qu'il avoit eu dés ce temps-là, & qu'il avoit encore actuellement l'efprit de retour fans avoir changé de domicile, ce qui fuffi-foit pour achever la preuve fur le premier point. *Non videtur domicilium mutatum, fi quis à loco proficifcatur redeundi animo : quia domicilii mu-tatio cùm facti fit probari debet.*

Ils difoient pour le fecond moyen general, que quand il feroit entré dans un temps non fufpect dans la Salpétriere, quand il feroit du nombre de ceux à qui l'Edit de 1656. attribuë le droit de Garde-Gardienne, il ne laifferoit pas d'être non recevable en la prétention qu'il avoit d'attirer au Châtelet de Paris le fieur Evefque de Quimper & le fieur Coquet, Curé de Pleiben, parce que les Lettres de Garde-Gardienne du Prevôt de Paris, n'ont point d'extenfion ni d'attribution de Jurifdiction dans la Province, ni dans le Reffort du Parlement de Bretagne.

Pour foûtenir cette prétention le fieur Evefque de Quimper & le fieur Coquet difoient, que les fieurs Directeurs & Receveurs de l'Hôpital ne joüiffent du droit de *Committimus* qu'au petit Sceau, quoi même qu'il leur eût été attribué au grand Sceau par l'Edit de 1556. que ces fortes de tranf-ports de Jurifdiction font odieux & défavorables ; que l'Edit n'avoit attri-bué aux Officiers & Domeftiques de l'Hôpital que le droit de Garde-Gar-dienne au Châtelet de Paris ; que le fieur de Querret, quelle qualité qu'il fe voulût arroger, ne pouvoit pas prétendre de pouvoir faire plus avec la Garde-Gardienne fcellée du Scel du Châtelet de Paris, que les fieurs Di-recteurs & Receveurs Generaux de l'Hôpital, qui font des perfonnes de la premiere confideration élevées dans des Dignitez éminentes, ne peuvent faire avec leur *Committimus* ; que c'eft une Jurifprudence certaine dans le Royaume, que les Gardes Gardiennes attribuées aux Baillifs & Sénéchaux ne s'étendent point regulierement au-de-là du Reffort & des limites des Bailliages d'où elles émanent ; que l'Edit de 1656. n'attribuoit aucun pri-vilege ni aucune étenduë extraordinaire à la Garde-Gardienne du Châte-let dont il gratifioit les Greffier, Officiers & Domeftiques de l'Hôpital ; que quand même, ce qui n'étoit pas, cet Edit auroit attribué un privilege plus étendu à cette Garde-Gardienne, il faudroit toûjours fe regler par la

<table><tr><td>*Tome I.*</td><td>Kkkkk</td></tr></table>

verification qui en auroit été faite dans la Cour, où l'on voudroit en étendre la force ; parce que sans cette verification nulle Garde-Gardienne ne peut avoir lieu suivant l'Ordonnance de 1556. article 4. & que Loiseau rapporte qu'il avoit été ainsi jugé de son temps par plusieurs Arrests ; enfin que cet Auteur ajoûte, que quand même la verification étendroit la Garde-Gardienne hors le Ressort du Baillif auquel elle est attribuée, les Juges voisins en pourroient toûjours prétendre juste cause d'ignorance, jusques à ce qu'elle eût été publiée & notifiée dans leur Province.

Ils ajoûtoient que le sentiment de cet Auteur faisoit connoître, que quand il parloit de l'extension que la verification pourroit donner à la Garde-Gardienne, elle ne se devoit entendre que de l'extension que le Parlement pourroit donner par sa verification dans l'étenduë de son Ressort au-de-là du Bailliage auquel elle étoit attribuée. En effet cela ne se pourroit jamais entendre d'une extension de pouvoir dans le Ressort d'un autre Parlement puisque *par in parem non habet imperium.*

Or l'on convenoit que l'Edit d'érection de l'Hôpital n'avoit point été verifié au Parlement de Bretagne ; & par conséquent de quelque maniere qu'on voulût prendre cette affaire, le droit de Garde Gardienne attribué aux Greffier, Officiers & Domestiques, n'avoit pû servir de Titre au sieur de Querrer pour traduire son Evesque & le sieur Coquet au Châtelet.

Ils disoient aussi que les Lettres de Garde-Gardienne en question, n'étoient qu'une Commission du Prevôt de Paris, scellée du Scel du Châtelet, qui n'a par elle-même aucune extension ni attribution de Jurisdiction pour pouvoir attirer les habitans de la Province de Bretagne au Châtelet de Paris, parce que le privilege du Châtelet de Paris a été accordé dans un temps que la Province de Bretagne ne faisoit point partie du Royaume : qu'elle avoit ses Princes souverains qui ne connoissoient point les Loix des Rois de France ; & quand elle a été plusieurs siecles après unie au Royaume, cette union a été faite à la charge que les Bretons joüiroient de toutes leurs Libertez & Privileges, & qu'ils ne pourroient être traduits en premiere Instance hors devant les Juges de leur Province, sous quelque prétexte que ce fût, ce qui est renouvellé & confirmé tous les deux ans par Sa Majesté à chaque tenuë des Etats de la Province, & qui avoit même été jugé depuis peu au rapport de Monsieur le Cocherois, Maître des Requêtes, par Arrest du 27. Juin 1701. entre Messire Joseph de Brezal, Damoiselle Françoise de Mariniere son épouse, Demandeurs en Reglement de Juges, d'une part ; Dame Marie Anne de Boisbaudry, veuve de Messire Julien de Mariniere, Seigneur de Guer, Défenderesse, d'autre ; & les Gens des trois Etats de Bretagne, Intervenans, lequel a jugé *in terminis* que le Scel du Châtelet de Paris n'est point attributif de Jurisdiction en Bretagne.

Enfin le sieur de Quimper & le sieur Coquet, se servoient de la disposition des articles 24. & 30. du titre des *Committimus* & Garde-Gardienne de l'Ordonnance de 1669. Par le premier desquels il n'est pas permis de se servir des *Committimus* au grand Sceau ès demandes aux fins de quitter la possession des heritages ou immeubles, ou pour matiere réelle ; ce qui

recevoit son application à la demande du sieur de Querret, tendant à ce
que le sieur Evesque de Quimper fût condamné de lui quitter les gros fruits
de la Paroisse de Pleiben, faisant partie de sa Mense Épiscopale; & par le
second il est positivement porté que les Lettres de Scholarité ne peuvent
attirer les Défendeurs que dans la distance de soixante lieües, ce qui prouvoit précisément que tels privileges de Garde-Gardienne ou Lettres de Scholarité ne peuvent pas attirer d'un Parlement à l'autre.

D'où ils concluoient que quand le sieur de Querret auroit qualité pour
se servir de la Garde-Gardienne de l'Hôpital General, il n'auroit pas pour
cela un titre suffisant pour les attirer de Quimpercorentin au Châtelet de
Paris, & qu'il y avoit lieu de les renvoyer pardevant leurs Juges naturels.
De la part du sieur de Querret, il repliquoit qu'il avoit qualité & titre;
qu'il étoit actuellement au service des Pauvres dans l'Hôpital de la Salpétriere dès le mois d'Avril, sept mois avant qu'il eût formé son action au
Châtelet; qu'il y étoit entré dans l'esprit de secourir les Pauvres tant qu'il
y demeureroit, & qu'il y étoit encore actuellement : qu'on ne pouvoit pas
douter que le Chapelain qui administre les besoins spirituels aux Pauvres,
ne soit compris au nombre des Officiers de cette Maison, puisqu'il est le
plus necessaire dans un lieu où l'on fait principalement attention à l'instruction & au salut des Pauvres : qu'il avoit pû en la qualité de Curé & de Chapelain dudit Hôpital, se prétendre au nombre des sieurs Directeurs, puisque l'administration des Sacremens & la direction des consciences de tant
de personnes de tous âges, en pouvoit être regardée comme le plus noble
employ, & que tout au moins on ne pouvoit lui refuser le privilege de
Garde-Gardienne auquel il se vouloit bien reduire : que s'il n'avoit pas pris
la qualité de Prestre Habitué à l'Hôpital de la Salpétriere avant sa prise de
possession de la Cure de Pleiben, c'étoit une simple omission qui ne dé-
truisoit pas sa qualité de Prestre Habitué qu'il avoit prise par ses Lettres de
Garde-Gardienne, qui étoient du 4. Aoust précedent, & qui avec les Certificats qu'il produisoit, assuroit la verité du fait.

Le sieur de Querret ajoûtoit, que la comparaison que l'on faisoit du
Committimus accordé aux Directeurs & Receveurs ne prouvoit rien presentement, parceque si l'Ordonnance de Sa Majesté de l'année 1669. avoit
réduit leur privilege de *Committimus* au grand Sceau, à celui du petit
Sceau seulement, cette Ordonnance n'avoit point restraint l'étendue du
droit de Garde-Gardienne du Greffier, Officiers & Domestiques; que si les
transports de Jurisdiction sont odieux en general, il n'y a rien de si favorable que de ne pas distraire du pied des Autels, les Ministres qui se dé-
voüent au soulagement & à l'instruction des Pauvres; que l'Edit de 1656.
luy accordant le droit de Garde-Gardienne au Châtelet en termes generaux, ne pouvoit être sujet à aucune restriction, faute d'avoir été publié
au Parlement de Bretagne, & qu'il suffisoit qu'il eût été verifié au Parlement de Paris, premier Parlement du Royaume; que ce qui se prononçoit
sur la compétence du Scel du Châtelet de Paris, devoit s'entendre en
termes generaux, & non pas contre la disposition de l'Edit

s'explique précifément en faveur des Officiers d'une Maifon de Piete, où les Curez & Chapelains pourroient avec juftice prétendre le premier rang. Enfin que les Articles 24. & 30. de l'Ordonnance des *Committimus* & Garde-Gardienne ne recevoient aucune application au differend d'entre les Parties ; parcequ'à l'égard du premier l'on ne demandoit que la reftitution des gros fruits de cette Cure ; que le *fecond* ne renfermoit l'activité que des Lettres de Scholarité dans les limites de foixante-lieües, & qu'il ne parloit point de la Garde-Gardienne.

A quoy le fieur Evefque de Quimper & le fieur Coquet, répondoient que par fon Exploit il demandoit précifément que le fieur Evefque de Quimper lui abandonnât les gros fruits. & qu'il n'avoit garde de s'être renfermé, comme il le fuppofoit, à une reftitution de fruits échus qui ne lui pourroit appartenir ; que fi l'Article 30. ne parloit pas de la Garde-Gardienne, il n'y en avoit aucun autre de tout le Titre qui en eût parlé en particulier.

Qu'il fuffifoit de fçavoir que le *Committimus* du grand Sceau évoque de tout le Royaume : le *Committimus* au petit Sceau de toute l'étenduë de chaque Parlement, où la Chancellerie qui lui donne la forme, eft établie ; & que la Garde-Gardienne du Prevôt de Paris qui eft beaucoup inferieure aux *Committimus* au grand & petit Sceau, attire au Châtelet de Paris feulement, les actions actives & paffives qui naiffent dans l'étenduë de fon Reffort.

L'affaire examinée dans toutes ces circonftances au Bureau de Monfieur de Ribeyre, où affiftoient Meffieurs...

qui entendirent les Parties & les Avocats, & depuis rapportée en plein Confeil par Monfieur Carré de Mongeron, Maître des Requeftes le 8. Mars 1702. intervint Arreft, par lequel LE ROY EN SON CONSEIL, faifant droit fur le tout. a renvoyé & renvoye les Parties au Préfidial de Quimper, & par appel au Parlement de Bretagne, pour y proceder entr'elles fur leurs procez & differends, demandes & contestations, circonstances & dépendances ainfi qu'il appartiendra, comme auparavant ladite Sentence du Châtelet du 10. Mars 1700. commandemens & faifies faites en conféquence, & tout ce qui s'en eft enfuivi, que Sa Majefté a caffé & annullé ; & pour faire droit fur les dommages & interêts prétendus à caufe defdites faifies, renvoye les Parties devant les mêmes Juges, condamne ledit Querret en tous les dépens.

EDIT DU ROY.

Portant Suppreßion des Offices de Greffiers Co..
& de Controlleurs des Regiftres des Baptêm..
Mariages & Sepultures.

Donné à Paris au mois de Décembre 1716.

LOUIS par la grace de Dieu, Roy de France & de Navarre : A tous
prefens & à venir, SALUT. Par Edit du mois d'Octobre 1691. Il fut
créé des Offices de Greffiers Confervateurs des Regiftres des Baptêmes,
Mariages & Sepultures dans toutes les Villes de nôtre Royaume où il y a
Juftice Royale, Duché-Pairie & autres Jurifdictions ; pour par les pourvûs
de ces Offices fournir dans le mois de Décemb. de chacune année à tous les
Curez des Parroiffes de nôtre Royaume, ou ceux qui feroient les fonctions
Curiales, deux Regiftres cottez & paraphez par lefdits Greffiers, pour y
enregiftrer les Baptêmes, Mariages & Sepultures, l'un defquels Regiftres
ferviroit de Groffe & l'autre de Minute : Le même Edit portoit que fix femaines après chaque année expirée, lefdits Greffiers retireroient les Groffes
qui auroient fervi pendant l'année précedente, Et que les Juges ou Greffiers
des Jurifdictions Royales à qui les Groffes defdits Regiftres auroient été délivrées depuis l'Ordonnance du mois d'Avril 1667. feroient tenus de les remettre és mains defdits Greffiers, enfemble tous les Regiftres des Confiftoi-
res qui auroient été dépofez entre leurs mains, en vertu de la Déclaration
du mois d'Octobre 1685. Et ce dans huitaine après la demande qui leur en auroit été faite, lefquels Greffiers fe chargeroient de toutes ces Pieces au pied
d'un inventaire qui refteroit entre les mains de ceux qui les auroient deli-
vrées. Par autre Edit du mois de Juin 1705. il a été créé des Offices de
Controlleurs des Regiftres & Extraits des Baptêmes, Mariages & Sepultures dans toutes les Villes de nôtre Royaume où il y auroit Bailliage, Sénéchauffée, Viguerie, Duché-Pairie & autres Jurifdictions Royales, pour par
les pourvûs defdits Offices, controller les Regiftres qui feroient fournis tant
par les Greffiers en Titre, que par les Clergez des Diocefes, & par les Curez
& Fabriques qui auroient réüni lefdits Offices de Greffiers. Mais étant informé que tous ces Offices créez dans la vûë d'affûrer davantage la preuve
defdits Baptêmes, Mariages & Sepultures, qui font les actes les plus importans
de la focieté civile, ne font pas d'un plus grand effet que l'exacte execution de
l'Ordonnance de 1667. par laquelle il y a été fuffifamment pourvû, Et que
d'ailleurs ces Offices font à charge à nos peupl s. A CES CAUSES,
de l'avis de nôtre très-cher & très amé Oncle le Duc d'Orleans, de nôtre

Kkkkk iij

tres cher & tres amé Coufin le Duc de Bourbon, de nôtre tres cher & tres-amé le Duc du Maine, de nôtre tres-cher & trés amé Oncle le Comte de Touloufe, & autres Pairs de France, grands & notables Perfonnages de nôtre Royaume, Et de notre certaine fcience, pleine puiffance, & autorité Royale. Nous avons par nôtre prefent Edit éteint & fupprimé, éteignons & fupprimons les Offices de Greffiers Confervateurs, & ceux de Controlleurs des Regiftres des Baptêmes, Mariages & Sépultures, créez par les Edits des mois d'Octobre 1691. & Juin 1705. dans toutes les Villes de nôtre Royaume où il y a Juftice Royale, Duché-Pairie, & autres Jurifdictions. Ordonnons que les fonctions defdits Offices cefferont du jour de la publication du prefent Edit, Et que les pourvus & proprietaires d'iceux feront tenus de remettre dans un mois, à compter du jour de ladite publication, ès mains des Juges ou Greffiers des Jurifdictions Royales où il appartiendra, tous les Regiftres qu'ils ont en leur poffeffion, tant ceux des Exercices de leurs Offices, que ceux qui leur ont été delivrez par lefdits Juges ou Greffiers defdites Jurifdictions Royales, par lefquels il leur fera expedié fans frais un Acte de la remife qu'ils en auront faite, Et de rapporter pardevant les Commiffaires de nôtre Confeil que Nous nommerons à cet effet, leurs Quittances de Finance, & autres Titres de proprieté de ces Offices, Enfemble les Actes de remife par eux faite de tous les Regiftres ès mains defdits Juges ou Greffiers des Jurifdictions Royales, pour être precedé à la liquidation des fommes qui leur feront dûës pour l'acquifition ou réünion de ces Offices, au Rembourfement defquelles il fera cy après par Nous pourvu. ORDONNONS en outre que l'Ordonnance de 1667. à laquelle il a été dérogé par les Edits de Creation de ces Offices en ce qui concerne la tenuë des Regiftres des Baptêmes, Mariages & Sepultures, fera à l'avenir exactement fuivie & executée. SI DONNONS EN MANDEMENT à nos amez & féaux Confeillers les Gens tenans notre Cour de Parlement, Chambre des Comptes & Cour des Aydes à Paris, que le prefent Edit ils ayent à faire lire, publier & regiftrer, & le contenu en iceluy garder & executer felon fa forme & teneur ; CAR TEL EST NOTRE PLAISIR. Et afin que ce foit chofe ferme & ftable à toûjours, Nous y avons fait mettre nôtre Scel. DONNE' à Paris au mois de Décembre, l'an de grace mil fept cens feize, Et de nôtre Regne le deuxiéme. *Signé* LOUIS. *Et plus bas,* Par le Roy, le Duc D'ORLEANS Regent prefent, PHELYPEAUX. *Vifa* VOYSIN, Vû au Confeil VILLEROY, & fcellé du grand Sceau de cire verte.

Regiftrées, oüy, & ce requerant le Procureur General du Roy, pour être executées felon leur forme & teneur, & Copies collationnées envoyees aux Baillages & Sénéchauffées du Reffort, pour y être lûës, publiées & regiftrées : Enjoint aux Subftituts du Procureur General du Roy d'y tenir la main & d'en certifier la Cour dans un mois, fuivant l'Arrêt de ce jour. A Paris en Parlement le huitiéme jour de Janvier mil fept cens dix-fept. Signé DONGOIS.

EDIT DU ROY.

Portant suppression des Offices de Substituts - Adjoints dans les Sieges & Jurisdictions du Royaume.

Donné à Paris au mois de Novembre 1717.

Regiſtré en Parlement.

LOUIS, par la grace de Dieu, Roy de France & de Navarre : A tous preſens & à venir, SALUT. L'augmentation conſiderable des frais cauſée dans l'inſtruction des Procez par les Droits qui etoient attribuez aux Adjoints, Et l'utilité de leur aſſiſtance aux Enqueſtes, Informations & autres Commiſſions & procedures, avoient engagé le feu Roy de glorieuſe memoire nôtre très-honoré Seigneur & Biſayeul, a en abroger les fonctions & l'uſage, par les Ordonnances des mois d'Avril 1667. & Aouſt 1670. Et à ordonner même qu'en matieres ſommaires où la preuve par témoins ſeroit reçuë, les témoins ſeroient entendus ſommairement & ſans frais. Mais la conjoncture des dernieres Guerres, & la neceſſité de recourir à des moyens extraordinaires pour en ſoûtenir les dépenſes, l'obligerent à rétablir par ſon Edit du mois d'Avril 1696. en faveur des Subſtituts de nos Procureurs Generaux dans les Cours, & de nos Procureurs dans les Sieges & Juriſdictions de nôtre Royaume, les fonctions d'Adjoints aux Enquêtes & les Droits qui leur étoient attribuez avant l'Ordonnance de 1667. Et à créer des Offices de Subſtituts de nos Avocats & Procureurs, ſous le titre de Subſtituts-Adjoints, tant dans les Sieges & Juriſdictions où il ne s'en trouvoit point d'établis, que par augmentation dans ceux où les Offices d'ancienne creation étoient exercez & remplis. Par le même Edit, les Juges & leurs Greffiers furent rétablis dans les Droits & Emolumens dont ils joüiſſoient ſur les Enquêtes ſommaires avant l'Ordonnances de 1667. le tout en payant par leſdits Juges, Subſtituts & Greffiers les ſommes qui ſeroient à cet effet reglées, Et pour leſquelles il leur fût attribué des Gages & Augmentations de Gages hereditaires. Nôtre intention étant de diminuer, comme Nous l'avons déja fait par differens Edits depuis nôtre avenement à la Couronne les Droits dont l'adminiſtration de la Juſtice a été chargée pendant le cours des dernieres Guerres, Nous avons crû qu'il convenoit à l'objet que Nous nous ſommes propoſé pour le ſoulagement de nos peuples, de ſupprimer les Offices de Subſtituts créez, & les fonctions d'Adjoints rétablies par l'Edit du mois d'Avril 1696. de ſupprimer pareillement la totalité des Droits attribuez auſdits Offices, & rétablis par ledit Edit en faveur des anciens Sub-

ſtituts & des Juges & leurs Greffiers ſur les Enquêtes ſommaires où la preuve par témoins eſt admiſe; Enſorte que les choſes ſoient à cet égard rétablies ſur le pied qu'elles ont été reglées par l'Ordonnance de 1667. & que
les parties ne ſoient plus aſſujetties à des frais qui ſouvent excedent le fonds
des conteſtations, Et de reſerver ſeulement les autres Droits dont jouïſſent
les Subſtituts-Adjoints, tant d'ancienne que de nouvelle creation, pour en
être le produit employé au Rembourſement des ſommes auſquelles auront
été liquidez les Offices de Subſtituts ſupprimez par le preſent Edit, & de
celles qui ſe trouveront avoir été payées par les anciens Subſtituts de nos
Procureurs, & par les Juges & leurs Greffiers, En conſéquence, & pour le
rétabliſſement ordonné par l'Edit d'Avril 1696. pour accelerer d'autant
plus leſdits Rembourſemens, Nous pourvoirons d'ailleurs au payement
des interêts, de maniere que le produit deſdits Droits étant uniquement
employé au Rembourſement des capitaux, leſdits Droits ſe trouveront plus
promptement éteints & ſupprimez. A CES CAUSES & autres à ce Nous
mouvans, de l'avis de nôtre très-cher & très-amé Oncle le Duc d'Orleans
petit-fils de France, Regent, de nôtre très-cher & très amé Couſin le Duc
de Bourbon, de nôtre tres-cher & tres-amé Couſin le Prince de Conty,
Princes de nôtre Sang, de nôtre tres cher & tres-amé Oncle le Duc du
Maine, de nôtre très-cher & très amé Oncle le Comte de Toulouſe, Princes légitimez, Et autres Pairs de France, Grands & notables Perſonnages
de nôtre Royaume, Et de nôtre certaine ſcience, pleine puiſſance & autorité Royale.

ARTICLE PREMIER.

Nous avons par le preſent Edit éteint & ſupprimé, éteignons & ſupprimons à commencer du premier Janvier prochain, les Offices de nos Con-
ſeillers-Subſtituts-Adjoints créez par Edit du mois d'Avril 1696. tant dans
les Sieges où il n'en avoit point été juſqu'alors, que par augmentations dans
les autres Sieges & Juriſdictions de nôtre Royaume, Enſemble les fonctions
d'Adjoints rétablis par ledit Edit en faveur des Subſtituts de nos Procureurs
Generaux dans les Cours, & de nos Procureurs dans leſdits Sieges & Juriſdictions.

II.

Eteignons & ſupprimons pareillement, à commencer du premier Janvier
prochain, les Droits rétablis par ledit Edit du mois d'Avril 1696. en faveur
des Juges & leurs Greffiers pour les Enquêtes en matieres ſommaires où la
preuve par témoins eſt admiſe; Voulons qu'il ſoit à l'avenir procedé auſdites Enquêtes ſommairement & ſans frais, conformément à l'Article
VIII. du Titre XVII. de l'Ordonnance du mois d'Avril 1667.

III.

Les Droits attribuez aux Juges & Greffiers, & aux Subſtituts Adjoints
pour

pour lefd. Enquêtes en matieres fommaires, demeureront totalement éteints & fupprimez à commencer dudit jour premier Janvier prochain ; Et à l'égard des Droits attribuez ou rétablis par ledit Edit du mois d'Avril 1696. en faveur des Subftituts-Adjoints pour les autres Enquêtes, & pour les interrogatoires fur faits & Articles, & autres Commiffions & procedures où l'adjonction étoit requife avant l'Ordonnance de 1667. & depuis l'Edit du mois d'Avril 1696. ils feront levez & perçus par ceux que Nous propoferons à cet effet, pour être les fonds en provenans employez au Remboursement, tant des fommes aufquelles auront été liquidées les Finances des Offices de Subftituts & Adjoints fupprimez par le prefent Edit, que de celles qui fe trouveront avoir été payées en execution de celui du mois d'Avril 1696. par les Juges & leurs Greffiers & par les Subftituts de nos Procureurs Generaux dans les Cours, & de nos Procureurs dans les Sieges & Jurifdictions pour le rétabliffement des Droits & des Fonctions ordonné par ledit Edit, après lequel Remboursement lefdits Droits demeureront totalement éteints & fupprimez en vertu du prefent Edit.

I V.

Pour accelerer lefdits Rembourfemens & l'extinction totale des Droits refervez par le prefent Edit, Voulons que les interêts des fommes aufquelles auront été liquidées lefdites Finances, foient payez jufqu'à l'actuel Remboursement, à raifon du Denier vingt cinq, des fonds qui feront à cet effet par Nous deftinez, fuivant l'employ qui en fera fait dans l'Etat general qui doit être arrêté en nôtre Confeil conformément à l'Article X. de nôtre Edit du mois d'Aouft dernier ; au moyen de quoy le produit defdits Droits fera totalement employé au Remboursement des Capitaux defdites Finances.

V.

Les Proprietaires defdits Offices de Subftituts-Adjoints fupprimez par le prefent Edit, & aufquels a été attribué par celuy du mois d'Avril 1696. la faculté de poftuler, pourront joüir de ladite faculté leur vie durant, en déclarant qu'ils s'en contenteront pour tout Remboursement de la Finance defdits Offices, & en fatisfaifant au furplus par eux aux formalitez prefcrites par nôtre Déclaration du 12. Décembre 1716.

V I.

Pour la confervation des Droits refervez par le prefent Edit, Nous défendons à tous Greffiers, Fermiers des Greffes & leurs Commis, & à tous autres faifant fonctions de Greffiers, de délivrer aucuns Procez verbaux d'Enquêtes, ou autres Actes & Expeditions de procedures qui feront faites dans les vacations, & Commiffions, où l'Adjudication étoit requife avant l'Ordonnance de 1667. & depuis l'Edit du mois d'Avril 1696. Et de délivrer pareillement aucuns Arrêts, Sentences & autres Jugemens qui pourront intervenir fur lefdites procedures, que lefdits Droits n'ayent été payez entre les mains des Commis qui feront établis pour les recevoir, & aufquels les minutes defdits Procez verbaux & autres Actes & procedures feront reprefentées, pour être par eux quittancées defdits Droits. Enjoignons aufdits Greffiers, Fermiers des Greffes & leurs Commis, & à tous autres faifant fonctions de Greffiers, de faire mention du payement defdits Droits fur les Groffes & Expeditions qu'ils délivreront defdits Procez verbaux, & autres Actes & procedures, le tout à peine de reftitution du quadruple defdits Droits, de perte de leurs frais, & de cinq cens livres d'amende.

VII.

Permettons à celui qui fera chargé de l'execution du prefent Edit, d'établir en vertu de fes fimples Procurations pour la Regie & perception defdits Droits, les Commis qu'il jugera neceffaires, & qui feront reçus & inftallez fans aucuns frais par les Officiers de nos Cours, & des Sieges des Lieux de leur Etabliffement, après le ferment par eux prêté en la maniere accoûtumée, à moins que lefdits Commis ne foient déja revêtus d'autres Emplois, ou d'Offices pour lefquels ils auront prêté ferment, auquel cas, Nous les difpenfons de nouveau ferment, inftallation & autres formalitez. SI DONNONS EN MANDEMENT à nos amez & féaux Confeillers les Gens tenans nôtre Cour de Parlement, Chambre des Comptes & Cour des Aydes, à Paris, que le prefent Edit ils ayent à faire lire, publier & regiftrer, & le contenu en icelui, garder & executer felon fa forme & teneur. CAR TEL EST NOTRE PLAISIR. Et afin que ce foit chofe ferme & ftable à toûjours, Nous y avons fait mettre nôtre Scel. DONNE' à Paris au mois de Novembre, l'an de grace mil fept cens dix-fept, Et de nôtre Regne le troifiéme. *Signé* LOUIS. *Et plus bas*, Par le Roy, le DUC D'ORLEANS, Regent prefent. PHELYPEAUX. *Vifa* DAGUESSEAU. Vû au Confeil. VILLEROY. Et fcellé du grand Sceau de cire verte.

Regiftrées, oüy, & ce requerant le Procureur General du Roy, pour être executées felon leur forme & teneur, à la charge que les Commis ou Prépofez pour recevoir les Droits réfervez par le prefent Edit, feront tenus en chacun des Sieges où ils feront établis, d'avoir un Bureau dans le lieu où fe tient la Jurifdiction, pour y recevoir les Droits, & mettre leurs Quittances fur les Minutes des Actes, Procez verbaux & autres procedures qui y font fujettes conformément à l'Articles VI. du prefent Edit, auffi-tôt que lefdites Minutes leur feront prefentées, fans que lefdites Minutes, Regiftres, Feüilles, Procedures & autres Actes des Greffes, puiffent en être déplacez pour quelque caufe & fous quelque prétexte que ce puiffe être, & fans que les conteftations pour raifon de la perception defdits Droits entre les Commis ou Prépofez, les Greffiers ou les parties ou autres, puiffent être portées ailleurs que pardevant les Juges ordinaires, fauf l'appel en la Cour, & ne pourra la difpenfe portée par l'Article VII. du prefent Edit, de prêter un nouveau ferment, avoir lieu que pour les Commis qui étant déja revêtus d'autres Emplois ou Offices auroient prêté un premier ferment devant les Juges ordinaires: Et Copies collationnées envoyées aux Bailliages & Sénéchauffées du Reffort, pour y être lûës, publiées & regiftrées: Enjoint aux Subftituts du Procureur General du Roy d'y tenir la main, & d'en certifier la Cour dans un mois, fuivant l'Arrêt de ce jour. A Paris en Parlement le quinziéme jour de Décembre mil fept cens dix-fept.

Signé GILBERT.

TABLE
DES ARRETS
du Conseil d'Etat du Roy.

*Donnez en interpretation de ses nouvelles Ordonnances,
& en conséquence d'Arrêts des Parlemens, rendus contre
la disposition desdites Ordonnances.*

SUR LE TITRE II.

DES *Ajournemens.* Article 2. *De la nullité des Exploits.*
Un Exploit nul faute d'avoir par l'Huissier déclaré son domicile, &
celuy de sa partie.

SUR LE TITRE VI.

Des fins de non recevoir. Art. 1. *De la rétention des Causes.*
Une cause mal retenuë au Parlement, au préjudice du Renvoy requis
pardevant les premiers Juges.

SUR LE TITRE PRECEDENT ARTICLE X.

L'Assignation aux Consuls, sans Commission.
Nul droit de Presentation dû au Greffe des Consuls.

SUR LE TITRE III.

Des Délais sur les Assignations & Ajournemens. Article 1.
Pareille dispense des Délais reglez pour les Assignations pendant le temps
des Assises du Baillif de Meaux, qui est la huitaine de Pâques.

SUR LES TITRE ET ARTICLE PRECEDENS.

LIIII ij

TABLE DES ARRETS

Tome I.   M m m m m

DU CONSEIL D'ETAT.

Sur le même Titre, Article xxxv.

Mineur qui demandoit qu'en plaidant la Requête civile, on plaidât le fonds; & que la Requête civile contre un Arrêt d'homologation rendu en la Grand'-Chambre, fût portée aux Enquêtes, & jointe au principal qui y étoit pendant; dont il fut débouté.

Arrêt pour Messire Almanjeu d'Albret, du 10. Février mil six cens soixante-dix. p. ccxxviij.

FIN DE LA TABLE.

TABLE ALPHABETIQUE

DES

MATIERES

CONTENUES EN CE VOLUME.

DES MATIERES.

E

de

L

tres

N

O

DES MATIERES.

X x x x x iij

Si le témoin condamné & executé en peine corporelle, ou mort civile, peut être valablement reproché, nonobftant fa rehabilitation. 213. *aux Notes.*

Voyez *Preuve.*

Simonie.

Temps qui a commencé de courir contre le Refignant, court utilement contre le Refignataire. 113. 114. *aux Notes.*

* *Teftamens*, les Curez tenus auffi par l'article 291. de la Coûtume de Paris, de porter au Greffe les teftamens qu'ils auront reçus. 169. *aux Notes.*

Teftimoniale d'étude comment eft appellée. 473. *aux Notes.*
Quel temps eft requis pour l'obtenir. *là-même.*

Tiers. Voyez *Oppofans, Procureur.*

Titres en matiere Beneficiale, ce que c'eft. 521. *aux Notes.*

Tonfure comment s'en fait la preuve. 172. *au Texte.*

Tort fait comment s'entend. 226. *aux Notes.*

Tournois ce que c'étoit. 261. *aux Notes.*

Voyez *Compte.*

Tranfport pourquoi fe font ordinairement. 464. *aux Notes.*

Tripliques, leur ufage abrogé. 99. *au Texte.*
Triplique permife par le Droit. *là-même aux Notes.*

Trouble comment fe fait en matiere Beneficiale. 105. *aux Notes.*

Tuteur condamné à être oüi categoriquement, & refufant d'obéïr, pourquoy peut être contraint par commination de peines en fon nom. 66. *aux Notes.*

En quel temps les Tuteurs font tenus de rendre compte de leur geftion. 265. *au Texte.*

Pour quelles chofes & en quel cas les Tuteurs peuvent être contraints par corps après les quatre mois. 324. *au Texte.*

Pourquoi les Tuteurs ne peuvent fe fervir de leur droit de *Committimus* pour les affaires de ceux qui font fous leur charge, en demandant, ou en défendant. 469. 470. *au Texte & aux Notes.*

Quels font les Tuteurs honoraires & oneraires. 471. *aux Notes.*

* Si les Tuteurs honoraires & oneraires peuvent fe fervir de Lettres d'Etat qu'ils auront obtenuës en leur nom pour les affaires de ceux qui font fous leur charge. 487.
Pourquoi le Tuteur, pour le reliquat de fon compte, ne peut être reçu à faire ceffion de biens, ni demander répy. 503. *aux Notes.*

V

*V*ACANCE, combien il y en a de forte en matiere de Regale. 119. *aux Notes.*

Vacation. Si les jours des vacations, aufquels il ne fe fait aucune expedition de Juftice, font jours continus & utiles pour les délais des affignations & procedures. 31. *au Texte.*

Vacations & taxes des Commiffaires & Experts en fait de defcentes fur les lieux. 179. 180. *au Texte.*

Chaque partie eft tenuë d'avancer les Vacations de fon Procureur. 181. *au Texte.*

Comment eft taxée chaque Vacation de Commiffaires. 551. *au Texte & aux Notes.*

Combien on peut prendre de vacations pour chaque jour. 551. *au Texte & aux Notes.*

Voyez *Epices.*

Vagabonds font ceux qui n'ont, ou n'ont eu aucun domicile connu. 23 *aux Notes.*

Vaiffelle d'argent pourquoi ne peut

DES MATIERES.

Fin de la Table des Matieres du premier Tome.

www.ingramcontent.com/pod-product-compliance
Lightning Source LLC
LaVergne TN
LVHW011905180726
843502LV00003B/594